Stefan Krull, Lars Dörenmeier

STOCKHOLM

001st Abb.: sk

*„[illegible] …kholm
[illegible] …, dann sollst du
di… [illegible] …m auf diesen Platz setzen;
…u sollst sehen, wie die Wellen ihr
glitzerndes Spiel treiben und wie schön
die Ufer sind. Ja, du sollst selbst dafür
sorgen, dass auch du von dem Zauber
ergriffen und hingerissen wirst."*

Selma Lagerlöf in:
„Wunderbare Reise des kleinen
Nils Holgersson mit den Wildgänsen"

IMPRESSUM

Stefan Krull, Lars Dörenmeier

STOCKHOLM

Reise Know-How Verlag Peter Rump GmbH
Osnabrücker Str. 79, 33649 Bielefeld

2., neu bearbeitete und komplett aktualisierte Auflage 2010

Gestaltung
Umschlag: M. Schömann, P. Rump (Layout); K. Werner (Realisierung)
Inhalt: A. Medvedev
Fotos: siehe Bildnachweis Seite 316
Karten: A. Medvedev
Lektorat: A. Buchspieß

Druck und Bindung
Media-Print, Paderborn

ISBN 978-3-8317-1899-3
Printed in Germany

Dieses Buch ist erhältlich in jeder Buchhandlung Deutschlands, der Schweiz, Österreichs, Belgiens und der Niederlande. Bitte informieren Sie Ihren Buchhändler über folgende Bezugsadressen:

Deutschland: Prolit GmbH, Postfach 9, D-35461 Fernwald (Annerod) sowie alle Barsortimente
Schweiz: AVA-buch 2000, Postfach, CH-8910 Affoltern
Österreich: Mohr Morawa Buchvertrieb GmbH, Sulzengasse 2, A-1230 Wien
Niederlande, Belgien: Willems Adventure, www.willemsadventure.nl

Wir freuen uns über Kritik, Kommentare und Verbesserungsvorschläge:
info@reise-know-how.de

Alle Informationen in diesem Buch sind von den Autoren mit größter Sorgfalt gesammelt und vom Lektorat des Verlages gewissenhaft bearbeitet und überprüft worden.
Da inhaltliche und sachliche Fehler nicht ausgeschlossen werden können, erklärt der Verlag, dass alle Angaben im Sinne der Produkthaftung ohne Garantie erfolgen und dass Verlag wie Autoren keinerlei Verantwortung und Haftung für inhaltliche und sachliche Fehler übernehmen.
Die Nennung von Firmen und ihren Produkten und ihre Reihenfolge sind als Beispiel ohne Wertung gegenüber anderen anzusehen.
Qualitäts- und Quantitätsangaben sind rein subjektive Einschätzungen der Autoren und dienen keinesfalls der Bewerbung von Firmen oder Produkten.

INHALT

EXKURSE ZWISCHENDURCH

KARTEN UND PLÄNE

HINWEISE ZUR BENUTZUNG

CITYATLAS UND CITY-FALTPLAN

Die im Buch beschriebenen Örtlichkeiten wie Sehenswürdigkeiten, Restaurants, Cafés, Hotels usw. sind im Cityatlas/-Faltplan von Stockholm oder in den Detailkarten eingetragen.

Örtlichkeiten ohne Angabe des Planquadrats liegen außerhalb des im Buch abgebildeten Kartenmaterials.

ORIENTIERUNGSSYSTEM

Zur schnelleren Orientierung tragen alle Hauptsehenswürdigkeiten und Lokalitäten die gleiche Nummer sowohl im Text als auch im Kartenmaterial:

42 Die Hauptsehenswürdigkeiten werden in den Abschnitten „Stockholm entdecken", „Rund um den Mälarsee" und „Unterwegs im Schärengarten" beschrieben und mit einer fortlaufenden magentafarbenen Nummer gekennzeichnet, die auch im Kartenmaterial eingetragen ist.

Stehen die Nummern im Fließtext, verweisen sie auf die jeweilige Beschreibung der Sehenswürdigkeit in den genannten Abschnitten.

50 Mit Symbol und fortlaufender Nummer werden die sonstigen Lokalitäten wie Cafés, Geschäfte, Restaurants, Hotels, Infostellen usw. gekennzeichnet.

[A6] Die Angabe in eckigen Klammern verweist auf das Planquadrat der jeweiligen Karte, in diesem Beispiel auf das Planquadrat A6. Enthält die Planquadratangabe eine römische Ziffer (z. B. [I D5]), verweist diese auf die jeweilige Detailkarte. Steht in der eckigen Klammer lediglich das Planquadrat, so befindet sich die Örtlichkeit außerhalb der Detailkarten, aber innerhalb des Cityatlas.

BEWERTUNG DER SEHENSWÜRDIGKEITEN

★★★ auf keinen Fall verpassen

★★ besonders sehenswert

★ wichtige Sehenswürdigkeit für speziell interessierte Besucher

002st Abb.: sk

DAS BESTE AUF EINEN BLICK

STOCKHOLM AN EINEM TAG

Ist man auf der Durchreise und hat nur einen Tag Zeit oder hat man am Ende einer Geschäftsreise noch 24 Stunden Luft und möchte die Metropole zwischen Ostsee und Mälarsee kennenlernen, dann bietet sich folgendes Programm an – Stockholm komprimiert.

MORGENS

Die persönliche Stadtexkursion beginnt mit einem ausgiebigen Frühstück in einem Café am **Stora Torget,** dem großen Marktplatz im Herzen der Altstadt **Gamla Stan.** Um 10 Uhr öffnen die meisten gastronomischen Betriebe ihre Tore für den Publikumsverkehr. Gestärkt geht es nun durch die engen und engsten Gässchen Gamla Stans. Keinesfalls verpassen sollte man die **Tyska Kyrkan** (Deutsche Kirche) und das **Kungliga Slottet** (Königliche Schloss) ❸, das von stolzen Wachsoldaten in blauen Paradeuniformen geschützt wird. Von Mai bis August findet der zackige Wachwechsel werktäglich um 12.15 Uhr statt (am Wochenende um 13.15 Uhr) und laute Kommandorufe schallen über den Schlossplatz.

010sk Abb.: ld

Über die Stallbron erreicht man die kleine Insel **Helgeandsholmen.** Wuchtig erhebt sich das schwedische Parlamentsgebäude, das **Riksdagshuset** (Reichstag) ❶, auf beiden Seiten der Straße, die für den normalen Autoverkehr gesperrt ist.

NACHMITTAGS

Automatisch gelangt man auf die **Drottninggatan** (Königinstraße), eine der Haupteinkaufsstraßen Stockholms. Hier reiht sich Geschäft an Geschäft, Kaufhaus an Kaufhaus und Imbissbude an Imbissbude. Nach wenigen Hundert Metern öffnet sich die Drottninggatan zu einem weitflächigen Platz auf zwei Ebenen, dem **Sergels Torg** ❿. Hier rechts abbiegend, am imposanten **Kulturhuset** vorbei, gelangt man in die Hamngatan mit dem exklusivsten Kaufhaus der Stadt: **Nordiska Kompaniet** oder kurz NK (s. S. 38) genannt.

Am **Kungsträdgården** ⓫, dem ehemaligen Hofgarten des Königs, laden Cafés und Restaurants zum Verweilen ein. Insbesondere die Außengastronomie im Sommer ist bei Einheimischen wie Touristen sehr populär.

Der **Strandvägen** ist eine der angesagtesten Adressen des Landes. Direkt am Hafen gelegen sind die beeindruckenden Bauten aus dem späten 19. Jh. heute nur noch für Menschen mit sehr dicker Geldbörse erschwinglich wie z. B. den ehemaligen Tennisspieler *Björn Borg*, der in Hausnummer 9 wohnte, oder *Per Gessle* vom Popduo Roxette.

Per pedes, mit Bus oder Straßenbahn kommt man über die Djurgårdsbron auf die Insel **Djurgården.** Hier liegt seit 1990 das Kriegsschiff Vasa aus dem 17. Jh. in einem eigens errichteten Museum **30**. Es ist ein Muss, das sich kein Stockholmbesucher entgehen lassen sollte.

ABENDS

Von der Insel **Djurgården** fahren die kleinen Hafenfähren hinüber nach **Gamla Stan.** Die Anlegestelle befindet sich am **Slussen**, der Schleuse zwischen Mälarsee und Ostsee. An diesem verkehrstechnischen Nadelöhr kreuzen sich zwei Hauptachsen des Stockholmer Wasser- und Straßenverkehrs. Südlich davon, auf der Insel **Södermalm,** ragt eine ungewöhnliche Stahlkonstruktion in den Himmel. Das ist der freistehende Fahrstuhl **Katarinahissen** **36**, der einen bequemen Zugang auf das höhergelegene Södermalm ermöglicht. Im **Restaurant Gondolen** (s. S. 54) auf der oberen Fahrstuhlplattform kann man ausgezeichnet speisen und dabei gleichzeitig den Blick über die Stadt genießen. Zu empfehlen ist auch das **Mosebacke Etablissement** (Mosebacke Torg 3, s. S. 46), das nur wenige Meter vom Katarinahissen entfernt liegt. Bei einem Cocktail oder kühlen Bier sind die sommerlichen Sonnenuntergänge hier einfach unschlagbar ...

◀ *Für die Kurzaufenthalte bietet sich das Bummeln auf der Drottninggatan an*

STOCKHOLM AN EINEM WOCHENENDE

Innerhalb von 48 Stunden kann man die schwedische Hauptstadt weitgehend erkunden. Das eigentliche Stadtzentrum ist nicht so weitläufig wie in anderen europäischen Metropolen. Mit einem Wochenende im Zeitrucksack bieten sich folgende Tagestouren an:

1. TAG

Rund um den angesagten **Stureplan** **21**, einen der Kristallisationspunkte des großstädtischen Nachtlebens, locken auch bei Tageslicht viele Cafés und Bistros mit einer ausgezeichneten Frühstückskarte – zumeist auf Englisch, oft auch auf Deutsch. Bei Milchkaffee und frischen Croissants kann man die erwachende Metropole und ihre interessanten Bewohner vorzüglich beobachten. In wenigen Minuten erreicht man vom Stureplan den **Nybroplan** mit dem **Dramatischen Theater** (Dramaten) **23** auf der Nord- und den **Berzeliipark** mit der Raoul-Wallenberg-Gedenkstätte auf der Südseite.

An der Bushaltestelle gegenüber dem Dramatischen Theater fährt der Bus 69 ab. Alle 12 Minuten geht es entlang des illustren **Strandvägen**, der Wohnstätte der Reichen und Schönen. Auf der einen Seite beeindrucken repräsentative Steinhäuser mit üppigem Fassadenschmuck, auf der anderen Seite öffnet sich dem Beobachter ein unverstellter Blick auf den lebhaften Hafen Stockholms. Nach nur acht Haltestellen erreicht man den **Kaknästurm** (Kaknästornet) **47** (mit der Haltestelle gleichen Namens). Der Turm

011st Abb.: ld

aus den 1960er Jahren ragt 155 Meter in den Himmel. Architektonisch sicherlich keine Perle unter den Fernsehtürmen dieser Welt, entschädigt der Blick vom 30. Stock hinab auf die Stadt den Besucher. Ab 9 Uhr (September–Mai ab 10 Uhr) kann man für 35 Skr (ca. 3,50 €) Eintritt Stockholm aus der Luft bewundern und hat dabei – so sie denn scheint – die Sonne im Rücken.

Anschließend bietet sich ein Spaziergang entlang des **Djurgårdsbrunnsvägen** Richtung Innenstadt an. Auf der linken Seite laden diverse **Museen** wie das Ethnografische (s. S. 30) oder das Seehistorische Museum (s. S. 34) interessierte Besucher ein. Nach wenigen Minuten erreicht man das **Diplomatenviertel** mit einer Vielzahl an ausländischen Vertretungen – auch die Deutsche Botschaft residiert hier. Hinter dem Nobelpark überspannt eine Brücke den Hafen und verbindet das urbane Stockholm mit der grünen Insel **Djurgården.** Die Insel bietet Touristen wie Einheimischen eine Vielzahl an Attraktionen und Sehenswürdigkeiten: das Freilichtmuseum **Skansen** 34, das einen guten Einblick in das schwedische Alltagsleben um 1900 bietet, das **Nordische Museum** 29 mit seinen umfangreichen kulturhistorischen Sammlungen, das Kunstmuseum **Prins Eugens Waldemarsudde** (s. S. 33) oder das beeindruckende **Vasamuseum** 30, in dem das im Jahre 1628 gesunkene Schlachtschiff der schwedischen Marine ausgestellt wird – der Besucher steht hier vor der Qual der Wahl.

Der Vergnügungspark **Gröna Lund** 33 ist Ausgangspunkt der urigen Hafenfähren, die Djurgården wasserseitig mit dem Rest der Stadt verbinden. Die Überfahrt nach **Skeppsbron**, an der südöstlichen Spitze von Gamla Stan gelegen, dauert nur wenige Minuten. Der **Järntorget**, der „Eisenplatz", ca. 150 Meter vom Fähranleger entfernt, lädt den erschöpften Stadtwanderer zu einer Pause ein. Restaurants und Cafés, im Sommer mit gemütlicher Außengastronomie, bieten eine ideale Verschnaufmöglichkeit. Dabei wird man von einem kleinen Mann durch dessen dunkle Brille „beobachtet": Das **Denkmal von Evert Taube**, einem der berühmtesten schwedischen Volksdichter und Sänger, steht an der westlichen Seite des Platzes, nicht unweit seiner Stammkneipe **Den Gyldene Freden** („Der Goldene Frieden", s. S. 51), die von 1722 bis heute an der gleichen Stelle existiert.

Der Rest des Nachmittags steht ganz im Zeichen der **Gamla Stan**, der Altstadt Stockholms. Urige Gassen, schmale Durchgänge, historische Häuser und viel Kopfsteinpflaster prägen die Keimzelle der schwedischen Hauptstadt. Auf engstem Raum sind hier viele Sehenswürdigkeiten vereint: **Tyska Kyrkan** – die Hauptkirche der deutschen Gemeinde, der **Stortorget** („Großer Platz") 5 umgeben von schön restaurierten Kaufmannshäusern und dem **Nobelmuseum** (s. S. 32) oder im Norden der Altstadt das **Kungliga Slottet** 3, das Schloss der Königsfamilie. Lassen Sie sich einfach treiben, dabei gibt es insbesondere in den Randbezirken der Altstadt ruhige Stadtoasen zu entdecken, in denen die Zeit sprichwörtlich stehengeblieben ist und jeden Augenblick ein mittelalterlicher Handwerksbursche um die Ecke biegen könnte ...

◀ *Blick von der Skeppsholmsbron auf das monumentale Königliche Stadtschloss mit Slottsbacken und Storkyrkan*

Die vielen Meter des heutigen Entdeckertages in den Beinen spürend, gibt es das wohlverdiente Abendmahl in Gamla Stan. Eine Vielzahl erstklassiger (und teilweise auch hochpreisiger) Restaurants bieten vorzügliche Menüs. Mit der Wahl des **Dagens Rätt**, des Tagesgerichts, lassen sich jedoch so einige Kronen einsparen (gibt es jedoch nur bis zum späten Nachmittag). Günstiger wird es in den zahlreichen Minirestaurants, die – oft von Emigranten betrieben – eine internationale Küche feilbieten.

2. TAG

Der zweite Tag in Stockholm beginnt in **Södermalm**, dem alternativen Stadtteil im Süden der Stadt. Um den zentral gelegenen **Medborgarplatsen** („Mitbürgerplatz") 40, der problemlos mit der U-Bahn zu erreichen ist – Station Medborgarplatsen –, gruppieren sich viele kulinarische Tempel. Bei sommerlichen Temperaturen bekommt man das Frühstück auf den Terrassen unter Sonnenschirmen serviert. Im Westen grenzen die **Söderhallarna** (s. S. 41) direkt an den Mitbürgerplatz: Seit 1992 laden die Söderhallarna zu einem Bummel durch diverse Marktstände ein. Händler für Fleisch-, Fisch-, Geflügel-, Molkereiprodukte und Obst- und Gemüsehändler offerieren hier täglich ab 10 Uhr (außer sonntags) ihre Produkte. Hinter der schicken Markthalle verbirgt sich der **Fatbursparken** und **Bofills Båge.** Letzteres klingt zwar wie ein neuer Gegenspieler von *James Bond,* ist jedoch ein Stück postmoderner Architektur, benannt nach seinem Erschaffer, dem spanischen Architekten *Ricardo Bofill.* Der Gebäudekomplex besteht aus einem Halbkreis mit einem Durchmesser von 180 Metern und wurde während des Baus 1991/92 kontrovers diskutiert.

Auf der Haupteinkaufstraße Södermalms, der **Götgatan**, die rechts und links von Boutiquen, Fachgeschäften, Restaurants und Kneipen gesäumt ist, geht es gen Norden. Nach wenigen Hundert Metern biegt rechts eine schmale Straße ab, die **Hökens Gata**, die in einen kleinen Platz mündet. Links des Platzes liegt der Fahrstuhl **Katarinahissen** 36, das Wahrzeichen des Stadtteils Södermalm. Auf 38 Meter Höhe bietet die Aussichtsplattform einen **traumhaften Ausblick** über Gamla Stan und einen Großteil der Stockholmer Innenstadt. Am Fuße des Fahrstuhls, die einfache Fahrt kostet 10 Skr (ca. 1 €), befindet sich das **Stadtmuseum** 35 und eine Handvoll Imbissbuden, die mit leckeren Hot Dogs oder frisch gebratenen Heringen (*Nystekt Strömming* auf Schwedisch) Kunden anzulocken suchen.

Über den Verkehrsknotenpunkt Slussen erreicht man in wenigen Minuten die Altstadt. Am nordwestlichen Ende Gamla Stans führt eine Brücke auf die Insel **Riddarholmen** 8, die neben der königlichen Riddarholm Kirche noch diverse, zumeist juristische Amtsgebäude und Paläste beherbergt. Da neben den offiziellen Gebäuden keine Wohnhäuser existieren, wundert es nicht, dass auf Riddarholmen laut Einwohnerverzeichnis nur zwei (!) Personen als wohnhaft registriert sind.

Von der **Evert-Taube-Terrasse** aus hat man einen so vorzüglichen Ausblick auf das Stadshuset, das Stockholmer Rathaus, dass von hier oft Fernsehreporter das politische Geschehen kommentieren. Erreichbar ist das **Stadshuset** 17 über die Centralbron und den angegliederten Fußweg. Das in den Jahren 1911–1923 im Stil der schwedischen Nationalromantik geschaffene Rathaus, es wurden dabei über acht Millionen Ziegelsteine verbaut, dürfte ohne Zweifel eines der bekanntesten Bauwerke Schwedens sein. Alljährlich wird das Nobelbankett in der Blauen Halle des Rathauses, die man in Rahmen von geführten Touren besichtigen kann, abgehalten. Faszinierend ist auch der mit dem schwedischen Nationalsymbol der goldenen drei Kronen verzierte Rathausturm. Über 365 Stufen oder einen Fahrstuhl, allerdings nur für die halbe Wegstrecke, kann man die Aussichtsplattform in 106 Meter Höhe besuchen (Eintritt: Führungen 70 Skr, ca. 7 €, Turm 30 Skr, ca. 3 €) und den Blick über die schwedische Hauptstadt schweifen lassen.

Belohnt wird so viel touristischer Eifer mit einem üppigen Abendessen. Vom Stadshuset geht es über die Stadshusbron zum **Hauptbahnhof** (Centralstation) an der Vasagatan. Diese Straße kreuzt sich einige Blöcke nördlich mit der **Kungsgatan.** Rechts abbiegend bieten auf beiden Straßenseiten unzählige Restaurants und Gaststätten ihre kulinarischen Angebote feil. Guten Appetit und *Skål!*

012st Abb.: sk

STOCKHOLM IN FÜNF TAGEN

Wer sich in Stockholm für fünf Tage aufhalten darf, sollte neben den bekannten und versteckten Höhepunkten der Stadt unbedingt auch Ausflüge in das einmalige Umland der schwedischen Hauptstadt unternehmen. Bei der abwechslungsreichen Mischung aus spannendem Stadturlaub und erlebnisreichen Touren in die Region werden die Tage garantiert wie im Fluge vergehen.

1. TAG – GAMLA STAN UND SÖDERMALM

Natürlich beginnt auch das 5-Tage-Programm in **Gamla Stan**, dem touristischen Aushängeschild Stockholms. Ausgangspunkt ist das **Reichstagsgebäude** 1, der Riksdag, auf Helgeandsholmen. Von dort erblickt man schon das gewaltige **Stadtschloss** (Kungliga Slottet) 3 des schwedischen Königshauses. Um 12.15 Uhr erfolgt der bei Touristen äußerst beliebte **Wachwechsel.** Wer es gerne etwas weniger pompös haben möchte, sollte eines der zahlreichen **Museen** im Stadtschloss aufsuchen. Auch ein Blick in die **Storkyrkan** 4 in unmittelbarer Nachbarschaft des Schlosses lohnt sich in jedem Fall. Auf dem pittoresken, beliebten und folglich auch häufig überlaufenen **Stortorget** 5 bietet sich eine kleine Erholungspause an, die mit dem Besuch eines der vielen Cafés sinnvoll verlängert werden kann. Über die Straßen der **Västerlånggatan** oder **Österlånggatan** gestaltet sich die weitere Entdeckungstour durch die Altstadt, wobei aber unbedingt auch die kleinen, verwinkelten und ruhigeren **Parallel- und Seitenstraßen** der beiden „Hauptverkehrsadern" benutzt werden müssen. Gassen wie Köpmangatan, Prästgatan, die Stiegen im Deutschen *(tyska)* Viertel oder die Verbindungswege zwischen Västerlånggatan und Stora Nygatan drängen sich diesbezüglich geradezu auf. Ein Pflichtprogramm ist in dieser Hinsicht der **Märten Trotzigs Gränd** in der Nähe des Järntorget, die mit nicht einmal 90 cm schmalste Gasse der Stadt.

Ein einmaliges Erlebnis: mit dem Kajak durch den Innenstadtbereich

An dieser Stelle ist dann auch schon der Übergang nach **Södermalm** erreicht. Über den Verkehrsknotenpunkt **Slussen** erreicht man den **Hornspuckeln**, einen kleinen, mit Galerien gesäumten Hügel an der Hornsgatan. Etwas weiter entlang an der Hornsgatan liegt der **Mariatorget** 39, eine übersichtliche und nette Grünfläche mit „Kiezatmosphäre" und einladenden Cafés. In den frühen Abendstunden oder zum Sonnenuntergang (was in den Sommermonaten ja bekanntlich ein wenig auf sich warten lassen könnte) sollte man sich am etwas versteckt liegenden **Monteliusvägen** oberhalb des Söder Mälarstrand einfinden. Mit selber mitgebrachten Getränken und Snacks kann man von hier oben die einzigartige Aussicht mit Blick über den Riddarfjärden auf die Altstadt und das Stadshuset genießen. Abends geht es dann mit der U-Bahn von Slussen oder zu Fuß über die **Götgatan** zum **Medborgarplatsen** 40, um dort oder in **„SoFo"** 41, dem Kneipenviertel südlich der Folkungargatan, den Tag ausklingen zu lassen oder ihm ein weiteres Kapitel hinzuzufügen.

2. TAG – DIE MODERNE CITY: NORRMALM, KUNGSHOLMEN UND VASASTAN

Tag 2 beginnt mit der Besichtigung einer der Top-Attraktionen der Stadt, dem **Stadshuset** ⓱. Bei einer geführten Besichtigungstour können hier unter anderem die Räumlichkeiten bewundert werden, in denen das jährliche Bankett zur Nobelpreisverleihung abgehalten wird.

Bei einer Besichtigung des Stadshuset stehen dann selbstverständlich auch die wunderschönen **Grünanlagen** zur Wasserseite sowie eine **Turmbesteigung** mit einem atemberaubenden Rundblick auf der Tagesordnung.

Der Weg zur überwiegend touristisch orientierten **Drottninggatan** führt über den **Hauptbahnhof**, die Centralstation. Im nördlichen Teil der Drottninggatan, am **Centralbadet** ⓯, sollte man sich die Zeit nehmen, um sich im ruhigen und abgeschiedenen Innenhof bei einem *Fika* (der schwedischen Version der Kaffeepause) eine Pause zu gönnen. Wer sich die Zeit nimmt und Spaß daran hat, ist natürlich auch zu einem entspannenden Badaufenthalt eingeladen. Über **Hötorget** ⓮ und **Konserthuset** (s. S. 273), dem Ort, an dem die Nobelpreise feierlich überreicht werden, geht es über weitere Einkaufsstraßen zum **Sergels Torg** ❿, dem verkehrsreichen Zentrum der City. Hauptattraktion ist hier das **Kulturhuset.** Neben dem vielfältigen kulturellen Angebot empfiehlt sich ein Besuch im **Design-Torget** im Untergeschoss, da dort besonders originelle Designprodukte und Souvenirs erworben werden können.

Wer dort noch nicht fündig geworden ist, der lasse sich auf das **NK** (s. S. 38) in der Hamngatan vertrösten – ein Edelkaufhaus mit einer kaum zu bewältigenden Angebotspalette. Im gegenüberliegenden **Sverigehuset** kann man ebenfalls nach Mitbringseln stöbern oder in der **Touristinformation** letzte Fragen abklären.

Gleich neben dem Sverigehuset öffnet sich die Hamngatan zum weitläufigen **Kungsträdgården** ⓫, ein Ort des Ausruhens, Zuschauens und Genießens. Nach dem mehr oder weniger längeren Aufenthalt auf diesem schönen Platz fährt man von der gleichnamigen U-Bahn-Station (einer der schönsten Stationen der Stadt) zurück zum Hauptbahnhof, U-Bahn-Station T-Centralen.

Nur wenige Meter vom Ausgang entfernt befindet sich im Nordic Sea Hotel am Vasaplan die **Icebar** (s. S. 120), deren Besuch zuvor natürlich in weiser Voraussicht vorgebucht wurde! Auch wenn man sich in den kühleren Jahreszeiten eher über einen Glühwein freuen würde, in den Sommermonaten wird der Wodka zu einem echten Erlebnis.

Da man nun mit dem stockholmer U-Bahn-Netz schon recht vertraut ist, geht es mit diesem Verkehrsmittel weiter zum **St. Eriksplan** (vielleicht mit einem Zwischenstopp am belebten **Odenplan** ⓲, dem Herzen Vasastans), um anschließend in der **Rörstrandsgatan**, einer Seitenstraße des St. Eriksplans, bei einem guten Abendessen den Tag abzurunden oder den weiteren Abend vielversprechend einzuläuten.

▶ *Wer eine Pause einlegen möchte, kann sich in der gemütlichen Atmosphäre des Kungsträdgårdens ausruhen*

014st Abb.: ld

3. TAG – ÖSTERMALM UND DJURGÅRDEN

Der dritte Tag startet am **Stureplan** 21, Stockholms „Spielwiese der Reichen und Schönen“. Erste Adresse ist die noble **Sturegallerian** (s. S. 38), wo sich die Urlaubskasse ganz ungeniert ruinieren lässt. Am besten, man schaut einfach mal kurz vorbei.

Anschließend steht man vor der Alternative, sich im **Musikmuseum** 24 mehr der Muse zu widmen oder aber im benachbarten **Armeemuseum** 25 den etwas handfesteren Sachen auf den Grund zu gehen. Eine Essenspause sollte unbedingt in den geschichtsträchtigen **Saluhallen** (s. S. 56) Östermalms am Östermalmstorg eingelegt werden. Das hervorragende Angebot reicht vom schnellen und – im positiven Sinne – umwerfenden Imbiss am Stehtisch bis hin zum kulinarischen Gaumenschmaus im Restaurantbereich.

Von dort schlägt man den Weg nach Djurgården ein, entweder mit den öffentlichen Verkehrsmitteln oder aber zu Fuß entlang des faszinierenden **Strandvägen.** Auf **Djurgården** eröffnen sich ebenfalls mehrere Möglichkeiten: Der Besuch des **Vasamuseums** 30 ist geradezu verpflichtend, danach kann man sich entscheiden, ob man das interessante **Aquaria Vattenmuseum** 32 oder, vielleicht besser für jüngere Besucher, die Astrid-Lindgren-Welt **Junibacken** 31 aufsuchen möchte.

Nach diesen kulturellen Highlights tut es gut, sich wieder seiner körperlichen Fähigkeiten zu besinnen. Das grüne

Djurgården bietet enorme Möglichkeiten für Fahrradfahrer, Inlineskater, Jogger und Spaziergänger. Wassersportler können mit Kajaks die Insel umrunden oder bis in den Innenstadtbereich paddeln. Idealer Ausgangspunkt all dieser **sportlichen Aktivitäten** ist die nach Djurgården führende **Djurgårdsbron** samt dortigem Café (bei dem die notwendigen Gerätschaften auch ausgeliehen werden können).

Zum Abschluss des Tages hat man sich nach diesem anregenden und füllenden Programm für den Abend etwas Ruhiges verdient: Ein **Kinobesuch** (s. S. 269) im Zentrum der Stadt am Hötorget oder in einem der zahlreichen Lichtspielhäuser längs der Kungsgatan steht für die Abendstunden auf der Vorschlagsliste. Und da die Filme in ihrer Originalsprache laufen und nur mit schwedischen Untertiteln versehen werden, muss man dafür nicht unbedingt der schwedischen Sprache mächtig sein.

4. TAG – HINAUS IN DEN SCHÄRENGARTEN

Dieser Tag wird dem Schärengarten gewidmet. Dazu liegen zwei Alternativen auf der Hand:

Nach einem ausgiebigen Frühstück geht es mit einem Schiff der berühmten **Waxholmlinie** durch einen Teil des zentralen Schärengartens nach **Vaxholm**, der größten Stadt der Inselwelt. Die Bootstour beginnt in Stockholm am Strömkajen oder Slussen und dauert jeweils etwa 60 Minuten. Vaxholm ist eine traditionsreiche Festungsstadt, in der es vieles zu entdecken und genießen gibt. Zum Essen laden die zahlreichen Gaststätten im Hafenbereich ein.

Der Alternativvorschlag sieht vor, ebenfalls nach einem umfangreichen Frühstück in Östermalm, am späten Vormittag (11 Uhr) den schnellen **Silverpilen** am Strandvägen zu besteigen und sich in die Weiten des Schärengartens hinausfahren zu lassen. Dort kann man dann den Tag am Wasser verbringen und sich auf das ruhige Schärenleben einlassen.

Im Gegensatz zum Ausflug nach Vaxholm sollte man sich vorher überlegen, ob man nicht lieber eigenen Proviant mitnehmen möchte. Noch wichtiger ist, nicht die Rückfahrt mit dem Silverpilen zu versäumen! Folgende Ziele im zentralen Schärengarten bieten sich an: **Svartsö** (Fahrtdauer jeweils 1 h 45 Min.; Aufenthaltsdauer beinahe 4 h), **Finnhamn** (Fahrtdauer jeweils 2 h 20 Min.; Aufenthaltsdauer 2 h 30 Min.) oder **Möja** (Fahrtdauer jeweils gut 3 h, für den Aufenthalt bleibt dann kaum mehr eine Stunde Zeit, dafür wird man mit einer einmaligen Schiffstour durch das Insellabyrinth belohnt).

Der ereignisreiche Tag kann dann in Stockholm bei einem gemütlichen **Abendessen** mit einem Glas Rotwein in Gamla Stan beendet werden.

5. TAG – AUSFLUG NACH UPPSALA

Der letzte Tag des Fünf-Tage-Plans sieht ebenfalls vor, sich ins erweiterte Umland zu begeben. Zielort ist die wunderschöne alte Universitätsstadt **Uppsala**. Für die Anfahrt mit dem Auto über die E4 oder mit dem Zug von der Centralstation benötigt man nicht einmal eine Stunde.

▶ *Das Wahrzeichen Uppsalas: der beeindruckende Dom*

Einen Großteil der Stadttour wird die bezaubernde **Altstadt** mit ihren vielen historischen Gebäuden einnehmen. Mit der gewaltigen **Kathedrale** (dem größten sakralen Bauwerk Skandinaviens), dem **Gustavianum** mit seinem geschichtsträchtigen anatomischen Theater, dem prunkvollen **Universitätshauptgebäude,** der großartigen Bibliothek **Carolina Rediviva,** den vielen mittelalterlich anmutenden (Universitäts-)Gebäuden im alten **Universitätsviertel** und natürlich mit dem hoch über der Stadt thronenden **Schloss** weist Uppsala eine nahezu unerreichbare Dichte an überragenden Sehenswürdigkeiten auf. Für einen umfassenden Stadtspaziergang sollte man schon genügend Zeit mitbringen, um dann auch an der einen oder anderen Führung teilnehmen zu können.

Die östliche Seite des Flusses Fyris gehört dem **moderneren Teil Uppsalas** mit netten Geschäften in einer freundlichen und einladenden Fußgängerzone. Beim Shoppen und Flanieren vergeht hier die Zeit ebenfalls wie im Fluge.

Wer mit dem eigenen Pkw angereist ist, sollte unbedingt das etwas außerhalb liegende **Gamla Uppsala** aufsuchen.

Auch auf **kulinarischem Gebiet** hat die Stadt einiges zu bieten. Die **Saluhallen** am St. Erikstorg beheimaten gleich eine Reihe von Ständen und Gaststätten. In der Mittagszeit ist dort das Dagens Rätt hinsichtlich seines Preis-Leistungs-Verhältnisses kaum zu schlagen. Hat man die Möglichkeit, auch den Abend in Uppsala zu verbringen, sollte man unbedingt das stimmungsvolle Restaurant Tzatziki am Fyristorg 4 aufsuchen. Wer dann noch ins **Nachtleben** eintauchen möchte, dem bleiben wiederum die Saluhallen oder beispielsweise der Club Birger Jarl

in der Nedre Slottsgatan (der vor allem an den Wochenenden zu empfehlen ist – es sei denn, man möchte eher unter sich bleiben).

Möchte man nicht nach Stockholm zurückkehren, so kann man ja den Abstecher nach Uppsala tatsächlich so nutzen, um von hier aus seine Reise in die anderen Landesteile Schwedens zu starten. Nach einer **Übernachtung** in dem ehrwürdigen Grand Hotell Hörnan in der Bangårdsgatan kann man dann beispielsweise die Reise nach Västerås fortsetzten, um dort eine Nacht im Unterwasserhotel Utter Inn zu verbringen …

145st Abb.: Håkan Svensson,www.wikipedia.org

ZUR RICHTIGEN ZEIT AM RICHTIGEN ORT

Der Terminkalender Stockholms ist gerade in den Sommermonaten dicht gedrängt. Im Juni, Juli und August reihen sich typisch schwedische und speziell Stockholmer Festivitäten dicht aneinander. Größere und kleinere Höhepunkte prägen in dieser Zeit das Stadtbild, die den Hauptstadtbesuch sicherlich zu einem herausragenden und unvergesslichen Erlebnis abrunden werden.

Aktuelle Termine und Ereignisse erfragt man am besten im Touristenbüro. Dort ist zudem die in Englisch erscheinende **Informationsbroschüre** *„What's On Stockholm"* erhältlich. Auch wenn man des Schwedischen nicht hundertprozentig mächtig sein sollte, hilft dennoch oft ein Blick in den Veranstaltungskalender der aktuellen Tagespresse weiter.

Man sollte im Hinterkopf behalten, dass sich an den Feiertagen die **Öffnungszeiten** verkürzen, beziehungsweise Geschäfte und öffentliche Einrichtungen ganz geschlossen bleiben können – teilweise sogar schon an dem Nachmittag des Vortages.

Auswirkungen auf die Öffnungszeiten ergeben sich ebenfalls in den Schulsommerferien (Mitte Juni bis Mitte August), vor allem im Monat Juli, wenn zudem noch viele Betriebsferien hinzukommen. In dieser Zeit schließen einige Restaurants und Geschäfte ganz. Weitere **Schulferientermine** liegen um Weihnachten (zwei Wochen), im Februar/März (eine Woche Skiferien), um Ostern (eine Woche) und manchmal im Oktober/November (eine Woche Herbstferien).

JANUAR

- **Stockholmer Antiquitätenmesse:** Ende Januar versammeln sich Liebhaber von Antiquitäten, Inneneinrichtungen, Kunst und auch von Kuriositäten auf dem Gelände der Stockholmsmässan, um sich hier bei den zahlreichen Ausstellern das ein oder andere Objekt ihrer Begierde zu sichern (www.stofair.se).
- **Vikingarännet:** Wer gerne einmal seine Grenzen beim Eislaufen austesten möchte, sollte an diesem 80 km Eislaufmarathon über den zugefrorenen Mälaren von Stockholm nach Uppsala teilnehmen. Neben einer guten Kondition ist ein kalter Winter eine unabdingbare Voraussetzung für dieses Ereignis, das im Schnitt alle fünf Jahre im Januar oder Februar stattfinden kann (www.vikingarannet.com).

FEBRUAR

- **Internationales Eishockey-Turnier:** Schweden gehört in dieser Sportart zur absoluten Weltspitze, folglich ist es nicht verwunderlich, dass Eishockey Volksport ist und eines der bedeutendsten Turniere im stimmungsvollen Globen 44 ausgetragen wird (www.globen.se).

MÄRZ

- **Stockholmer Kunstmesse:** Zu Beginn des Monats trifft sich die Kunstszene in Sollentuna, um über Kunst zu reden oder einfach, um Kunst zu genießen (www.sollfair.se).

APRIL

- **Walpurgisnacht:** Am 30. April *(sista april)* feiert man in Schweden die Ankunft des Frühlings. Und weil dies gelegentlich auch mit etwas Alkohol geschieht, ist es umso schöner, dass der erste Mai in Schweden ebenfalls ein Feiertag ist. Gefeiert wird unter anderem im Skansen 34 (www.skansen.se). Vor allem Studenten sind die Initiatoren dieses Treibens und wenn es sich irgendwie einrichten lässt, sollte man die Walpurgisnacht in der Studentenstadt Uppsala miterleben – ein unvergessliches Erlebnis!

FEIERTAGE UND FERIEN

- *1. Januar: Neujahr (Nyårsdagen)*
- *6. Januar: Heilige Drei Könige (Trettondedag)*
- *März/April: Karfreitag (Långfredagen) und Ostern (Påsk)*
- *30. April: Walpurgisnacht (Valborgsmässoafton, kein offizieller Feiertag)*
- *1. Mai: Maifeiertag (Första Maj)*
- *Mai: Christi Himmelfahrt (Kristi Himmelfärds Dag)*
- *Mai/Juni: Pfingsten (Pingstdagen)*
- *6. Juni: Nationalfeiertag (Nationaldagen, kein offizieller Feiertag)*
- *Juni Wochenende um den 21. Juni: Mittsommer (Midsommar, kein offizieller Feiertag)*
- *Mitte Juni bis Mitte August: Sommerferien*
- *Oktober/November: Allerheiligen (Alla Helgons Dag)*
- *13. Dezember: Lucia-Fest (Luciadagen, kein offizieller Feiertag)*
- *24.-26. Dezember: Heiligabend (Julafton) und Weihnachten (Jul)*
- *31. Dezember: Silvester (Nyårsafton)*

MAI

- **Elitloppet:** Freunde des Pferderennsports werden hier auf ihre Kosten kommen: Bei diesem Rennen versammeln sich die schnellsten Pferde Schwedens auf der Solvalla Trabrennbahn in Sundbyberg, um den Gewinner unter sich auszumachen.
- **Tjejtrampet:** Eines der größten Fahrradrennen für Frauen wird Ende Mai in der Gegend um Gärdet ausgetragen.

JUNI

- **Tag des Schärendampfers** *(Skärgårdbåtens Dag):* In der ersten Juniwoche startet eine Parade ehrwürdiger (Dampf-)Schiffe von Strömkajen nach Vaxholm. Eine gute Gelegenheit zum Zuschauen oder zur kleinen Spritztour durch die Stockholmer Inselwelt nach Vaxholm.
- **Nationalfeiertag:** Am 6. Juni 1523 wurde *Gustav Vasa* gekrönt und dieser Nationalfeiertag wird, obwohl es kein offizieller Feiertag ist, natürlich auch in der schwedischen Hauptstadt begangen. Eine der Hauptveranstaltungen wird in Anwesenheit der königlichen Familie im Skansen 34 abgehalten (www.skansen.se).
- **Stockholm Marathon:** Einer der größten und beeindruckendsten Großstadtmarathons. An einem Samstag Mitte Juni begeben sich an die 13.000 Läufer auf einen der weltweit schönsten Stadtkurse, um den Sieger zu ermitteln. Normalsterbliche müssen sich bis zum 20. April angemeldet haben, aber auch das bloße Zuschauen und Anfeuern ist schon ein Erlebnis (www.marathon.se).
- **Schlossgala im Ulriksdal-Schloss:** Klassische Musik und Feuerwerk werden Mitte Juni etwas außerhalb von Stockholm in Solna geboten. Die Tickets für dieses begeisternde Ereignis sind leider nicht gerade günstig.
- **Eken Cup:** Ein Handballturnier für Jedermann, beziehungsweise „Jedesteam". Handball wird bekanntlich in Schweden groß geschrieben, folglich geht es hierbei nicht nur um den Spaß, in den Endrunden geht es durchaus zur Sache. Gespielt wird auf schier unzähligen Kleinfeldern mitten in der Stadt (www.ekencup.se).
- **Midsommar:** Auch wenn an diesem ersten Freitag nach dem 21. Juni die meisten Schweden die Städte meiden und sich auf ihre Sommerhäuschen auf dem Land und am Wasser zurückziehen, gefeiert wird das wohl schwedischste aller schwedischen Feste selbstverständlich auch in Stockholm. Einer der besten Plätze, um diesem Spektakel mit Maibaum setzen, Musik, Tanz, viel Essen und noch mehr Trinken beizuwohnen, ist auch hier wieder Skansen 34 (www.skansen.se).

JULI

- **Stockholmer Sommerspiele:** Sportwettkämpfe für junge Sportler im altehrwürdigen Olympiastadion und in anderen über die Stadt verteilten Sportstätten (www.summergames.se).
- **DN-Gala:** Ein weiteres Leichathletiksportfest mit nationalen und internationalen Größen Ende Juli/Anfang August (www.dngalan.com).
- **Stockholm Jazz- und Bluesfestival:** Eine Vielzahl von Livekonzerten auf Skeppsholmen. Nationale und internationale Größen geben sich hier Ende Juli für sechs Tage ein Stelldichein und feiern mit den vielen Tausend Besuchern eine Party. Ein „Muss" für Schwedenfans und Jazzer (www.stockholmjazz.com).

▶ *Alles bereit zum schwedischen Midsommar-Fest*

017st Abb.: sk

› **Stockholm Pride Week:** Festival für Schwule, Lesben und Bisexuelle. Die Stockholmer Variante des Christopher Street Days, die sich über eine Woche im Juli/August im Tantolunden Park in Södermalm abspielt (www.stockholmpride.org).

AUGUST

› **Eröffnung der Surströmming- und Krebssaison:** Auch wenn diese schwedischen Delikatessen – vor allem der *Surströmming* (siehe Kapitel „Die schwedische Küche") – nicht jedermanns Geschmack sind, die Gelegenheit zu einer Teilnahme an einer der zahlreichen Eröffnungspartys sollte man nicht ausschlagen. Bei guter Stimmung und nicht zu wenig Schnaps sollte doch so mancher Hering oder Krebs verspeist werden.

› **Kulturfestival:** Seit 2005 wird zu Beginn des Monats an den unterschiedlichsten Plätzen der Stadt das Kulturfestival gefeiert. Alljährlich wird dafür ein bunter Mix aus Lesungen, Sport- und Theaterevents, Musikpartys und Fotoausstellungen auf die Beine gestellt (www.kulturfestivalen.stockholm.se).

› **Tjejmilen:** Einer, wenn nicht sogar der größte Volkslauf für Frauen in Europa. Dabei gilt es eine Distanz von 10 km in der Nähe des Gärdet zurückzulegen.

SEPTEMBER

› **Stockholmer Bier- und Whisky-Festival:** Auch wenn es nur schwer zu glauben ist: Eines der besten Bierfeste existiert ausgerechnet in der Hauptstadt des Landes, welches eine recht restriktive Alkoholpolitik fährt. Auch wenn Schnapsleichen und andere Begleiterscheinungen erhöhten Alkoholgenusses unvermeidlich scheinen, ein gewisses Flair lässt sich nicht leugnen (Factory; Nacka Strand (www.stockholmbeer.se).

OKTOBER

› **Stockholm Open:** Dieses international hochklassig besetzte Hallenturnier begeistert Ende Oktober/Anfang November nicht nur die eingefleischten Tennisfans. Das Spektakel in den Kungliga Tennishallen ist darüber hinaus eine der bestdotierten Tennisveranstaltungen in Europa (www.stockholmopen.se).

› **Lidingöloppet:** Der Startschuss für den nach Teilnehmerzahl wohl größten Crosslauf-Wettbewerb Schwedens fällt Ende September/Anfang Oktober auf Lidingö. Gestartet wird in allen denkbaren Kategorien, von Siebenjährigen bis hin zu Senioren und auch die Laufstrecken variieren von 5,6 km bis 30 km (www.lidingoloppet.se).

NOVEMBER

› Das **Internationale Stockholmer Film-Festival** zieht seit 2003 nicht nur Fans

DER NOBELPREIS – GESCHICHTE UND GESCHICHTCHEN

Der schwedische Erfinder und Unternehmer Alfred Nobel starb am 10. Dezember 1896 und hinterließ ein für damalige Verhältnisse exorbitantes Vermögen von 33 Millionen Kronen. Doch die sich bereits die Hände reibende Verwandtschaft – Nobel hatte keine Kinder – schaute fassungslos in die Röhre: Statt seine Familie mit dem Geldsegen zu beglücken, forderte er testamentarisch, eine nach ihm benannte Stiftung zu gründen. Nobel hatte sein Vermögen mit der Erfindung und Produktion verschiedener Sprengstoffe – am bekanntesten wohl das Dynamit – gemacht. Dass diese Sprengstoffe neben dem zivilen Gebrauch jedoch vermehrt bei militärischen Konflikten eingesetzt wurden, bereitete dem Menschenfreund Nobel zunehmend Gewissensbisse. Sein Testament war die Folge dieser Sorgen: Sein gesamter Besitz sollte dem Wohlergehen der Menschheit gewidmet werden. Personen, die Außerordentliches für den Fortschritt der Menschheit geleistet hatten, sollten in Zukunft alljährlich mit einem Preis ausgezeichnet werden.

Genau fünf Jahre nach Nobels Tod wurden am 10. Dezember 1901 in den Kategorien Physik, Chemie, Medizin, Literatur und Frieden (dieser Preis hatte dem Stifter besonders am Herzen gelegen) die ersten Laureaten ausgezeichnet. Die hartnäckigen Gerüchte, einen Nobelpreis für Mathematik habe es nur deshalb nicht gegeben, weil Nobels Frau ein Verhältnis mit einem Matheprofessor gehabt habe, können ins Reich der Fabeln verwiesen werden: Alfred Nobel war nie verheiratet! Bis auf den Friedensnobelpreis, der von einem Gremium des norwegischen Parlaments vergeben wird (Norwegen war bis 1905 Teil des Schwedischen Reiches), werden die Preisträger durch die Kungliga Vetenskapsakademien (Königlich-Schwedische Akademie der Wissenschaften; Physik und Chemie), die Nobelversammlung des Karolinska Institutet (Medizin) und durch die Svenska Akademien (Schwedische Akademie; Literatur) gewählt. Seit 1969 wird im Rahmen der Zeremonie auch ein Preis in der Kategorie Wirtschaftswissenschaften vergeben, der von der schwedischen Reichsbank gestiftet wurde. Im engeren Sinne ist dies jedoch kein Nobelpreis. Zurzeit liegt die Preissumme pro Kategorie bei ca. 1,1 Mio €.

Die Auswahlgremien in den unterschiedlichen Kategorien verrichten ihre Arbeit weitgehend im Stillen und sehr diskret. Alle Entscheidungsprozesse, Diskussionen und Dispute verlaufen unter Ausschluss der Öffentlichkeit. Nicht einmal die potenziellen Kandidaten- oder Anwärterlisten verlassen die Sitzungsräume. Nur selten dringen Informationen an die Öffentlichkeit, zumeist nur nach großen Disputen, wenn die unterlegenen Diskutanten die Massenmedien unter der Hand mit eigentlich Vertraulichem versorgen. Oft werden die Kommissionen hart angegangen, besonders die Entscheidungen für den Literatur- und den Friedensnobelpreis werden oft vehement kritisiert. Für alle Dokumente des Auswahlprozederes gilt jedoch eine Sperrfrist von 50 Jahren. Somit liegen nur die Entscheidungsprozesse in der ersten Hälfte des letzten Jahrhunderts offen. Diese bringen neben viel Nachvollziehbarem auch Trauriges, Skurriles und Unverständliches zu Tage:

› *Mahatma Gandhi hat den Friedensnobelpreis nie erhalten, obwohl er insgesamt 12 Mal nominiert war. Das Gremium stufte ihn als „zu nationalistisch" ein. 1948 wäre ihm der Preis vermutlich zugeteilt worden, doch ein Attentäter war schneller und ermordete Gandhi Anfang des Jahres. Da man den Preis nicht posthum vergab, blieb er 1948 unvergeben.*

› *Ebenfalls - gleich zweimal - erfolglos nominiert für seine immensen Bestrebungen den Zweiten Weltkrieg zu beenden, wurde Josef Stalin!*

› *Nominierungsrekordhalter ist bisher der deutsche Chirurg Ferdinand Sauerbruch. Trotz 54 (!) Nominierungen in 14 Jahren hat er den Medizinnobelpreis nie erhalten.*

› *Vier Preisträger wurden doppelt ausgezeichnet. Der Brite Fred Sanger erhielt den Nobelpreis für Chemie 1958 und 1980, der US-Amerikaner John Bardeen den Physiknobelpreis 1956 und 1972 und zwei Laureaten wurden sogar in unterschiedichen Kategorien prämiert: Marie Curie in Physik (1903) und Chemie (1911) und Linus Pauling in Chemie (1954) und mit dem Friedensnobelpreis für sein Engagement gegen Atomwaffen (1962). Maire Curie machte die Nobelpreisbankette fast schon zu einem Familienfest, da auch die Leistungen ihres Ehemannes, ihrer Tochter und ihres Schwiegersohnes jeweils mit dem Nobelpreis honoriert wurden.*

› *Zwei Gewinner lehnten den Preis von sich aus ab: Jean-Paul Sartre (Literatur, 1964), der grundsätzlich alle persönlichen Ehrungen verabscheute und der nordvietnamesische Politiker Le Duc Tho im Jahr 1973, der gemeinsam mit dem US-amerikanischen Außenminister Henry Kissinger den Friedensnobelpreis erhalten sollte. Le Duc Tho lehnte die Auszeichnung ab, da der Krieg in seinem Land noch tobte und die Amerikaner ihren Verbündeten Südvietnam weiterhin mit Waffen belieferten.*

› *Vier Gewinner wurden gezwungen, die Ehrung zu verweigern. Die deutschen Chemiker Richard Kuhn und Adolf Friedrich Johann Butenandt und der Mediziner Gerhard Domagk durften ihre jeweiligen Nobelpreise nach Intervention des NS-Regime nicht annehmen. Die Verleihung des Friedensnobelpreises 1936 (rückwirkend für 1935) an den Regimegegner Carl von Ossietzky hatte Hitler so verärgert, dass er ein Gesetz erließ, welches folgendermaßen schloss: „Die Annahme des Nobelpreises wird damit für alle Zukunft Deutschen untersagt". Stattdessen wurde in Deutschland ab 1937 der ‚Deutsche Nationalpreis für Kunst und Wissenschaft' an verdiente ‚Volksgenossen' wie die treuen Ausrüster der deutschen Luftwaffe Willy Messerschmitt und Ernst Heinkel vergeben.*

Ein ähnliches Schicksal hatte der Sowjetrusse Boris Pasternack, der sich ebenfalls dem politischen Druck des Regimes beugen musste und den Literaturnobelpreis 1958 ablehnte.

Noch heute werden die Nobelpreise, mit Ausnahme des in Oslo vergebenen Friedensnobelpreises, mit viel Glanz und Pomp im Stockholmer Konzerthaus überreicht. Dabei erhalten die Laureaten Urkunde und Nobelmedaille persönlich aus den Händen des schwedischen Königs. Anschließend nehmen alle Gäste an einem aufwendigen Empfang in der ‚Blauen Halle' teil, einem Saal in Stockholms Rathaus (Stadshuset), der seinem Namen zum Trotz rot und nicht blau ist!

des skandinavischen Films in seinen Bann. Neben Filmen aus den nordischen Ländern treten in der fast zweiwöchigen Veranstaltung zudem internationale Produktionen in Konkurrenz zueinander an. Die verschiedenen Aufführungen verteilen sich über die gesamte Stadt (www.filmfestivalen.se).

DEZEMBER

› Ein Hauch von Weltstadt und feierlicher Stimmung weht am 10. Dezember durch die schwedische Hauptstadt, wenn hier die **Nobelpreise** im Konzerthaus in Anwesenheit der königlichen Familie verliehen werden. Eintrittskarten sind heiß begehrt, dennoch ist es nicht gänzlich ausgeschlossen, im Vorfeld welche zu erstehen. Auf den jeweiligen Träger des Friedensnobelpreises wird man allerdings vergeblich warten – dieser Preis wird einige hundert Kilometer weiter westlich in der norwegischen Hauptstadt verliehen.

› Zahlreiche **Weihnachtsmärkte** öffnen im Dezember ihre Pforten. Die populärsten sind wohl der Weihnachtsmarkt im Skansen 34 und der Markt in der Altstadt. Zudem sind auch noch andere, kleinere – aber vielleicht auch feinere – Weihnachtsmärkte zu finden.

› Am **Luciadagen** (13. Dezember) wird überall in Schweden das Luciafest gefeiert. In Anlehnung an das lateinische *lux* („Licht") kleiden sich viele Mädchen und junge Frauen in ein weißes Gewand, tragen eine Krone und führen mit Kerzen in der Hand eine Prozession an. Eine der größten Feierlichkeiten ist natürlich im Skansen 34 zu bewundern, andere Luciafeste finden aber beispielsweise auch in Kirchen, Schulen oder an anderen öffentlichen Orten statt (www.skansen.se).

▲ *Das legendäre Stadshuset*

AUF INS VERGNÜGEN

STOCKHOLM FÜR CITYBUMMLER

Gerade wer sich längere Zeit in Stockholm aufhält, wird feststellen, dass die schwedische Hauptstadt weit mehr ist als die zwar einzigartige, aber leider auch häufig zu touristische Gamla Stan (Altstadt). Neben den klassischen Revieren zum Flanieren und Eintauchen wie eben der Altstadt, dem Strandvägen im edlen Östermalm oder der quirligen Kungsgatan in Norrmalm findet man eben doch problemlos weniger bekannte Orte zum Genießen und Zurückziehen, die sich über das gesamte Stadtbild verteilen.

Kungsholmen etwa hat unendlich lange Promenaden am Wasser zu bieten. Entscheidet man sich für den **Norr Mälarstrand,** genießt man auf der einen Seite den Blick über den Riddarfjärden nach Södermalm, auf der anderen Seite ragen die herrschaftlichen Wohnungen gutsituierter Bürger empor. Und am westlichen Ende des Uferweges locken die beiden Parkanlagen **Rålambshov** und **Mariebergsparken.** Gleich daneben befindet sich auf Kungsholmen das noch eher unbekannte, städtebaulich interessante Gebiet nördlich der Fleminggatan am Sankt-Erik-Krankenhaus und dem **Grubbensringen.** Von dort kann man dann über den Kungsholms Strandstig am Wasser zurück zur Innenstadt spazieren.

Der **Odenplan** 18 in Vasastan ist ein weiteres Beispiel für das umtriebige, aber eher unbekannte Stockholm. Zahlreiche kleinere Läden und ein durchaus attraktives Nachtleben machen den Odenplan und seine unmittelbare Umgebung zu einer interessanten Alternative. Ähnliches gilt für den **Sankt Eriksplan,** ebenfalls in Vasastan gelegen. Vor allem die Rörstrandsgatan hat sich dank der kaum zu vermutenden Restaurantdichte unter Gourmetfreunden zu mehr als einem Geheimtipp entwickelt.

Im vornehmen Stadtteil Östermalm kann man zwischen dem idyllischen **Östermalmstorg** 26 und dem **Botschaftsviertel Diplomatstaden** den etwas besser gestellten Stockholmern über die Schulter schauen. Geht es darum, sich zu erholen, muss der weitläufige **Humlegården** aufgesucht werden. An einer seiner Flanken verläuft der **Karlavägen.** Zusammen mit dem **Valhallavägen** prägen diese beiden unverwechselbaren Chausseen das Stadtbild auf eindrucksvolle Art und Weise. Vom Botschaftsviertel kann man zu Fuß durch die Wiesen des **Ladugårdsgärdet** bis zum **Kaknästornet** 47 spazieren. Dabei erhält man verblüffende und überraschende Perspektiven, die man so in Stockholm vielleicht nicht vermutet hätte.

Südlich davon, durch den Djurgårdsbrunnsviken getrennt, liegt **Djurgården.** Den westlichen Teil mit den teilweise weltberühmten Museen und Vergnügungsparks kennt wohl ein jeder. Nach Osten schließt sich jedoch der größere, ruhigere, natürlichere und für manche daher vielleicht auch schönere Bereich an. Sucht man Ruhe und will dem

▶ *Auch wenn man kein Romantiker ist, lässt die mittelalterliche Stimmung auf dem herrlichen Riddarholmen keinen Besucher unsentimental*

Treiben der schwedischen Hauptstadt für einen Moment entfliehen, wird man den östlichen Djurgården sicherlich schnell in sein Herz schließen.

In **Södermalm** ist im Vergleich zum übrigen Stockholm einiges anders, ein ganz besonderer Ort, um ziellos umherzustreifen, ist aber sicherlich das **Viertel um die Katarina Kyrka** 37. Die Kirche mit ihren Friedhofsanlagen und den angrenzenden, mittelalterlich anmutenden Gebäuden hat einen ganz speziellen Charme, dem man sich – ist man erst einmal dort – kaum entziehen kann. Überquert man die Renstjernas Gata und folgt der Fjällgatan, so ist es zwar noch ein gutes Stück bis zum **Aussichtspunkt Fåfängen**, entschädigt mit dem Ausblick hoch über dem Wasser nimmt man diese Mühen aber gerne in Kauf.

Ein weiterer grandioser, aber vielleicht doch eher unbekannter Platz ist der **Mariatorget** 39 in Södermalm. Die kleine Grünfläche mit den auf sie zulaufenden Stichstraßen und der nahen und belebten Hornsgatan vermittelt einen Eindruck von der gelassenen Art der Bewohner Södermalms. Vielleicht ist es ja auch gerade diese Gelassenheit, die den Mariatorget nachts in eines der beliebtesten Viertel im Södermalmer Nachtleben verwandelt.

Långholmen 42, die ehemalige Gefängnisinsel an der Nordwestspitze Södermalms, ist nicht nur berühmt für ihre einmaligen Übernachtungsmöglichkeiten in eben diesem ehemaligen Gefängnis. Wunderschön am Riddarfjärden gelegen, ergeben sich romantische Spaziergänge auf der grünen Insel und einzelne Badestellen ermöglichen unvergesslichen Badespaß mit Blick auf die Stockholmer City.

021st Abb.: sk

Im Gegensatz zu den bisher benannten Orten sind die folgenden Sehenswürdigkeiten keine wirklichen Geheimtipps mehr. Wenn es aber gilt, etwas von der speziellen Atmosphäre und der Einmaligkeit der Stadt aufzusaugen, dürfen diese Plätze unter gar keinen Umständen fehlen. Die Altstadt **Gamla Stan** ist einfach fantastisch, aber gelegentlich auch anstrengend. In den frühen Morgenstunden oder etwas abseits der Touristenströme wird man aber immer wieder die Einmaligkeit dieses Stadtteils feststellen können. Ähnliches gilt für **Riddarholmen** 8, wo ein einzigartiges mittelalterliches Gefühl vermittelt werden kann. Und auf Södermalm garantiert der kleine **Monteliusvägen** unschlagbare Ausblicke, während in Södermalms In-Viertel **SoFo** 41 Leben pur versprüht wird.

020st Abb.: ld

STOCKHOLM FÜR KULTURHUNGRIGE

MUSEEN

Stockholm kann sich mit vielen schönen Museen schmücken und man würde dieser Museenlandschaft nicht gerecht werden, wenn man sie nur als eine Alternative bei möglichem schlechtem Wetter einplanen würde.

Am Vasamuseum wird man sicherlich nicht vorbei kommen, und das aus gutem Grund: Schon von Weitem beeindruckt das Museum durch seine gelungene Architektur. Aber auch andere Museen wie Medeltidsmuseum (Mittelaltermuseum), Aquaria Vattenmuseum (Aquarium), Naturhistoriska Riksmuseet (Naturhistorisches Reichsmuseum), Armémuseum (Armeemuseum) oder das Königliche Schloss sollten bei einem Stockholmbesuch feste Größen sein.

Für die meisten Museen gilt: Montags bleiben die Türen für die Besucher geschlossen. Kommt man in den Genuss von ermäßigtem Eintritt (angegeben werden im Folgenden immer die Eintrittspreise für Erwachsene), so sollte man ungefähr die Hälfte des normalen Preises einkalkulieren. Kinder und Jugendliche brauchen häufig auch gar nichts bezahlen. Und viele Museen bieten zumindest an einem Tag für wenige Stunden kurz vor Einlassende kostenlosen Eintritt an. Die Sprache sollte keine zu große Barriere sein, finden sich doch die meisten Erklärungen auf Englisch und teilweise auch in Deutsch. Auf alle Fälle sollte man am Eingang nach Prospekten oder Begleitmaterialien fragen. Je bedeutender und beliebter das Museum ist, desto wahrscheinlicher ist auch eine Führung in englischer oder deutscher Sprache. Zudem sind die Stockholmer Museen ein Spiegelbild der viel zitierten schwedischen Kinderfreundlichkeit. Spezielle Kinderräume, interaktive Medien oder eigene Kinderführungen gehören beinahe zum selbstverständlichen Angebot.

Zahlreiche allgemeine und hilfreiche Informationen finden sich im Internet unter **www.stockholmsmuseer.com.**

32 [F5] **Aquaria Vattenmuseum,** www.aquaria.se, Falkenbergsgatan 2, Tel. 08 6609089, Djurgården, Bus 44/47 oder mit der Fähre von Nybroviken. Mitte Juni–Aug. tgl. 10–18 Uhr, Sept.–Mitte Juni Di.–So. 10–16.30 Uhr; Eintritt 80 Skr (ca. 8 €). Die Spannbreite des Aquariums reicht von der heimischen Wasserwelt bis hin zur Flora und Fauna der tropischen Gewässer. Zwar klein, aber empfehlenswert.

M1 [E5] **Arkitekturmuseet,** Tel. 08 58727000, www.arkitekturmuseet.se, Skeppsholm, U-Bahn Kungsträdgården. Di./Mi.–So. 10–18 Uhr; Einritt 50 Skr (ca. 5 €), frei bis 18 Jahre; Führungen in Englisch in den Monaten Juli/Aug. Do. 14 Uhr. Erreichbar über den gemeinsamen Eingang mit dem Modernen Museum werden hier Meilensteine der (schwedischen) Architektur dargestellt. Neben dem eigentlichen Museumsteil befindet sich hier auch noch eine Bibliothek samt Archiv sowie Einrichtungen zur Vermittlung moderner Architektur.

◄ *Das Bummeln durch die Gamla Stan kann zugleich faszinierend und anstrengend werden*

25 [E3] **Armémuseum,** www.armemuseum.se, Riddargatan 13, Tel. 08 51956300, Östermalm, U-Bahn Östermalmstorg. Di. 11–20 Uhr, Mi.–So. 11–17 Uhr, im Sommer auch Mo. 10–17 Uhr; Eintritt 50 Skr (ca. 5 €), frei bis 18 Jahre und Di. 17–20 Uhr. Wer etwas über Krieg, Kriegsführung oder das Leben mit und im Krieg wissen möchte, sollte dieses Museum aufsuchen.

M2 [F4] **Biologiska Museet,** Djurgårdsvägen, www.biologiskamuseet.com, Tel. 08 4428215. April–Sept. tgl. 11–16 Uhr, Okt.–März Di.–Fr. 12–15 Uhr, Sa./So. 10–15 Uhr; Eintritt 30 Skr (ca. 3 €). Hier sind einige Exponate der einheimischen Tierwelt ausgestellt. Das Gebäude wurde nach dem Vorbild alter norwegischer Häuser geplant und 1893 errichtet. In seinem Innern befindet sich zusätzlich ein Diorama (plastisch wirkendes Schaubild) des schwedischen Künstlers Bruno Liljefors.

M3 [B3] **Bonniers Konsthall,** Torsgatan 19, www.bonnierskonsthall.se, Tel. 08 7364248, U-Bahn Sankt Eriksplan. Mi.–Fr. 12–19 Uhr, Sa./So. 12–17 Uhr; Eintritt 60 Skr (ca. 6 €). Eines der maßgeblichen Museen für Moderne Kunst in Schweden.

M4 [C1] **Carl Eldhs Ateljémuseum,** www.eldhsatelje.se, Lögebodavägen 10, Tel. 08 6126560, U-Bahn Odenplan, anschließend mit dem Bus zum Sveaplan. Juni–Aug. Di.–So. 12–16 Uhr, April und Okt. So. 12–16 Uhr, Mai und Sept. Sa./So. 12–16 Uhr; Führungen in Englisch 13.30 Uhr; Erwachsene 60 Skr (ca. 6 €), freier Eintritt für Kinder bis 7 Jahre. Im Museum sind die Arbeitsräume und einige Werke des berühmten Künstlers, die unter anderem auch die Anlagen am Stadshuset bereichern, zu besichtigen.

M5 [II D4] **Dansmuseet,** www.dansmuseet.se, Gustav Adolfs Torg 22–24, Tel. 08 4417650, U-Bahn Kungsträdgården. Sept.–Mai Di.–Fr. 11–16 Uhr, Sa./So. 12–16

Uhr, Juni-Aug. Mo.-Fr. 11-16 Uhr, Sa./So. 12-16 Uhr; Eintritt zu den Ausstellungen frei. Zunächst 1933 von seinem Gründer *Rolf de Maré* in der französischen Hauptstadt ins Leben gerufen, wechselte diese Einrichtung 1953 nach Stockholm, um schließlich 1999 in den prächtigen Mauern eines ehemaligen Bankgebäudes am Gustav Adolfs Torg Quartier zu beziehen. Die Ausstellungen zeigen einen kleinen Überblick über asiatische, afrikanische, europäische und vor allem russische Tanzkünste, Kostüme und Masken.

M6 [H4] **Etnografiska Museet,** www.etnografiska.se, Djurgårdsbrunnsvägen 34, Tel. 08 51955000, Ladugårds Gärdet, Bus 69. Tgl. 10-17 Uhr, Mi. 10-20 Uhr, Sa./So. 11-17 Uhr; Eintritt 60 Skr (ca. 6 €). Lebendige Fotografien und anschauliche Exponate zeichnen dieses Völkerkundemuseum aus.

M7 [I D5] **Forum för Levanda Historia** (Forum für Zeitgeschichte), www.levandehistoria.se, Stora Nygatan 10, Tel. 08 7238768, Gamla Stan, U-Bahn Gamla Stan. Mitte Juni-Mitte Sept. Di.-Sa. 12-17 Uhr, Sept.-Mitte Juni Di.-Fr. 15-18 Uhr, Sa./So. 12-16 Uhr; freier Eintritt. Interessante Darbietung wichtiger Themen der (Zeit-)Geschichte.

M8 [II D4] **Hallwylska Museum,** www.hallwylskamuseet.se, Hamngatan 4, Tel. 08 4023099, U-Bahn Östermalmstorg. Di.-So. 12-16 Uhr, im Sommer 11-17 Uhr; Führungen in Englisch sonntags 13 Uhr; Eintritt 70 Skr (ca. 7 €) mit Führung, sonst 50 Skr (ca. 5 €). Hinter diesem für uns ungewöhnlichen Namen verbirgt sich eine Ausstellung, die von *Wilhelmina von Hallwyl* (1844-1930), einer der wohlhabendsten Personen ihrer Zeit, zusammengetragen wurde. Ihre Sammelleidenschaft besaß kaum Grenzen, anders ist die so kuriose wie einzigartige Zusammenstellung von Bildern und Skulpturen über Möbel und anderen Einrichtungsgegenständen bis zu Waffen und chinesischem Porzellan kaum zu erklären. Der zugängliche Bereich vermittelt einen Eindruck von der adeligen, reichen Oberschicht.

27 [F3] **Historiska Museet,** www.historiska.se, Narvavägen 13-17, Tel. 08 51955600, Östermalm, U-Bahn Karlaplan. Mai-Sept. tgl. 10-17 Uhr, ansonsten tgl. 11-17 Uhr, Do. 11-20 Uhr; Eintritt 60 Skr (ca. 6 €). Das Historische Museum stellt hauptsächlich die schwedische Geschichte in der Zeit der Wikinger dar. Herausragend ist sicherlich die „Goldkammer" mit ihren Schätzen.

M9 [III B2] **Judiska Museet,** www.judiska-museet.a.se, Hälsingegatan 2, Tel. 08 310143, U-Bahn Odenplan. Im Sommer So.-Fr. 12-16 Uhr, Führungen Mi. und So. 13.30 Uhr; Eintritt 60 Skr (ca. 6 €). Die Ausstellungen liefern einen Eindruck über das jüdische Leben in Schweden allgemein und speziell in Stockholm. Neben Lesungen stehen auch temporäre Ausstellungen auf der Tagesordnung.

M10 [I D5] **Kungliga Myntkabinettet,** www.myntkabinettet.se, Slottsbacken 6, Tel. 08 51955304, Gamla Stan, U-Bahn Gamla Stan oder Kungsträdgården. Tgl. 10-16 Uhr; Eintritt 50 Skr (ca. 5 €). Das Königliche Münzkabinett liefert Wissenswertes über Geld, Währungen und das Finanzwesen im Allgemeinen.

3 [D5] **Kungliga Slottet,** www.royalcourt.se, Slottsbacken, Tel. 08 4026130, Gamla Stan, U-Bahn Gamla Stan. Feb.-Mitte Mai und Mitte Sept.-Dez. Di.-So. 12-15 Uhr, Mitte-Ende Mai und Anf.-Mitte Sept. tgl. 10-16 Uhr, Juni-Aug. tgl. 10-17 Uhr. Die Eintrittspreise sind abhängig von den

► *Herausgeputzte Wachen vor dem Stadtschloss - eines der beliebtesten Fotomotive*

024st Abb.: sk

vielfältigen Besuchskombinationen, bspw. kann ein Kombiticket 140 Skr (ca. 14 €) kosten. Gleich eine ganze Ansammlung interessanter Museen erwartet hier die Besucher. Im Museum **Tre Kronor** wird die Entstehungsgeschichte des Königlichen Stadtschlosses beleuchtet. Die kleine und feine **Schatzkammer** präsentiert einige Juwelen der gekrönten schwedischen Häupter. Außerdem vermitteln die öffentlich zugänglichen **Repräsentationsräume** des Schlosses einen Eindruck vom Leben im Schloss. Die in den Sommermonaten tägliche Wachablösung um 12.15 Uhr (an Sonn- und Feiertagen um 13.15 Uhr) gehört im weitesten Sinne ebenfalls noch zur Besichtigung des Stadtschlosses.

M 11 [II D4] **Medelhavsmuseet,** www.medelhavsmuseet.se, Fredsgatan 2, Tel. 08 51955380, Norrmalm, U-Bahn Kungsträdgården. Di.–Fr. 12–20 Uhr, Sa./So. 12–17 Uhr; Eintritt 60 Skr (ca. 6 €), freier Eintritt zu den Dauerausstellungen. In der wunderschönen, lichtdurchfluteten Halle überrascht einen in diesem bei Touristen beliebten Museum vor allem das breite Spektrum der Ausstellungen rund um das Thema „Mittelmeer". Ohne Anspruch auf Vollständigkeit werden die vergangenen Kulturen des Mittelmeerraums anhand antiker Fundstücke vor allem aus Ägypten, Griechenland, Italien und Zypern präsentiert.

2 [D4] **Medeltidsmuseum,** www.medeltidsmuseet.stockholm.se, Tel. 08 50831790, Helgeandsholmen, U-Bahn Kungsträdgården. Eigentlich sollte an dieser Stelle ein Parkhaus für den nahen Reichstag entstehen, letztendlich fand man historische Überreste des mittelalterlichen Stockholms und man änderte glücklicherweise die Pläne. Entstanden ist ein schönes und anschauliches Museum über das mittelalterliche Stockholm in einmaliger Lage. **Aufgrund von Umbaumaßnahmen bis voraussichtlich Herbst 2010 noch im Kulturhuset am Sergels Torg.**

16 [E5] **Moderna Museet,** www.modernamuseet.se, Tel. 08 51955200, Skeppsholmen, U-Bahn

025st Abb.: ld

Kungsträdgården. Di. 10–20 Uhr, Mi.–So. 10–18 Uhr; Eintritt 80 Skr (ca. 8 €). In dem gelungenen Neubau mit Blick auf Djurgården und Östermalm genießt man moderne Kunst wie Plastiken, Videoinstallationen oder Gemälde. Zudem befindet sich dort ein wunderschönes Café.

24 [E4] **Musikmuseet,** www.musikmuseet.se, Sibyllegatan 2, Tel. 08 51955490, Östermalm, U-Bahn Östermalmstorg. Di.–So 12–17 Uhr, im Sommer 10–17 Uhr; Eintritt 50 Skr (ca. 5 €). Das Museum vermittelt einen Einblick in die Welt und die Möglichkeiten der Musik. Wer gerne mal selber in die Tasten haut, sollte im Musikmuseum vorbeischauen.

▲ *Moderna Museet – für Liebhaber moderner Kunst*

M12 [E4] **Nationalmuseum,** www.nationalmuseum.se, Södra Blasieholmshamn, Tel. 08 51954300, Norrmalm, U-Bahn Kungsträdgården. Di. 11–20 Uhr, Mi.–So. 11–17 Uhr; Eintritt 100 Skr (ca. 10 €). Dieses Kunstmuseum ist eines der prächtigsten in Schweden. Es beherbergt umfangreiche Gemäldesammlungen aus dem In- und Ausland des 17. bis 19. Jahrhunderts, Designgegenstände, Skulpturen, Zeichnungen und Grafiken und bietet zugleich Platz für temporäre Ausstellungen. Herausragende Künstler wie *Degas, Goya, Rembrandt, Renoir, Rubens* oder nationale Größen wie *Carl Larsson* und *Anders Zorn* finden sich hier wieder. Viele Bereiche des Museums können kostenlos besichtigt werden.

45 [C1] **Naturhistoriska Riksmuseet,** www.nrm.se, Frescativägen 40, Tel. 08 51954040, U-Bahn Universitetet. Di., Mi. und Fr. 10–19 Uhr, Do. 10–20 Uhr, Sa./So. 11–19 Uhr; Eintritt 80 Skr (ca. 8 €). Rückblick auf 4 ½ Mrd. Jahre Erdgeschichte. Begeisternd und interessant für alle Altersstufen, viele interaktive Ausstellungen. Vorbuchungen für das IMAX-Kino **Cosmonova** unter Tel. 08 51955130.

M13 [I D5] **Nobelmuseum,** www.nobelmuseet.se, Stortorget, Tel. 08 53481800, Gamla Stan, U-Bahn Gamla Stan. Mitte Mai–Mitte Sept. tgl. 10–17 Uhr, Di. 10–20 Uhr, Mitte Sept.–Mitte Mai Mi.–So. 11–17 Uhr, Di. 11–20 Uhr; Eintritt 70 Skr (ca. 7 €), Di. ab 17 Uhr frei. Kleiner Einblick in die Welt *Alfred Nobels* und einiger Preisträger samt ihrer Entdeckungen. Allzu hohe Erwartungen werden jedoch leider nicht erfüllt.

29 [F4] **Nordiska Museet,** www.nordiskamuseet.se, Djurgårdsvägen 6–16, Tel. 08 51954600, Djurgården, Bus 44/47 oder die Fähre von Nybroviken. Im Sommer tgl. 11–17 Uhr, sonst Mo./Di. und Do./Fr. 10–16 Uhr, Sa./So. 11–17 Uhr, Mi.

10–20 Uhr; Eintritt 70 Skr (ca. 7 €), frei bis 18 Jahre. Am meisten beeindruckt zweifellos das einmalige Gebäude des Nordischen Museums. Häufig werden in der riesigen Innenhalle auch Sonderveranstaltungen abgehalten. Die Ausstellung über die nordische Lebenswelt verblasst demgegenüber etwas.

20 [C2] **Observatoriemuseet,** www.observatoriet.kva.se, Drottninggatan 120, Tel. 08 54548390, Vasastaden, U-Bahn Rådmansgatan oder U-Bahn Odengatan. So. 12–15 Uhr, Okt.–März Di. und Do. 18–21 Uhr und nach Vereinbarung; Eintritt 50 Skr (ca. 5 €). Im Winterhalbjahr hat man die Möglichkeit, von der Observatoriumskuppel aus die Sterne und Planeten zu betrachten. Faszinierendes Gebäude mit wechselnden Ausstellungen.

M 14 [E5] **Östasiatiska Museet,** www.ostasiatiska.se, Tel. 08 51955750/70, Skeppsholmen, U-Bahn Kungsträdgården. Di. 11–20 Uhr, Mi.–So. 11–17 Uhr; Eintritt 60 Skr (ca. 6 €). Nicht so groß, aber die vielen Fotografien und Ausstellungsstücke sind durchaus sehenswert. Das Ostasiatische Museum kann mit einer interessanten Historie aufwarten: Den Grundstock legte der schwedische Archäologe *Johan Andersson,* dessen Sammlung nach einem Beschluss des Reichstags 1926 in einem Museum der Öffentlichkeit präsentiert werden sollte. 1963 fasste man diese Sammlung mit den entsprechenden Bereichen des Nationalmuseums zusammen und schuf ihnen einen angemessenen musealen Raum im Alten Zeughaus der Flotte auf Skeppsholmen, einem langgestreckten goldfarbenen Gebäude, welches von *Nicodemus Tessin d. J.* entworfen worden war.

M 15 [I D5] **Postmuseum,** www.posten.se/museum, Lilla Nygatan 6, Tel. 08 7811759, Gamla Stan, U-Bahn Gamla Stan. Di.–So. 11–16 Uhr, Mi. 11–19 Uhr, Eintritt 50 Skr (ca. 5 €). Bitte nicht abschrecken lassen: Das Museum ist gut aufgemacht, hier erfährt man vieles über die Post und Briefmarken.

M 16 [G5] **Prins Eugens Waldemarsudde,** www.waldemarsudde.se, Prins Eugens Väg 6, Tel. 08 54583700, Bus Nr. 47. Di.–So. 11–17 Uhr, Do. bis 20 Uhr; Eintritt 90 Skr (ca. 9 €), frei bis 18 Jahre. Prinz *Eugen* (1865–1947) war der kunstinteressierte und durchaus nicht unbegabte Sohn *Oskars II.* Das herrschaftliche Hauptgebäude wurde 1903–1905 unter der Aufsicht *Ferdinand Bobergs* erbaut und im folgenden Jahrzehnt um eine Galerie erweitert. Die Kunstsammlung umfasst Werke aus der Zeit des späten 19. und frühen 20. Jahrhunderts, aber selbstverständlich auch Werke aus der Hand des Prinzen. Der einladende Skulpturenpark beheimatet Werke von *Milles* oder *Rodin,* in den Parkanlagen direkt am Wasser steht die häufig auf Leinen gebrachte Windmühle. Ein Museumsshop sowie ein Café runden die Anlage ab.

026st Abb.: ld

▶ *Museumsinsel Djurgården mit dem Nordischen Museum*

M 17 [H4] **Sjöhistoriska Museet,** www.sjohistoriska.se, Djurgårdsbrunnsvägen 24, Tel. 08 51954900, Ladugårds Gärdet, Bus 69. Mo.-So. 10-17 Uhr; Eintritt 50 Skr (ca. 5 €). Überblick über die Geschichte der Seefahrt. Besonders die vielen Modelle machen einen Besuch lohnenswert und anschaulich.

34 [G5] **Skansen,** www.skansen.se, Djurgårdsvägen, Tel. 08 4428270, Djurgården, Bus 44/47 oder mit der Fähre von Nybroviken. Mai tgl. 10-20 Uhr, Juni-Aug. tgl. 10-22 Uhr, Sept. tgl. 10-17 Uhr, Okt.-Apr. 10-16 Uhr; Eintritt 110 Skr (ca. 11 €). Skansen ist eines der größten Freilichtmuseen weltweit. Neben weitläufigen Flächen, historischen Gebäuden und vielen Sonderveranstaltungen gibt es hier unter anderem einen auf die nordische Tierwelt spezialisierten Zoo. Besonders an den Wochenenden strömen Familien zu dieser Attraktion.

35 [D6] **Stockholms Stadsmuseum,** www.stadsmuseum.stockholm.se, Ryssgården/Slussen, Tel. 08 50831600, Södermalm, U-Bahn Slussen. Di.-So. 11-17 Uhr, Do. 11-20 Uhr; freier Eintritt. Zeitreise durch die bewegte Stadtgeschichte Stockholms seit 1252, dem legendären Gründungsdatum durch *Birger Jarl.* Sonderausstellungen.

M 18 [II C3] **Strindbergsmuseet Blå Tornet,** www.strindbergsmuseet.se, Drottningatan 85, Tel. 08 4115354, Norrmalm, U-Bahn Rådmansgatan. Di. 12-19 Uhr (Juni-Aug. 12-16 Uhr), Mi.-So. 12-16 Uhr; Eintritt 50 Skr (ca. 5 €). Ausstellung über Leben und Werk des bedeutenden Dramatikers. Die Räumlichkeiten bieten einen Einblick in die Arbeits- und Lebenswelt des streitbaren und skurrilen Zeitgenossen. Neben der Bibliothek als einem Höhepunkt können der Museumsshop und das Café den Besuch abrunden.

M 19 [H4] **Tekniska Museet,** www.tekniskamuseet.se, Museivägen 7, Tel. 08 4505600, Ladugårds Gärdet, Bus 69. Mo.-Fr. 10-17 Uhr, Mi. 10-20 Uhr, Sa./So. 11-17 Uhr; Eintritt 70 Skr (ca. 7 €). Interessantes über Maschinen und technische Entwicklungen. Besonderes Aufsehen wird die Autoausstellung erregen: Hier kann man sich selbst hinter ein Gokart-Steuer setzen oder mit der Carrera-Bahn fahren. Wer sein Handy aufladen muss, kann dies mithilfe von Solarenergie tun.

30 [F4] **Vasamuseet,** www.vasamuseet.se, Galavärvsvägen, Tel. 08 51954800, Djurgården, Bus 44/47 oder mit der Fähre von Nybroviken. Juni-Aug. 8.30-18 Uhr, sonst 10-17 Uhr, Mi. bis 20 Uhr; Eintritt 95 Skr (ca. 9,50 €), frei bis 18 Jahre. Eines der Top-Museen und eine der Hauptattraktionen der Stadt. Das imposante Schiff samt Ausstellung und Museumsgebäude beeindruckt alle Altersstufen.

19 [B2] **Vin & Sprithistoriska Museet,** www.vinosprithistoriska.se, Dalagatan 100, Tel. 08 51918650, Vasastan, U-Bahn Odenplan. Di. 10-19 Uhr, Mi.-Fr. 10-16 Uhr, Sa./So. 12-16 Uhr; Eintritt 50 Skr (ca. 5 €). Informatives über den Alkohol und die Schweden. Prost.

▲ *Ein Schiff für das Schiff: Der spektakuläre Museumsbau des Vasa-Museums*

THEATER UND BÜHNEN

Die Stockholmer Theaterlandschaft weist angeblich eine der höchsten Theaterdichten weltweit auf und sucht daher ihresgleichen. Von Musicals über Puppen-, Improvisations- und Tanztheater bis zum Königlich Dramatischen Theater reicht hier das Spektrum. An dieser Stelle kann nur eine – sicherlich – subjektive Vorstellung der interessantesten, bedeutendsten oder beachtenswertesten Bühnen der Stadt präsentiert werden.

Größtes Hindernis wird wohl die mögliche Sprachbarriere sein. Ist diese erst einmal überwunden oder wird sie der Einfachheit halber ignoriert, ist dem unbeschränkten Theatergenuss keine Grenze mehr gesetzt.

Eintrittskarten gibt es an den Abendkassen, den Vorverkaufsstellen oder über Ticnet, www.ticnet.se, Tel. 0771 707070.

20 [II D4] **China Teatern,** www.chinateatern.se, Berzelii Park 9, Tel. 08 56289200, Norrmalm, U-Bahn Kungsträdgården. Das Theater gehört mit zum Gesamtensemble von Berns (s. S. 51). Hier werden Aufführungen unterschiedlichster Couleur präsentiert.

21 [F5] **Cirkus,** www.cirkus.se, Djurgårdslätten 43–45, Tel. 08 6601020, Djurgården, Bus 44/47. Hauptsächlich Veranstaltungsort für Musicals und andere musikalische Shows.

22 [II C3] **Dansens Hus,** www.dansenshus.se, Barnhusgatan 12–14, Tel. 08 50899090, Norrmalm, U-Bahn T-Centralen oder Hötorget. Mo.–Sa. 12–18 Uhr. Der richtige Ort, um moderne Tanzchoreografien zu erleben.

23 [B6] **Dockteatern Tittut,** Lundagatan 33, www.dockteatern-tittut.com, Tel. 08 7207599, Södermalm, U-Bahn Zinkensdamm. Das Puppentheater begeistert nicht nur seine zahlreichen jungen Gäste, auch Ältere kommen auf ihre Kosten.

› **Drottningholms Slottsteater,** www.dtm.se, Tel. 08 6608225, Drottningholm, Lovön. In der einzigartigen Umgebung des Schlossparks werden hier Opern- und Ballettaufführungen dargeboten.

24 [C6] **Folkoperan,** www.folkoperan.se, Hornsgatan 72, Tel. 08 6160750, Södermalm, U-Bahn Mariatorget. Im kulturellen Herzen Södermalms gelegen werden hier hauptsächlich moderne Versionen klassischer Opern aufgeführt.

25 [II D4] **Hamburger Börs,** Jakobsgatan 6, www.hamburgerbors.se, Tel. 08 7878500, Norrmalm, U-Bahn Kungsträdgården. Show-Bühne mit kunterbuntem Programm.

26 [II D3] **Nya Casino Teatern,** Brunnsgatan 8, Tel. 08 4113747, Norrmalm, U-Bahn Hötorget. Breites Veranstaltungsprogramm von Comedy über Cabaret bis Musikunterhaltung.

23 [E4] **Kungliga Dramatiska Teatern,** www.dramaten.se, Nybroplan, Tel. 08 6670680, Östermalm, U-Bahn Östermalmstorg. Das Dramaten ist der herausragende strahlende Stern und das Aushängeschild der Stockholmer Theaterlandschaft.

13 [D4] **Kungliga Operan (Königliche Oper),** www.operan.se, Gustav Adolfs Torg, Tel. 08 7914400, Norrmalm, U-Bahn Kungsträdgården. Die Königliche Oper gilt, seit sie ihre Pforten 1782 für die Gäste öffnete, als erste Adresse in Schweden. Neben den künstlerischen Aufführungen beeindruckt das Gebäude an sich.

27 [E5] **Moderna Dansteatern,** Slupskjulsvägen 32, www.modernadansteatern.se, Tel. 08 6113233, Skeppsholmen, Bus 65. Die etwas kleinere Bühne bietet Platz für Experimente und Modernes.

28 [III B2] **Odenteatern,** www.odenteatern.se, Västmannagatan 56, Tel. 08 326090, Vasastan, U-Bahn Odenplan. Ein junges, erfrischendes Theater in Vasastan.

028st Abb.: ld

29 [II C4] **Oscarsteatern,** Kungsgatan 63, www.oscarsteatern.se, Tel. 08 205000, Norrmalm, U-Bahn T-Centralen. Eine der beliebtesten Musical- und Showbühnen Stockholms.

30 [B3] **Pantomimteatern,** Sankt Eriksgatan 84, www.pantomimteatern.se, Tel. 08 315464, U-Bahn Sankt Eriksplan. Wenn die Pantomimencrew nicht gerade durchs Land tourt, versuchen die Künstler in ihrem Theater „Påfågeln", zu gut Deutsch „Pfauentheater", hauptsächlich Kinder und Jugendliche für diese atemberaubende Kunst zu gewinnen – zumeist mit großem Erfolg.

31 [V D6] **Södra Teatern,** Mosebacke Torg 1–3, www.sodrateatern.com, Tel. 08 53199490, Södermalm, U-Bahn Slussen. Eines der traditionsreichsten, etabliertesten Häuser der Stadt. Es ist ein Höhepunkt im Terminkalender, viele Künstler und Ensembles.

32 [II D4] **Stadsteatern,** Sergels Torg, www.stadsteatern.stockholm.se, Tel. 08 50620200, Norrmalm, U-Bahn T-Centralen. Am Kulturhuset gelegen überrascht das Theater immer wieder mit erfrischenden Stücken. Im Sommer glänzt es mit seinem reichhaltigen **Parkteatern.**

33 [II C3] **Strindbergs Intima Teater,** www.strindbergsintimateater.se, Barnhusgatan 20, Tel. 08 200843, Norrmalm, U-Bahn Hötorget. Das Haustheater *Strindbergs,* in dem seine Stücke aufgeführt werden.

34 [F7] **Teater Bambino,** www.teaterbambino.com, Tegelviksgatan 22, Tel. 08 6410018, Södermalm, Bus 2/66/55. Theater für die Kleinen.

35 [B3] **Teater Giljotin,** www.teatergiljotin.com, Torsgatan 41, Tel. 08 303000, Vasastan, U-Bahn Sankt Eriksplan. Die kleine Bühne begeistert immer wieder mit ihrem abwechslungsreichen Repertoire.

36 [II C4] **Vasateatern,** www.vasateatern.se, Tel. 0854511050, Vasagatan 19–21, Norrmalm, U-Bahn T-Centralen. Klassische Bühne für Musik, Theater und Varieté.

STOCKHOLM FÜR KAUFLUSTIGE

Stockholm weist leider keine speziellen stadttypischen Souvenirs auf, wohl aber kann man hier problemlos ausgesprochen schwedische Produkte, wie zum Beispiel Andenken aus dem Glasreich Smålands, das Dalarna-Pferd oder andere liebevoll gearbeitete Handarbeiten erwerben. Andererseits muss man in Stockholm auch auf nichts verzichten. In der schwedischen Hauptstadt ist Liebgewonnenes und Gewohntes aus Kontinentaleuropa selbstverständlich ebenso zu erstehen wie Außergewöhnliches und Kurioses, für das sich auch zu Hause ein Suchen lohnen würde. Geschäfte mit Hinweisschildern „Hemslöjd" bieten qualitativ höherwertige schwedische Handwerksprodukte zum Verkauf an. Auf jeden Fall lohnt sich vor dem gezielten Shopping auch ein Blick in die Stockholmer Gelben Seiten, den Gula Sidorna (www.gulasidorna.se).

In **Gamla Stan** sind zahlreiche kleinere Läden und Boutiquen zu finden, die sich mit ihrer Produktpalette vor allem auf die Vielzahl von Touristen eingestellt haben. Der Citybereich zwischen Sergels Torg und Hötorget und entlang der Kungsgatan in **Norrmalm** kommt unserem Verständnis einer belebten Einkaufszone mit einem breiten Warenangebot am nächsten und braucht keinen Vergleich mit anderen europäischen Metropolen zu scheuen. Während entlang der **Drottninggatan** sich die Geschäftsbesitzer offensichtlich mehr am touristischen Bedarf orientiert haben, befinden sich in den Straßen im Übergangsbereich nach Östermalm eher höherwertige Geschäfte (östl. Kungsgatan, Biblioteksgatan, Smålandsgatan, Hamngatan).

◀ *Das Königlich Dramatische Theater*

Je mehr man sich **Östermalm** nähert, desto teurer und exklusiver wird die Auswahl. Besonders in der Gegend rund um den **Stureplan** 21 sind elegante, edle und auch luxuriösere Geschäfte und Boutiquen in großer Anzahl anzutreffen, während in **Södermalm** (Hornsgatan, Hornspuckeln und mit Abstrichen Götgatan) und teilweise auch **Kungsholmen** (St. Eriksgatan) und **Vasastan** (Upplandsgatan) vorzugsweise in Antiquariaten, Kuriositätenläden oder Secondhandshops herumgestöbert werden kann.

Nach den vielen Mainstreamshops der Innenstadt ist vielleicht gerade die immer attraktiver werdende Götgatan für den einen oder anderen erfrischend anders.

Staatsangehörigen aus Nicht-EU-Staaten gewährt der schwedische Staat beim Kauf von Waren über 200 Skr (ca. 20 €) in ein und demselben Geschäft **Ermäßigungen.** Zu erkennen sind diese Läden an einem „tax-free"-Hinweisschild. Bei der Ausreise kann dann die Rückerstattung eines Teils der Kosten beim Zoll geltend gemacht werden. Informationen dazu sind in der i Touristenbüros ausliegenden Broschüre *„Tax Free Shopping Guide to Sweden"* oder unter www.globalrefund.se bzw. de zu erhalten.

Schilder oder Plakate mit dem Wort **„rea"** weisen auf Schlussverkäufe oder andere Preisnachlässe hin. Handeln ist in Schweden nicht üblich.

Neben zahlreichen Fachgeschäften, Boutiquen und kleineren Läden verfügt die Stockholmer City über mehrere **Kaufhäuser und Einkaufspassagen,** teilweise mit gewaltigen Ausmaßen, in denen praktisch alle Shoppingsehnsüchte befriedigt werden können.

37 [II C4] **Åhlens,** www.ahlens.se, Klarabergsgatan 50, Norrmalm, U-Bahn T-Centralen. Mo.-Fr. 10-20 Uhr, Sa. 10-19 Uhr, So. 11-18 Uhr. Im Untergeschoss befindet sich ein riesiger und zentraler Supermarkt.

38 [V D6] **Bruno,** www.brunogotgatsbacken.se, Götgatan 36, Södermalm, U-Bahn Slussen. Mo.-Fr. 11-19 Uhr, Sa. 11-17 Uhr, So. 12-17 Uhr. Ausgewähltes Sortiment der eher anspruchsvolleren Qualität, gelegentlich auch spezielle Modeveranstaltungen.

39 [IV F3] **Fältöversten,** Karlaplan 13, www.faltoverstencentrum.se, Östermalm, U-Bahn Karlaplan. Mo.-Fr. 10-19 Uhr, Sa. 10-16 Uhr, So. 12-16 Uhr. Typische Einkaufsgalerie mit einer Vielzahl an Geschäften.

40 [II D4] **Gallerian,** www.gallerian.se, Hamngatan 37, Norrmalm, U-Bahn Kungsträdgården, Mo.-Fr. 10-19 Uhr, Sa. 10-18 Uhr, So. 11-17 Uhr

41 [II C3] **Kungens Kurva,** www.kungenskurva.se, Skärholmen, U-Bahn Skärholmen oder Fruängen, dann weiter mit dem Bus; mit dem Auto direkt an der E4, Ausfahrt Kungens Kurva. Mo.-Fr. 10-20 Uhr, Sa./So. 11-17 Uhr. Eines der landesweit größten Shoppingkomplexe mit über 100 Geschäften, darunter der angeblich größte Ikea weltweit, und angeschlossenem Hotel.

42 [II D4] **NK** *(Nordiska Kompaniet),* www.nk.se, Hamngatan 18-20, Norrmalm, U-Bahn Kungsträdgården oder Östermalmstorg. Mo.-Fr. 10-19 Uhr, Sa. 10-18 Uhr, So. 12-17 Uhr (Juni und Juli 12-16 Uhr). Das NK ist der wohl traditionsreichste Einkaufstempel der Stadt. Hier ist alles zu finden, was das einkaufswillige Touristenherz begehrt, vor allem elegante und hochwertige Waren. Traurige Berühmtheit erlangte das Haus jedoch 2003, als hier das tödliche Attentat auf die populäre schwedische Außenministerin *Anna Lindh* verübt wurde.

43 [II C3] **PUB,** www.pub.se, Hötorget, Norrmalm, U-Bahn Hötorget, Mo.-Fr. 10-19 Uhr, Sa. 10-17 Uhr, So. 12-17 Uhr

44 [II D3] **Sturegallerian,** www.sturegallerian.se, Eingang über Grev Turegatan 9 oder Stureplan, Östermalm, U-Bahn Östermalmstorg. Mo.-Fr. 10-19 Uhr, Sa. 10-17 Uhr, So. 12-17 Uhr (Juni und Juli 12-16 Uhr). Exquisit, schick, teuer! Wer was auf sich hält und sich zur Upperclass Stockholms rechnet, der füllt hier seine Einkaufstüten.

45 [A4] **Västermalmsgallerian,** St. Eriksgatan/Ecke Fleminggatan, Kungsholmen, U-Bahn Fridhemsplan, Mo.-Fr. 10-19 Uhr, Sa. 10-17 Uhr, So. 11-17 Uhr

029st Abb.: ld

Das Einkaufszentrum NK in Norrmalm bietet alles, was die Shoppingliebhaber begehren

ANTIQUITÄTEN

Eine größere Auswahl an Antiquitätenläden wird man in Södermalm und vor allem entlang der Upplandsgatan in Vasastaden (U-Bahn Odenplan) antreffen. Auch in Gamla Stan wird man fündig werden, nur sind die Geschäfte dort touristischer orientiert. Eine Ausnahme stellt die Köpmangatan in der Altstadt dar. Mit etwas Glück findet man in den wenigen Geschäften in der nördlichen Drottninggatan in Normalm das Gesuchte.

BÜCHER UND LANDKARTEN

Im Allgemeinen sind Bücher in Schweden etwas teurer als in Deutschland. Bezogen auf ausländische Literatur ist Englisch sicherlich die erste Fremdsprache, doch ist deutschsprachige Literatur genauso problemlos zu erwerben – allerdings ist das Angebot nicht so breit.

- **46** [II D4] **Akademibokhandeln,** www.akademibokhandeln.se, Mäster Samuelsgatan 28, Tel. 08 4021100, Norrmalm, U-Bahn Kungsträdgården. Mo.–Fr. 10–19 Uhr, Sa. 10–16 Uhr, So. 12–16 Uhr. Hauptfiliale mit zahlreichen Niederlassungen, die über die Stadt verteilt sind.
- **47** [I D5] **Sweden Bookshop,** www.si.se oder www.swedenbookshop.com, Slottsbacken 10, Tel. 08 4537800, Gamla Stan, U-Bahn Gamla Stan oder Kungsträdgården. Mo.–Fr. 10–18 Uhr, im Sommer zudem Sa. 11–16 Uhr. Hier findet man in den gängigen, aber auch in ungewöhnlichen Sprachen alles über Stockholm und vieles über Schweden.

Eine sehr gute Auswahl an hochwertigem **Kartenmaterial** findet man unter den folgenden beiden Adressen:

- **48** [II C4] **Kartbutiken,** www.kartbutiken.se, Kungsgatan 74, Tel. 08 202303, Norrmalm, U-Bahn T-Centralen, Mo.–Fr. 9.30–18 Uhr, Sa. 10–15 Uhr
- **49** [II C4] **Kartcentrum,** www.kartcentrum.se, Vasagatan 16, Tel. 08 4111697, Norrmalm, U-Bahn T-Centralen, Mo.–Fr. 9.30–18 Uhr, Sa. 10–16 Uhr

FLOHMÄRKTE

Wirklich schöne Flohmärkte *(loppmarknad,* kurz: *loppis)* sind in Stockholm nicht wirklich reich gesät. Dennoch gibt es mindestens zwei gute Tipps:

- › **Skärholmen-Centrum,** www.loppmarknaden.se, Tel. 08 7100060, Skärholmen, U-Bahn Vårberg. Mo.–Fr. 11–18 Uhr, Sa. 10–16 Uhr, So. 11–16 Uhr. Der Markt bei der U-Bahn Station zählt zu den größten seiner Art in Schweden, wenn nicht sogar in Skandinavien. Um die Besucherströme am Wochenende zu lenken, wird Sa./So. bis 15 Uhr Eintritt verlangt.
- **50** [A6] **Hornstulls Street Market,** www.streetinstockholm.se, Hornstulls Strand, Tel. 08 6693890, Södermalm, U-Bahn Hornstull. Sa./So. 11–15 Uhr. Der Versuch, im Westen Södermalms einen populären Straßenmarkt – vielleicht vergleichbar mit dem Camden-Market in London oder dem Berliner Flohmarkt auf der Straße des 17. Juni – zu initiieren. Ob dies letztendlich gelingt, wird man erst mit der Zeit wissen.

KUNST, DESIGN UND SOUVENIRS

Eine Vielzahl an größeren und kleineren Galerien, Kunstgeschäften oder Designläden konzentriert sich vor allem in der Altstadt, der Gegend um den Stureplan in Östermalm, in Södermalm in der Hornsgatan (Hornspuckeln-Viertel, gegenüber der Maria Magdalena Kyrka) sowie in Norrmalm. Auch die Spezialabteilungen im NK oder bei Åhlens (beide s. S. 38) sind diesbezüglich einen Besuch wert. Das Angebot reicht von edlen Glasartikeln über Keramikprodukte bis hin zum einfachen Holzelch. Dabei gibt die Produktpalette weitaus mehr her als nur das Dalapferd, vielmehr handelt es sich vielfach doch um pfiffige Gegenstände, die den Alltag verschönern und vereinfachen. Die touristische Drottninggatan in Norrmalm glänzt ebenso wie die Västerlånggatan in Gamla Stan mit einer immensen Souvenirauswahl. Wirklich Außergewöhnliches bleibt bei dem Angebot allerdings eher auf der Strecke, es sei denn, man sucht schon lange und verzweifelt nach Stockholm-T-Shirts oder Elch-Mützen.

Intelligente und interessante **Designprodukte** findet man auch im DesignTorget im Untergeschoss des Kulturhuset am Sergels Torg und – mit Abstrichen – im Sverigehuset in der Hamngatan 27. Für exklusive Designermode und originelle Accessoires ist die Boutique „10 Swedish Designers", eine der Top-Adressen Stockholms. Seit 1972 verkaufen hier zehn Textil-Designer ihre einfallsreichen Kreationen.

Eine andere sehr zu empfehlende Adresse liegt in Kungsholmen. R.O.O.M kann neben einer großen Auswahl erstklassiger Produkte auch mit einem netten Café aufwarten, in dem man den einen oder anderen Kauf sowohl überdenken als auch begießen kann.

51 [V D6] **10 Swedish Designers,** www.tiogruppen.com, Götgatan 25, Södermalm, U-Bahn Slussen, Mo.–Fr. 10–18.30 Uhr, Sa. 11–17 Uhr, So. 12–16 Uhr

52 [A3] **R.O.O.M.,** www.room.se, Alströmergatan 20, Kungsholmen, U-Bahn Fridhemsplan, Mo.–Fr. 10–18.30 Uhr, Sa. 10–17 Uhr, So. 11–17 Uhr.

Ein weiteres Muss für Alltagsästheten und Suchende des Ungewöhnlichen ist das **kreative Stadtviertel SoFo** (41) – Söder om Folkungagatan (Südlich der Folkungagatan) – in Södermalm. Neben ungewöhnlichen Geschäften, Secondhandläden und alternativen Produkten findet man in dem Viertel südlich der Folkungagatan auch zahlreiche liebevolle Cafés und Restaurationsbetriebe mit dem besonderen Charme (www.sofo.se, Södermalm, U-Bahn Medborgarplatsen).

LEBENSMITTEL

Generell gibt es in Schweden zwei große **Supermarktketten:** Konsum und Ica. Die Kaufhauskette Åhlens besitzt mit den Hemköp-Läden ebenfalls eine Lebensmittelabteilung, wobei die Stockholmer Filiale direkt am Sergels Torg an Zentralität nur schwerlich zu übertreffen sein wird. Mehr und mehr halten jedoch auch Discounter wie beispielsweise Lidl oder Netto Einzug in Schweden. Dem daraus resultierenden Preiskampf werden sich auch die heimischen Lebensmittelketten verstärkt stellen müssen.

Bei der **Preisausschilderung** gibt der *jämförpris* den Vergleichspreis für ähnliche Produkte bezogen etwa auf Liter oder Kilogramm an. Die Lebensmittelpreise bewegen sich dabei im gehobenen

► *In den Saluhallen auf Östermalm werden alle kulinarischer Wünsche erfüllt*

Preissegment, vergleichbar etwa mit denen in anspruchsvolleren Supermärkten in Deutschland. Möchte man zu ungewöhnlicher Zeit noch die nötigsten Lebensmittelreserven auffüllen, so stehen die auch in Deutschland üblichen Tankstellen, die zahlreichen Spätverkaufsstellen oder der Hauptbahnhof zur Auswahl. Einen Einkauf rund um die Uhr ermöglichen die zahlreichen, über die Stadt verteilten 7-Eleven Shops.

Darüber hinaus existieren in Stockholm mit Hötorgshallen, Östermalms Saluhallen und Söderhallarna drei exzellente **Markthallen.**

Kleiner Hinweis beziehungsweise kleine Warnung: Die Schweden lieben ihre Lebensmittel gerne süß. Dies findet seinen unmittelbaren Niederschlag bei Brot, Senf, Leberwurst ...

53 [II C3] **Hötorgshallen,** www.hotorgshallen.se, Hötorget, Norrmalm, U-Bahn Hötorget. Mo.–Fr. 10–18 Uhr, Sa. 10–15 Uhr. Eher international ausgerichtet, üppige Auswahl an Delikatessen, gut für den schnellen und leckeren Imbiss bei einer Stadttour.

54 [IV E3] **Östermalm Saluhallen,** www.ostermalmshallen.se, Östermalmstorg, Östermalm, U-Bahn Östermalmstorg. Die sehr empfehlenswerten exquisiten Saluhallen in Östermalm locken mit einem extravaganten und an höheren Ansprüchen ausgerichteten Angebot. Auch wenn es schwer fällt: Man kann auch einfach nur mal vorbeischauen und gucken.

55 [V D7] **Söderhallarna,** www.soderhallarna.
se, Söderhallarna 110, Södermalm, U-Bahn Medborgarplatsen, Mo.–Mi. 10–18 Uhr, Do./Fr. 10–19 Uhr, Sa. 10–16 Uhr. Die Söderhallarna richten sich eher nach den täglichen Bedürfnissen der Kundschaft.

031st Abb.: ld

MODE

Mit den Filialen von H&M, Dressmann, Lindex, Indiska, Brothers, Vero Moda oder J&C verfügt die Stockholmer City über ein kaum noch zu überblickendes Angebot an Modeketten. Dazu gesellen sich zusätzlich die Modeabteilungen in den Kaufhäusern und zahlreiche Boutiquen und Spezialläden. Folglich hat man – glücklicherweise – eher die Qual der Wahl oder aber muss ausreichend Zeit mitbringen. Auch sollte man sich vorher darüber im Klaren werden, was man bereit ist auszugeben. Von günstiger Alltagskleidung bis hin zur schicken Designerklamotten ist hier alles zu bekommen.

Populäre **Shoppingquartiere** sind in die Straßen rund um den Hötorget, die Drottninggatan, die Kungsgatan und Hamngatan sowie natürlich das Viertel mit dem Stureplan als Zentrum. Vor allem hier reihen sich nationale und internationale Designerläden aneinander, was sich selbstverständlich auch im Preis niederschlägt. In Södermalm stellt die Götgatan eine gelungene Alternative zum Citybereich dar.

SECONDHAND

Wer nicht dem neusten modischen Schrei nachlaufen möchte oder aber einfach nicht den passenden Geldbeutel für edle Designerware hat, kann dennoch sein Glück in Stockholm finden. Erste Anlaufstation sollte diesbezüglich Södermalm sein, denn dort befinden sich mit dem Gebiet südlich der Folkungagatan (SoFo), der Götgatan und auch der Hornsgatan gleich drei Gelegenheiten, das eine oder andere Schnäppchen zu machen.

Darüber hinaus sind die Upplandsgatan in Vasastan oder auch die Mäster Samuelsgatan in Norrmalm Erfolg versprechende Adressen, wenn es gilt, sich mit Klamotten guter Qualität und bekannter Labels zu bezahlbaren Preisen einzudecken.

SPORT UND TREKKING

Auf der Suche nach Sportartikeln wird man sicherlich zuerst auf eine Filliale der beiden großen Ketten Stadium oder Intersport treffen. Im Hinblick auf Schweden als attraktives Outdoorparadies hat Stockholm auch in dieser Richtung einiges zu bieten. Und daneben schmücken sich wie selbstverständlich die großen Kaufhäuser und Galerien der Stadt ebenfalls mit gut sortierten Sportartikelabteilungen.

- **56** [II C3] **Adidas Concept Store,** Sveavägen 21–23, Tel. 08 53480830, Norrmalm, U-Bahn Hötorget
- › **Naturkompaniet,** der Spezialist im Outdoorbereich. Im Innenstadtbereich gibt es Filialen in der Kungsgatan 4 und 26, in der Odengatan 50 (Vasastan), dem Sveavägen 62 sowie in der Hantverkargatan 38–40 (Kungsholmen).

TICKETS

Neben der Verkaufsstelle im Touristenbüro (im Sverigehuset) oder über das Internet können Eintrittskarten für Konzerte, Theater oder andere Veranstaltungen natürlich auch noch an den jeweiligen Abendkassen erworben werden.

Die wichtigste Kontaktadresse im Internet für Veranstaltungen aller Art ist:

- › **Ticnet,** www.ticnet.se, Tel. 077 1707070

OUTLETCENTER

Wer eine weitere Anfahrt nicht scheut, sollte sich in den südwestlichen Vorort Barkarby aufmachen, denn dort lädt ein großes Outletcenter zum Einkaufen ein. Da es direkt an der E18 (Ausfahrt Jacobsberg oder Barkarby) liegt, gelangt man schnell und bequem mit dem eigenen Pkw dorthin. Und gleich nebenan befindet sich einer der größten IKEA Schwedens (aber wer kauft im Urlaub schon Möbel?).

STOCKHOLM FÜR NACHTEULEN

Stockholm ist die Hauptstadt, und das verpflichtet natürlich auch hinsichtlich eines attraktiven Nachtlebens. In beinahe allen Lokalitäten muss man an einem **Türsteher** vorbeikommen, teilweise muss **Eintritt** (ungefähr 80–100 Skr, ca. 8–10 €) gezahlt werden. Doch bevor es überhaupt so weit ist, wird die Geduld durch lange Schlangen vor den Klubs auf die Probe gestellt. Die Länge hängt dabei natürlich auch von der Popularität des jeweiligen Etablissements ab, doch bleiben letztendlich zwei Alternativen: Die längeren **Wartezeiten** geduldig in Kauf nehmen oder frühzeitig ins Nachtleben einsteigen. Schließlich ist man nicht nur der Willkür und den Argusaugen der Türsteher ausgesetzt, sondern hängt der Einlass dann auch vom **Alter** ab: In der Regel kann man damit rechnen, mit 18 Jahren in die Klubs eingelassen zu werden, nicht selten wird diese Grenze aber auf 21 oder – in Ausnahmen – auch auf 25 Jahre hochgesetzt. Auf jeden Fall sollte man einen „seriösen“ und nüchternen Eindruck machen! Besonders zu beachten ist dabei, dass junge Schweden sich mal gerne fein herausputzen und zurechtmachen, nicht überall kommt man folglich mit Jeans und Turnschuhen hinein. In vielen Nachtklubs besteht neben dem Getränkekonsum eine weitere – eher ungewohnte – Möglichkeit, sein Geld unter das Volk zu bringen: Roulette und Black Jack sind beliebte Nebenschauplätze zum Amüsement und zur Zerstreuung.

Was in Deutschland zu einem Politikum wird, ist in Schweden mittlerweile Normalität: Das **Rauchen** in Bars und Gaststätten ist verboten, wirkliche Strafen drohen allerdings auch nicht. Es hat sich die

032st Abb.: ld

SNUS – SCHWEDISCHER TABAK

„Drei Tage ohne Snus auf dieser Insel – wir verschmachten!“

(Mitteilung in einer Flaschenpost, die Pippi Langstrumpf, Tommy und Annika als Schiffbrüchige von einer einsamen Insel verschicken; in „Pippi geht an Bord“)

Wer schon einmal an einer schwedischen Supermarktkasse gestanden hat, dem sind sicherlich die gestapelten, flachen Dosen in Metallgestellen aufgefallen. Dort, wo in Deutschland die Raucher ihre Lieblingsmarke wählen können, da sind in Schweden kleine Döschen gestapelt, die mit unterschiedlichen Banderolen versehen sind. Da liest man dann Namen wie „General“, „Grov“, „Ettan“ oder „Tre Ankare“. Und auch das ist Tabak, der jedoch nicht geraucht, sondern unter der Oberlippe platziert wird. Dort entfaltet das Nikotin dann seine berauschende Wirkung. Dieser Tabak heißt auf Schwedisch Snus.

Obwohl Tabak bereits Mitte des 17. Jahrhunderts mit Veteranen des Dreißigjährigen Krieges seinen Weg nach Schweden fand, dauerte es noch weitere 200 Jahre, bis er auch bei breiteren Massen populär wurde. So gab es im 19. Jahrhundert bereits drei Tabakfirmen in Göteborg, die ausschließlich Snus produzierten. Heute wird Snus hauptsächlich von der Firma Gothia in Göteborg produziert, deren täglicher Ausstoß ca. 500.000 Dosen beträgt. Gothia exportiert ihr Produkt in viele Staaten, wobei jedoch insbesondere die USA einen gewichtigen Markt darstellen.

Der Pro-Kopf-Tabakkonsum in Schweden liegt auf einem ähnlichen Niveau wie in anderen westeuropäischen Staaten, jedoch wird der Hauptteil als Snus verkauft. Insbesondere Männer greifen zu dem feuchten, etwas pappigen Tabak, während weibliche Tabakkonsumenten in Schweden meist zum Glimmstängel tendieren. Es gibt diverse Untersuchungen zum Thema, die einen direkten Zusammenhang zwischen Snuskonsum und der vergleichsweise niedrigen schwedischen Krebsrate nahelegen. Krebsstatistiken für schwedische Frauen ähneln denen in anderen europäischen Staaten, die männlichen Statistiken in diesem Bereich liegen jedoch signifikant unter europäischen Vergleichswerten. Damit soll keinesfalls gesagt werden, dass „snusen“ gesund sei. Das Gegenteil ist der Fall und insbesondere Schäden des Zahnfleisches und Krebs im Rachen und Mundraum sind unbestreitbare Folgen. Jedoch scheint der nicht inhalierte Tabakkonsum insgesamt weniger schädlich zu sein.

In Schweden ist Snus als Genussmittel, ja sogar als Kulturgut anerkannt. Bei den Beitrittsverhandlungen zur EU in den frühen 1990er Jahren wurde dies in den Verträgen explizit festgeschrieben und somit dürfen sich die Schweden auch weiterhin Tabak unter die Oberlippe schieben, während der Verkauf im restlichen Europa nach der EU-Tabakrecht-Richtlinie verboten ist. Seit Juni 2005 in Schweden das Rauchen in Restaurants, Bars und Diskotheken verboten wurde, gab es einen regelrechten Run auf den traditionellen Oraltabak.

Ein Mythos muss noch ausgeräumt werden: Snus soll angeblich mit winzigen Glassplittern versetzt werden, um das Zahnfleisch aufzurauen und die Wirkung zu beschleunigen. Das stimmt nicht. Vielmehr bilden sich im zu trockenen Snus Salzkristalle, die mit Glassplittern verwechselt werden können.

schöne Tradition eingebürgert, zum Rauchen nach draußen zu gehen mit dem Nebeneffekt, sogleich ins Gespräch zu kommen. Das sogenannte *Smirting* (aus dem Englischen: *smoking & flirting*), wenn es auch der Gesundheit nicht unbedingt förderlich erscheint, eröffnet somit neue Wege der Kontaktanbahnung.

In vielen Bars besteht zudem die Möglichkeit, erstklassig zu speisen. Zugleich findet man in zahlreichen Restaurants eine üppige Getränkeauswahl.

Die abschließende Zeche – auch kleinere Beträge oder einzelne Getränke – wird häufig mit der Kreditkarte beglichen.

Einige **zentrale Stationen** des Nachtlebens sind in Gamla Stan um den Järntorget und Kornhamnstorget sowie entlang der Stora Nygatan, in Norrmalm in den Seitenstraßen zwischen Sergels Torg und Birger Jarlsgatan, in Östermalm rund um den Stureplan und in Södermalm in der Götgatan, am Medborgarplatsen und natürlich im berühmt-berüchtigten „Bermudadreieck" um die Skånegatan.

Ein kleiner Wermutstropfen für die Nachteulen: Lokale dürfen „nur" bis 5 Uhr morgens geöffnet haben.

BARS UND DISCOS

Einige Tipps (weitere Details in den jeweiligen Stadtteilbeschreibungen):

57 [II D4] **Café Opera,** www.cafeopera.se, Karl XIIs Torg, Tel. 08 6765807, U-Bahn Kungsträdgården. Mi.–So. 22–3 Uhr; ab 23 Jahren; mehr als nur ein Nachtklub, häufig treffen sich die Reichen und Schönen in dem legendären Etablissement.

58 [III B2] **Cliff Barnes,** www.cliff.se, Norrtullsgatan 45, Tel. 08 318070, Vasastan, U-Bahn Odenplan. Einladende Kneipe, mittags auch mit Dagens Rätt und gemütlichen Sitzgelegenheiten im Freien.

59 [IV E3] **Elverket,** www.brasserieelverket.se, Linnégatan 69, Tel. 08 6612562, Öster-

033st Abb.: ld

malm, U-Bahn Karlaplan. Liveveranstaltungen, Restaurant, am Wochenende Brunch.

60 [I D5] **Engelen/Kolingen,** www.engelen.gastrogate.com, Kornhamnstorg, Tel. 08 201092, Gamla Stan, U-Bahn Gamla Stan. Tgl. 16–3 Uhr. Eher für Gäste ab 30 Jahre. Nachtklubs mit Livemusik auf verschiedenen Ebenen: Restaurant und Bar im Engelen, Nachtklub im Kolingen.

61 [II C4] **Fasching,** www.fasching.se, Kungsgatan 63, Tel. 08 53482960, Norrmalm, U-Bahn T-Centralen. In dem erstklassigen Jazzklub gibt es viele Konzerte.

62 [V D7] **5emtio 4yra,** www.bar54.se, Götgatan 54, Tel. 08 6430054, Södermalm, U-Bahn Medborgarplatsen. Tgl. 16–3 Uhr. Gute Bar und Disco mit Spieltischen, im Außenbereich zum Platz hin manchmal Liveauftritte; die halbkreisförmigen Stufen zwischen Bar und Sitzbereich sind nicht rollstuhlgerecht.

63 [V D6] **Fenix,** www.fenixbar.se, Götgatan 40, Tel. 08 6404506, Södermalm, U-Bahn Medborgarplatsen. Mo.–Fr. 11–1 Uhr, Sa./So. 12–1 Uhr. Wer den Nachmittag in dieser eleganten Bar beginnt, beendet vielleicht auch die Nacht dort.

64 [II D3] **Glenn Miller Café,** Brunnsgatan 21A, www.glennmillercafe.com, Tel. 08 100322, Norrmalm, U-Bahn Hötorget. Mo.–Do. und So. 17–1, Fr.–Sa. 17–2 Uhr. Für den hier gebotenen sehr guten Jazz ist der stimmungsvolle Klub leider häufig viel zu klein.

65 [II D3] **KGB Bar & Restaurant,** www.kgb.nu, Malmskillnadsgatan 45, Tel. 08 209155, Norrmalm, U-Bahn Hötorget. Mo.–Sa. 16–2 Uhr, Restaurant mit Rockbar und Liveauftritten, oft proppenvoll.

66 [V D6] **Kvarnen,** www.kvarnen.com, Tjärhovsgatan 4, Tel. 08 6430380, Södermalm, U-Bahn Medborgarplatsen. Restaurant mit einem der angesagtesten Klubs der Stadt.

67 [C6] **Marie Laveau,** www.marielaveau.se, Hornsgatan 66, Tel. 08 6688500, Södermalm, U-Bahn Mariatorget. Eher rockige Musik, aber auch mit Restaurantbetrieb.

68 [V E6] **Mosebacke,** www.mosebacke.se, Mosebacke Torg 3, Tel. 08 55609890, Södermalm, U-Bahn Slussen. Mo.–Do. 11–24 Uhr, Fr. 11–2 Uhr, Sa. 10.30–2 Uhr, So. 10.30–24 Uhr. Unterhaltung aller Art mit Terrasse und toller Aussicht hoch über Södermalm.

69 [II D4] **Riche,** www.riche.se, Birger Jarlsgatan 4, Tel. 08 54503560, Östermalm, U-Bahn Östermalmstorg. Mo.–Fr. 11.30–2 Uhr, Sa. 12–2 Uhr. Eine wahre Institution im Stockholmer Nachtleben, in der auch vorzüglich gespeist werden kann. In der „Lilla Baren" (kleine Bar), die größer ist als ihr Name vermuten lässt, trifft sich gut gekleidete Werbe- und Medienszene der Stadt – oft auch Sprungbrett zum „richtigen" Nachtleben.

70 [II D3] **Spy Bar,** www.thespybar.com, Birger Jarlsgatan 20, Tel. 08 54503701, Östermalm, U-Bahn Östermalmstorg. Mi.–Sa. 23–5 Uhr. Zentraler geht es kaum: Direkt am Stureplan liegt hier auf drei Etagen die vielleicht erste Adresse im Nachtleben der Hauptstadt, in der auch schon mal die Königstöchter abtanzen. Wenn man es an den kritischen Türstehern vorbei schafft (Eintritt 90–160 Skr, ca. 9–16 €), muss man jedoch mit happigen Getränkepreisen rechnen.

71 [I D5] **Stampen,** www.stampen.se, Stora Nygatan 5, Tel. 08 205793, Gamla Stan, U-Bahn Gamla Stan. Mo.–Do. 20–1 Uhr, Fr./Sa. 20–2 Uhr. Der gut besuchte und angeblich weltberühmte Jazzpub zieht auch nicht mehr ganz junge Gäste an.

72 [III B2] **Tranan,** www.tranan.se, Odenplan/Karlbergsvägen 14, Tel. 08 52728100, Vasastan, U-Bahn Odenplan. Restaurant wochentags ab 11.30 Uhr, am Wochenende ab 17 Uhr, Bar Mo.–Sa. 17–1 Uhr, So. bis 23 Uhr. Bevor man am späten Abend die Musik genießt, kann eine Etage höher noch wunderbar gespeist werden.

STOCKHOLM FÜR GENIESSER

ESSEN UND TRINKEN

Bevor man sich aufmacht, die kulinarischen Höhepunkte und Geheimnisse der Hauptstadt zu entdecken und zu genießen, sollte man sich einige Besonderheiten der schwedischen Gastronomie vor Augen halten.

Dem Reisenden wird wahrscheinlich zuerst die **Fülle an Fast-Food-Ketten und Imbissständen** auffallen. Neben den vertrauten Gesichtern wie McDonald's, Burger King, Kentucky Fried Chicken oder Pizza Hut findet man auch zahlreiche schwedische Vertreter dieser oder ähnlicher Ausrichtung wie zum Beispiel Saffet's oder Sybilla. Zusätzlich bereichert wird dieses Angebot durch Kebab-Buden, Schnellimbisse *(Gatukök)* oder die schnelle Bauchladenvariante von der Straße. Hier locken vor allem verschiedenste Hot-Dog-Variationen *(Korv)* den hungrigen Touristen.

Bevorzugt man allerdings eine niveauvollere Art der Nahrungsaufnahme, so hat man die Qual der Wahl: In der schwedischen Hauptstadt wird man sowohl auf eher schwedisch ausgerichtete Küchen als auch auf eine Vielzahl internationaler **Restaurants** unterschiedlichster Couleur treffen. Auch mit schwedischen Gerichten gemischte Speisekarten sind nicht untypisch. Einfachere Gerichte werden dabei – ähnlich wie bei uns – als *Husmanskost* (Hausmannskost) bezeichnet.

034st Abb.: sk

► *Die Schweden: auch Weltmeister im Eisverzehr*

Die Übergänge hinsichtlich der Kategorisierung greifen ineinander: In guten Bars bekommt man auch exzellentes Essen, in anspruchsvollen Restaurants trifft man wie selbstverständlich auf eine gut sortierte Bar und Musik.

Beachtet werden sollte, dass man in einigen Lokalen, vor allem in den gut besuchten Cafés der Innenstadt, von einem freundlichen **Kellner am Eingang** empfangen wird *(Hovmästaren),* um zum Platz geführt zu werden.

Bezüglich der Öffnungszeiten sollte man auch ganz genau hinschauen: Da viele Schweden in der Sommerzeit verreisen oder die langen Tage nutzen, um einen Abstecher in die Natur zu unternehmen, bleiben in den **Sommermonaten einige Restaurants ganz geschlossen.**

035st Abb.: sk

Äußerst bemerkenswert ist zudem, dass die Schweden – trotz oder gerade wegen des Klimas? – Weltmeister im Eisverzehr sind. Damit dies auch so bleibt, steht ein Eisgenuss geradezu auf dem Pflichtprogramm.

Vor Ort erhält man in den Touristenbüros die Informationsbroschüre **„Stockholm Restaurangguide“.** Zwar ist dieses kostenlose Heftchen größtenteils auf schwedisch, dennoch sind ihr sicherlich auch so wertvolle Informationen zu entnehmen. Hinweise zum Einkaufen von Lebensmitteln finden sich im Kapitel „Stockholm für Kauflustige“.

DIE SCHWEDISCHE KÜCHE

Die schwedische Küche weist einige interessante Besonderheiten und Spezialitäten auf, von denen man als Besucher des Landes zumindest einige probiert haben sollte.

Zuallererst fällt einem dabei das **Smörgåsbord** (wörtlich: „Butterbrotstisch“) ein, ein mehr als umfangreiches Büfett, welches mit allerlei kalten und warmen Köstlichkeiten aufwartet. In der Weihnachtszeit steht dann die noch exquisitere Variante, das *Julbord,* auf dem Speiseplan. Speziell zur Weihnachtszeit gehören auch *Lussekattar,* goldgelbe Safran-Hefe-Teilchen, *Pepparkakor,* schwedischer Pfefferkuchen mit Ingwergeschmack, *Glögg,* die schwedische Glühweinvariante, sowie *Lutfisk,* ein getrockneter und anschließend in einer Lauge eingelegter Meeresfisch, geradezu zum Pflichtprogramm.

Spätestens seit IKEA kennt man auch in Deutschland *Köttbullar,* kleine Hackfleischbällchen, die man mit Kartoffelpüree *(mos),* Ketchup oder (süßem) Senf *(senap)* verzehrt. *Pytt i Panna* besteht aus gewürfelten Wurst- und Fleischstückchen, Kartoffeln, Zwiebeln und Roter

Bete, welches abschließend noch mit einem Spiegelei verfeinert werden kann. Ein anderes schwedisches **Nationalgericht** ist *Janssons Frestelse,* Janssons Versuchung. Inwieweit dies eine wirkliche Versuchung darstellt, bleibt jedem selbst überlassen zu beurteilen, der Sahneauflauf lockt letztendlich mit einer Mischung aus Kartoffeln, Zwiebeln und Anchovis. Bei einem Besuch in Schweden liegt zudem nichts näher, als sich auch einmal an Elch- *(älg)* oder Rentiergerichte *(ren)* heranzuwagen. Gereicht werden diese Speisen gerne mit Kartoffeln *(potatis)* und Preiselbeeren *(lingon).* Mindestens genauso schweden-typisch sind *Knäckebröd,* das leckere Knäckebrot, das es hier in allen Variationen zu geben scheint, und *Falukorv,* die mehr als rote Fleischwurst, die ihren Namen der Ursprungsstadt Falun zu verdanken hat. Ein *Hamburgaretallrik* bezeichnet einen riesigen, kaum zu bewältigenden Hamburger mit Pommes als Beilage, dem mit Messer und Gabel zu Leibe zu rücken ist.

Aufgrund der langen Küstenlinie und der vielen Seen und Flüsse kann Schweden auch mit zahlreichen hervorragenden **Fischspezialitäten** begeistern. *Sill,* der auf unterschiedlichste Art und Weise eingelegte Hering, schmeckt am besten zu Kartoffeln und darf – ebenso wie *Räkor* (Krabben) – auf keinem Smörgåsbord fehlen. Wer *Gravad Lax* bestellt, wird sich einen gebeizten Lachs auf der Zunge zergehen lassen können. *Strömming* bezeichnet die Stockholmer Variante des Ostseeherings. Der eigentlich aus Nordschweden stammende *Surströmming* ist allerdings mit Vorsicht zu genießen. Vielleicht ist er ja durchaus etwas für Kenner und Genießer, dennoch sei davor gewarnt: Es handelt sich dabei nämlich um fermentierten Hering, bei dem durch den Gärungsprozess auch schon mal die Konservendosen verformt werden können. An diesem Gericht scheiden sich folglich die Geister. Für die einen ist es schlicht eine Delikatesse, andere verweigern hierbei konsequenterweise die Nahrungsaufnahme. Einen wahren Gaumenschmaus stellen hingegen *Kräftor* dar, eine Krebsspezialität, die vor allem zu Beginn der Saison im August zusammen mit viel Schnaps verspeist wird.

◀ *In den Saluhallen findet man alle Zutaten für die schwedischen Spezialitäten und noch vieles mehr ...*

EIN KULINARISCHER TAGESABLAUF

Der Stockholmer beginnt seinen Tag mit dem *frukost,* einem **Frühstück.** Dafür stehen verschiedene Milchprodukte (z. B. auch *filmjölk,* eine saure Milch, vielleicht vergleichbar mit Buttermilch), Müsli, Käse, Aufschnitt, Marmeladen, (zumeist süßes Weiß-)Brot, die wunderbar cremigen Joghurts und natürlich Kaffee zur Auswahl. In den Hotels oder Lokalen findet man häufig ein Frühstücksbüfett vor.

Für die meisten Stockholmer folgt zur **Mittagszeit** ihre Hauptmahlzeit, das *lunch.* Entweder speist man à la carte und damit etwas teurer oder aber man wählt das in vielen Lokalen angebotene **Dagens Rätt,** ein günstiges Tagesgericht, das aus einer Hauptspeise, Brot, Salat, einem Getränk und Kaffee besteht. Das *Dagens Rätt* (oder auch *Dagens Lunch)* kostet 70–90 Skr (ca. 7–9 €) und wird meist in der Zeit von 11–14 Uhr serviert, es wird jedoch an Wochenenden oft nicht angeboten.

Was für die Briten ihre Tea Time, ist für die Schweden ihr *Fika*. Gemäß dieser schwedischen Tradition macht man es sich zur **Kaffeezeit** gemütlich, was durchaus auch mal länger dauern kann. Kein Wunder also, dass Stockholm zu Recht auch als Stadt der Cafés bezeichnet werden kann. Entweder trinkt man einen guten und starken Kaffee, eine der zahlreichen Kaffeevariationen oder Tee. Der Kaffee kann schon einmal 15–25 Skr (ca. 1,50–2,50 €) kosten, dann ist allerdings auf *påtår* zu achten, was besagt, dass zumindest eine zweite Tasse nachgeholt werden darf. Eine einzelne Tasse Kaffee kommt natürlich billiger. Dazu isst man Kuchen, Gebäck, Kekse oder auch manchmal ein Sandwich. Das Gebäck in Schweden ist meist süß und gelegentlich sehr farbenfroh (nach den E-Stoffen sollte man besser nicht schauen). Dafür ist es aber auch umso leckerer und schließlich ist man ja im Urlaub.

Das **Abendessen** in Schweden heißt kurioserweise *Middag*. Die Restaurants *(Restaurang, Värdshus* oder *Krog)* können zu dieser Tageszeit, speziell am Wochenende, gut besucht sein. Daher ist es empfehlenswert einen Tisch im Voraus zu reservieren. Pizzas kosten um die 70 Skr (ca. 7 €), ein einfaches Gericht – eine preiswerte Speise findet man so gut wie auf jeder Karte – wird man schon für 120 Skr (ca. 12 €) bestellen können, für ein 3-Gänge Menü sollte man zwischen 250–400 Skr (ca. 25–40 €) einkalkulieren. Hinzuzufügen sind dann noch die Preise für die Getränke (s. Kapitel „Getränke"). **Trinkgeld** ist nicht unüblich, liegt aber natürlich im eigenen Ermessen. Wenn man mit seinem Essen und dem Service zufrieden ist, sind 10–15 % der Rechnung *(räkning)* durchaus angebracht; in Bars reicht aber beispielsweise auch das Aufrunden des Betrages.

Auch ist es in Schweden nicht unüblich, vom Kellner zum Tisch geleitet zu werden. Schilder im Eingangsbereich mit dem Begriff *Hovmästeren* oder *Bordsplacering* weisen darauf hin.

GETRÄNKE

Die Übergänge von einem gepflegten Bier oder Wein zum Essen über einen gemütlichen „Absacker" an der Bar bis hin zum intensiven Nachtleben sind wortwörtlich fließend. Die konkreten Empfehlungen für Bars und Kneipen finden sich in den entsprechenden Stadtteilbeschreibungen und im Kapitel „Stockholm für Nachteulen". Dennoch sind auch an dieser Stelle einige generelle Informationen hilfreich:

Alkoholfreie Getränke sind in Gaststätten kostenlos (Leitungswasser) oder aber kosten um die 20 Skr (ca. 2 €, Cola, Fanta etc.; schwedischer Sammelbegriff: *Läsk*). Für ein Glas Bier (0,4 l, Klasse III – Bierklassen s. Kapitel „Alkohol") wären ab 50–60 Skr (ca. 5–6 €) einzurechnen. **Wein** wird auch in Schweden immer beliebter. Ein Glas Wein zum Essen kostet ca. 60 Skr (ca. 6 €), eine Flasche 250 Skr (ca. 25 €) und aufwärts. Freunden des Hochprozentigen ist in Schweden selbstverständlich ein **Wodka** ans Herz zu legen. Wenn es auch eine kleine Herausforderung für die Urlaubskasse sein kann – ein Wodka wird in einer Bar ab 65 Skr (ca. 6,50 €) kosten – so führt doch an einem Absolut oder einem Finlandia (auch wenn dies kein schwedisches Produkt ist) kaum ein Weg vorbei.

Das **Ausschankalter** beträgt in Schweden 18 Jahre, allerdings machen viele Bars oder Klubs von möglichen Ausnahmeregelungen Gebrauch, das Mindestalter wird dann beispielsweise auf 20 oder 23 Jahre angehoben. Gaststätten mit einer Schanklizenz machen dies durch einen Aushang *Fullständiga Rättigheter* kenntlich. Weitere Informationen rund um den Alkohol sind auch dem Kapitel „Alkohol" zu entnehmen.

RESTAURANTS

Eine breite Auswahl an exzellenten und interessanten Restaurants findet man vor allem in Gamla Stan, rund um den Stureplan und auch in der Rörstrandsgatan in Vasastan.

73 [II D4] **Berns,** www.berns.se, Berzelii Park, Tel. 08 56632222, U-Bahn Kungsträdgården. Ebenfalls eine Institution der Stadt, auch berühmt für seinen Fisch; daneben besitzt die Einrichtung unbestrittene Qualitäten hinsichtlich des Nachtlebens.

74 [A3] **Café Levinsky's,** Rörstrandsgatan 9, Tel. 08 303333, U-Bahn St. Eriksplan. Angesagt beim jüngeren Publikum, eher für die Sushi-Fraktion, modern eingerichtet.

75 [V E7] **Chutney,** Katarina Bangatan 19, Tel. 08 6403010, U-Bahn Medborgarplatsen. Mo.–Fr. 11–22 Uhr, Sa./So. 12–22 Uhr. Ein sehr gutes vegetarisches Lokal.

76 [III C2] **Clas på Hörnet,** www.claspahornet.se, Surbrunnsgatan 20, Tel. 08 165136, U-Bahn Odenplan.Traditionsreiches und nettes Restaurant mit guter schwedischer Küche.

77 [I D5] **Den Gyldene Freden,** www.gyldenefreden.se, Österlånggatan 51, Tel. 08 249760, U-Bahn Gamla Stan. Mo.–Fr. 11.30–14.30 Uhr und 17–23 Uhr, Sa. 13–23 Uhr. Eine traditionsreichere

036st Abb.: sk

Gastronomie wird man in Stockholm wohl kaum finden.

78 [D2] **Divino,** www.divino.se, Karlavägen 28, Tel. 08 6110269, U-Bahn Karlaplan. Mo.–Sa. 18–23 Uhr. Erstklassisches und preisgekröntes italienisches Lokal; auch mit überraschend günstigen Dagens-Lunch-Varianten.

79 [F4] **Eriks Bakfika,** www.eriks.se, Fredrikshovsgatan 4, Tel. 08 6601599, U-Bahn

▲ *Die Gassen rund um die Storkyrkan bieten hungrigen Touristen viele Möglichkeiten gemütlich zu speisen*

RESTAURANTS IM ÜBERBLICK

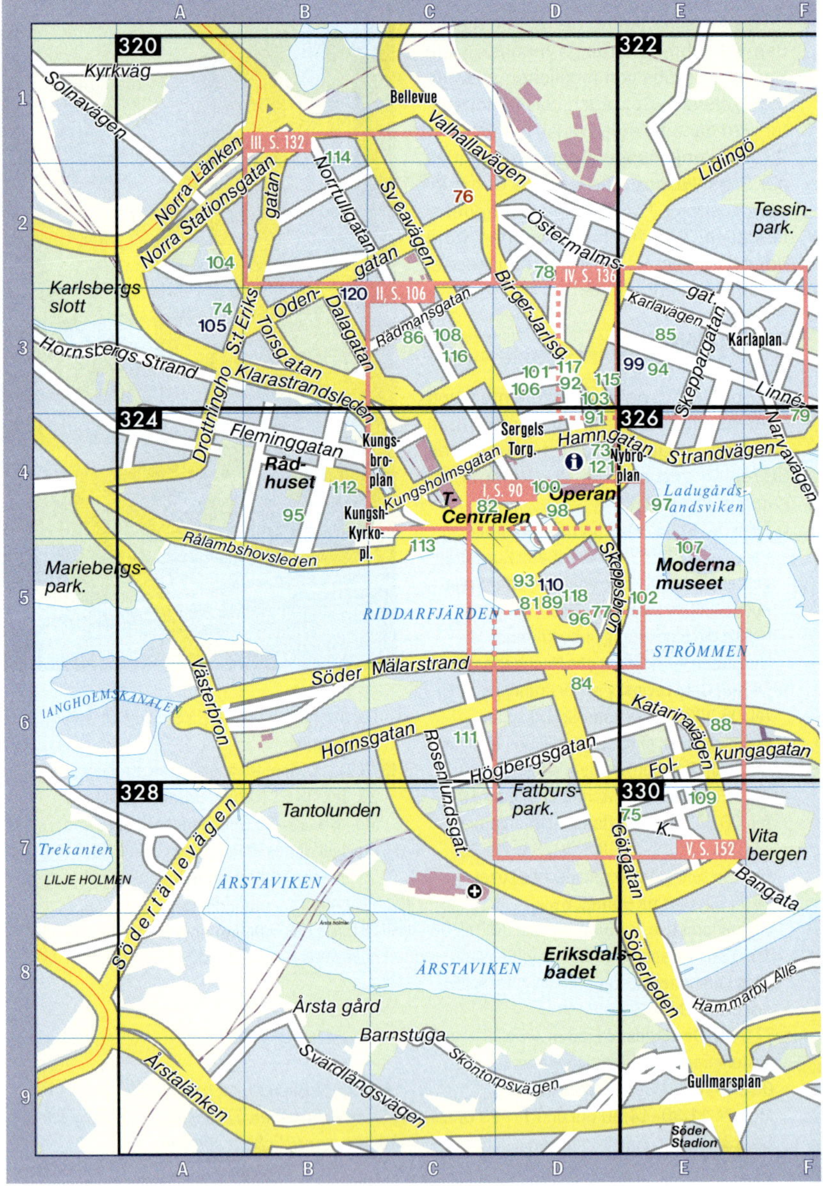

73	Berns [II D4] €€€
74	Café Levinsky's [A3] €€
75	Chutney [V E7] €€
76	Clas på Hörnet [III C2] €€
77	Den Gyldene Freden [I D5] €€
78	Divino [D2] €€€
79	Eriks Bakfika [F4] €€€
80	Fåfängan [G6] €
81	Frantzen-Lindeberg [I D5] €€€
82	Fredsgatan 12 (F12) [II C4] €€€
83	Godthem Wärdshuset [F4] €€
84	Gondolen [V D6] €€€
85	GQ [IV E3] €€€
86	Grill [II C3] €€
87	Hasselbacken [F5] €€€
88	Hermans [V E6] €
89	Källaren Movitz [I D5] €€

Fortsetzung auf Seite 55

Die Zeichen und Farben bedeuten:

1	laufende Nummer
[I F7]	Nummer der Detailkarte und des Planquadrats
€	preiswertes Restaurant
€€	gehobenes Niveau
€€€	exklusiv und hochpreisig
rot	vorwiegend schwedische Küche
grün	internationale und schwedische Küche
blau	exotische Küche

Karlaplan oder Bus Nr. 47, 69. Mittagstisch Mo.-Fr. 11.30-15 Uhr, abends Di.-Sa. 17-24 Uhr, So./Mo. 17-23 Uhr. Sehr empfehlenswertes Speiselokal auf hohem Niveau.

80 [G6] **Fåfängan,** www.fafangan.se, Klockstapelsbacke 3, Tel. 08 6429900, Bus Nr. 53/71. Ebenfalls abseits der Touristenströme überzeugt es mit dem überragenden Ausblick über Stockholm.

81 [I D5] **Frantzen-Lindeberg,** www.frantzen-lindeberg.com, Lilla Nygatan 21, Tel. 08 208580, Gamla Stan, U-Bahn Gamla Stan. Di.-Sa. ab 18 Uhr. Eine ganz edle Gastronomie, bei der man schwerlich enttäuscht werden dürfte.

82 [II C4] **Fredsgatan 12 (F12),** www.f12.se, Fredsgatan 12, Tel. 08 248052, Norrmalm, U-Bahn T-Centralen. Mo.-Sa. 17-1 Uhr. Nähe Reichstag, neben dem sehr guten Restaurant und seiner Bar genießt F12 auch einen guten Ruf im Stockholmer Nachtleben - nicht zuletzt wegen der Liveveranstaltungen.

83 [F4] **Godthem Wärdshuset,** Rosendalsvägen 9, Tel. 08 6610722, Djurgården, Bus Nr. 44 oder 47. Mo.-Sa. 11.30-22 Uhr, So. 12-20 Uhr. In idyllischer Lage im Norden von Djurgården gelegen speist man im Godthem ausgezeichnet. Mit Seeblick und Terrasse (ab Mai geöffnet) kosten die meisten Fleischgerichte ca. 200-300 Skr (ca. 20-30 €).

84 [V D6] **Gondolen,** www.eriks.se, Stadsgården 6, Tel. 08 6417090, Södermalm, U-Bahn Slussen. Mo.-Fr. 11.30-1 Uhr, Sa. 16-1 Uhr. In luftiger Höhe von 38 m am Katarinahissen speist man hier einzigartig mit überragendem Ausblick über die Stadt. Für diesen Ausblick bezahlt man natürlich auch dementsprechend.

85 [IV E3] **GQ,** www.gqrestaurang.se, Kommendörsgatan 23, Tel. 08 54567430, Östermalm, U-Bahn Östermalmstorg. Sehr feines Restaurant, für das man dann auch seinen (berechtigten) Preis zahlen muss.

037st Abb.: sk

86 [II C3] **Grill,** www.grill.se, Drottninggatan 89, Tel. 08 314530, U-Bahn Rådmansgatan. Der Name ist zugleich Programm: Die Spezialitäten des Hauses werden auf dem Grill zubereitet; Büfett am Wochenende frei für Kinder unter 10 Jahren.

87 [F5] **Hasselbacken,** Hazeliusbacken 20, www.restauranghasselbacken.com, Tel. 08 51734300 oder 08 51734307, Bus Nr. 47. Traditionsreiches Etablissement bestehend aus Hotel, Restaurant (bis 23 Uhr) und Bar (bis 24 Uhr), am Wochenende Brunch 12–16 Uhr.

88 [V E6] **Hermans,** www.hermans.se, Fjällgatan 23, Tel. 08 5439480, Södermalm. Tgl. 11–21 Uhr. Hier kam man sehr gut vegetarisch essen – und dies zu günstigen Preisen. Hermans wirbt mit einer der besten Aussichten über die Stadt und einiges spricht dafür, dass dies auch so ist. Etwas abseits der üblichen Routen.

89 [I D5] **Källaren Movitz,** www.movitz.com, Tyska Brinken 34, Tel. 08 209979, U-Bahn Gamla Stan. So.–Do. 16–1 Uhr, Fr.–Sa. 13–3 Uhr. In dem Kellergewölbe aus dem 17. Jahrhundert lässt sich stilecht in der Altstadt speisen.

90 [H3] **Kaknästornet,** www.kaknastornet.se, Mörka Kroken 28–30, Tel. 08 6672180, Bus Nr. 69. Egal ob zum Brunch (Sa./So. 12–17 Uhr), Café oder Abendessen, der Ausblick vom Fernsehturm (155 m) auf Schärengarten oder Hauptstadt ist einmalig.

91 [II D4] **KB** (Konstnärsbaren), www.konstnarsbaren.se, Smålandsgatan 7, Tel. 08 6796032, Norrmalm, U-Bahn Östermalmstorg. Mo.–Fr. 11.30–24 Uhr, Sa. 13–24 Uhr, So. 13–22 Uhr. Gutes – auch

◀ *Auch die Stockholmer beherrschen die Kunst des Genießens*

Legende zur Übersichtskarte S. 52 (Fortsetzung)

90	Kaknästornet [H3] €
91	KB (Konstnärsbaren) [II D4] €€€
92	Kung Carls Bakficka [II D3] €€€
93	Lejontornet [I D5] €€€
94	Lisa på Torget [IV E3] €
95	Mamas and Tapas [B4] €
96	Mårten Trotzig [I D5] €€
97	Matsalen [E4] €€€
98	Operakällaren [II D4] €€–€€€
99	Östermalms Saluhallen [IV E3] €–€€
100	Pong [II D4] €€
101	Pontus [II D3] €€€
102	Pontus by the Sea [I D5] €€
103	Prinsen [II D3] €€€
104	Rabarber [A2] €€
105	RAW [A3] €€
106	Restaurang 1900 [II D3] €€
107	Restaurant im Moderna Museet [E5] €
108	Rolfs Kök [II C3] €–€€
109	Sardin [V E7] €€
110	Sjättetunnan [I D5] €€
111	Sjögras [C6] €€
112	Spisa hos Helena [B4] €€
113	Stadshuskällaren [C5] €€–€€€
114	Stockholms Matvarufabrik [III B1] €€
115	Sturehof [II D3] €€€
116	Tintarella di Luna [II C3] €
117	Vassa Eggen [II D3] €€€
118	Von der Lindeska Valvet [I D5] €€€
119	Wärdshus Ulla Winbladh [F4] €€
120	Wasahof [B3] €€
121	Wedholms Fiskrestaurang [II D4] €€€

günstiges Essen in einem Lokal für Künstler, Intellektuelle und alle, die sich dafür halten.

92 [II D3] **Kung Carls Bakficka,** www.hotellkungcarl.se, Norrlandsgatan 28, Tel. 08 4635080, U-Bahn Östermalmstorg. Mo.-Do. 11.30-24 Uhr, Fr./Sa. bis 1 Uhr, So. 12-16 Uhr. Gutes Restaurant, bei dem das gehobene Preis-Leistungs-Verhältnis stimmt.

93 [I D5] **Lejontornet,** www.lejontornet.se, Lilla Nygatan 5, Tel. 08 50640080, Gamla Stan, U-Bahn Gamla Stan. Mo.-Sa. 18-22 Uhr. Ein im wahrsten Sinne des Wortes ausgezeichnetes Restaurant in einem ehemaligen Wehrturm im/beim Hotel Victory.

94 [IV E3] **Lisa på Torget,** www.lisapatorget.se, Östermalmstorg 2, Tel. 08 55340450, Östermalm, U-Bahn Östermalmstorg. Mo. 11.30-15 Uhr, Di.-Fr. 11.30-23 Uhr. Die beliebte und begehrte Freiluftvariante des Restaurants in den Saluhallen. Besonders berühmt für die Fischspezialitäten.

95 [B4] **Mamas and Tapas,** www.tapas.nu, Scheelegatan 3, Tel. 08 6535390, U-Bahn Rådhuset. Mo.-Fr. 17-1 Uhr, Sa./So. 14-1 Uhr. Wie der Name schon verrät, geht es hier eher Spanisch zu.

96 [I D5] **Mårten Trotzig,** www.martentrotzig.se, Västerlånggatan 79, Tel. 08 4422530, U-Bahn Gamla Stan. Mo.-Fr. 17-1 Uhr, Sa./So. 12-1 Uhr. Die Einrichtung versetzt die Gäste in die Mitte des 17. Jahrhunderts; sehr beliebt.

97 [E4] **Matsalen,** www.mathiasdahlgren.com, Södra Blasieholmshamn 6, Tel. 08 6793584, Norrmalm, U-Bahn Kungsträdgården. Im Grand Hotel gelegen, verzaubert hier einer der besten Köche des Landes seine Gäste.

98 [II D4] **Operakällaren,** www.operakallaren.se, Operahuset, Karl XIIs Torg, Tel. 08 6765801, Norrmalm, U-Bahn Kungsträdgården. Exklusives Lokal in einmaligem Umfeld, das kaum Wünsche offen lässt; das ganze „Opera-Ensemble" wird noch durch **Operabaren** und die etwas günstigere Speisevariante **Bakfickan** bereichert.

99 [IV E3] **Östermalms Saluhallen,** Östermalmstorg, Östermalm, U-Bahn Östermalmstorg. Diese Markthallen sind ein wahrer Gourmettempel; Speisen sowohl zum Mitnehmen als auch zum sofortigen Verzehr.

100 [II C4] **Pong,** www.pongasian.se, Klara Tvärgränd 3, Tel. 08 4400208, U-Bahn T-Centralen. Mo.-Fr. 11-22 Uhr, Sa./So. 12-22 Uhr. Restaurant, Sushi-Bar und takeaway, Buffet ab 90 Skr (ca. 9 €); auch mittags aufgrund der zahlreichen Büros in der näheren Umgebung gut besucht.

101 [II D3] **Pontus,** www.pontusfrithiof.com, Brunnsgatan 1, Tel. 08 54527300, U-Bahn Östermalmstorg, Norrmalm. Ein ganz edles Restaurant mit Speisen der Spitzenklasse; leider mit einer Sommerpause.

102 [I D5] **Pontus by the Sea,** Tullhus 2, Skeppsbrokajen, Tel. 08 202095, U-Bahn Gamla Stan. Mo.-Fr. 11.30-14 Uhr, Di.-Do. 17-24 Uhr, Fr. 17-1 Uhr, Sa. 17-1 Uhr. Beinahe unschlagbar, wenn man im Sommer am Wasser mit Blick auf den Hafen sitzen kann.

103 [II D3] **Prinsen,** www.restaurangprinsen.se, Mäster Samuelsgatan 4, Tel. 08 6111331, Norrmalm, U-Bahn Östermalmstorg. Mo.-Fr. 11.30-23.30 Uhr, Sa. 13-23.30 Uhr, So. 17-23.30 Uhr. Anspruchvolleres, international ausgerichtetes Restaurant.

► *Sturehof am Stureplan - angesagt und exquisit*

038st Abb.: ld

104 [A2] **Rabarber,** Torsgatan 55, Tel. 08 311775, U-Bahn St. Eriksplan. Restaurant mit umfangreicher Weinkarte, Bar, teilweise auch Livemusik.

105 [A3] **RAW,** Rörstrandsgatan 9, Tel. 08 309680, U-Bahn St. Eriksplan. Japanisches Restaurant, in dem erwartungsgemäß Sushi gereicht wird.

106 [II D3] **Restaurang 1900,** www.r1900.se, Regeringsgatan 66, Tel. 08 206010, Norrmalm, U-Bahn T-Centralen Kungsträdgården. Gehobene Gastronomie, an den Wochenenden legt sogar ein DJ auf.

107 [E5] **Restaurant im Moderna Museet** (16), www.momumat.se, Tel. 08 51956291. Di. 11–20 Uhr, Mi.–So. 11–17 Uhr, Brunch Sa./So. 11.30–13.30 und 14–16 Uhr. Spektakuläre Aussichten bereichern in perfekter Weise das kulinarische Angebot vom einfachen Kaffee bis zum köstlichen Leckerbissen.

108 [II C3] **Rolfs Kök,** www.rolfskok.se, Tegnérgatan 41, Tel. 08 101696, U-Bahn Rådmansgatan. Sehr gutes Essen in moderater Preislage, das Restaurant ist meistens gut besucht, im Sommer allerdings geschlossen.

109 [V E7] **Sardin,** www.restaurangsardin.se, Skånegatan79, Tel. 08 6449700, U-Bahn Medborgarplatsen. Tgl. ab 17 Uhr. Das kleine, vielleicht schon unscheinbare Lokal bietet eine hervorragende Küche mit zuvorkommender Bedienung in netter Atmosphäre.

110 [I D5] **Sjättetunnan,** www.sjattetunnan.se, Stora Nygatan 43, Tel. 08 4400919, U-Bahn Gamla Stan. Mit ein wenig Fantasie fühlt man sich in dem mittelalterlichen Restaurant in vergangene Jahrhunderte zurückversetzt.

111 [C6] **Sjögras,** www.sjogras.com, Timmermansgatan 24, Tel. 08 841200, U-Bahn Mariatorget. Populäres Restaurant mit Bar im quirligen Mariatorget-Viertel.

112 [B4] **Spisa hos Helena,** www.spisahoshelena.se, Scheelegatan 18, Tel. 08 6544926, Kungsholmen, U-Bahn

Rådhuset. Sommeröffnungszeiten Mo.-Fr. 11-24 Uhr, Sa. 15-24 Uhr, So. 15-23 Uhr. Zahlreiche Auszeichnungen zeugen von der guten Qualität der Gerichte; Hauptgerichte ab 170 Skr (ca. 17 €).

113 [C5] **Stadshuskällaren,** www.profilrestauranger.se, Hantverkargatan 1, Tel. 08 50632200, U-Bahn Rådhuset oder T-Centralen. Restaurant im Stadshuset; Sommeröffnungszeiten Ende Juni-Mitte Aug. Mo.-Sa. 17-23 Uhr; Hauptgerichte ab 120 Skr (ca. 12 €). Eine witzige Idee: Hier kann das Nobel-Menü der jeweiligen Vorjahresverleihung genossen werden - für einen Preis um die 1500 Skr (ca. 150 €).

114 [III B2] **Stockholms Matvarufabrik,** Idungatan 12, Tel. 08 320704, Vasastan, U-Bahn Odenplan. Viel mehr als eine „Fabrik", eher ein erstklassiges Restaurant.

115 [II D3] **Sturehof,** www.sturehof.com, Stureplan 2, Tel. 08 4405730, U-Bahn Östermalmstorg. Mo.-Fr. 11-2 Uhr, Sa. 12-2 Uhr, So. 13-2 Uhr. Exquisites und angesagtes Restaurant in bester Lage am Stureplan. Zugleich ergänzt um die beliebte **O-Baren.**

116 [II C3] **Tintarella di Luna,** www.tintarelladiluna.com, Drottningatan 102, Tel. 08 107955, U-Bahn Hötorget. Mo.-Fr. 9-19 Uhr, Sa. 10-17 Uhr, So. 11-17 Uhr. Für viele DER Italiener, bei dem man seinen Espresso zu genießen pflegt.

117 [II D3] **Vassa Eggen,** www.vassaeggen.com, Birger Jarlsgatan 29, Tel. 08 216169, Norrmalm, U-Bahn Östermalmstorg oder Hötorget. Internationale Ausrichtung; eines der besten Restaurants Stockholms, das 2005 aufwendig renoviert wurde; gehobene Preisklasse, Brunch am Wochenende; im Sommer geschlossen.

118 [I D5] **Von der Lindeska Valvet,** www.vonderlindeskavalvet.com, Västerlånggatan 68B, Tel. 08 4115538, U-Bahn Gamla Stan. Di.-Sa. ab 17 Uhr. Exquisites Essen in historischer Umgebung.

119 [F4] **Wärdshus Ulla Winbladh,** www.ullawinbladh.se, Rosendalsvägen 8, Tel. 08 53489701, Bus Nr. 47. Mo. 11.30-22 Uhr, Di.-Fr. 11.30-23 Uhr, Sa. 12.30-23 Uhr, So. 12.30-22 Uhr. Ein sehr gutes Speiserestaurant, das - wenn man schon einmal auf Djurgården ist - auch aufgesucht werden sollte. Auch zum Brunchen sehr zu empfehlen.

120 [B3] **Wasahof,** www.wasahof.se, Dalagatan 46, Tel. 08 323440, Vasastan, U-Bahn Odenplan. Gerade bei Künstlern beliebtes Restaurant für Fischspezialitäten. Auch Kammermusik oder Jazz - passend zu den Speisen.

121 [II D4] **Wedholms Fiskrestaurang,** www.wedholmsfisk.se, Nybrokajen 17, Tel. 08 6117874, U-Bahn Kungsträdgården. Wie der Name schon verrät: Fisch auf höchstem Niveau.

CAFÉS

Bewusst oder unbewusst, zwei berühmte Cafés werden wahrscheinlich von jedem Stockholmbesucher abgelichtet oder auch aufgesucht. Die gastronomisch-siamesischen Zwillinge **Chokladkoppen** und **Kaffekoppen** (beide s. S. 100) liegen so unschlagbar zentral am Stortorget in Galma Stan und zudem noch in den farbenfrohen Kaufmannshäusern,

► *Eine große Auswahl an Cáfes bietet der zentral gelegene Stortorget*

dass sie zweifellos ins Auge fallen werden. Die einmalige Lage bedingt leider auch ein gewisses Preisniveau sowie den Umstand, häufig keinen freien Platz mehr zu ergattern.

Mit guter Lektüre bewaffnet kann man im Stadtteil Norrmalm vom **Café Panorama** (s. S. 119) im Kulturhuset aus den herrlichen Blick auf den belebten Sergels Torg genießen. Und im **Café Atrium** (s. S. 119) im Nationalmuseum sind auf äußerst geschickte Art und Weise Kultur und Kulinarisches in wunderbarem Ambiente miteinander verknüpft worden. Bei der **Konditori Vetekatten** (s. S. 120) handelt es sich um eine feste Größe im Stockholmer Konditoreien-Bereich: Schon ein Blick ins Schaufenster verrät, dass es keinen Sinn macht, sich über etwaige Kalorien Gedanken zu machen. Das Wasser läuft einem automatisch im Mund zusammen. Eine andere exzellente Adresse zum *Fika* ist **Nybergs Konditori** (s. S. 134) im Bereich zwischen Norrmalm und Vasastan. Es gilt hier lediglich zu überlegen, ob man sich über die kleinen Leckereien gleich an Ort und Stelle hermacht oder sich noch ein wenig gedulden kann und die Backwaren erst in seiner Unterkunft oder unter freiem Himmel in einer Grünanlage genießt. Das traditionsreiche **Café Ritorno** (s. S. 134, seit 1934 an dieser Stelle!) im Stadtteil Vasastan empfängt seine Gäste in tiefen Sofas und 1950er-Jahre Interieur. Amüsant: Bei der Bestellung des leckeren Gebäcks reicht der Zeigefinger, heißen die Kuchenkreationen doch „dieser hier" *(den här)* oder „einen solchen" *(en sån där).*

Etwas außerhalb an der Brücke nach Djurgården befindet sich das Café **Djurgårdsbrunns Sjöcafé** (s. S. 149), ein schön am Wasser gelegenes Ausflugscafé, bei dem auch Boote, Fahrräder oder Inliner ausgeliehen werden können. Das außergewöhnliche Musikcafé **Musiksalongen Gabriel Hilda** (s. S. 140) im Stadtteil Östermalm verspricht seinen Gästen neben den begehrten Schleckereien eine liebevolle Einrichtung sowie manchmal auch Livemusik. Ebenfalls in Östermalm beheimatet ist die erstklassige Konditorei **Riddarbageriet** (s. S. 141). *„Mein Geschmack ist einfach, nur das Beste ist gut genug"*, sagte einmal *Mark Twain* und dieses Zitat ziert durchaus begründet den Türbogen der Bäckerei. Im südlichen Stadtteil Södermalm findet man mit **Lisas Café** (s. S. 158) eines der gemütlichsten Cafés in diesem angesagten Szeneviertel.

039st Abb.: ld

STOCKHOLM ZUM TRÄUMEN UND ENTSPANNEN

Sicherlich, Stockholm ist eine wunderschöne Stadt. Doch im Innenstadtbereich, egal ob Gamla Stan, Norrmalm oder Östermalm, trifft man fast immer auf große Menschenmengen und/oder intensiven Autoverkehr. Doch jenseits der städtischen und touristischen Epizentren gibt es Oasen – oder in Stockholm wohl passender: Inseln – in der oftmals urbanen Aktivität. Stockholms Stadtstruktur mit $1/3$ Bebauung, $1/3$ Parks und $1/3$ Wasser bietet hier viele Rückzugsmöglichkeiten.

Im Süden von Djurgården, ganz in der Nähe des Vergnügungsparks Gröna Lund, führt eine einfache Holzbrücke hinüber zu einer auf den ersten Blick unscheinbaren Insel: **Beckholmen.** Doch kaum hat man die Brücke überquert, eröffnet sich einem eine ganz neue Facette Stockholms jenseits von pittoresker und historischer Schönheit im klassischen Sinne. Zwischen Anlegern, Kränen und Werkstätten liegen drei riesige Docks, in denen Schiffe jeglicher Couleur repariert werden. Ein interessantes maritimes Umfeld, das man so nur selten sehen kann und das seit 1995 Teil des weltweit ersten urbanen Naturparks ist. Dieser sogenannte **Ekoparken** ist eine einmalige Mischung aus Kultur- und Industrielandschaft und städtischem Grün, das nur in diesem besonderen Umfeld gedeiht. Die Zukunft der faszinierenden industriehistorischen Insel ist jedoch ungewiss. Städtplanerischen Visionen einer modernen Wohnbebauung steht der Ansatz eines grünen, wiederbelebten Industrieparks maritimer Provenienz gegenüber, wobei die finale Entscheidung jedoch noch aussteht.

Ein Aussichtsplatz von besonderer Güte ist der **Observatorielunden** im Stadtteil Vasastaden (U-Bahn Rådmansgatan), ein 42 m hoher, begrünter Hügel, auf dessen Spitze Stockholms historisches Observatorium thront. Seit über 250 Jahren (erstmals im Jahr 1756) werden hier Klima- und Wetterbeobachtungen festgehalten – ein Weltrekord ununterbrochener Messungen von ein und demselben Platz. Vom Hügel aus hat man einen schönen Ausblick über die Stadt, insbesondere in östliche Richtung, und kann das Panorama genießen. Und warum nicht ein kleines Picknick veranstalten auf einer der Wiesen oder Bänke des Parks? Interessant ist auch ein

040st Abb.: sk

◄ *Nach dem Stadtbummel tut eine kleine Abkühlung gut*

Besuch des Observationsmuseums 20, dessen charakteristische Kuppel ebenfalls besichtigt werden kann.

Eine wahre Perle unter den schönsten, romantischsten und malerischsten Plätzen Stockholms ist der nordwestliche Teil Södermalms: **Mariaberget** 38 (U-Bahn Slussen oder Mariatorget). Ganz im Norden dieses Stadtteils, genau am Wasser des Riddarfjärden liegt ein traumhaft schöner Weg, der nur per pedes zu erkunden ist. Ganz eng an die steilen Felsen Södermalms schmiegt sich der **Monteliusvägen.** Zwanzig bis dreißig Meter über dem Meeresspiegel, treppauf – treppab, teilweise auf massiven Holzplanken kann man ca. 500 Meter parallel zum Wasser spazieren gehen. Die Aussicht, egal ob bei Tage oder in der Nacht, ist fantastisch. Das Panorama reicht vom Stadshuset über die Inseln Riddarholmen und Gamla Stan bis hin zum verkehrsumtobten Slussen. Mit einer Flasche Rotwein im Rucksack sind die einmaligen Sonnenuntergänge dort sogar noch etwas schöner (Korkenzieher nicht vergessen!). Da der Monteliusvägen auf vielen Stadtplänen nicht eingezeichnet ist, sind dort auch nur relativ wenige Touristen anzutreffen. Er liegt zwischen der Torkel Knutssonsgatan und der Bellmansgatan, parallel zur Bastugatan direkt am Wasser.

Die Djurgårdslinjen oder auch Straßenbahnlinie 7 genannt, verkehrt zwischen dem Norrmalmstorg im City-Zentrum und Waldemarsudde im Süden der Insel Djurgården. Das besondere an der Linie 7 sind die eingesetzten

041st Abb.: sk

▶ *Entspannen und Genießen am Mariatorget*

Straßenbahnwagen. Bis auf wenige Ausnahmen werden nur Modelle aus dem Zeitraum 1900–1960 eingesetzt. Wie in einem Schwarz-Weiß-Film ruckelt man dann, zum Beispiel im historischen Caféwagen, durch die schöne Landschaft des vormaligen Jagdreviers der schwedischen Könige, die bis 1809 hier auf die Pirsch gingen. Die Möglichkeiten der Freizeitgestaltung auf der Insel **Djurgården** sind fast grenzenlos. Unzählige Museen, der Vergnügungspark Gröna Lund 33, das riesige Freilichtmuseum Skansen 34 oder das Kunstmuseum Prins Eugens Waldemarsudde (s. S. 33) – dafür einfach an der letzten Haltestelle die Straßenbahn verlassen – laden den neugierigen Besucher ein. Dass Djurgården eine der grünen Lungen der schwedischen Hauptstadt darstellt, erschließt sich dem Besucher umgehend. Lange Wanderwege, die kreuz und quer über die Insel mäandern, kleine Teiche und Wasserflächen machen die Insel zu einem echten Ruhepool.

Einen Besuch wert ist auch **Rosendals Slott**, ein Lustschloss, das von *Karl Johan XIV.*, dem Begründer der Bernadotte-

Dynastie, erbaut wurde. Nicht protzig, sondern eher klein und fein bot dieses royale Anwesen den jeweiligen Herrschern eine Flucht vor dem starren Hofleben, eine entspannte Sommerfrische eben. Es liegt im Nordosten der Insel und ist nicht mit öffentlichen Verkehrsmitteln zu erreichen. Im Sommer kann man an Schlossführungen teilnehmen.

Tief durchatmen, die Augen wandern und die Seele baumeln lassen kann man auf der Insel **Skeppsholmen** und ihrer benachbarten Schwesterinsel **Kastellholmen.** Bei minimalem Autoverkehr drängt sich ein ausgiebiger Spaziergang förmlich auf.

An der Westseite Skeppsholmens ankert stolz seit Jahr und Tag der schneeweiße Dreimaster Af Chapman, der seit 1949 als eine ganz besondere Jugendherberge dient und auch besichtigt werden kann. Dass beide Inseln über Jahrhunderte von der schwedischen Marine in Beschlag genommen und militärisch genutzt wurden, lässt sich noch heute unschwer an der Architektur erkennen. Die ehemaligen Marinegebäude beherbergen heute diverse Museen (z. B. das Östasiatiska Museet s. S. 33) und sind erstklassig renoviert worden. Im Herzen Skeppsholmens, neben dem ehemaligen Exerzierplatz, laden die bunten und skurrilen Skulpturen der Französin *Niki de Saint Phalle* zum Träumen ein. Die östliche Seite der Insel steht ganz im Zeichen der modernen Freizeitnautiker: Boot an Boot und Schiff an Schiff liegt hier fest vertäut am hölzernen Kai. Mit Blick auf das Vasamuseum am gegenüberliegenden Ufer kann man in einem kleinen, namenlosen Café einkehren und zu wirklich alternativen Preisen Kaffee und Kuchen genießen.

Über eine schmale Brücke ist Skeppsholmen an seiner Südspitze mit der alten Festungsinsel Kastellholmen verbunden. Hier erlebt man ländliche Idylle inmitten der Hauptstadt. Neben dem Pavillon des königlichen Ruder- und Schlittschuhklubs existieren hier nur wenige historische Wohnhäuser und Lagergebäude. Auf dem zentralen Hügel der Insel thront das Kastell, ein militärischer Zweckbau des 19. Jahrhunderts. Unterhalb des Kastells kann man auf den massiven Felsen ein Sonnenbad genießen, die ein- und auslaufenden Schiffe beobachten oder einfach mal nichts tun. Jedoch nicht erschrecken und vom Felsen stürzen: Täglich um 9 Uhr schießt die schwedische Flotte hier mit vier Kanonen ihren traditionellen Salut (am Wochenende um 13 Uhr) und demonstriert lautstark, dass sie noch existiert.

Die Insel **Riddarholmen**, die von historischen Palästen, Herrscherhäusern und der Riddarholmkyrkan, der letzten Ruhestätte vieler schwedischer Monarchen, geprägt ist, bietet von ihrem westlichen Ufer aus eine fantastische Aussicht über das Wasser des Riddarfjärden. Dort reicht eine weitläufige Terrasse direkt bis ans Wasser: die **Evert-Taubes-Terrasse.** Benannt nach dem großen schwedischen Troubadour des 20. Jahrhunderts kann man seit 1990 direkt neben einer Bronzeskulptur *Evert Taubes* den Blick über das Stadshuset, den angrenzenden Stadtteil Kungsholmen, die ehemalige Gefängnisinsel Långholmen und das schöne Södermalm schweifen lassen. Am Horizont schwingt sich die ästhetische Västerbron über den Riddarfjärden und historische Ausflugsdampfer machen sich hier auf den Weg zum Mälaren ...

019st Abb.: sk

STOCKHOLM FÜR DEN NACHWUCHS

Nicht erst seit der Pisa-Studie weiß man, dass dank einer weitsichtigen Familienpolitik in Schweden offensichtlich anders und vor allem rücksichtsvoller mit Kindern umgegangen wird. Dies wird man als Gast des Landes schnell im Alltag bemerken. In jeder noch so kleinen Kommune finden sich beispielsweise eine Schule, ein Kindergarten, gut ausgebaute Sportanlagen sowie eine Bibliothek.

Viele **Unterkünfte** bieten speziell familiengerechte Zimmer an. Der Personennahverkehr ist gut mit Kinderwagen zu bewältigen, die fast überall vorzufindenden Aufzüge tun ihr Übriges. In den Zügen gibt es ebenso Wickelräume wie in den zahlreichen (öffentlichen) Toiletten. Besucht man mit Kindern Museen oder ähnliche Einrichtungen, so werden dort wie selbstverständlich Kinderwagen angeboten, kindergerechte Multimediaeinrichtungen oder Führungen speziell für Kinder sind dort ebenfalls keine Seltenheit. Möchte man Kultur eher ohne den Nachwuchs genießen, so ist dieser in der pädagogisch geschulten Obhut der zahlreichen „Spielzimmer" gut aufgehoben, sogar in den Kirchen findet man spezielle Spielecken für den Nachwuchs.

Zudem empfiehlt es sich immer, nach Ermäßigungen zu fragen: Preisnachlässe bis hin zum freien Eintritt werden in

▲ *Auch der stärkste Wikinger hat mal klein angefangen*

042st Abb.: sk

Museen oder bei Veranstaltungen fast immer gewährt; Kinder bis sieben Jahre fahren beispielsweise kostenlos Bus und Bahn. Werden Kindersitze benötigt, so ist dies rechtzeitig bei den gängigen Autoverleihern nachzufragen.

In **Gaststätten** gibt es Kindersitze, mitgebrachte Nahrung für Kleinkinder wird dort gern aufgewärmt. Der Erwerb von Babynahrung oder anderen Kleinkinderutensilien (Windeln, Feuchttücher, Puder usw.) gestaltet sich für den Stockholmbesucher auch problemlos: In den Supermärkten, Drogerien und Apotheken findet man alles, was das Mutter- beziehungsweise Vaterherz höher schlagen lässt.

Weitere Ratschläge finden sich in den Broschüren „Schweden für Kinder“ und „What's On Stockholm“, die in jedem Touristenbüro ausliegen sowie im Internet unter www.parentnetsweden.com. Eine Übersicht über verschiedenste Kulturangebote für die Jüngsten findet man unter www.kulturfordeunga.stockholm.se.

Mit einer ganzen Reihe von Spiel- und Spaßangeboten lockt der **Skansen** 34 auf Djurgården, eines der ersten und größten Freilichtmuseen weltweit. Diese weitläufige und bezaubernde Kinderwelt lockt mit einem kleinen, auf die nordische Tierwelt spezialisierten Zoo, einem Streichelzoo, einem Aquarium, einem kleinen Freizeitpark sowie mit über 150 traditionellen Gebäuden Skandinaviens und vielem mehr.

In unmittelbarer Nähe liegen mit **Wassermuseum** (Aquaria Vattenmuseum) 32, dem Vergnügungspark **Gröna Lund** 33, dem den Figuren *Astrid Lindgrens* gewidmeten **Junibacken** 31 und auch dem beeindruckenden **Vasamuseum** 30 weitere leicht erreichbare Ausflugsziele, die die Kinder, und nicht nur diese, begeistern werden.

Andere Attraktionen für große und kleine Kinder sind das **Naturhistoriska Riksmuseet** (mit dem IMAX-Kino Cosmonova) 45 in Norra Djurgården, das **Technische Museum** (Tekniska Museet s. S. 34) in Gärdet oder das **Schmetterling- und Vogelhaus** (Fjärilshuset) im Hagapark. Mit speziellen, kindergerechten Abteilungen warten das **Musikmuseum** (Musikmueet) 24 auf Östermalm sowie das **Postmuseum** (s. S. 33) in Gamla Stan auf. Letzteres ist durchaus interessanter, als es der bloße Name vermuten lässt.

Zudem laden die viele Parks, Grünflächen und Strände in der unmittelbaren Umgebung zum Spielen, aktiven Erholen und Verweilen ein.

◄ *Der „Parkplatz“ sagt schon viel über die Gäste des Junibackens*

AM PULS DER STADT

DAS ANTLITZ DER METROPOLE

Wenn am 10. Dezember eines jeden Jahres – dem Todestag *Alfred Nobels* – die Nobelpreise im Stockholmer Konzerthaus feierlich an ihre Preisträger verliehen werden, rückt die schwedische Hauptstadt in den Blickwinkel der Weltöffentlichkeit. Dabei ist dieses Klischee von „Stockholm als Stadt der Nobelpreise" ebenso richtig wie unvollständig oder einseitig (beispielsweise werden bekanntlich die Friedensnobelpreise in der norwegischen Hauptstadt Oslo verliehen). Stockholm lässt sich nicht auf dieses eine Highlight reduzieren, vielmehr zeichnet sich die Stadt durch einen außerordentlichen Facettenreichtum aus.

Die auf 14 Inseln am Ausgang des Mälarsees in die Ostsee gelegene Metropole hat sich in den letzten Jahren zu einer weltoffenen und eleganten Weltstadt entwickelt, jedoch zugleich einen gewissen „kleinstädtischen Charme" bewahrt.

Einerseits beherbergt der Großraum Stockholm ca. 1,8 Mio. Einwohner (davon 782.000 in der Gemeinde Stockholm), was die Hauptstadt zur größten schwedischen Stadt macht. Andererseits weist die europäische Kulturhauptstadt von 1998 eine nahezu einzigartige Stadtgeografie auf – am eindrucksvollsten wird dies wohl bei der Ankunft per Flugzeug oder Schiff deutlich: Jeweils ein Drittel der Stadtfläche (insgesamt ca. 188 km^2) besteht aus Grünflächen, Wasser und bebautem Gebiet. Somit kann man im unmittelbaren Citybereich Schwimmen, Angeln oder im Winter Schlittschuhlaufen. Und wem das noch nicht genug ist: Egal in welcher Himmelsrichtung man die Stadt verlässt, innerhalb kürzester Zeit gelangt man in unberührte Natur. Kein Wunder also, dass sich der weltweit erste städtische Nationalpark, der 27 km^2 große **Ekoparken**, im Nordosten Stockholms von Djurgården bis nach Ulriksdal erstreckt.

Der von der europäischen Kommission verliehene Titel der „Europäischen Umwelthauptstadt 2010" stellt nicht nur eine Belohnung dar, sondern ist auch Ansporn, weitere ökologische Anstrengungen zur Verbesserungen der städtischen Lebensqualität in Angriff zu nehmen.

Bei der Ankunft in Arlanda, dem Hauptflughafen ca. 30 km nördlich des eigentlichen Stadtzentrums gelegen, wird der Reisende von fast überdimensionalen Plakaten begrüßt: *„Welcome to Stockholm, the capital of Scandinavia."* Statt der sonst allgegenwärtigen schwedischen Zurückhaltung und Bescheidenheit legen die Stockholmer hier ein ausgeprägtes und ungekanntes Maß an Selbstvertrauen an den Tag: Nicht nur Hauptstadt Schwedens, sondern gleich des gesamten Nordens will man sein. Auch wenn Dänen, Norweger oder Finnen wahrscheinlich widersprechen mögen, so zeigen sich hier bereits symbolisch die **herausragende Stellung Stockholms** und das Selbstverständnis seiner Bewohner. Außerhalb der Großstadtregion sind die „08er" (so genannt wegen der Telefonvorwahl Stockholms) bei ihren Landsleuten oft als arrogant und überheblich verschrien. Umgekehrt sieht der kosmopolitische Stockholmer außerhalb seiner Stadtgrenzen nur Landvolk, das in Wäldern haust. Von den Klischees, die jedoch immer auch ein Körnchen Wahrheit enthalten, zu den Fakten:

Die **Stockholmer Innenstadt** – Innerstaden – besteht aus sechs **Stadtteilen** (auch wenn die offizielle, administrative Einteilung etwas davon abweicht). Im Westen befindet sich **Kungsholmen**, ein Stadtviertel mit Wohnbebauung und administrativen Strukturen wie dem Stadshuset (dt.: Rathaus) oder dem Gros der schwedischen Printmedien, die hier ihre Hauptsitze haben. Im Nordosten schließt sich **Norrmalm** an. Der südliche Teil Norrmalms wird auch Stockholm City genannt, da viele Banken und Versicherungen ihre Büros hier haben. Aber auch die Haupteinkaufsstraßen der Stadt sind hier zu finden und Geschäfte sowie Vergnügungsstätten bestimmen das Bild. **Östermalm** bildet den nordöstlichen Teil der Innenstadt. Ehemalige Militäreinrichtungen (unter anderem das heutige Armeemuseum), die Diplomatstaden mit einer Vielzahl ausländischer Vertretungen und der Stureplan, heißes Zentrum des angesagten Stockholmer Nachtlebens, sind Charakteristika

▼ *Gamla Stan – Stockholmer Mittelpunkt und ein Magnet für die Touristen*

013st Abb.: ld

dieses ansonsten durch Wohnhäuser dominierten Stadtteils. Die östliche Grenze der Innenstadt stellt **Djurgården** dar. Als vormaliges Jagdgebiet der schwedischen Royals ist es auch heute noch sehr grün und Standort des Natur- und Freilichtmuseums Skansen 34.

Im Gegensatz zur ansonsten relativ flachen Innstadt hebt sich **Södermalm** (von Einheimischen nur kurz Söder genannt) deutlich ab. Teilweise fast 50 m über dem Meeresspiegel hat man von hier einen guten Ausblick auf den Rest der Stadt. Studentisches Milieu, Künstler und Intellektuelle suchen sich hier gerne ein Zuhause. Neben dem Stureplan bildet Söder das alternative Zentrum der Kneipen- und Gastroszene.

Die ursprüngliche Keimzelle der Stadt ist auch heute noch der geografische Mittelpunkt Stockholms: **Gamla Stan**, also die Altstadt, ist der touristische Magnet. Mittelalterliche Gebäude, verwinkelte Gassen, urige Geschäfte und gemütliche Cafés locken nicht nur ausländische Besucher, sondern auch schwedische Touristen an. Der Besuch Gamla Stans, der pittoresken Altstadt mit ihren unübersehbaren Einflüssen der hanseatischen Kaufleute ist einfach ein Muss!

Neben Einwohnerzahl und Fläche manifestiert sich die Bedeutung der Hauptstadt auch an **politischen, wirtschaftlichen und kulturellen Parametern.** Stockholm ist Sitz des schwedischen Parlaments, des Riksdag, der Regierung und aller ihr angeschlossenen Ministerien sowie des schwedischen Königshauses. Von A wie Albanien bis Z wie Zypern reicht die Liste der beinahe 100 Botschaften und Konsulate in Stockholm.

Neben modernen IT- und Elektronikfirmen wie Ericsson, IBM oder Electrolux dominiert das Banken- und Versicherungswesen – Stockholm ist Hauptsitz aller wichtigen schwedischen Banken – das ökonomische Leben der Hauptstadt. Insgesamt wird das Wirtschaftsleben durch den Dienstleistungssektor bestimmt und ca. 85 % der in Stockholm Beschäftigten arbeiten im Dienstleistungs- bzw. Servicebereich. Dank der nicht vorhandenen Schwerindustrie war und ist die schwedische Hauptstadt eine der saubersten Metropolen der Welt.

Im Stadtgebiet trifft man auf ein ausgesprochen buntes und breit gefächertes **Kulturangebot.** Mit rund 70 Bühnen verschiedenster Ausrichtung besitzt Stockholm beispielsweise eine der wohl höchsten Theaterdichten in Europa. Zusätzlich hat der Besucher die Qual der Wahl und muss sich zwischen über 120 Museen entscheiden: Neben dem weltberühmten Vasamuseum 30 eröffnen sich je nach Interessenslage viele weitere Möglichkeiten. Ob man im Diakoniemuseum (Ersta Diakonimuseum) in die Geschichte des schwedischen Gesundheits- und Sozialsystems eintauchen oder im Fjärilshuset (dt.: Schmetterlingshaus) farbenfrohe Insekten aus aller Herren Länder bewundern oder im Vin & Sprithistoriska Museet (dt.: Museum für Wein & Schnaps) 19 der Geschichte des Rausches auf den Grund gehen möchte – für jeden Geschmack ist etwas dabei. Mit einer Vielzahl an Konzertsälen, Veranstaltungshallen, Musikklubs und Jazzkneipen oder den Theatern und Showbühnen der Stadt zementiert Stockholm auch seinen Ruf als kulturelles Zentrum Schwedens. Diese bunte Mischung aus Kultur, Historie, Unterhaltung, Erholung und aktiver Freizeitgestaltung macht Stockholm zu einem der attraktivsten Reiseziele in Nordeuropa.

Da Schweden – ähnlich wie Deutschland – insgesamt eher arm an Bodenschätzen und natürlichen Ressourcen ist, spielt die Ausbildung und das Wissen der Einwohner eine umso wichtigere Rolle. Neben dem Karolinska Institutet, einer der weltweit führenden medizinischen Universitäten und der angeschlossenen Universitätsklinik, haben noch 19 weitere Universitäten und Hochschulen ihren Sitz in Stockholm.

VON DEN ANFÄNGEN BIS ZUR GEGENWART

Die **ersten urkundlichen Erwähnungen** einer Siedlung im Gebiet des heutigen Stockholm datieren aus der **Mitte des 13. Jahrhunderts.** 1252 unterzeichnete *Birger Jarl,* Regent Schwedens seit 1250, einen Klosterschutzbrief mit den lateinischen Worten *Datum Holmensis* – gegeben in Stockholm. Aus der gleichen Zeit ist auch ein Dokument bewahrt, ein Handelsabkommen mit der Hansestadt Lübeck, das die Gründung einer Ansiedlung untermauert. Doch schon bevor *Birger Jarl* an dem Zusammenfluss von Mälarsee und Ostsee eine Siedlung gründete, standen an dieser Stelle militärische Wehranlagen, die mögliche Feinde am Eindringen in den Mälarsee und in das schwedische Binnenland hindern sollten.

Die Namensherkunft von „Stockholm" ist nicht eindeutig geklärt. Eine recht schlüssige Theorie beruft sich auf eine Absperrung des Wasserweges aus Pfählen oder Holzstämmen (auf schwedisch: *stock*) und die entsprechende Benennung der angrenzenden Insel: Stockholmen – ungefähr die heutige *Gamla Stan.*

Als Handelsknotenpunkt und Warenumschlagplatz wuchs die junge Stadt rasant und gegen Ende des Jahrhunderts wurde sie schon als bevölkerungsreichste Stadt Schwedens beschrieben.

EINWOHNERZAHL: UNBEKANNT (UM DAS JAHR 1300)

Die weitverzweigten Handelskontakte prägten auch das Stadtbild. Stockholm war keinesfalls eine typisch schwedische Stadt, sondern eher ein Schmelztiegel mit Einwohnern aus Deutschland, Schweden und Finnland, wobei die hanseatischen Kaufleute erfolgreich ihren ökonomischen Wohlstand in politische Macht umzusetzen wussten. Im 14. Jahrhundert entstand zum Schutz eine Stadtmauer, die jedoch wegen des **schnellen Stadtwachstums** regelmäßig erweitert

◄ *Im Herzen der Gamla Stan: das Nobel-Museum*

werden musste, und das Straßennetz, das mit dem heutigen fast identisch ist, bildete sich heraus. An den Ufern wurden Stege und erste simple Kaianlagen errichtet, die das Be- und Entladen der Schiffe erleichtern und beschleunigen sollten.

EINWOHNERZAHL: 5000–6000 (UM DAS JAHR 1450)

Das „Tor zum Mälarsee" wuchs kontinuierlich – parallel zum Handel mit der Hanse – weiter. Die deutschsprachigen Kaufleute dominierten die Stadt und zwischenzeitlich existierte die Vorschrift, dass mindestens 50 % des Stadtrates von Deutschen besetzt sein musste. Auf den Straßen wurde kaum noch schwedisch gesprochen, deutsche Dialekte bestimmten das akustische Bild und die Führungsschicht übernahm neben der Sprache auch deutsche Bräuche und Sitten. Als Folge dieser **deutschen Vorherrschaft** finden sich heute viele deutsche Lehnwörter im Schwedischen: *rådhus* (Rathaus, auch: *stadshus*), *borgmästare* (Bürgermeister) oder *besserwisser* (!).

Waren wie Eisen, Teer und Kupfer wurden exportiert – Salz aus Lüneburg, edle Stoffe, Gewürze und Kräuter wurden importiert. Viele der kostbaren Importgüter wie Zimt, Gewürznelken oder Vanille aus Destinationen wie China, Sansibar oder Kurdistan wurden bei der Kreation von Medizin und Heilmitteln verwandt. Je exotischer und unbekannter die teuren Bestandteile, umso wirkungsvoller musste ja die Wirkung sein ...

Und wirkungsvolle Medizin tat damals Not. Die kleine Insel Stadsholmen war sehr eng bebaut und die hygienischen Zustände waren katastrophal. Ein Abwassersystem gab es nicht. Fäkalien und Abfälle wurden einfach in den engen, matschigen Gassen entsorgt. Diese mangelnde Hygiene führte immer wieder zu Ausbrüchen von Seuchen und Epidemien wie Cholera oder Pest.

Politisch prägend für das Schweden des 15. Jahrhunderts war der **Dauerstreit zwischen schwedischen Unabhängigkeitskämpfern und den dänischen Königen.** Letztere erhoben im Rahmen der Kalmarer Union auch den Herrschaftsanspruch auf Schweden, welcher insbesondere vom schwedischen Adelsgeschlecht *Sture* nicht anerkannt wurde. *Sten Sture d. Ä.* erreichte auf militärischem Wege gegen den Dänenkönig *Christian I.* eine weitgehende Unabhängigkeit Schwedens, die über 25 Jahre währen sollte. Im 16. Jahrhundert wurde der Kampf fortgesetzt: Diesmal hießen die Protagonisten *Sten Sture d. J.* und *Christian II. von Dänemark.* Nach anfänglichen Erfolgen *Stures* wendete sich jedoch das Blatt und der dänische König zog schließlich als Sieger in die Hauptstadt Stockholm ein.

EINWOHNERZAHL: 7000–8000 (UM DAS JAHR 1500)

Wirtschaftlich konnte Stockholm im 16. Jahrhundert seine **nationale Führungsrolle** festigen und der Handel mit der Hanse wurde weiter ausgebaut. Die politischen Ereignisse überlagerten jedoch diese Phase der Prosperität. Die Truppen *Gustav Vasas* besiegten die Dänen, vertrieben sie aus Schweden und der neue Regent zog 1523 hoch zu Ross in seine Hauptstadt ein. Er schloss sich der Reformation an und stellte sich somit gegen die herrschende Kirche. Die Rivalität und der offene **Kampf zwischen weltlicher**

und geistlicher Macht prägte insbesondere die erste Hälfte des 16. Jahrhunderts aus dem die säkularen Kräfte des Königs als Sieger hervorgingen.

Als Zeichen seiner Macht ließ **Gustav Vasa** 1527 das Klara Kloster in Stockholm abreißen, um die Steine für neue Stadtbefestigungen zu verwenden. Ab Mitte des Jahrhunderts änderte sich auch das Stadtbild rapide. Nach einem Erlass von 1552 mussten alle Holzhäuser der Innenstadt abgerissen und durch massive Steinbauten ersetzt werden. Das sollte die Brandgefahr auf der dicht bebauten Insel reduzieren und führte parallel zu einem ansprechenderen und moderneren Stadtbild. Die soziale Struktur Stockholms blieb von den politischen Umwälzungen nicht unberührt und es entstand eine dualistische Gesellschaft. Neben den wohlhabenden, politisch einflussreichen Kaufleuten gewann der königliche Hofstaat als zweite gesellschaftliche Gruppierung an Bedeutung.

EINWOHNERZAHL: 10.000 (UM DAS JAHR 1600)

Die untrennbare Verzahnung von nationalstaatlicher Entwicklung und Stadtwachstum wird beispielhaft an Schweden und Stockholm im 17. Jahrhundert deutlich. Schweden wuchs innerhalb weniger Jahrzehnte zu einer europäischen Großmacht heran und Stockholm mauserte sich zeitgleich zu einer **kosmopolitischen Metropole.**

Als *Gustav II. Adolf* 1611 den schwedischen Thron bestieg – er hatte gerade das 17. Lebensjahr vollendet – befand sich sein Reich im **Krieg mit Dänemark, Polen und Russland.** Mit Dänemark kam er kurze Zeit später zu einem teuren Frieden. Eine Million Reichstaler mussten an die dänische Krone bezahlt werden, um die dänischen Truppen zum Abzug zu bewegen. Polen und anschließend Russland wurden militärisch besiegt und Schweden konnte jenseits der Ostsee große Territorialgewinne verzeichnen. In dem seit 1618 tobenden Dreißigjährigen Krieg in Mitteleuropa griff Schweden 1630 auf protestantischer Seite ein. Obwohl *Gustav II. Adolf* 1632 in Lützen im Kampf gegen *Wallensteins* Truppen fiel, verloren seine Verbände die Schlacht nicht. Formell folgte auf *Gustav II. Adolf* seine Tochter *Christina,* doch das realpolitische Geschehen der Folgezeit wurde de facto von der einflussreichen und mächtigen Persönlichkeit des Reichskanzlers *Axel Oxenstiernas* bestimmt. Mitte des Jahrhunderts hatte das schwedische Reich seine **größte territoriale Ausdehnung** erreicht und erstreckte sich über (die heutigen Gebiete von) Finnland, Teile Russlands, Estland, Teile Lettlands, Pommern, Wismar, Bremen-Verden ... Somit war die Ostsee praktisch zu einem schwedischen Binnenmeer geworden und Stockholm befand sich im Herzen dieser jungen europäischen Großmacht.

Die militärischen Erfolge spiegelten sich auch in der **Stadtentwicklung** wider. Stadsholmen wurde schnell zu klein und die angrenzenden Inseln im Norden und Süden wurden nicht nur Ausweichfläche, sondern wuchsen zu eigenen Stadtteilen heran. Die erfolgreichen Generäle und hohen Offiziere der siegreichen schwedischen Armeen kehrten in die Hauptstadt zurück und bauten sich von ihren Abfindungen und Kriegsgewinnen ansehnliche Stadthäuser und Paläste. Die vornehmlich militärische Nachfrage ließ die

GUSTAV I. VASA – VATER DER NATION

*„Si Deus pro nobis, quis contra nos?"**

(„Wenn Gott mit uns ist, wer wird dann noch gegen uns sein?")

Als der schwedische Reichstag am 6. Juni 1523 in Strängnäs Gustav Eriksson zum schwedischen König wählte, hatte der junge Mann schon eine bewegte Geschichte hinter sich. Trotz seiner erst 27 Jahre (ggf. sogar 26 Jahre, die Quellenlage ist hier nicht eindeutig, Gustav Eriksson wurde entweder im Mai 1496 oder 1497 in der Provinz Uppland geboren) hatte er schon an vielen politischen und kriegerischen Auseinandersetzungen teilgenommen. Schon früh wandte er sich gegen den dänischen Machtanspruch in Schweden, initiierte Aufstände gegen den dänischen Regenten Christian II., geriet als Geisel in Festungshaft, konnte dann von Dänemark nach Lübeck fliehen und kam schließlich nach acht Monaten Aufenthalt in der deutschen Hansestadt im Mai 1520 zurück in seine Heimat.

In den folgenden Monaten zog Gustav Eriksson durchs Land auf der Suche nach Anhängern in seinem Kampf gegen Christian den Tyrannen, wie der dänische König von freiheitsliebenden Schweden tituliert wurde. Doch die meisten schwedischen Entscheidungsträger konnten sich nicht zu einer Teilnahme an einem neuerlichen Aufstand gegen die dänische Herrschaft durchringen und die Rekrutierungsversuche Gustavs waren weitgehend erfolglos. Vielmehr orientierte sich im Sommer 1520 die schwedische Oberschicht wieder an Christian II. und im September zog der alte und neue Herrscher wieder pompös in Stockholm ein.

044st Abb.: ld

Selbst in der Provinz Dalarna, bekannt für ihre bewaffneten und rebellischen Bewohner, fand Gustav anfangs keine Unterstützung. Die Dänen suchten den jungen Unabhängigkeitskämpfer in ganz Schweden, doch konnte er seinen Häschern mehrfach in letzter Sekunde entkommen. Er flüchtete in Richtung Norwegen, als ihn in der Nähe der Ortschaft Sälen zwei Skiläufer aus Mora (Provinz Dalarna) einholten und ihm die Unterstützung Darlarnas zusicherten. Die Informationen über das Stockholmer Blutbad Anfang November 1520, bei dem unter anderem Gustav Erikssons Vater und weitere nahe Verwandte hingerichtet und drei seiner Schwestern sowie seine Mutter nach Kopenhagen verschleppt worden waren, hatten Mora erreicht und ließen die lokalen Landesfürsten umschwenken. Der Aufstand gegen die dänische Herrschaft gewann schnell Zulauf und die Rebellen zogen nach Süden in Richtung Stockholm.

Der Großteil Schwedens fiel innerhalb weniger Monate in die Hände der Bauernarmee; befestigte Städte und Burgen wi-

dersetzten sich den schlecht ausgerüsteten Aufständischen noch lange Zeit und konnten nur ausgehungert werden. Am 23. Juni 1523, dem Mittsommertag, zog der frisch gewählte König Gustav I. Vasa an der Spitze seiner Truppen in die Hauptstadt ein und die Zeit der dänischen Herrschaft war endgültig beendet.

Der neue König krempelte das bis dahin bekannte Staatswesen mit dominierenden Ständen und einer mächtigen katholischen Kirche kräftig um. Indem sich Gustav Vasa der protestantischen Reformation zuwandte, schlug er zwei Fliegen mit einer Klappe: Er stärkte seine Position gegenüber der katholischen Kirche und wurde ihr offizielles Oberhaupt (anstelle des Papstes!) und bekam durch entsprechende gesetzliche Vorschriften Zugriff auf die Einkünfte und den Besitz des Klerus. Nach diesen Umwälzungen ging das Gros der ehemaligen Kircheneinkünfte an die uneingeschränkte Zentralgewalt im Staate: den König! Mit den neu gewonnenen Einkünften konnte Gustav Vasa seine Schulden bei der Hansestadt Lübeck begleichen, die den Unabhängigkeitskampf unterstützt hatte und erreichte im Anschluss eine Herauslösung der schwedischen Häfen aus dem Verbund der Hanse. Außenpolitisch gewann er somit einen erweiterten Handlungsspielraum und konnte durch die zusätzlichen monetären Mittel eine konkurrenzfähige Armee aufstellen, bestehende Befestigungsanlagen ausbauen und neue erschaffen.

◄ Der Gustav-Vasa-Sarkophag in Uppsala

In den folgenden Jahrzehnten seiner Herrschaft festigte er seine Macht (u. a. führte er die Erbmonarchie ein), perfektionierte das Steuersystem und erhöhte die Steuerlast massiv, was insbesondere für die Bauern eine immense Belastung darstellte. So kam es in den 1530er und -40er Jahren zu diversen Bauern-Aufständen gegen die königliche Zentralgewalt, die vom Regenten jedoch mit äußerster Brutalität niedergeschlagen wurden. Den bekanntesten Bauern-Anführer, Nils Dacke, ließ Vasa nach Niederschlagung der Rebellion in Stücke reißen und Dackes Kopf wurde auf einem Stock aufgespießt auf dem Marktplatz von Kalmar ausgestellt. Ein Großteil von Dackes Familie wurde inhaftiert und exekutiert. Nachsicht oder Verzeihen gehörten nicht zu den Kardinaltugenden Gustav Vasas, der 1560 verstarb und von seinem Sohn Erik XIV. beerbt wurde.

Das Erbe des ersten schwedischen Königs begegnet einem auch noch heute im modernen Schweden. Der Vasa-Lauf, ein 90 Kilometer langer Skilanglauf zwischen Sälen und Mora, der alljährlich im März ausgetragen wird, erinnert an den Beginn des Unabhängigkeitskrieges; der 6. Juni ist der schwedische Nationalfeiertag (Flaggans dag – Tag der schwedischen Flagge, Gustav Vasa wurde am 6.6.1523 zum König gewählt) und das berühmteste schwedische Knäckebrot, das Wasabröd, beruft sich auf den bekannten Namenspatron. Doch auch hier macht die Globalisierung nicht Halt: Seit 1999 ist die Wasabröd AB Teil des italienischen Barilla-Konzerns.

**Dieses Zitat wird Gustav I. Vasa zugeschrieben und charakterisiert sowohl sein Weltbild wie auch sein Selbstbewusstsein.*

Wirtschaft boomen. Schmiede, Schreiner, Schneider und sonstige Handwerker profitierten von dem immensen Bedarf des schwedischen Militärs. Waffen, Uniformen, Nahrungsmittel und Proviant und Schiffe wurden produziert. Eisen war eines der wichtigsten Güter für eine kriegführende Nation. Aus den Schmelzöfen wurden die Eisenbarren direkt zum *Järntorget* („Eisenplatz", den Platz gibt es heute noch) gekarrt, dort gewogen, verkauft und umgehend verschifft. Neue Häuser, Straßenbau, neue Möbel usw. kurbelten die Nachfrage weiter an, schafften Arbeitsplätze und immer mehr Menschen zog es in die expandierende Großstadt.

Durch einen **Großbrand 1625** wurde der Westen Gamla Stans weitgehend zerstört. Doch man nutzte die Gunst der Stunde, erstellte ein neues Straßennetz und die verwinkelten, kurvigen Gassen gehörten der Vergangenheit an. Ein neues, gradliniges Netz ersetze das mittelalterliche Straßengewirr und eine Art vorausschauende Stadtplanung wurde angestoßen. Im neuen Stockholm liefen alle Straßen auf das Rathaus (heute befindet sich an der Stelle das Nobelmuseum, s. S. 32) und den Königspalast Tre Kronor („Drei Kronen") ❸ zu.

Mit der Schaffung des *Svea Hovrätt* in Stockholm (1614), dem ersten fest institutionalisierten Gerichtshof, und dem Aufbau einer neuen, effektiveren Zentralverwaltung wurden parallel zu den militärischen Erfolgen auch **gesellschaftliche Reformen** vorangetrieben. Oft wurden die Reformen aus der Not heraus geboren: So mussten seit dem 17. Jahrhundert alle männlichen Neugeborenen offiziell registriert werden, damit sie mit dem 15. Lebensjahr zum Militärdienst eingezogen werden konnten. Der schwedischen Militärmaschinerie fehlten konstant Soldaten.

Aber trotz der kriegerischen Außenpolitik blühten auch **Bildung und Kultur** auf. Bis ins 17. Jahrhundert hinein gab es im schwedischen Machtbereich nur eine Universität – die 1477 gegründete Uppsala Universitetet. Doch in schneller Abfolge entstanden nun Universitäten in Dorpat 1632 (heute Tartu, Estland), Åbo 1640 (heute Turku, Finnland) und Lund 1666. Rechnet man noch die Universität Greifswald hinzu, die mit dem Westfälischen Frieden von 1648 Schweden

045st Abb.: ld

◀ *Eingemauerte Reste eines Runensteins in der Stockholmer Altstadt* zugesprochen wurde, entstanden in 34 Jahren vier neue Lehranstalten.

Stockholm wuchs in der schwedischen Großmachtzeit enorm an und wurde auch von der Bevölkerungszahl eine europäische Metropole. Innerhalb von fünf Dekaden verfünffachte sich die Bewohnerzahl und um 1650 wohnten ungefähr 50.000 Menschen in der schwedischen Hauptstadt.

Der Großbrand von Tre Kronor 1697, der fast das gesamte Königsschloss verwüstete, sollte ein Vorzeichen drohenden Unheils für die Zukunft von Stockholm und ganz Schweden in den folgenden Jahren werden. Mehr als 50 Jahre wartete die royale Familie auf den Bezug des neu errichteten Schlosses.

EINWOHNERZAHL: 40.000 (UM DAS JAHR 1700)

Das neue Jahrhundert begann mit schlechten Ernten, Hunger und Elend. Außenpolitisch bestimmten militärische Niederlagen gegen das aufstrebende Russische Reich (1709, Schlacht bei Poltava) und schlussendlich der **Verlust der Großmachtstellung** nach dem Ende des Großen Nordischen Krieges (1721) mit dem Frieden von Nystad das Bild.

Kriegsflüchtlinge aus ganz Europa, ehemalige Soldaten und vom Hunger geplagte Bauern drängten in die Stadt. Stockholm versank im Dreck, der Gestank an Sommertagen war kaum zu ertragen, die Säuglingssterblichkeit befand sich auf Rekordniveau, die Menschen hungerten. Einmalig jedoch auch die Kneipen- und Wirtshausdichte: Alkohol war ein tückischer Freund in diesen Tagen. Doch es sollte noch schlimmer kommen und die katastrophale Hygiene war ein idealer Nährboden für die absolute Katastrophe, die 1710 über Stockholm hineinbrach: die **Pest**. Zwischen 1710 und 1713 raffte sie ca. ein Drittel der Stockholmer Stadtbevölkerung dahin.

Erst in den 1720er Jahren erholte sich die Stadt langsam von den Rückschlägen. Die **Seefahrt und der Handel** boomten wieder. Täglich legten Schiffe aus ganz Europa am Skeppsbrokai an, löschten ihre Ladung und füllten die Laderäume mit schwedischen Waren. Industrielle Fertigungsstätten schossen wie Pilze aus dem Boden – insbesondere die Textilherstellung entwickelte eine so immense Dynamik, dass Mitte des Jahrhunderts 800 Weber aus dem Ausland angeworben werden mussten, um die Produktion aufrechterhalten zu können.

Mit dem Ende der Großmachtzeit brachen sich auch andere gesellschaftliche Entwicklungen Bahn. Der König verlor seine absolute und uneingeschränkte Macht an den Adel, den Reichstag mit seinen vier Ständen und die neuen Verwaltungsinstitutionen. Eine **Freiheitswelle** zog durch das Land und machte auch vor Wissenschaft und Kultur nicht Halt. Die Schwedische Akademie und die Königliche Wissenschaftsakademie, die heute für die Vergabe der Nobelpreise in Literatur und Physik/Chemie verantwortlich sind, wurden in Stockholm gegründet. Ihr Gründer war König *Gustav III.*, der ab dem Jahr 1771 die Position des Königs zu stärken wusste. Trotz seines absolutistischen Herrschaftsanspruches war er ein großer Freund der Künste und das Kulturleben blühte unter seiner Regentschaft auf. Ironie der Geschichte: 1792 ermordeten unzufriedene Adelige *Gustav III.* auf einem Maskenball in der von ihm selbst wenige Jahre zuvor geschaffenen Oper.

EINWOHNERZAHL: 75.000 (UM DAS JAHR 1800)

Die erste Hälfte des 19. Jahrhunderts stand weder für Stockholm noch für Schweden unter einem guten Stern. Stadt und Land entwickelten sich kaum, Schweden lag unter einer Käseglocke der **Stagnation** und die neue Epoche der Industrialisierung, die von England ausgehend ganz West- und Zentraleuropa in Siebenmeilenstiefeln durchwanderte, schien den Norden einfach nicht zu erreichen. Armut und Elend bestimmten das Stockholmer Stadtbild. Ein Drittel der Neugeborenen starben vor ihrem ersten Geburtstag – nur durch den massiven Zuzug der Landbevölkerung konnte die Stadt ein mäßiges Bevölkerungswachstum verzeichnen. Umgeben von Wasser mangelte es doch an frischem Wasser: Aus den Kloaken und verdreckten Ufergewässern schöpfte man sein täglich Trinkwasser. Die aufgehäuften, sich zersetzenden Tierexkremente auf dem Kornhamnstorg im Süden von Stadsholmen waren im Winter oftmals die einzige Wärmequelle für die Ärmsten der Armen. So ist es wenig verwunderlich, dass 1834 eine **Choleraepidemie** ausbrach, die insbesondere in den dicht bebauten Armenvierteln wie z. B. Kungsholmen viele Opfer fand. Insgesamt starben über 3500 Menschen durch die Seuche, fast 5 % der Bevölkerung.

Politisch sah es für Schweden in dieser Periode kaum besser aus. Nach einer verheerenden militärischen Niederlage gegen Russland im Jahr 1809 verlor Schweden seine Territorien jenseits der Ostsee und Finnland wurde Teil des russischen Imperiums. Als Konsequenz wurde *Gustav IV. Adolf* abgesetzt und die Suche nach einem angemessenen Thronfolger gestaltete sich unorganisiert bis chaotisch.

In der Mitte das Jahrhunderts erreichte die **Industrialisierung** auch die europäische Peripherie und somit Schweden. Obwohl 1806 die erste mit Dampf betriebene Mühle in Stockholm in Betrieb ging (an der Stelle, an der heute das Rathaus steht, die Mühle wurde 1878 durch einen gewaltigen Brand zerstört), setzten sich Dampfmaschinen erst einige Jahrzehnte später durch. 1853 wurde das erste Gaswerk gebaut und damit hielt auch die nächtliche Straßenbeleuchtung ihren Einzug. Von Pferden gezogene Straßenbahnen und Busse bildeten den neuen öffentlichen Nahverkehr. Der ehrgeizige Bürgermeister *Albert Lindhagen* orientierte sich an den bedeutenden europäischen Hauptstädten und ihren mit dem Lineal gezogenen Prachtstraßen und Boulevards – so sollte Stockholm nach *Lindhagens* Stadtplan auch bald aussehen. *Alfred Nobels* Dynamit half dabei, Schneisen in die wuchtigen Felsen Södermalms zu sprengen und somit die südliche Insel leichter zugänglich zu machen und besser an das sonstige Stadtgebiet anzuschließen. Die Elektrifizierung und der Bau von Wasser- und Abwasserleitungen kam nicht nur der aufstrebenden Industrie zugute, sondern allen Stadtbewohnern. Es konnte nun rund um die Uhr produziert werden, aber auch die gesundheitlichen Rahmenbedingungen verbesserten sich rapide. Ein kommunales Gesundheitssystem wurde auf

▶ *Historisches Telefonhäuschen – ein Symbol der Industrialisierung zum Ende des 19. Jh.*

047st Abb.: sk

die Beine gestellt, Krankenhäuser wurden errichtet und Kinderheime eröffnet. Ein modernes Telefonsystem verband die Stadtteile, Blocks, Straßen, Kaufleute und einfache Stadtbewohner: Bereits 1876 besaß Stockholm ein sehr eng geknüpftes Telefonnetz, das es mit dem der industrialisierten Hauptstädte Europas aufnehmen konnte.

EINWOHNERZAHL: 300.000 (IM JAHR 1900)

Massenbewegungen entstanden bereits im 19. Jh., doch ihren großen Durchbruch konnten sie erst nach 1900 feiern. Sie stellten ein gänzlich neues Phänomen der politischen Öffentlichkeit dar. In diesen Bewegungen waren Herkunft und Stand oft sekundär, vielmehr zählte die Übereinstimmung bei Sachfragen. Die **Abstinenzbewegung** beispielsweise formierte sich früh und gewann einen erstaunlichen Einfluss. Zwar verlor sie 1922 eine Volksabstimmung zur völligen Abschaffung des Alkohols knapp mit 49 % : 51 %, dennoch hatte sie prägenden Einfluss auf das Gemeinwesen. Der staatlich reglementierte und hoch besteuerte Alkoholverkauf in Schweden hat seine Wurzeln in der Abstinenzbewegung. Die Abstinenzler verfolgten noch weiterreichende politische Ziele wie Wahlrechtsreform oder Gleichberechtigung und hatten somit inhaltliche Überschneidungen mit den Suffragetten, einer Bewegung pro Frauenwahlrecht, den Gewerkschaften und der aufstrebenden Sozialdemokratie.

In Stockholm, dem politischen Zentrum des Landes, agierten die jungen Interessensverbände mit großem Elan und Einsatz. Hier saßen die Entscheidungsträger, hier konnte man politische Durchschlagskraft entfalten und die Zeitläufe im eigenen Sinne positiv beeinflussen. Die **Arbeiterbewegung**, gestärkt durch schlechte Arbeitsbedingungen und noch immer miserable Wohnverhältnisse, gewann einen enormen Zulauf. Anfangs noch von der Obrigkeit zu verhindern gesucht, fand im April 1902 die erste erlaubte Massendemonstration statt: 40.000 Arbeiter marschierten durch Stockholm und die Polizei griff nicht ein. Nur wenige Jahre später konnten sich Sozialdemokraten und Liberale erstmals auf eine Mehrheit im Stadtrat *(stadsfullmäktige)* stützen und nach der ersten freien und allgemeinen Reichstagswahl 1921 stellten die Sozialisten mit Abstand die stärkste Fraktion im Reichstag.

Als *Per Albin Hansson* 1932 zum *statsminister* (entspricht dem deutschen Bundeskanzler) gewählt wurde, stellte dies den Beginn einer sozialdemokratischen

RAOUL WALLENBERG – DER SCHWEDISCHE OSKAR SCHINDLER

Die Familie Wallenberg ist die Familiendynastie im schwedischen Wirtschaftsleben. Mit der Gründung der Skandinaviska Enskilda Banken (damals noch unter dem Namen Stockholms Enskilda Banken) Mitte des 19. Jh. begann der Aufstieg der Familie Wallenberg innerhalb der schwedischen Wirtschaftskreise. Über die SE Banken und Investmentgesellschaften wie die Investor AB gewann man im 20. Jh. schnell Einfluss und Mitspracherecht in der auch international erfolgreichen schwedischen Industrie. So gibt es auch heute kaum ein schwedisches Großunternehmen ohne einen Vertreter der Wallenbergs im Vorstand oder Aufsichtsrat.

Der vermutlich bekannteste Spross der Wallenbergdynastie, Raoul Wallenberg, geboren 1912, verdiente sich die ersten Meriten – entgegen der Familientradition – in den Bereichen Kunst und Architektur. Er studierte an Hochschulen in den USA und Frankreich, sprach neben Schwedisch noch Englisch, Französisch, Deutsch und Russisch fließend. Im Rahmen seiner beruflichen Tätigkeit in einer Im- und Exportfirma hatte er weitreichende internationale Kontakte und erfuhr bereits in den frühen 1940er Jahren vom Schicksal der Juden im deutschen Machtbereich.

Als im März 1944 die ungarische Regierung das Bündnis mit Nazi-Deutschland aufkündigen wollte, besetzte die Wehrmacht das Territorium des vormaligen Verbündeten. Da Ungarn einen relativ hohen Anteil an Juden in der Bevölkerung hatte, machten sich die NS-Schergen unter Führung Adolf Eichmanns auch in Ungarn umgehend „an die Endlösung der Judenfrage". Die Todestransporte in die Vernichtungslager wurden organisiert und liefen mit sofortiger Wirkung an. Im Juli 1944 kam Raoul Wallenberg im Auftrag der schwedischen Regierung nach Budapest; sein Auftrag: Rettung möglichst vieler ungarischer Juden vor der Vernichtung. Der schwedische Diplomat begann sofort mit der Ausstellung und Verteilung sogenannter „Schutzpässe" an Juden, die Verbindungen zu Schweden hatten. Den Pass entwarf Wallenberg persönlich und dabei kam ihm seine Erfahrung mit der deutschen Mentalität zugute: Der Schutzpass wurde auf blau-gelbem Papier gedruckt, mit diversen Stempeln und Unterschriften dekoriert und das Deckblatt mit den Insignien des schwedischen Königshauses – dem Drei-Kronen-Wappen – versehen. Die deutschen Behörden erkannten das imposante Papier an, obwohl der Pass nach internationalen Rechtsmaßstäben keinerlei Gültigkeit besaß. Aber trotzdem war er für die Besitzer wichtiger als jede Lebensversicherung: Sie mussten keinen Judenstern tragen und wurden als schwedische Staatsbürger anerkannt.

Parallel zu der Intensivierung der deutschen Deportationen im Herbst 1944 weitete Wallenberg die Vergabe der Schutzpässe aus. So wurden Tausende der Dokumente an die bedrohten Juden vergeben. Dabei engagierte sich Raoul Wallenberg auf jede erdenkliche Art: Er biederte sich den deutschen Machthabern an, er be-

stach Entscheidungsträger oder er trat, wenn nötig, dominant und selbstbewusst auf - Hauptsache es diente seiner Mission. Er begleitete Todesmärsche auf dem Weg nach Österreich persönlich, verteilte dabei die rettenden Schutzpässe und konnte somit viele Hundert Juden vor dem sicheren Tod retten. Seine Mission war so erfolgreich, dass Eichmann mehrfach drohte, den „Judenhund Wallenberg" umzubringen. Doch der schwedische Diplomatenpass rettet in diesem Fall vermutlich das Leben Wallenbergs.

Als sich Anfang Januar 1945 die Situation der deutschen Truppen in Ungarn zuspitzte, da die Rote Armee von Osten näher rückte, wollte der deutsche Oberbefehlshaber General Schmidthuber das jüdische Getto mit vielen Tausend Insassen in die Luft sprengen. Wallenberg setzte Schmidthuber unter Druck und drohte ihm mit einem Kriegsverbrecherprozess nach Kriegsende. Daraufhin blies der General die Zerstörung des Gettos ab und Tausende Juden überlebten.

Am 17. Januar begab sich Wallenberg mit seinem Fahrer zum Hauptquartier der Roten Armee in Ungarn, wenige Kilometer außerhalb von Budapest, um die weitere Vorgehensweise der sowjetischen Armeeführung in Erfahrung zu bringen. Seitdem gilt Raoul Wallenberg als verschwunden und bis heute ist sein Schicksal ungeklärt. Es ist sehr wahrscheinlich, dass Wallenberg wegen Spionageverdachts von den Sowjets verhaftet wurde. Lange wurden solche Spionagevorwürfe von schwedischer Seite massiv dementiert, aber in den letzten Jahren kamen britische Geheimdienst-Dokumente ans Tageslicht, die eindeutig engste Kontakte zwischen Raoul Wallenberg und dem englischen MI6 beweisen. Des Weiteren soll Wallenberg an geheimen Friedensverhandlungen zwischen dem Deutschen Reich und den Westalliierten beteiligt gewesen sein, die einen Separatfrieden anstrebten und somit gegebenenfalls eine Fortsetzung des Krieges gegen die Sowjetunion ermöglicht hätten. Zwischenzeitlich gab es von sowjetischer Seite Angaben, dass Wallenberg 1947 im Moskauer NKVD-(später KGB-)Gefängnis an einem Herzinfarkt verstorben sei.

Eine andere, in Schweden sehr umstrittene These postuliert, dass ein verschwundener Raoul Wallenberg, der unzweifelhaft vielen Juden das Leben rettete, sowohl für die schwedische Regierung als auch für die Familie Wallenberg von Vorteil gewesen sei. Als „der gute Schwede" war er ein Gegenargument zu der alliierten Kritik an den (zu) engen deutsch-schwedischen Beziehungen und den verheimlichten Kontakten zwischen der Wallenbergdynastie und der deutschen Robert Bosch AG während des Krieges.

Bis zum heutigen Tage bestimmen Mutmaßungen und Konjunktive das angebliche Schicksal Wallenbergs nach dem 17. Januar 1945. Er könnte auch noch am Leben sein und wäre dann ein Mann in den hohen Neunzigern ... Doch allen Theorien und Thesen zum Trotz hat er so Einmaliges geleistet, dass der Motivation doch nur marginale Bedeutung zukommt. Dank seiner Schutzpässe sind bis zu 100.000 Juden vor der Gaskammer bewahrt worden und deshalb wurde er in Israel als „Gerechter unter den Völkern" mit einem nach ihm benannten Baum vor der Gedenkstätte Yad Vashem geehrt.

046st Abb.: ld

▲ *Die Raoul-Wallenberg-Gedenkstätte auf dem nach ihm benannten Platz*

Ära dar, die mit nur drei kurzen Unterbrechungen bis 2006 andauern sollte. Mit **Beginn des Zweiten Weltkriegs** und der kurz darauf folgenden deutschen Besetzung Dänemarks und Norwegens (Finnland war mit dem Dritten Reich verbündet), hatte sich ein Ring um Schweden geschlossen. Offiziell bestand Schweden weiterhin darauf, ein neutraler Staat zu sein. Die Realität sah jedoch anders aus. Der bereits in Vorkriegszeiten rege Handel zwischen Schweden und dem Deutschen Reich wurde nochmals intensiviert. Die deutsche Seite erhielt kriegsnotwendiges Eisenerz und hochwertige Kugellager aus dem Norden, Schweden wurde mit deutscher Kohle und – mindestens genauso wichtig – deutschem Wohlwollen bezahlt. Um eine mögliche deutsche Besetzung zu vermeiden, schien jedes Mittel recht. Die schwedische Regierung vertrat damals keinesfalls deutschfreundliche Positionen, vielmehr wurde ein Kurs gesteuert, der sich als realistischer Pragmatismus charakterisieren lässt. In der wirtschaftlichen und militärischen Elite sah das vielfach anders aus und man stand dem Deutschen Reich, insbesondere als „Speerspitze gegen den Bolschewismus“, nah. Nach Stalingrad und dem sich drehenden Kriegsglück nahm Schweden wieder mehr Rücksicht auf alliierte Forderungen und es kam zur leichten Westorientierung. Trotzdem wurde die deutsche Kriegsmaschinerie bis in den letzten Kriegswinter 1944/45 mit wichtigen Rohstoffen und Fertigwaren „Made in Sweden“ versorgt.

Nach Ende des Weltkriegs entstand ein großer Handlungruck in Stockholm. Die

Stadt war in der ersten Hälfte des Jahrhunderts weiter stark gewachsen – 1950 zählte man 740.000 Einwohner – und neue Wohnflächen mussten her. Ganz im Sinne des „Volksheims", ein in den 1930er Jahren geprägter Terminus, der für soziale Gerechtigkeit, ökonomische Sicherheit und angemessenen Wohnraum stand, wurden **neue Siedlungsprojekte** vorangetrieben. Im Rahmen des „Millionenprogramms" – zwischen 1965 und 1974 sollten eine Million neue Wohnungen entstehen, um die damalige akute Wohnungsnot zu beseitigen – entstanden gigantische neue Vorstädte mit vielstöckigen Hochhäusern und Wohnblocks. Statt Ästhetik stand Funktionalität im Vordergrund und die soziale Sprengkraft der „neuen Gettos" war nicht voraussehbar. Deshalb werden heute einige dieser Trabantenstädte wieder abgerissen.

In dem Fortschrittsglauben der 1950–60er Jahre schien alles möglich und die damaligen Pläne waren entsprechend dimensioniert. In Norrmalm entstand ein moderner Stadtkern für die aufstrebende Metropole Stockholm: Stockholm City. Fast die komplette Wohnbebauung wurde abgerissen und stattdessen wurden Büro- und Verwaltungsgebäude errichtet. Breite Straßen für die wachsende Autoflut verließen die Zeichenbretter der verantwortlichen Architekten, während die Straßenbahnen verschwanden und einer weiteren Autospur geopfert wurden. Fußgängerzonen mit entsprechenden Einkaufsmöglichkeiten oder überdimensionierte Plätze wie der Sergels Torg hielten Einzug, sollten eine „menschliche" Komponente in das fortschrittliche Stadtbild bringen. Um die Angestellten zwischen Arbeitsplatz und Wohnort hin- und herzutransportieren, begann man mit dem Bau einer U-Bahn. Eins schien jedoch vergessen worden zu sein: Abends war Stockholm City weitgehend entvölkert, niemand wohnte dort. In den späten 1960er Jahren formierte sich erster Bürgerprotest gegen die radikalen Umgestaltungspläne. Doch zu dieser Zeit waren schon unverrückbare Tatsachen geschaffen worden. Die Stockholmer reagierten mit Galgenhumor. Auf die Frage ausländischer Touristen: „Wer hat das Stockholmer Stadtzentrum so zerstört, waren es die Russen oder die Deutschen?", gab es die mit einem säuerlichen Grinsen garnierte Antwort: „Das waren wir selbst!".

In den letzten Jahren hat man sich bemüht, den Bausünden etwas von ihrer „Brutalität" zu nehmen. Vermehrt wurden Wohnhäuser auf den frei werdenden Flächen zwischen den Bankpalästen und Verwaltungsburgen errichtet. Ehemalige Parkhäuser wurden zu Wohneinheiten umgebaut und teilweise werden auf den Dächern der Verwaltungsarchitektur kleine Häuschen mit Dachgarten aufgestellt. Es kommt wieder Leben ins Zentrum, auch nach 20 Uhr.

EINWOHNERZAHL: 782.000 (HEUTE)

Nach einer Phase der Stagnation, ja teilweise sogar des Rückgangs der Einwohnerzahlen, wächst Stockholm in den letzten Jahren wieder massiv. Seit 1990 ist die Bevölkerung um ca. 110.000 Einwohner auf jetzt über 780.000 Menschen gewachsen, was einem prozentualen Zuwachs von immerhin 16 % entspricht. Aus der Stadtflucht wurde eine **„Stadtsucht"** und das Metropolenleben zieht Menschen aus ganz Schweden an. Doch nicht nur Schweden lieben ihre Hauptstadt, sondern auch Menschen aus

Europa und dem Rest der Welt zieht es in die Stadt am Mälaren. Stockholm im 21. Jh. mausert sich zu einer Großstadt internationalen Ausmaßes. Weltgewandt sprechen die meisten Hauptstadtbewohner mindestens eine Fremdsprache – meistens Englisch, aber häufig auch Deutsch oder Französisch oder Italienisch oder ...

Als Verwaltungszentrum des modernen Schwedens werden von hier die Geschicke des Landes initiiert und administrativ organisiert. Allein in der Stadtverwaltung und den angegliederten Behörden arbeiten 49.000 Angestellte. So werden hier auch politische Entscheidungen getroffen, die man in diesem im Allgemeinen als liberal geltenden Land kaum erwartet hätte: Im Jahr 2008 wurde ein Medien- und Kommunikationsgesetz verabschiedet, das in Europa wohl seinesgleichen sucht. Auch ohne konkreten Strafverdacht oder richterliche Genehmigung gibt es umfassende Kontrollmöglichkeiten für E-Mail, Internet, SMS, Fax oder Telefonverbindungen ins Ausland. Die Daten werden bis zu 10 Jahre gespeichert. Vorsicht also, Vater Staat – in diesem Fall der Schwedische – hört mit. Als direkte Antwort auf diese „Big-Brother-Tendenzen" kann die Gründung der Piratenpartei im Jahr 2006 gesehen werden, die bei der Europawahl 2009 in Schweden auf über 7 % kam und somit im Brüsseler Parlament vertreten ist.

Neben kontroversen politischen Entscheidungen werden in der Hauptstadt aber auch Entscheidungen getroffen, die von Kiruna im hohen Norden bis Trelleborg an der schwedischen Südspitze auf uneingeschränkte Zustimmung stoßen. Kronprinzessin Victoria wird im Sommer 2010 – so es sich Amor nicht mehr anders überlegt – ihren Verlobten Daniel Westling ehelichen. Kennengelernt hatten die beiden sich 2002 in einem Sportstudio: Daniel war dort ihr (sehr) persönlicher Fitnesstrainer.

LEBEN IN STOCKHOLM

Das Leben im Oberzentrum Schwedens ist ein infrastrukturelles und kulturelles Schlaraffenland. Die **öffentlichen Verkehrsmittel** ziehen sich einem engmaschigen Netz gleich über das gesamte Stadtgebiet. U-Bahnen rauschen ungehindert auf ihren autonomen Routen unter der Stadt hindurch und verbinden die verschiedenen Stadtteile – unter Wasserwegen, Felsen oder Autobahnen hindurch. Busse, oftmals auf eigenen, für den sonstigen Verkehr gesperrten Spuren, gleiten durch die Stadt und ermöglichen den Stadtbewohnern, ebenso wie die Straßenbahnen, ein flottes Vorwärtskommen. Eine hohe Taktung sorgt dafür, dass man selten länger als wenige Minuten an der Haltestelle auf ein Verkehrsmittel warten muss – auch nachts nicht.

Parallel zum Ausbau bzw. zur Aufrechterhaltung des öffentlichen Nahverkehrs wurde in Stockholm seit 2006 an einem Modell gearbeitet, um den Individualverkehr zu reduzieren und gleichzeitig zu steuern. Dieser **Stockholmsförsöket** (dt. Stockholm-Versuch) war ein verkehrspolitischer Ansatz, der den Autoverkehr in der Innenstadt kanalisieren und leiten sollte. Der Versuch mündete schließlich 2007 nach einem knappen Abstimmungssieg von 51,5 % in die Einführung der sogenannten *Trängselskatt* (dt. etwa „Gedrängesteuer"), einer Citymaut, von der aber Fahrzeuge mit ausländischem Nummerschild befreit sind. Bei Mietwagen mit schwedischem Nummernschild wird die Abgabe jedoch fällig und dem Kunden von der jeweiligen Autovermietung in Rechnung gestellt. Die Abgabe wird allerdings nur von Montag bis Freitag jeweils von 6.30 bis 18.29 Uhr erhoben. Am Wochenende und im gesamten Juli ist die Einfahrt mit dem eigenen (Miet-)Fahrzeug hingegen kostenlos. Bislang entwickelte sich die *Trängselskatt* jedoch zu einem finanziellen Fiasko: Nach Schätzungen wird sich die Citymaut nicht vor 2011 rechnen und so lange werden wohl auch die erhofften Gelder für den Ausbau des öffentlichen Nahverkehrs auf sich warten lassen.

Auch kulturell ist das Leben in der Metropole abwechslungsreich und breit gefächert. Eine Vielzahl an Theatern und Bühnen bieten ein buntes Veranstaltungspotpourri, Konzerthallen und Klubs offerieren Konzerte und Liveevents, über 100 Museen machen es dem Besucher – aber auch dem Einheimischen – schwer, sich zu entscheiden. Dabei sind die **Stockholmer sehr vielseitig interessiert** und die meisten Veranstaltungen und Ausstellungen sind gut besucht. Und man/frau will ja bei Diskussionen und Gesprächen schließlich mitreden können. Außerdem bieten solche Veranstaltungen auch immer die Möglichkeit, die neueste Mode vorzuführen. Die Stockholmer, männlich wie weiblich, sind ausgesprochen modebewusst und achten sehr auf ihr Äußeres. Der ausländische Besucher fühlt sich da schnell mal „underdressed".

Dieser bunte Strauß an Vorteilen des Stockholmer Großstadtlebens hat jedoch seinen Preis – und das ist wortwörtlich gemeint. Das **Preisniveau**, das in ganz Schweden über dem deutschen liegt, erklimmt in der Hauptstadt ganz besondere Höhen. Bei einem Vergleich der Konsumgüterpreise im Jahr 2008 zwischen 24 Großstädten weltweit schnitt Stockholm auf einem beachtlichen vierten Platz ab, gleich hinter Oslo, Kopenhagen und Paris. Bei einer Umfrage zur Kaufkraft und Teuerungsrate aus dem Jahre 2009 belegte Stockholm einen Platz im sicheren Mittelfeld, während die Spitzenplätze von Oslo, Kopenhagen und Zürich eingenommen wurden.

Zentrale und somit auch zumeist gut besuchte Restaurants sind nach deutschem Maßstab ausgesprochen teuer. Aber das schreckt den Stockholmer nicht ab: Insbesondere an Wochenenden scheint die Devise „Man lebt nur einmal" zu sein und die Einheimischen strömen in Heerscharen in die gastronomischen Tempel. Besonders Freitag- und Samstagabend sollte man deshalb frühzeitig einen Tisch reservieren und die Kreditkarte nicht vergessen. Ähnliches gilt für das Nachtleben Stockholms. Bars, Klubs und Diskotheken sind trotz der happigen Eintritts- und Getränkepreise sehr gut besucht. Die Stockholmer genießen das Leben und die Kreditkartenabrechnung kommt ja auch erst nächsten Monat!

Auch auf dem **Immobilienmarkt** spiegelt sich die in den letzten Jahren gewachsene Popularität der schwedischen Hauptstadt wider. Ob man in den eigenen vier Wänden oder zur Miete wohnt, Schnäppchen wie in Berlin gibt's hier kaum. *Klaus Wowereits* Bonmot zur deutschen Hauptstadt *„Berlin ist arm, aber sexy"* würde auf Stockholm gemünzt wohl eher lauten: „Stockholm ist reich und teuer und sexy!" In der Innenstadt lebende Stockholmer sind folglich auch zumeist wohlhabend und haben entsprechend dotierte Jobs. Vor der Finanzkrise 2008/09 konnten für Immobilien am Östermalmer Strandvägen, der ersten Adresse Stockholms, noch rekordverdächtige 13.000 € pro Quadratmeter erzielt werden.

In den Vorstädten sieht es jedoch oftmals anders aus. Die **Migranten** der 1970–90er Jahre sind hier anzutreffen und haben sich ihre eigenen Gettos mit eigenen Gesetzen geschaffen. Die massenhafte Einwanderung während der ökonomischen Boomjahre hat sich, ähnlich wie in den meisten mittel- und westeuropäischen Staaten, zu einem massiven Problem entwickelt. Allen Lippenbekenntnissen von gelungener Integration zum Trotz leben viele Schweden mit ausländischer Familiengeschichte in Parallelgesellschaften. Unterdurchschnittliche Bildung, mangelhafte Schwedischkenntnisse und eine erhöhte Kriminalitätsrate sind in Stockholmer Vorstädten wie Skärholmen, das im Südwesten der Stadt liegt, oder Tensta im Nordwesten leider die Regel. Bis zu 70 % der Bewohner dieser Stadtteile, die durch Wohnblocks der 1960er Jahre architektonisch geprägt werden, haben ethnisch einen nicht-schwedischen Hintergrund. *Nalin Pekgul,* schwedische Sozialdemokratin mit kurdischen Wurzeln, erregte im Jahr 2005 landesweites Aufsehen, als sie nach 25 Jahren demonstrativ aus Tensta fortzog. Sie fühle sich in „ihrem" Stadtteil nicht mehr sicher und sorge sich um ihre Kinder: *„Da verstand ich, dass hier viele schusssichere Westen tragen. Was ist hier passiert, dachte ich. Ist das Tensta? Ich muss einiges verpasst haben, was hier in den letzten Jahren passiert ist."* Im November des gleichen Jahres wurde sogar der öffentliche Busverkehr in Tensta wegen wiederholter Steinwürfe und Vandalismus temporär ausgesetzt.

Doch diese Ereignisse sind zum Glück die Ausnahme im ansonsten sehr friedlichen Stockholm. Die Kriminalitätsrate ist im internationalen Vergleich sehr niedrig und wenn man sich nicht gerade zur Nachtzeit in den kritischen Vorstädten aufhält, ist Stockholm eine der sichersten Großstädte Europas.

DIE STOCKHOLMER UND IHR ALLTAG

Der Tag beginnt für die Stockholmerin Anna Lundström mit einem kräftigen Schluck Kaffee aus der Ikea-Tasse, Model „Sörglös". Flugs wird die blonde Haarpracht in Form gebracht und schon steigt sie behände in ihren Volvo-Kombi. Mit Spikes bewehrten Reifen kämpft sie sich durch die meterhohen Schneeverwehungen und weicht den vielen Elchen auf der Fahrbahn geschickt aus. Im Büro geht sie dann ihrem kündigungssicheren Job im Dienstleistungssektor nach, oft ist sie auch direkt beim Staat angestellt. Dank der ausgeprägten Gleichberechtigung trägt ihr männlicher Kollege am Monatsende die gleiche Zahl an Kronen wie Anna nach Hause. Zum Mittag gibt es Heringdips in Senfsauce auf frischem Knäckebrot, zur Zerstreuung liest sie ein Kapitel aus dem letzten Wallander-Krimi. Da es Freitag ist, trifft sie sich nach der Arbeit mit Freundinnen in einer angesagten Szenebar. Trotz der happigen Preise trinkt sie einen Cocktail nach dem anderen bis sie um 2.30 Uhr betrunken mit dem Taxi nach Hause fährt. Samstagvormittag hat sie schließlich bereits wieder

052st Abb.: ld

eine Verabredung mit Freunden: Ein Segeltörn durch den Stockholmer Schärengarten steht auf dem Programm ...

Auch wenn sich kaum jemand in Wirklichkeit einen solchen Lebenswandel vorstellt, so trifft man mit Fragen nach Schweden oder Stockholm bei Mitteleuropäern oftmals auf diese festgefügten Bilder. Natürlich gibt es diese Anna Lundström nicht, genauso wenig wie jemand den deutschen Michel jemals persönlich kennengelernt hat. Aber besonders die im deutschen Sprachraum verankerten Schwedenklischees sind sehr ausgeprägt und ausgesprochen ansteckend.

▲ *In Deutschland steht Wasa Knäckebrot ganz oben auf der Liste der Schwedenklischees*

Jedes Kind kennt hierzulande „schwedische Gardinen“, Wasa Knäckebrot, den Nobelpreis oder seit einigen Jahren auch die schwedischen Krimis. An diesen Vorstellungen ist ja grundsätzlich nichts auszusetzen, doch wenn es darauf begrenzt ist, dann stellt dieses Schwedenimage nur ein unzureichendes Zerrbild der Wirklichkeit dar.

In Stockholm kann man sein Bild von den Menschen im hohen Norden bestätigen, erweitern oder revidieren – oder alles gleichzeitig. Man sagt den Stockholmern nach, dass sie sehr reserviert und unterkühlt seien, Fremden gegenüber vorsichtig und abwartend. Die durch die Stadt eilenden Menschen wirken auf den ersten Blick so (aber ist das in Hamburg, München oder Frankfurt anders?!), aber wenn man auf sie zugeht, wird aus dieser Reserviertheit schnell eine offene

049st Abb.: sk

Herzlichkeit. Die Stockholmer sind enorm hilfsbereit und dank ihrer Fremdsprachenkenntnisse ungemein eloquent. Wenn man es drauf ankommen lässt und nach dem Weg, einem guten Café oder nach der richtigen U-Bahn-Linie fragt – in kaum einer anderen europäischen Metropole wird so kompetent, freundlich und schnell geholfen wie in Stockholm.

Die Stockholmer, wie eigentlich fast alle Schweden, sind Menschen, die sehr harmoniebedürftig sind. Über Inhalte wird viel und gerne diskutiert, politische Meinungsverschiedenheiten werden sachlich ausgefochten und in den Medien thematisiert, Pros und Kontras unvoreingenommen aufgelistet und gegeneinander abgewogen. Doch der Diskussionsstil ist dabei (fast) immer fair und menschlich korrekt. Ein offener Streit mit lauter Stimme oder sogar persönlichen Beleidigungen ist in der schwedischen Öffentlichkeit undenkbar, da der laute oder ausfallende Diskutant bei den Zuhörern – alle Inhalte hintenanstellend – jegliche Unterstützung sofort verlieren würde. Konflikte werden nicht unterhalb der sachlichen Ebene ausgetragen – das ist schlichtweg nicht salonfähig. Auch im Alltag spürt man diese individuelle Verantwortung für das Gemeinwesen und der Umgangston zwischen den Menschen ist sachlich bis freundlich. An der Bushaltestelle reiht man sich selbstverständlich am Ende der Warteschlange ein. In vielen Institutionen wie Post, Bank, Apotheke oder auch im *Systembolaget*, der staatlich lizensierten Alkoholverkaufsstelle, gibt es kleine Automaten, an denen jeder Kunde eine Nummer zieht und erst beim Aufrufen dieser Nummer zum Schalter vorrückt (auch für Touristen sehr wichtig: Nicht vergessen einen Nummernzettel zu ziehen!). Beim Betreten eines Restaurants – Ausnahme sind Imbissbuden oder Fast-Food-Restaurants – wartet der Gast geduldig im Eingangsbereich auf den *hovmästare*, den Oberkellner. Erst dieser geleitet einen dann zu einem freien Tisch. Wer forsch vorpreschend den erstbesten Tisch besetzt, gilt als überaus unhöflich und selbst Touristen sollten hier nicht auf den „Ausländerbonus" hoffen.

Am besten man lernt Stockholm und die Stockholmer persönlich und vor Ort kennen. Anna Lundström soll übrigens sehr nett und freundlich sein ...

◄ *„Fahrradparken nicht gestattet" – die Stockholmer haben ein besonderes Verhältnis zu Verboten*

005st Abb.: ld

STOCKHOLM ENTDECKEN

GAMLA STAN

Keine Frage, ob Tagesausflügler, Geschäftsreisender oder Austauschschüler: Wer zu Gast in Stockholm ist, wird unvermeidlich irgendwann in Gamla Stan landen, und das völlig zu Recht. Mit Gamla Stan sind eigentlich die drei Inseln Stadsholmen – welche häufig mit Gamla Stan gleichgesetzt wird –, Helgeandsholmen und Riddarholmen gemeint.

Schon früh existierte dort eine Befestigungsanlage zur Kontrolle der Mälaren-Ostsee-Passage. Nichts deutet jedoch auf eine permanente Besiedlung hin bis unter der Regentschaft *Birger Jarls* Stockholm 1252 erstmals urkundlich erwähnt wurde. Von dieser kleinen befestigten Ansiedlung nahm die Entwicklung zur schwedischen Hauptstadt und europäischen Metropole mit ihren noch immer engen Gassen und mittelalterlich anmutenden Gebäuden ihren Lauf.

Die bezaubernde, farbenprächtige Altstadt wurde vor allem von der Kaufmannschaft und dem Einfluss der Hanse geprägt. Das große Feuer von 1625, dem hauptsächlich die hölzernen Gebäude im südwestlichen Stadtgebiet zum Opfer fielen, konnte den Aufstieg zur Handelsmetropole nur kurzfristig aufhalten. Der geschichtsträchtige Stortorget 5, die beiden Kirchen Storkyrkan 4 und Tyska Kyrkan, das Reichstagsgebäude 1 sowie das Königliche Stadtschloss 3 als Sitz der schwedischen Monarchen sind die heute noch sichtbaren Zeugen dieser gewaltigen Entwicklungen.

Gamla Stan hat natürlich auch eine schrecklich schöne Seite: In der Hauptsaison werden die Touristengruppen hier busweise durchgeschleust; vom entspannten Sightseeing und Bummeln ist man dann weit entfernt. Wer an diesen Tagen ruhige Augenblicke genießen möchte, sollte sich schon am frühen Vormittag in die Altstadt aufmachen – bevor die Touristengruppen aus ihren Hotels aufbrechen. Wem diese Möglichkeit nicht offensteht oder wer selbst zu diesen Touristengruppen zählt, sollte zumindest versuchen, in die kleineren Seiten- und Parallelstraßen zu entfliehen (z. B. in die Prästgatan oder auf den friedlichen Platz Kindstugan/Ecke Själagårdsgatan). Dort hat man wenigstens die Chance, einen Augenblick für sich zu sein und die mittelalterliche Stimmung auf sich wirken zu lassen.

Mit Västerlånggatan und Österlånggatan sind die **Hauptshoppinggassen** benannt. Vor allem in der Västerlånggatan gehen die Grenzen zwischen Kunst und Kitsch, zwischen hübschen Souvenirs und touristischem Schnickschnack nahtlos ineinander über, wobei ein wirkliches Schnäppchen wohl kaum mehr zu ergattern sein wird. In der Österlånggatan und entlang der Köpmangatan findet man vermehrt niveau- und anspruchsvolle Galerien und Boutiquen.

Wer **essen, trinken oder sich abends etwas vergnügen** möchte, findet die einschlägigen Lokalitäten hauptsächlich westlich der Västerlånggatan (Stora und Lilla Nygatan samt Seitenstraßen) und rund um den Järntorget.

1 REICHSTAG (RIKSDAG) ★★ [D4]

Auf der kleinen Insel Helgeandsholmen liegt das beeindruckende Reichstagsgebäude, der heutige Sitz des schwedischen Parlaments.

Vom Hauptbahnhof/Sergels Torg kommend erreicht man über die Riksbron

050st Abb.: sk

zunächst Helgeandsholmen mit dem **Riksdagshuset**, dem schwedischen Reichstag. Das Reichstagsareal wird durch die Riksgatan zweigeteilt. Der östliche Komplex ist das ursprüngliche, zu Beginn des 19. Jahrhunderts fertiggestellte Parlamentsgebäude. Auf der westlichen Seite liegt der ehemalige Sitz der Schwedischen Reichsbank, die, als 1971 Schweden von einem Zwei- zu einem Einkammersystem überging, aus dem Gebäude auszog und somit Platz für die parlamentarische Arbeit schuf. Hier befindet sich auch der moderne Parlamentssaal und man kann von dort den Volksvertretern und Volksvertreterinnen (mit deutlich über 40 % hat der Riksdag eine der weltweit höchsten Frauenquoten) bei ihren Sitzungen über die Schultern schauen.

▲ *Der Reichstag am Helgeandsholmen*

› **Riksdag,** www.riksdagen.se, Riksgatan 3A, Tel. 08 7864000, Helgeandsholmen, U-Bahn T-Centralen, Kungsträdgården oder Gamla Stan. Besuch nur in geführten Touren mehrmals täglich in Schwedisch, Englisch und Deutsch. Ein allgemeines Informationszentrum über den Riksdag befindet sich im Storkyrkobrinken 7A, Tel. 08 7865463, Gamla Stan.

2 MITTELALTERMUSEUM (MEDELTIDSMUSEET) ★ [D4]

Die zweite Topattraktion der kleinen Insel ist das Mittelaltermuseum an der östlichen Inselseite.

Als in den 1970 Jahren an dieser Stelle eine Tiefgarage in den Fels getrieben werden sollte, stieß man auf mittelalterliche Mauer-, Gebäude- und Bootsreste. Was bot sich mehr an, als hier ein Museum entstehen zu lassen? Gott sei Dank

Detailkarte I: Gamla Stan

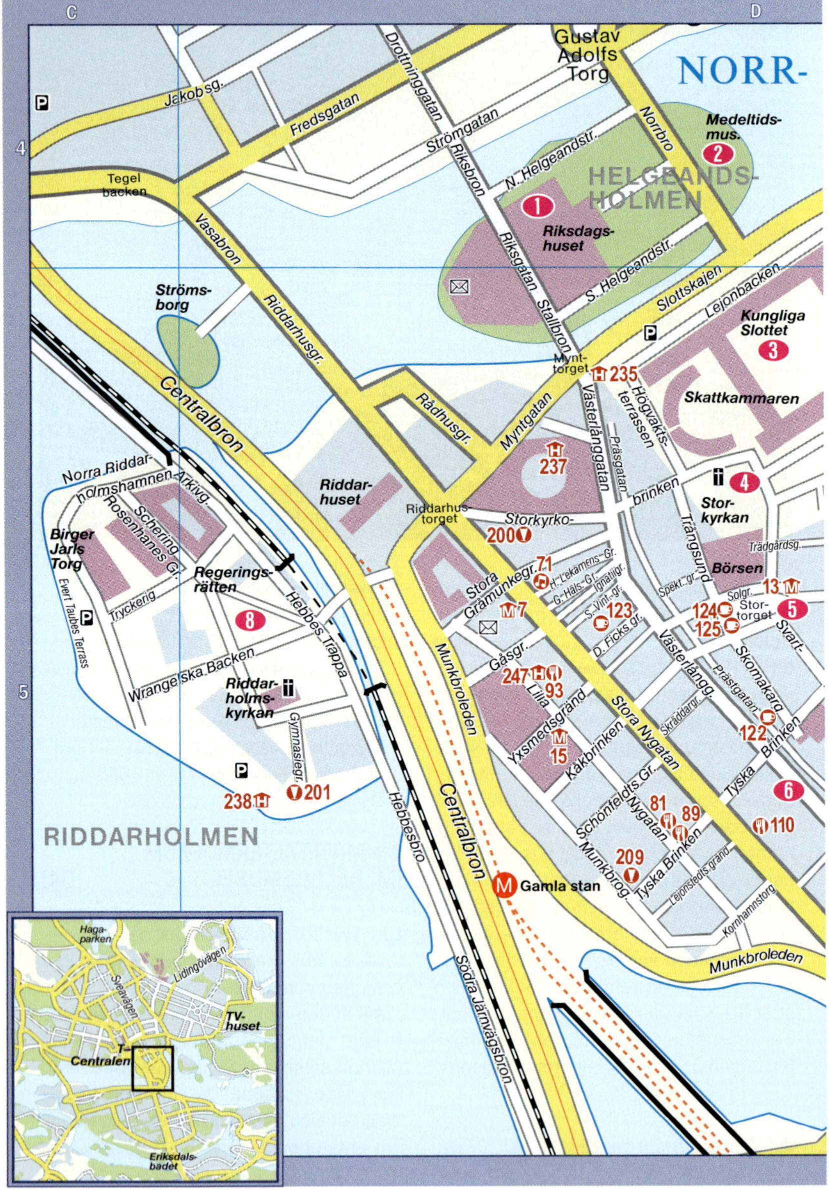

7 [I D5] Forum för Levanda Historia (Forum für Zeitgeschichte) S. 30
10 [I D5] Kungliga Myntkabinettet S. 30
13 [I D5] Nobelmuseum S. 32
15 [I D5] Postmuseum S. 33
47 [I D5] Sweden Bookshop S. 39
60 [I D5] Engelen/Kolingen S. 46
71 [I D5] Stampen S. 46
77 [I D5] Den Gyldene Freden S. 51
81 [I D5] Frantzen-Lindeberg S. 54
89 [I D5] Källaren Movitz S. 55
93 [I D5] Lejontornet S. 56
96 [I D5] Mårten Trotzig S. 56
102 [I D5] Pontus by the Sea S. 56
110 [I D5] Sjättetunnan S. 57
118 [I D5] Von der Lindeska Valvet S. 58
122 [I D5] Boutique de Chocolad S. 99
123 [I D5] Café anno 1700 S. 100
124 [I D5] Chokladkoppen S. 100
125 [I D5] Kaffekoppen S. 100
126 [I D5] Debaser S. 100
127 [I D5] Medusa S. 100
200 [I D5] Cattelins S. 275
201 [I D5] Lino Club S. 276
202 [I D5] Mandus S. 276
209 [I D5] Torget S. 276
235 [I D5] Lady Hamilton S. 292
237 [I D5] Lord Nelson S. 292
238 [I D5] Mälardrottningen S. 293
247 [I D5] Victory Hotel S. 294
1 [D4] Reichstag (Riksdag) S. 88
2 [D4] Mittelaltermuseum (Medeltidsmuseet) S. 89
3 [D5] Königliches Stadtschloss (Kungliga Slottet) S. 92
4 [D5] Große Kirche (Storkyrkan) S. 93
5 [D5] Stortorget S. 94
6 [D5] Entlang der Västerlånggatan S. 95
7 [D5] Entl. der Österlånggatan S. 96
8 [D5] Riddarholmen S. 97

setzten sich die Denkmalschützer gegenüber den Stadtplanern durch, im Jahre 1986 öffnete dieses anschauliche und interessante Museum für seine Besucher die Pforten und die Hauptstadt war um eine Attraktion reicher. Auf dieser Seite des Helgeandsholmen liegt auch ein kleiner Park mit noch kleinerem Café. Der Park existiert sein 1832 und ist damit der älteste öffentliche Park der Stadt.

Verlässt man Helgeandsholmen am Reichstag über Stallbron und Mynttorget und hält sich anschließend rechts, so landet man schließlich, vorbei an Bondeska Palatset und Riddarhuset, auf **Riddarholmen** 8.

› **Medeltidsmuseet,** www.medeltidsmuseet.stockholm.se, Norrbro, Tel. 08 50831790, Helgeandsholmen, U-Bahn Kungsträdgården, Juli–Aug. Mo.–So. 11–16 Uhr, Mi. 11–18 Uhr, Sept.–Juni Di.–So. 11–16 Uhr, Mi. 11–18 Uhr. Wegen Umbaumaßnahmen noch bis Herbst 2010 im Kulturhuset am Sergels Torg.

3 KÖNIGLICHES STADTSCHLOSS (KUNGLIGA SLOTTET) ★★★ [D5]

Vom Mynttorget aus erblickt man schon die gewaltigen Mauern des Königlichen Stadtschlosses, die offizielle Stadtresidenz der schwedischen Königsfamilie mit einer Vielzahl an Museen.

Nachdem das ursprüngliche, an ein wahres Märchenschloss erinnernde Schloss Tre Kronor 1697 bei einer verheerenden Brandkatastrophe fast vollständig ein Opfer der Flammen wurde, begann man augenblicklich, den Wiederaufbau in Angriff zu nehmen. Beauftragt wurde damit der Hofarchitekt *Nicodemus Tessin der Jüngere,* der allerdings nicht mehr in den Genuss kam, sein Werk vollendet zu sehen. Letztendlich erst im Jahre 1754 erstrahlte der eindrucksvolle Neubau in neuem Glanz und konnte von der königlichen Familie wieder bezogen werden. Das im italienischen Barockstil errichtete Stadtschloss mit quadratischem Grundriss und großem Innenhof wirkt heute kolossal-imposant oder aber auch zweckmäßig-kühl und ist eines der weltweit größten noch bewohnten Schlösser.

Gleich eine ganze Reihe außergewöhnlicher Ausstellungen und Museen erwarten hier die Besucher. Diese sollten daher gut vorbereitet sein und – was noch wichtiger scheint – ausreichend Zeit einplanen. Im nördlichen Flügel, dem Teil, der beim Brand nicht so sehr in Mitleidenschaft gezogen wurde und wo noch bauliche Reste des Vorgängerschlosses zu bestaunen sind, ist das **Museum Tre Kronor** untergebracht, welches sich mit der Entstehungsgeschichte des Schlosses auseinandersetzt. Die großartigen **Königlichen Repräsentationsräume** liefern ein anschauliches Bild vom Alltag und dem Leben im Schloss. Dazu gehört auch die von der königlichen Familie genutzte **Schlosskirche,** in der zu den Gottesdiensten an Sonn- und Feiertagen teilweise auch das „gemeine Volk“ willkommen ist.

Gut gesichert im unterirdischen Gewölbe liegt die **Schatzkammer,** in der prunkvolle Juwelen, königliche Kopfbedeckungen sowie die Reichsinsignien verwahrt werden.

In der **Königlichen Rüstkammer** wird anhand von speziellen Gegenständen, Waffen und Kleidern die Geschichte des schwedischen Königtums nachgezeichnet. Wertvollste und skurrilste Aushängeschilder der Ausstellung sind zweifellos die Maske *Gustavs III.,* die er während des auf ihn verübten Attentats trug oder das ausgestopfte Pferd *Gustav II. Adolfs,* das er in der für ihn tödlich verlaufenden Schlacht bei Lützen ritt.

Das **Antikmuseum Gustavs III.** ist seit seiner Einrichtung 1790 mehr oder weniger unverändert geblieben und stellt die von *Gustav III.* auf seiner Italienreise zusammengetragenen Statuen und Skulpturen aus.

Und wer auf zackige Marschmusik und glitzernde Uniformen steht, der sollte sich nicht das Spektakel des **Wachwechsels** der Königlichen Wache auf dem Schlossplatz entgehen lassen. In den Sommermonaten täglich um 12.15 Uhr (an Sonn- und Feiertagen um 13.15 Uhr) vollzieht sich dieser bei Touristen beliebte militärisch-festliche Aufmarsch - teils mit Musik, teils hoch zu Ross.

› **Kungliga Slottet,** www.royalcourt.se, Slottsbacken, Tel. 08 4026130, Gamla Stan, U-Bahn Gamla Stan oder Kungsträdgården. Die einzelnen Öffnungszeiten variieren ein wenig, generelle Orientierungszeiten sind: Mai–Aug. tgl. 10–16 Uhr, Sept.–April Di.–So. 12–15 Uhr. Die Eintrittspreise für die einzelnen Museen liegen in der Regel bei 80 Skr (ca. 8 €) für Erwachsene und 35 Skr (ca. 3,50 €) für Kinder. Es empfiehlt sich ein Kombiticket für 120 Skr (ca. 12 €) bzw. 65 Skr (ca. 6,50 €). Der Ticket- und Souvenirshop (gegenüber der Storkyrkan), hat von Mitte Mai–Ende Aug. tgl. 10–16.30 Uhr und Sept.–Mitte Mai Di.–Fr. 12–16.30 Uhr, Sa./So. 12–15.30 Uhr geöffnet. Informationen über Führungen erhält man zudem unter der Nummer 08 4026130.

Auf dem Weg über Storkyrkobrinken zum Slottsbacken kreuzt man die Prästgatan, deren nördlicher Teil früher Helvetiigränd, die Höllengasse, hieß und in der für kurze Zeit unter anderem der Henker seine Unterkunft hatte. Das rote Gebäude in Storkyrkobrinken 2, das Palais *Axel Oxenstiernas,* wurde für den mächtigen Reichskanzler des Dreißigjährigen Krieges vom berühmten Architekten *Jean de la Vallée* erbaut.

Endlich auf dem Slottsbacken angekommen, erblickt man den direkt vor der Rückseite der Storkyrkan, in Erinnerung an den schwedisch-russischen Krieg der Jahre 1788–90, errichteten Obelisken.

4 GROSSE KIRCHE (STORKYRKAN) ★ [D5]

Die Storkyrkan, die Große Kirche, ist eines der ältesten Gebäude der Stadt und aufgrund ihrer zentralen Lage und ihrer unverwechselbaren Ausstrahlung eine beliebte Touristenattraktion.

Die Anfänge des Gotteshauses lassen sich bis zu einer ersten urkundlichen Erwähnung im Jahre 1279 zurückverfolgen, die feierliche Einweihung erfolgte 1306. Gleich mehrmals wurde die Kathedrale umgebaut, die Inneneinrichtungen fallen weitgehend im gotischen Stil aus, während das Kirchenäußere die Epoche des Barocks widerspiegelt. In seiner wechselvollen Geschichte wurden hier im Stockholmer Dom auch zahlreiche Könige Schwedens gekrönt oder vermählt, zuletzt auch die gleichsam attraktive wie beliebte Heidelbergerin *Silvia Sommerlath* mit dem jungen *Carl XIV. Gustav.*

Bedeutendste Inneneinrichtungen sind zum einen die vom Lübecker *Bernt Notke* erschaffene Plastik „St. Georg und der Drache“, die den Sieg *Sten Stures* über die Dänen in der Schlacht am Brunkeberg 1471 symbolisieren soll (eine Kopie davon ist auf dem Köpmantorget zu

051st Abb.: sk

bestaunen), und zum anderen das Gemälde von der „Vädersolstavlan“, einer spektakulären Himmelserscheinung im Jahre 1535, deren Interpretation sowohl von weltlicher als auch geistlicher Seite jeweils für ihre Zwecke missbraucht wurde. Bei dem Gemälde handelt es sich jedoch wohl um eine Kopie des Originals aus dem Jahre 1630.

› **Storkyrkan,** Tel. 08 7233016, www.stockholmsdomkyrkoforsamling.se, Trångsund 1, U-Bahn Gamla Stan oder Kungsträdgården, tgl. 9–16 Uhr

▲ *In den engen historischen Gassen rund um die Storkyrkan*

5 STORTORGET ★★★ [D5]

Unweit der Storkyrkan präsentiert sich der geschichtsträchtige Stortorget, der frühere Marktplatz und noch immer farbenfrohes Zentrum Gamla Stans.

Die Westseite mit ihren wunderschönen Giebeln und den Cafés im Erdgeschoss gehört vermutlich zu den am meisten abgelichteten Motiven Stockholms. Doch diese Idylle war keinesfalls immer so: Zum Ende des Jahres 1520 ereignete sich an dieser Stelle das legendäre Stockholmer Blutbad, bei dem der dänische König *Christian „Tyrann“ II.* über 80 Vertreter der Stockholmer Oberschicht wortwörtlich um einen Kopf kürzer machen ließ und den Platz in tiefstes Blutrot tünchte. Das Blutbad erwies sich jedoch für den Dänenkönig als wahrer Pyrrhussieg, den es noch bitter zu bereuen galt, handelte es sich doch bei einem der Hingerichteten um den Vater *Gustav Vasas* ... Einem Gerücht zufolge soll die Kanonenkugel, die in der Hauswand des Eckhauses Stortorget/Skomakergatan festsitzt, bei der Belagerung Stockholms durch *Gustav Vasa* im Jahre 1521 ihr Ziel – den dänischen König – verfehlt haben und seitdem dort stecken. Und auch bei den 82 weißen Steinen im Haus Stortorget 20 könnte es sich nicht bloß um zufällige Verzierungen handeln, sondern um eine bewusste Erinnerung und Mahnung an die damaligen Ereignisse.

Ein anderes, den Stortorget dominierendes Gebäude ist die ehemalige Börse an der Nordflanke des Platzes. Das Haus wurde zum Ende des 18. Jahrhunderts von *Gustav III.* eingeweiht und lange Zeit fanden die Schwedische Akademie und die Börse dort ihr Zuhause. Seit 2001 beheimatet es das moderne **Nobelmuseum**

(s. S. 32), das trotz des bewährten Namens und einiger spannender Ausstellungsstücke nicht mit allzu vielen Vorschusslorbeeren bedacht werden sollte.

Eine weitere Kuriosität befindet sich an der Ecke Prästgatan/Kåkbrinken: Dort ist ein **Runenstein** in die Hauswand aus dem 11. Jahrhundert eingemauert. Aus welchem Grund dies geschah, ist kaum mehr nachzuvollziehen; das Kanonenrohr hingegen übt eine Schutzfunktion gegenüber Häuserecke und Runenstein aus, da im 17. Jahrhundert die Holzkarren begannen, ihre Spuren an den Häuserecken zu hinterlassen.

6 ENTLANG DER VÄSTERLÅNGGATAN ★★ [D5]

Die Västerlånggatan beschreibt mit der Österlånggatan den ungefähren Verlauf der mittelalterlichen Stadtbefestigung. Die an sich charmante Gasse ist die Haupttouristenmeile Gamla Stans, daher häufig überfüllt mit Besuchern aus aller Welt und zugleich Umschlagplatz von Souvenirs aller Art und jeglicher Qualität und Preisklasse.

Viele kleine Stichstraßen und Seitengassen gehen in westlicher Richtung von der Västerlånggatan ab und führen zur **Stora Nygatan und Lilla Nygatan.** Die rechtwinklige und gradlinige Führung in diesem Bereich sind Beleg für die planmäßige Stadterweiterung, die hier nach dem Feuer von 1625 durchgeführt wurde. Dieser Teil Galma Stans wimmelt geradezu von Restaurants und Kneipen.

Östlich der Västerlånggatan ragt die **Tyska Kyrkan** (tysk = deutsch) mit ihrem 96 m hohen Turm in den Stockholmer Himmel. Allein schon anhand der Straßennamen dieses Viertels – Tyska Brinken, Tyska Stallplan, Tyska Skolgrän, Tyska Brummsplan oder eben besagter Tyska Kyrkan – lässt sich der immense Einfluss deutscher Kaufleute in den Tagen der Hanse ablesen. Die Kirche entwickelte sich aus dem St. Gertrud-Gildenhaus der deutschen Kaufmannschaft. Wesentliche Umbau- und Erweiterungsarbeiten 1638–1642 sowie nach einem Brand 1878 verhalfen der Kirche zu ihrem jetzigen Aussehen. Interessantes gibt es auch zur heutigen rechtlichen Stellung zu berichten: Aufgrund

053st Abb.: ld

▲ *Der hohe Turm der Tyska Kyrkan ist ein guter Orientierungspunkt*

jahrhundertealter Privilegien besitzt die Gemeinde die Rechte, ihre Finanzen selber zu verwalten sowie ihre Pfarrer aus Deutschland zu berufen.

› **Tyska Kyrkan,** Svartmangatan 16A, Tel. 08 101263, U-Bahn Gamla Stan, Mai–Sept. 12–16 Uhr, Okt.–April Sa./So. 12–16 Uhr, Gottesdienst in deutscher Sprache an Sonn- und Feiertagen 11 Uhr

Ein ebenso kleines wie kurioses Bad liegt gleich um die Ecke in der Svartmangatan. Das **Storkyrkobadet** ist einer Schule angegliedert und ist für Freunde des kultivierten Saunierens mit entsprechender Zeit ein unbedingtes Muss.

› **Storkyrkobadet,** www.storkyrkobadet.se, Svartmangatan 20–22, Tel. 08 209027, U-Bahn Gamla Stan, geöffnet in der Schulzeit 17–20.30 Uhr, Herren Di., Fr. und So., Damen Mo. und Do., Eintritt 40 Skr (ca. 4 €), ermäßigt 30 Skr (ca. 3 €)

Kurz bevor die Västerlånggatan in den Järntorget mündet, sollte man noch einmal die Gelegenheit nutzen, durch den **Mårten Trotzig Gränd** „zu schlendern" – soweit dies überhaupt möglich ist: Die wohl schmalste Gasse der Stadt misst an der engsten Stelle gerade mal 90 cm. Schließlich geht die Västerlånggatan in den **Järntorget** über, einen recht überschaubaren und beliebten Platz, der auf eine lange Tradition als Handelsplatz (*järn* = Eisen) zurückblicken kann. Großer Popularität erfreuen sich die Statue des Stockholmer Urgesteins und Troubadours *Evert Taube* sowie der alte Brunnen in der Mitte des Järntorget. Von hier führt ein möglicher Weg in südlicher Richtung weiter zum wenig anschaulichen Verkehrsknotenpunkt und Busbahnhof **Slussen,** dessen immer noch relativ tristes Erscheinungsbild sich in den letzten Jahren ein wenig zum Positiven gewandelt hat und dessen Umgestaltung – glaubt man der lokalen Presse – in greifbare Nähe gerückt ist. Von hier gelangt man schließlich nach Södermalm.

7 ENTLANG DER ÖSTERLÅNGGATAN ★★ [D5]

Vom Järntorget geht es über die Österlånggatan wieder zurück in Richtung Schloss. Im Gegensatz zu ihrem Pendant, der Västerlånggatan, hebt sich diese Straße hinsichtlich der Qualität der verkauften Produkte in angenehmer Art und Weise ab. Hier sind die Artikel im Allgemeinen hochwertiger, anspruchsvoller und origineller, zudem sind auch etwas weniger Menschen anzutreffen.

In der Österlånggatan Nr. 51 ist die Gaststätte **Den Gyldene Freden** (s. S. 51) einen Besuch wert. Einmal ganz abgesehen von der hohen Qualität der Speisen, ist das Restaurant allein schon wegen seines Alters und seiner Geschichte legendär. Seit 1722 existiert das Lokal und zählte so illustre Gestalten wie *Evert Taube* oder den Künstler *Anders Zorn* zu seinen Gästen. *Zorn* war ebenfalls Besitzer des Gyldene Freden und vermachte es letztendlich der Schwedischen Akademie. Beim **Köpmantorget** befand sich ursprünglich ein Stadttor. Heute ist der Platz der Kaufleute vor allem wegen der Kopie der St. Georg und der Drache-Statue aus der Storkyrkan 4 bekannt. Die Galerien, Antiquariate und

► *Vom belebten Schlossvorplatz sind viele Sehenswürdigkeiten schnell erreichbar*

Läden in der netten **Köpmangatan** und den umliegenden Straßen bis hoch zum Stortorget sind unter anderem bekannt für ihre hochwertigen Kunst- und Handwerksprodukte und auf jeden Fall einen Besuch wert.

Die Österlånggatan öffnet sich zum Slottsbacken, dem weitläufigen, häufig mit Touristenbussen beparkten Schlossvorplatz. Die **Finska Kyrkan** am Slottsbacken 2C zeugt von der langen Verbindung der beiden skandinavischen Ländern und der Größe der finnischen Gemeinde in Stockholm. Kurioserweise diente sie zuvor als eines der ersten Sportgebäude des Landes, in dem mit dem aus Frankreich stammenden *Jeu de paume* eine Art Vorläufer des Tennis praktiziert wurde. Der **Tessinska Palatset** (Slottsbacken 4) war eines der Gebäude, den der Schlossarchitekt *Tessin* für sich und seine Familie erwarb und umgestaltete. Im benachbarten **Königlichen Münzkabinett** (s. S. 30 Slottsbacken 6) erfährt man vieles über Geld, Währungen und Finanzen.

Gleich unten am Wasser, in der Slottsbacken 10, präsentiert der **Sweden Bookshop** (s. S. 39) sein weitreichendes Angebot an Literatur über Stockholm und Schweden. Der Buchladen ist der perfekte Ort, um nach Wissenswertem, Interessantem und Spannendem über die Hauptstadt in der eigenen oder vielleicht auch in einer anderen Sprache zu stöbern. Gleich nebenan befindet sich das **Svenska Institutet.**

Über Skeppsbron und Strömbron gelangt man schließlich auf der Höhe des Kungsträdgårdens nach Norrmalm.

8 RIDDARHOLMEN ★★★ [D5]

Riddarholmen, die Insel der Ritter, die etwas ruhigere und mit spektakulären Gebäuden versehene Insel, ist wunderschön am Wasser des Riddarfjärden gelegen.

Im nordwestlichen Bereich der Altstadt, über Slottskajen, Mynttorget und Riddarhustorget, erreicht man den Übergangsbereich nach Riddarholmen. Zuvor steht man beim Riddarhustorget noch vor zwei Palästen, dem Bondeska Palatset und dem Riddarhuset. Der **Bondeska Palatset**, benannt nach dem Schatzmeister *Gustav Bonde*, wurde von *Tessin dem Älteren* im Barockstil errichtet. Beinahe zwei Jahrhunderte diente es als Rathaus Stockholms, seit 1949 ist dort nun das Oberste Gericht zu Hause. Das **Riddarhuset**, wurde in den Jahren 1641–1674 hauptsächlich von der Architektenfamilie *de la Vallée* als Versammlungsstätte der Ritterschaft und des Adels erbaut. Diese trafen sich hier erstmals 1668 für die anstehenden Verhandlungen zum Reichstag. Die letzten Treffen fanden 1865/66 statt. In dem Bereich zum Riddarhustorget wurde die Statue *Gustav Vasas* errichtet, während auf der anderen Seite ein Abbild des ehemaligen schwedischen Reichskanzlers *Axel Oxenstiernas* zu bestaunen ist.

Riddarholmen ist von der vom Straßenverkehr stark frequentierten Centralbron abgetrennt und über eine kleine Brücke zu erreichen. Im 13./14. Jahrhundert existierte dort ein Kloster, dessen Mönche aufgrund ihrer Kleidung Graumönche gerufen wurden. Folglich ergab sich der Name Gråmunkholmen für das spätere Riddarholmen. *Gustav Vasa* ließ die Insel befestigen und in den schwedischen Großmachtzeiten im 17. Jahrhundert wurden die staatliche Verwaltung und andere Einrichtungen hierhin verlegt. Aufgrund dessen verkehrten dort viele vornehme und ehrenwerte Adlige, was lag also näher, als den Ort in Riddarholmen umzubenennen. Heute befinden sich noch immer Justiz- sowie andere Verwaltungsgebäude hier.

054st Abb.: ld

Hauptattraktion der Insel ist die **Riddarholmskyrkan**, die berühmte Begräbniskirche der schwedischen Könige. In der Zeit vom Ende des 13. bis Anfang des 15. Jahrhunderts errichtet, findet man hier das „who is who" der schwedischen Regenten: von *Magnus Ladulås* (1275–1290) bis *Gustav V.* (1907–1950) fehlen nur wenige der gekrönten schwedischen Häupter. Des Weiteren hängen an den Wänden die Wappen der Mitglieder des Serafimerordens, einer exklusiven Bruderschaft, deren Mitgliedschaft man nur als Teil der königlichen Familie oder als bedeutender ausländischer Staatsmann erlangen kann.

› **Riddarholmskyrkan,** www.royalcourt.se, Birger Jarls Torg, Tel. 08 4026130, U-Bahn Gamla Stan, im Sommer tgl. 10–16 Uhr, Eintritt 20 Skr (ca. 2 €), ermäßigt 10 Skr (ca. 1 €), Führungen in Englisch um 13 Uhr

Die Kirche steht direkt am **Birger Jarls Torg.** Dem prachtvollen, kopfsteinbedeckten Platz im Zentrum Riddarholmens fehlen leider die Menschen – es sein denn, man begegnet den sporadisch auftauchenden Touristenbussen. So wirkt der Platz manchmal recht verloren, was allerdings auch seine guten Seiten hat, kann man doch so dem Treiben Gamla Stans entfliehen und hier eventuell einen stillen Augenblick genießen. Eine Ausnahme stellt diesbezüglich die Feier zur Walpurgisnacht dar, wenn auf Riddarholmen feuchtfröhlich der Frühling willkommen geheißen wird.

◄ *Riddarholmen mit der Riddarholmskyrkan von der Wasserseite, dem Riddarfjärden, gesehen*

Weitere palastartige Gebäude säumen den Birger Jarls Torg, so beispielsweise der **Wrangelska Palatset** (Birger Jarls Torg Nr. 16), welcher der durch den Schlossbrand „obdachlos" gewordenen königlichen Familie zwischenzeitlich als Unterkunft diente, der **Stenbockska Palatset** (Birger Jarls Torg Nr. 4), das **Palais Hessenstein** (Birger Jarls Torg Nr. 2) oder das **Schering-Rosenhane-Palais** (Birger Jarls Torg Nr. 10). Am Ende der vom Platz wegführenden Schering Rosenhanes Gränd befindet sich eine schwarze Eisenluke aus dem Jahre 1866, die als Messstation der noch immer andauernden Landhebung diente. In der äußersten nordwestlichen Ecke Riddarholmens steht **Birger Jarls Torn,** ein Teil der alten Befestigungsanlage *Gustav Vasas,* der fälschlicherweise nach *Birger Jarl* benannt wurde. Von der westlichen Seite, in der Nähe der Evert Taubes Terrass, hat man einen der besten **Aussichtspunkte** auf den Riddarfjärden, das Stadshuset oder nach Mariaberget/Södermalm. Ein wenig weiter liegt das stolze Hotelschiff Mälardrottningen vor Anker.

Auf halbem Weg zwischen Riddarholmen und Norrmalm befindet sich das kleine **Strömsborg.** Eigentlich genial gelegen, umspült vom Wasser, wäre dies eine einzigartige Adresse, wenn nicht der immense Verkehr wäre. Heute wird die kleine Schäre als Sitz verschiedener Unternehmen und Organisationen genutzt.

ESSEN UND TRINKEN

122 [I D5] **Boutique de Chocolad,** www.chokladbutik.se, Tyska Brinken 24, Tel. 08 202370, U-Bahn Gamla Stan. Mo.–Fr. 10.30–18 Uhr, Sa./So. 11–16 Uhr. In diesem geradezu winzigen Café gibt es die wahrscheinlich beste heiße Schokolade der Stadt, der Löffel bleibt beinahe stecken.

123 [I D5] **Café anno 1700,** Sven Vintappares Gränd 3, Tel. 08 224140, U-Bahn Gamla Stan. Tgl. 8–18 Uhr. Kleines gemütliches und ruhiges Café in einem Innenhof etwas abseits des größten Trubels.

124 [I D5] **Chokladkoppen,** Stortorget 18–20, Tel. 08 203170, U-Bahn Gamla Stan. Tgl. 9–23 Uhr. Mit dem Café **Kaffekoppen** die wohl erste Adresse in Gamla Stan. Direkt am Stortorget, daher auch häufig voll. Auch ein Treffpunkt der Gay-Szene.

125 [I D5] **Kaffekoppen,** siehe Chokladkoppen

› **Den Gyldene Freden** (s. S. 51)
› **Frantzen-Lindeberg** (s. S. 54)
› **Källaren Movitz** (s. S. 55)
› **Lejontornet** (s. S. 56)
› **Mårten Trotzig** (s. S. 56)
› **Pontus by the Sea** (s. S. 56)
› **Sjättetunnan** (s. S. 57)
› **Von der Lindeska Valvet** (s. S. 58)

UNTERHALTUNG UND NACHTLEBEN

126 [I D5] **Debaser,** Karl Johans Torg 1, Tel. 08 305620, U-Bahn Gamla Stan. Musik etwas weg vom Mainstream. Teilweise zum Bersten voll. Ein „Ableger" des beliebten Clubs befindet sich am Medborgarplatsen in Södermalm.

› **Engelen/Kolingen** (s. S. 46)

127 [I D5] **Medusa,** www.medusabar.com, Kornhamnstorg 61, Tel. 08 218700, U-Bahn Gamla Stan. Tgl. 14–3 Uhr. Freunde der rockigen Töne kommen hier – speziell freitags und samstags – zu ihrem Recht.

› **Stampen** (s. S. 46)

► *Der Stockholmer Bahnhof*

NORRMALM

Norrmalm, auch als Stockholms City oder Zentrum bezeichnet, ist unbestritten das pulsierende, umtriebige und moderne Zentrum der Hauptstadt.

Das heutige Erscheinungsbild wird von zweckmäßigen Bürokomplexen, repräsentativen Verwaltungs- und Regierungsgebäuden, verführerischen Warenhäusern und Geschäftszeilen sowie – leider auch – verkehrstechnischen Vorgaben geprägt. Dies war jedoch nicht immer so. Nachdem sich die Stadtgründung Stockholms auch in bevölkerungstechnischer Hinsicht zu einer Erfolgsgeschichte entwickelte, wuchs die Stadt über die heutige Gamla Stan hinaus und erste Siedlungen entstanden auf dem Gebiet des jetzigen Norrmalms. Im Jahre 1602 erstritt sich die Ansiedlung den Status einer unabhängigen Stadt mit eigenen Stadtrechten, Bürgermeister und Magistrat inklusive. Aus machtpolitischen Erwägungen seitens der Stockholmer– nicht zuletzt auch wegen erhoffter Mehreinnahmen aus Steuern – dauerte diese Phase nur gut drei Jahrzehnte, 1635 wurde Norrmalm wieder in das Stadtgebiet Stockholms eingegliedert. Einen weiteren Schub erhielt der Stadtteil mit der Einweihung des Hauptbahnhofs im Jahre 1871. In den drei Jahrzehnten nach dem Zweiten Weltkrieg stand Norrmalm ganz im Zeichen eines durchaus populären Modernisierungswahns. Große Umbrüche und nachhaltige Einschnitte veränderten nun das Stadtbild und prägen es bis in unsere Zeit. Dabei wurde in aller Konsequenz so manche städtebauliche Sünde begangen, die man sich aus heutiger Sicht doch lieber erspart hätte. Heute leben gut 7000 Einwohner in dem Stadtbezirk.

Viele Touristen werden Norrmalm sicherlich eng mit **Einkaufen** in Verbindung bringen. Dies ist leicht nachzuvollziehen, bedarf aber einer gewissen Differenzierung. Die überlaufene und weitgehend autofreie Drottninggatan ist wohl die erste Anlaufstation. Hier und in den Nebenstraßen gibt es beinahe alles zu erstehen, doch sind die Geschäfte vielfach austauschbar, man sucht vergeblich nach dem „Speziellen", obgleich es sicherlich auch positive Ausnahmen gibt. Je mehr man sich Gamla Stan nähert, desto touristischer wird die Produktpalette, und dies gilt ebenso für Cafés und Restaurants.

Der nördliche der Kungsgatan verlaufende Teil der Drottninggatan kann durchaus mit originellen Geschäften und einladenden Cafés aufwarten. Hier wird man auch vermutlich eher „echte" Stockholmer antreffen als in der übrigen Drottninggatan.

Die wahrscheinlich bekannteste Shoppingmeile ist die Kungsgatan. Hier gilt: Je weiter man ihr nach Osten, also Richtung Östermalm, folgt, desto interessanter, aber auch exklusiver werden die Geschäfte. Vor allem auch die Nebenstraßen zur Hamngatan hin beweisen dies. Mit der Hamngatan ist eine weitere gute Einkaufsstraße genannt. An ihr liegen Einkaufstempel wie das edle Kaufhaus NK (s. S. 38), die Gallerian-Passagen (s. S. 38) oder das interessante Sverigehuset.

9 RUND UM DEN HAUPTBAHNHOF ★ [C4]

Der Ende des 19. Jahrhunderts erbaute Hauptbahnhof ist mehr als ein gewöhnlicher Bahnhof, hier befindet sich zugleich der zentrale Knotenpunkt der Stockholmer U-Bahnlinien.

All die, die nicht mit einem eigenen Pkw, sondern mit der Bahn oder via Flughafen nach Stockholm gelangen, werden aller Voraussicht nach ihren Stockholmaufenthalt am **Hauptbahnhof** beginnen. Außerhalb des Bahnhofsgebäudes sind die Haltestellen für Busse, die die Hauptstadt mit dem übrigen Land verbinden und die Schnellbusse zum Flughafen zu finden. In der riesig erscheinenden Bahnhofshalle gibt es eine Hotelvermittlung und Zeitschriftenläden mit zumindest den wichtigsten internationalen Publikationen, Cafés und die unvermeidlichen Schnellimbisse.

Mit der **Icebar** (s. S. 120) im Lobbybereich des Nordic Sea Hotels am Vasaplan ist Stockholm um eine weitere Attraktion reicher. Wie im berühmten Pendant, dem Eishotel in Jukkasjärvi, ist auch im kleineren Ableger das gesamte Interieur aus Eis. Bei konstanten –5 °C kommt jedoch keinesfalls frostige Stimmung auf; gelegentlich verspürt man aber den Wunsch nach einem schönen heißen Glühwein.

056st Abb.: ld

MANKELL, MARKLUND UND CO. - SCHWEDISCHE KRIMIS

Alles begann 1965 mit „Die Tote im Götakanal“ (schwed. Originaltitel: „Roseanna“). Das Autorenpaar Maj Sjöwall und Per Wahlöö hatte einen Polizisten mit Allerweltsnamen geschaffen, der zweifellos als Vater aller schwedischen Kommissare angesehen wird: Martin Beck. In insgesamt zehn Romanen wird Beck auf die Probe gestellt und schildert seine Sichtweise der schwedischen Gesellschaftsentwicklung, wobei sich das marxistische Weltbild seiner Erschaffer widerspiegelt. In der Zeit der Studentenunruhen, Anti-Vietnam-Demonstrationen und dem Aufkommen eines gewaltbereiten linken Spektrums in vielen Staaten Westeuropas kritisiert Beck das kapitalistische System und die sogenannte Scheindemokratie in Schweden. Erstmals fand eine Verknüpfung von spannendem Krimi mit offener Gesellschaftskritik statt - und das erfolgreich: Die Kommissar-Beck-Reihe erreichte (auch in Deutschland) Millionenauflagen.

Seit Jahren knüpfen jüngere schwedische Autoren an die Erfolge von Sjöwall/Wahlöö an. Ob Helene Tursten und ihre Kommissarin Irene Huss, Håkan Nessers Protagonist Van Veeteren in der fiktiven Stadt Maardam, Liza Marklunds Romanfigur der Stockholmer Reporterin Annika Bengtzon, der leider viel zu früh verstorbene Stieg Larsson, Åke Edwardson mit seinem snobistischen Kommissar Erik Winter oder der wohl berühmteste fiktive Schwede der Geschichte Kurt Wallander des Schriftstellers Henning Mankell - sie alle nutzen das Medium Kriminalroman, um durch ihre Figuren den gesellschaftlichen Ist-Zustand der schwedischen Gesellschaft kritisch zu beleuchten. Dabei ist es heute weniger marxistisch angehauchte globale Weltverbesserung als eine Kritik an generellen Problemen westlicher Demokratien. Da rasiert sich die Tochter der Kommissarin den Kopf und rutscht in das rechtsradikale Skinheadmilieu (Tursten), organisierte und internationalisierte Kriminalität schwappt auch in die nicht mehr vorhandene schwedische Idylle (Mankell) oder Terroristen versuchen mit Sprengsätzen die Stockholmer Bevölkerung in Angst und Schrecken zu versetzen (Marklund). Globalisierung und eskalierende Gewalt thematisieren alle diese Krimis. Aber auch die Protagonisten sind nicht mehr vom klassischen Zuschnitt eines überhöhten Helden ohne Fehl und Tadel. Vielmehr sind es Akteure, die neben den beruflichen Belastungen auch im Privatleben mit Problemen zu kämpfen haben: gescheiterte Ehen und Beziehungen, Alkoholmissbrauch, angeschlagene Gesundheit und Übergewicht, frustrierendes Sexualleben, soziale Isolation … Gerade diese Bodenständigkeit der Helden kombiniert mit einem spannenden, wendungsreichen Plot, der die Charaktere mit spitzem Bleistift skizziert, macht die Faszination und den Erfolg der schwedischen Schriftstellergarde aus. Aber warum die schwedische Krimis gerade im deutschsprachigen Raum so populär sind, wissen selbst deren Erschaffer nicht. Auf die Frage nach dem ungeheuren Erfolg wusste Håkan Nesser nur Folgendes zu antworten: „Das weiß ich nicht. Das ist ein deutsches Problem. … In meinen optimistischsten Augenblicken glaube ich, dass es daran liegt, dass wir einfach gute Bücher schreiben.“

Über den Klarabergsviadukten, eine Brückenkonstruktion, über die schon Kommissar *Beck* und die anderen Helden der Sjöwall-/Wahlöö-Krimis so manches mal hinweggefahren sind, gelangt man zur **St. Klara Kyrka.** Noch bis in die 1950er Jahre war diese Kirche das Zentrum eines typischen Bahnhofsviertels, mit einem allerdings auch unbestreitbaren Charme. Ältere Stockholmer mögen bei der Erwähnung des Klaraviertels mit verklärtem Blick in Erinnerungen schwelgen – ein Blick in die moderne Welt, der das alte, gewachsene Viertel weichen musste, wird sie schnell und voller Ernüchterung wieder in die Realität zurückführen. Weithin sichtbares Überbleibsel dieser Tage ist einzig die Kirche von St. Klara. Sie entstand Ende des 16. Jahrhunderts unter der Regentschaft *Johanns III.* auf dem Grund eines ehemaligen Klosters. Die Kirche wurde mehrfach umgebaut und renoviert, nicht zuletzt aufgrund schwerer Brandschäden in der Mitte des 18. Jahrhunderts, als sich *Carl Hårleman* für die Reparaturen an der Dachkonstruktion verantwortlich zeigte. Heute sind in der Kirche die schönen Deckengemälde zu bestaunen. Auf dem Friedhof fand der berühmte Stockholmer Barde *Carl Michael Bellman* (1740–1795) seine letzte Ruhe.

› **St. Klara Kyrka,** www.sthdomkyrko.com, Klara Östra Kyrkogatan 7, Tel. 08 7233031, U-Bahn T-Centralen, tgl. 10–17 Uhr, freier Eintritt

Folgt man der Klarabergsgatan weiter, so kreuzt man die touristische **Drottninggatan,** die seit 1639 diesen Namen trägt, ein erstes Mal. An der Ecke Klarabergsgatan/Drottninggatan befindet sich **Åhlens** (**s. S. 38**), eines der größten Einkaufshäuser der Stadt.

⑩ SERGELS TORG ★★ [D4]

Die Straße öffnet sich an dieser Stelle zu einem gewaltigen Platz, dem Sergels Torg, benannt nach Johan Tobias Sergel (1740–1814), Bildhauer und Sohn eines Einwanderers aus Eisenach.

An diesem zentralen und verkehrsreichen Platz wird man leicht ersehen können, was mit dem Begriff Bausünden gemeint sein kann. Über einiges wird man vielleicht noch streiten können – der imposante Springbrunnen zieht verdientermaßen die Aufmerksamkeit auf sich und auch ist der Wille zu erkennen, die umgebenden Bauten attraktiver zu gestalten. Ein ausgesprochener Augenschmaus ist der Platz jedoch nicht. Der Sergels Torg ist in zwei Ebenen aufgebaut: Während die obere Ebene fast ausschließlich dem Verkehr gehört, treten in der unteren, teilweise offenen Ebene häufig Kleinkünstler auf oder ziehen andere Veranstaltungen das Interesse auf sich. Und nicht zuletzt werden hier die fließenden Übergänge zum Shopping wahrgenommen, nehmen hier doch einige Einkaufspassagen ihren Ursprung.

Unbestrittener Höhepunkt des Sergels Torg ist das **Kulturhuset,** in dem sich alles um in- und ausländische Kultur dreht. Im Zuge der Neugestaltung des alten Klaraviertels suchten die Stadtplaner nach einem Gegengewicht zu ihren büro- und verkehrslastigen Plänen. So entstand die Idee von einem umfassenden Kulturzentrum, die der Architekt *Peter Celsing* als einen verglasten Gebäudekomplex in die Realität umsetzte.

1971 wurden die ersten Gebäudeteile ihrer Bestimmung übergeben, drei Jahre später war das Kulturhuset fertig. Heute beherbergt es mehrere Theaterbühnen,

CARL MICHAEL BELLMAN – MIT „WEIN, WEIB UND GESANG“ ZUR NATIONALIKONE

Carl Michael Bellman ist in Mitteleuropa nur einem winzigen Fachpublikum ein Begriff; in Schweden ist er so populär und bekannt wie Astrid Lindgren oder ABBA! Einen Schweden zu finden, egal ob 9 oder 99 Jahre alt, der nicht wenigstens ein Bellman-Lied oder -Gedicht auswendig rezitieren kann, dürfte unmöglich sein. Auf fast jeder Festivität wie Geburtstag, Hochzeit, Studentenfeier oder Betriebsfest wird zu späterer Stunde in Schweden Bellmansches Liedgut intoniert.

Wer ist dieses Phänomen der schwedischen volkstümlichen Musik? Geboren am 4. Februar 1740, genoss der junge Carl in seiner deutschstämmigen Familie eine behütete und von finanziellen Sorgen unbelastete Kindheit. Schon früh zeigte sich sein sprachliches und musisches Talent. Bereits als Teenager übersetzte er religiöse Abhandlungen, verfasste satirische Texte oder versuchte sich an ersten Theaterstücken. Eine besondere Begabung stellten seine Reime und Verse dar, die er aus dem Stehgreif zu formulieren vermochte. Bellman war für seine scharfe Zunge bekannt und konnte im Handumdrehen ein Lied für einen der Anwesenden texten. Thematisch bewegte sich der „Volkskomponist“ fast immer im Milieu von Trinkern, Spielern, Huren und Troubadouren. Im krog (zu deutsch: Wirtshaus, Kneipe) fand er seine Charaktere und Geschichten. Und nicht wenige seiner Dichtungen scheinen einen sehr autobiografischen Hintergrund zu besitzen.

Bellman war ein Lebemann wie er im Buche steht. Sein Lebensinhalt waren Feiern, Frauen und der Branntwein. Er berichtet in seinen Liedern von Wirtshaus-Besuchen – im Stockholm des 18. Jahrhunderts gab es ca. 700 Kneipen bei einer Einwohnerzahl von 70.000! – und Vollräuschen, von Liebe und Herzschmerz, vom Altern und der schwindenden Schönheit, von Verlustängsten und Tod. Bereits mit 23 Jahren war Bellman so hoch verschuldet, dass er vor seinen Gläubigern nach Norwegen fliehen musste und erst nach zwei Monaten mit einem königlichen Freibrief zurückkehren konnte. Finanzprobleme bestimmten Bellmans Leben: Hatte er Geld, gab er es mit beiden Händen aus, half Freunden und Saufkumpanen – zumeist hatte er jedoch kein Geld und nahm Kredite auf, um alte Schulden zu decken. Da jedoch auch König Gustav III. Bellmans Unterhaltungskunst schätzte und ihn mit Posten (z. B. als Hofsekretär bei der königlichen Lotterie) und Zuwendungen unterstützte, kam der trinkende Poet immer irgendwie über die Runden. Obwohl Bellman mit 37 Jahren die 15 Jahre jüngere Lovisa heiratete – das Paar hatte insgesamt vier Kinder –, änderte er seinen Lebensstil kaum und war noch immer gern gesehener Gast bei Gesellschaften und hatte neben seiner Gattin wechselnde Liebschaften. Die finanzielle Situation spitzte sich jedoch immer weiter zu und die Familie war regelmäßig gezwungen, die Wohnung zu wechseln und sich eine bescheidenere Unterkunft zu suchen. Als Gustav III. 1792 starb, verlor Bellman seinen Schutzherren und die Schulden wuchsen ihm endgültig über den Kopf. Er landete 1794, bereits massiv vom Alkoholmissbrauch gezeichnet, für zwei Monate im Schuldgefängnis. Hiervon erholte er sich nie wieder, verstarb im Februar 1795 mit 55 Jahren und hinterließ eine gänzlich mittellose Familie.

Von Bellman sind ca. 1800 Gedichte und Lieder überliefert. Den Kern seines Lebenswerkes bilden jedoch zwei Liederzyklen, die er in den letzten Jahren vor seinem Tod in Druckform veröffentlichte: Fredmans epistlar (dt. Fredmans Episteln, 1790) und Fredmans sånger (dt. Fredmans Lieder, 1791) mit zusammen fast 150 Liedern. Benannt sind diese Liedersammlungen nach dem Uhrmacher Fredman, einer der immer wiederkehrenden Charaktere in Bellmans Schaffen, der, wie kaum anders zu erwarten, den Frauen und dem Branntwein zugewandt ist.

Es gibt unzählige Abhandlungen zu Leben und Werk Bellmans aus den verschiedensten wissenschaftlichen Sichtwinkeln. Besonders skurril ragt dabei ein medizinischer Artikel aus der Masse heraus: In der schwedischen Läkartidningen (dt. Ärztezeitung, Vol. 87, 1990) befasst sich ein Autor ernsthaft mit der Bedeutung des Alkoholrausches aus medizinischer Sicht in Bellmans Œuvre.

Galerien, einen Lesesaal mit einigen internationalen Zeitschriften, einen Kunst-Buchhandel, ein Restaurant, mehrere Cafés (unter anderem ein Internetcafé im Untergeschoss sowie Café Panorama (s. S. 119), ein Café mit herrlichem Ausblick über den Sergels Torg) und vieles mehr. Zudem befinden sich hier die Ticketkasse und ein Übergang zum **Stockholmer Stadttheater** (s. S. 36). Wer sich für witzige, intelligente und manchmal einfach nur die Sprache verschlagende Designprodukte interessiert, sollte auf keinen Fall den ebenfalls im Untergeschoss liegenden **DesignTorget** auslassen.

› **Kulturhuset**, www.kulturhuset.stockholm.se, Sergels Torg, Tel. 08 50831508, U-Bahn T-Centralen, unterschiedliche Öffnungszeiten für die einzelnen Bereiche, die meisten haben montags geschlossen

Auf dem Weg zum Kungsträdgården folgt man vom Sergels Torg der Hamngatan, einer der Hauptshoppingmeilen der Stadt. Nach wenigen Metern öffnen zur Rechten die **Gallerian-Passagen** (s. S. 38) ihre Pforten, ein Einkaufstempel, der aufgrund seiner enormen Ausmaße nur schwerlich zu bewältigen scheint. Es gibt wohl kaum etwas, was man hier nicht findet und daher bieten diese Passagen auch eine willkommene Alternative für ungemütliche oder (eis-)kalte Jahreszeiten.

Schräg gegenüber liegt das vielleicht edelste und traditionsreichste Kaufhaus der Stadt, die **Nordiska Kompaniet** oder kurz **NK (s. S. 38)**. Im NK ist alles eine Spur eleganter und exklusiver, ein Besuch ist geradezu Pflicht, auch wenn man nicht unbedingt dem Einkaufsrausch erliegen will. Vielleicht beschreibt ein Vergleich mit dem Berliner „Gegenstück" KaDeWe dieses Shoppingquartier am ehesten.

Detailkarte II: Norrmalm

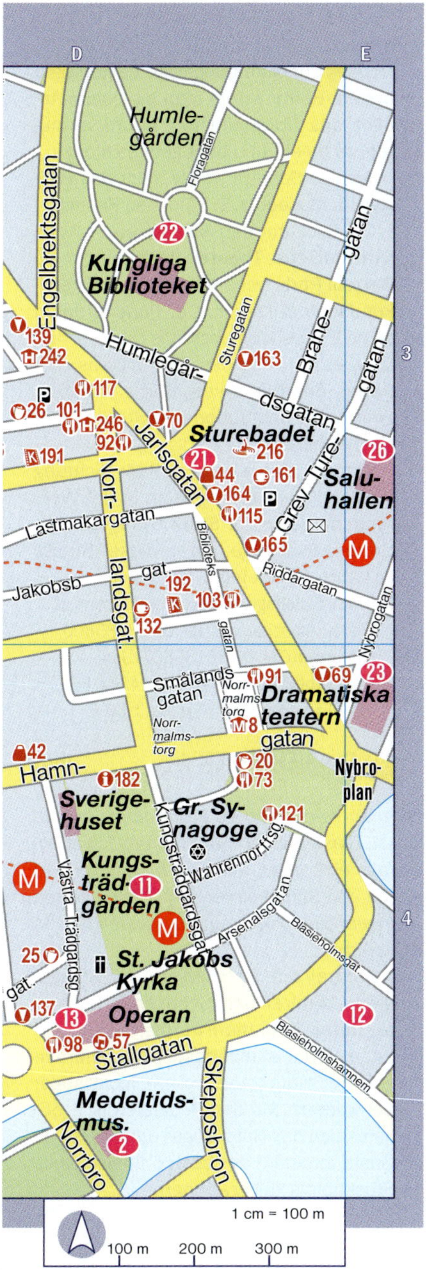

5 [II D4] Dansmuseet S. 29
8 [II D4] Hallwylska Museum S. 30
11 [II D4] Medelhavsmuseet S. 31
18 [II C3] Strindbergsmuseet Blå Tornet S. 34
20 [II D4] China Teatern S. 35
22 [II C3] Dansens Hus S. 35
25 [II D4] Hamburger Börs S. 35
26 [II D3] Nya Casino Teatern S. 35
29 [II C4] Oscarsteatern S. 36
32 [II D4] Stadsteatern S. 36
33 [II C3] Strindbergs Intima Teater S. 36
36 [II C4] Vasateatern S. 36
37 [II C4] Åhlens S. 38
40 [II D4] Gallerian S. 38
41 [II C3] Kungens Kurva S. 38
42 [II D4] NK S. 38
43 [II C3] PUB S. 38
44 [II D3] Sturegallerian S. 38
46 [II D4] Akademibokhandeln S. 39
48 [II C4] Kartbutiken S. 39
49 [II C4] Kartcentrum S. 39
53 [II C3] Hötorgshallen S. 41
56 [II C3] Adidas Concept Store S. 42
57 [II D4] Café Opera S. 45
61 [II C4] Fasching S. 46
64 [II D3] Glenn Miller Café S. 46
65 [II D3] KGB Bar & Restaurant S. 46
69 [II D4] Riche S. 46
70 [II D3] Spy Bar S. 46
73 [II D4] Berns S. 51
82 [II C4] Fredsgatan 12 (F12) S. 54
86 [II C3] Grill S. 55
91 [II D4] KB (Konstnärsbaren) S. 55
92 [II D3] Kung Carls Bakficka S. 56
98 [II D4] Operakällaren S. 56
100 [II C4] Pong S. 56
101 [II D3] Pontus S. 56
103 [II D3] Prinsen S. 56
106 [II D3] Restaurang 1900 S. 57

Fortsetzung auf Seite 109

An der Ecke zum Kungsträdgården liegt das **Sverigehuset,** in dessen Untergeschoss die zentrale Stockholmer **Touristinformation** (s. S. 267) ihr Quartier bezogen hat. Neben den vielen unentbehrlichen und hilfreichen Informationen zum Aufenthalt in Stockholm und Umgebung findet man hier auch zahlreiche originelle und nette Souvenirs.

› **Sverigehuset,** www.stockholmtown.se, Hamngatan 27, Tel. 08 50828509, U-Bahn Kungsträdgården, Mo.–Fr. 9–19 Uhr, Sa. 10–17 Uhr, So. 10–16 Uhr

11 KUNGSTRÄDGÅRDEN ★★ [D4]

Im Kungsträdgården muss allein schon wegen seiner einzigartigen Lage inmitten des umtriebigen Norrmalms eine Pause eingelegt werden.

Aus der ursprünglich den Königen vorbehaltenen Parkanlage wurde zu Beginn des 19. Jahrhunderts ein nüchterner Exerzierplatz, der bei der Stockholmer Bevölkerung wenig Anklang fand. Heute ist der weitläufige Platz wieder einer der belebtesten und beliebtesten Treffpunkte, den man am besten aus einem der vielen gemütlichen Cafés überblicken sollte. Im Winter werden hingegen Teile des Platzes in eine Eislaufbahn umfunktioniert. Außerdem genießen die umgebenden Etablissements im hauptstädtischen Nachtleben einen gewissen Ruhm.

Folgt man der Hamngatan weiter, erreicht man nach kurzer Zeit den kleineren **Norrmalmstorg.** Zu Zeiten, als sich die Bucht des Nybroviken noch weit bis in diese Gegend erstreckte, war dies ein eher unangenehmer Platz, auf dem eine Zeit lang auch öffentliche Hinrichtungen vollzogen wurden. Die Ausdünstungen des stillen Gewässers werden ein Übriges zur Stimmungslage beigetragen haben. Heute würde man dies beim Anblick des Norrmalmstorg kaum vermuten, zu belebt und bunt geht es hier zu.

Wenige Schritte weiter lohnt das **Hallwylska Museet** (s. S. 30) einen Besuch.

Mit Blick auf den Nybroviken und das **Dramatische Theater** liegt der kleine **Berzelii Park,** benannt nach dem Chemiker *Jacob Berzelius*. Der Park verdankt seine Entstehung ebenfalls der Zuschüttung eines Teils des Nybrovikens. Am Rande des Parks liegt Berns (s. S. 51), eine wahre Institution des Stockholmer Nachtlebens.

Wendet man sich vom Park Richtung Blasieholmen, gelangt man in der Wahrendorffsgatan zur **Stora Synagoga,** der Großen Synagoge, die in dieser Straße im Jahre 1870 eingeweiht wurde.

› **Große Synagoge und Holocaust Mahnmal,** Wahrendorffsgatan 3, Tel. 08 58785800, Führungen (Tel. 08 58785867): Juni–September, Mo.–Do. 11 und 14 Uhr, Fr. nur 11 Uhr, Eintritt 75 Skr (ca. 7,50 €)

12 BLASIEHOLMEN ★ [E4]

Auch wenn man es kaum mehr vermutet, Blasieholmen war ursprünglich ebenfalls eine Insel, über die man heute auf die der Stockholmer City vorgelagerten Inseln Skeppsholmen und Kastellholmen kommt.

Zentral am Strömkajen, der Ablegestelle zahlreicher Schärengartenboote, thront das altehrwürdige **Grand Hotel,** eine der etabliertesten Nobelherbergen der Hauptstadt, wenn nicht sogar Schwedens. Mit dem Matsalen (s. S. 56) kann sich das Hotel sogar rühmen, seine Gäste in einem der besten Speiselokale Stockholms zu verwöhnen.

Legende zur Detailkarte II S. 106 (Fortsetzung)

108 [II C3] Rolfs Kök S. 57
115 [II D3] Sturehof S. 58
116 [II C3] Tintarella di Luna, S. 58
117 [II D3] Vassa Eggen S. 58
121 [II D4] Wedholms Fiskrestaurang S. 58
129 [II D4] Café Panorama S. 119
130 [II D3] Café Piastowska S. 119
131 [II C3] Citykonditoriet, S. 120
132 [II D3] Depå Coffee & Sushi S. 120
133 [II C4] Icebar S. 120
134 [II C4] Konditori Vetekatten S. 120
135 [II C3] Kungshallen am Hötorget S. 120
136 [II C4] Le Dejeuner S. 121
137 [II D4] Naglo Vodka Bar S. 121
138 [II C4] Pressklubben S. 121
139 [II D3] Blue Moon Bar S. 121
•140 [II C4] Casino Cosmopol S. 121
141 [II C3] Chaplins Bar S. 121
142 [II D3] Golden Hits/ Schlagerbaren S. 121
143 [II C3] Karlsson & Co S. 121
144 [II C3] Kicki's Bar & Café S. 121
145 [II D3] Nalen S. 121
152 [II C3] Nybergs Konditori S. 134
178 [II C4] Apotek C. W. Scheele S. 266
182 [II D4] Stockholm Tourist Centre S. 267
@183 [II D4] Café Access S. 268
@184 [II D4] Dreambow S. 268
@185 [II D3] Matrix S. 269
@186 [II C4] Sidewalk S. 269
187 [II D3] Filmstaden Sergel S. 269
189 [II C3] Grand S. 269
191 [II D3] Rigoletto S. 270
192 [II D3] Röda Kvarn S. 270
193 [II D3] Royal S. 270
194 [II D3] Saga S. 270
195 [II D3] Sture S. 270
196 [II D3] Zita S. 270
197 [II C3] Konserthuset S. 273
199 [II D3] Babs Kök & Bar S. 275
211 [II C3] TipTop S. 276
216 [II D3] Sturebadet S. 282
218 [II C3] City Backpackers Hostel S. 290
219 [II C4] City Lodge Hostel S. 290
220 [II C3] Colonial Hotell S. 290
225 [II C4] Adlon Hotel S. 291
227 [II D3] Art Hotel S. 291
228 [II C3] August Strindberg Hotell S. 291
229 [II C3] Bema Hotell S. 291
230 [II C4] Central Hotel S. 292
236 [II C3] Lilla Rådmannen S. 292
242 [II D3] Crystal Plaza Hotel S. 293
246 [II D3] Kung Carl Hotell S. 294
2 [D4] Mittelaltermuseum S. 89
9 [C4] Rund um d. Hauptbahnhof S. 101
10 [D4] Sergels Torg S. 103
11 [D4] Kungsträdgården S. 108
12 [E4] Blasieholmen S. 108
13 [D4] Königliche Oper S. 110
14 [C3] Heumarkt (Hötorget) S. 112
15 [C3] Centralbadet S. 116
21 [D3] Stureplan S. 135
22 [D3] Kungliga Humlegården S. 136
23 [E4] Kungliga Dramatiska Teatern S. 138
26 [E3] Östermalmstorg S. 138

Kurz bevor man über die Skeppsholmsbron zu den beiden vorgelagerten Inseln Skeppsholmen und Kastellholmen gelangt, erstarrt man geradezu vor dem wunderschönen **Nationalmuseum** (s. S. 32). Das 1866 eingeweihte Museumgebäude gilt als das größte Kunstmuseum des Landes. Wer beim Kunstgenuss an seine Grenzen angelangt ist, dem sei das stilvolle Café Atrium (s. S. 119) im dortigen Atrium empfohlen, das für viele schon alleine einen Besuch Wert ist.

SÜDLICH DES SERGELS TORG

Im südlichen Norrmalm, dem Bereich zwischen Sergels Torg und der Altstadt Gamla Stan, zieht vor allem der Bereich um die Oper die Besucher in seinen Bann.

Am südlichen Ende des Kungsträdgården befindet sich zunächst der **Karl XIIs Torg.** Den Park im Rücken kann man von hier aus – am besten mit einem Getränk auf einer Bank sitzend – dem regen Treiben am Strömkajen zuschauen.

Blickt man über seine Schulter zur Rechten, sieht man auch schon die im schönsten Dunkelrot leuchtende **St. Jakobs Kyrka.** Benannt nach dem Schutzheiligen der Pilger, wurde das Gotteshaus im Jahre 1643 fertiggestellt. Sowohl Charakteristika der Gotik als auch der Renaissance lassen sich am Baustil ablesen. Sein heutiges Aussehen verdankt der Turm Aufbauarbeiten in Folge der Feuerschäden des Jahres 1723. Das Innere der Kirche unterlag ebenfalls zahlreichen Veränderungen, die letzte fand im Jahre 1969 statt. Zudem finden sich einige Grabstätten bedeutender Adliger der vergangen Jahrhunderte in der Kirche.

› **St. Jakobs Kyrka,** www.sthdomkyrko.com, Västra Trädgårdsgatan 2, Tel. 08 7233038, U-Bahn Kungsträdgården, Mo.–Mi. und Sa. 11–16 Uhr, Do./Fr. 11–18 Uhr, So. 9–20 Uhr; So. 18 Uhr Gottesdienst in Englisch

057st Abb.: sk

◄ *Die wunderschöne Jakobs Kyrka in unmittelbarer Nachbarschaft der Oper und des Kungsträdgårdens*

13 KÖNIGLICHE OPER (KUNGLIGA OPERAN) ★ [D4]

Direkt am Gustav Adolfs Torg befindet sich die Kungliga Operan, die Königliche Oper, kurz Operan. Die Tradition der Königlichen Oper in Stockholm reicht bis ins Jahr 1773 zurück, doch der erste Vorhang für eine Opernaufführung an dieser Stelle fiel am 30. September 1782.

Die Pläne für diesen prachtvollen Bau entwarf noch der umtriebige *Carl Frederik Adelkrantz,* entwickelt und vorangetrieben wurden die Pläne für eine königliche Oper von keinem geringeren als König *Gustav III.* persönlich. Tragischerweise fiel *Gustav III.* 1792 ausgerechnet in

„seinem" Opernhaus einem der spektakulärsten Attentate der schwedischen Geschichte zum Opfer: Der König erlag den Schussverletzungen, die ihm während eines Maskenballs zugefügt wurden. Ziemlich genau 100 Jahre später entstand dann schließlich unter der Regentschaft *Oscars II.* das Opernhaus in seinem Aussehen, wie es heute noch zu bestaunen ist. Nach sechsjähriger Bauzeit wurde die Spielstätte am 19. September 1898 unter den Augen des Königs eröffnet. Die letzte umfangreiche Renovierung ereignete sich im Jahre 1989, sodass das Gebäude mit seinem beeindruckenden Äußeren und dem imposanten Foyer nun wieder in vollem Glanz erstrahlt. Vor allem Genießer der Oper und des klassischen Balletts komme hier voll auf ihre Kosten.

Neben den künstlerischen Darbietungen stellt Operan unter dem Sammelbegriff **Operakällaren** (s. S. 56) auch einen Höhepunkt und ein Zentrum des Stockholmer Nachtlebens dar. Hier präsentiert sich ein Ensemble von exklusiven Restaurants, einer Bar und einem Café, bei dem selbstverständlich ein Nachtklub nicht fehlen darf. Dank der Exklusivität und auch zahlreicher Promis steht ein Besuch dieses Treffpunkts der Nachtschwärmer unter dem Motto „Sehen und gesehen werden".

› **Kungliga Operan,** www.operan.se, Gustav Adolfs Torg, Tel. 08 7914400, U-Bahn Kungsträdgården, die Preise reichen in der Regel von ungewöhnlichen/unerwarteten, da äußerst günstigen, 40 Skr (ca. 4 €) bis 615 Skr (gut 60 €)

Die Oper stellt nur ein Wahrzeichen des außergewöhnlichen **Gustav Adolfs Torg** dar, in dessen Mitte eine Statue *Gustavs II. Adolf* steht. Gegenüber der Oper liegt der **Arvfurstens Palats,** ein Palast, der in seinem Erscheinungsbild dem ursprünglichen Opernhaus aus dem Jahre 1782 entspricht und heute vom schwedischen Außenministerium genutzt wird. Das **Dansmuseet** (s. S. 29) vermittelt seinen Besuchern einen lebhaften Einblick in die Welt des Tanzes.

Etwas versteckt liegt das **Medelhavsmuseet** (s. S. 31), ein Museum, welches man aufgrund seines thematischen Schwerpunkts „Mittelmeer" nicht unbedingt in der schwedischen Hauptstadt erwarten würde.

In diesem Teil der Stadt befinden sich zudem auch zahlreiche Regierungsgebäude. Folgt man beispielsweise der Strömgatan, liegt zur Rechten das **Sagerhus,** der offizielle Sitz des schwedischen Ministerpräsidenten. Hätte der Regierungschef nicht schon genug um die Ohren, so könnte er sich von hier aus zumindest theoretisch durch die einmalige Aussicht auf Reichstag, Stadtschloss oder das Wasser mit den gelegentlichen Kanuten und Anglern ablenken lassen.

In dem rosa Gebäude wenige Schritte weiter logiert die Regierungskanzlei, das Informationsbüro derselbigen sowie Teile des Justizministeriums. Der Name **Rosenbad** geht auf ein vormals hier befindliches Badehaus zurück.

Die Königliche Akademie der feinen Künste, kurz **Konstakademien,** bezog in einem ursprünglich von *Tessin d. Ä.* entworfenen Palast aus dem Jahr 1672 Quartier und bietet heute Platz für wechselnde Kunst- und Architekturausstellungen.

› **Konstakademien,** www.konstakademien.se, Fredsgatan 12, Tel. 08 232925, U-Bahn T-Centralen, Mo.–Fr. 11–17 Uhr, Sa./So. 12–16 Uhr

NÖRDLICH DES SERGELS TORG

Ruhige Viertel, umfangreiche Shoppingmöglichkeiten, der (Verkehrs-)Lärm der Großstadt, wimmelnde Betriebsamkeit und auch eine bunte Architektur prägen diesen abwechslungsreichen Teil Stockholms.

Der erste Blick vom Sergels Torg auf das nördliche Norrmalm fällt unweigerlich auf fünf mächtige, schrecklich schöne **Hochhäuser.** Wie gläsern-metallische Betondominosteine reihen sie sich zwischen Sveavägen und Sergelgatan auf. Zu ihren Zeiten galten sie sicherlich als hochmodern und vielleicht sogar todschick, nachfolgende Generationen ordnen sie wohl eher unter der Kategorie „Bausünden der 1950er und -60er Jahre" ein. Diese architektonischen Wagnisse dienen heute noch immer als Büro- und Verwaltungsgebäude und bieten im Erdgeschoss Raum für einige Läden.

Auf der Seite zur Fußgängerzone in der Sergelgatan befindet sich das Kunstwerk der verknoteten Pistole **„Non Violence"** des schwedischen Künstlers *Carl Fredrik Reutersward.* Das Original schmückt seit 1988 den Vorplatz des UN-Hauptsitzes in New York. Mittlerweile nun schon 10 weitere Exemplare bereichern die Innenstädte zahlreicher, über die ganze Welt verstreuter Metropolen – seit 2005 kann sich auch der Park des Kanzleramts in Berlin dieses Kunstwerkes rühmen.

058st Abb.: sk

14 HEUMARKT (HÖTORGET) ★ [C3]

Wochenmarkt und Warenhäuser, die exzellenten Lebensmittelhallen, das moderne Multiplexkino und das ehrwürdige Konserthuset bestimmen das Bild des Hötorget, des Heumarkts, auf dem schon von jeher Geschäfte mit Naturalien betrieben wurden.

Lag an dieser Stelle einst ein Wikingerdorf mit dem Namen Väsby, so werden hier heute vor allem Obst und Gemüse in allen Variationen lautstark den mehr oder weniger kaufwilligen Passanten angeboten. In den angrenzenden **Hötorgshallen** (s. S. 41) kann entweder der Proviant mit Delikatessen und anderen Lebensmitteln von hoher Qualität aufgefüllt werden oder aber die Stadtbesichtigung für eine exzellente Stärkung unterbrochen werden. Neben vielen kleineren Einkaufszielen rund um den Platz sind das Warenhaus **PUB** (s. S. 38) sowie das Multiplex-Kino **Filmstaden** (s. S. 269) Magneten für die Stockholmer Bevölkerung.

Genau der richtige Platz, um dem geschäftigen Treiben auf dem belebten Marktplatz zuzuschauen, sind zweifelsfrei die Stufen des **Konserthuset** (s. S. 273). Das in einem mutigen Blau gehaltene Bauwerk wurde 1926 nach Plänen des Architekten *Ivar Tergbom* fertiggestellt und erfuhr in den 1970er Jahren umfangreiche Umbauarbeiten.

059st Abb.: sk

Das Konzerthaus dient als aufregendes Beispiel klassizistischer Architektur in Schweden und ist zudem als Heimstätte der Königlichen Philharmoniker sowie als alljährlicher Verleihungsort der Nobelpreise einem breiten Publikum bekannt. Passend zu den schlanken Säulen zum Hötorget hin befinden sich auf dem Vorplatz die Orpheus-Fontänen des Künstlers *Carl Milles,* die sich nicht nur bei Kunstkennern, sondern leider auch bei den rast- und erfrischungssuchenden Tauben großer Beliebtheit erfreuen.

▲ *Der belebte Wochenmarkt auf dem Hötorget*

◀ *„Non violence" - populäres Kunstobjekt des schwedischen Künstlers Carl Fredrik Reuterswärd in der Sergelgatan*

An der Ecke Sveavägen/Tunnelgatan erinnert eine kleine und einfache in den Gehweg eingefügte Gedenktafel an die Ermordung des populären und international anerkannten schwedischen Ministerpräsidenten **Olof Palme** (1927–1986), der an dieser unauffälligen Straßenkreuzung in den Abendstunden des 28. Februar 1986 erschossen wurde. Palme befand sich nach einem Kinobesuch auf dem Heimweg nur in Begleitung seiner Frau. Der bis heute nicht aufgeklärte Mord stellt in der schwedischen Gesellschaft geradezu ein Trauma dar, welches in mehr oder weniger regelmäßigen Abständen immer wieder in der Öffentlichkeit hochkocht - vergleichbar vielleicht nur noch mit der Estonia-Katastrophe, dem furchtbaren Fährunglück des Jahres 1994 mit weit über 800 Toten.

DER PALME-MORD

Der Abspann des Films „Bröderna Mozart“ (Die Gebrüder Mozart) lief über die Leinwand, das Licht ging an und die Zuschauer verließen den Kinosaal. Vor dem Grand Kino unterhielt sich ein älteres Ehepaar noch mit seinem Sohn und dessen Freundin über den Film. Dann verabschiedete man sich und die zwei Paare gingen getrennte Wege. Nach einigen Minuten gelangte das ältere Ehepaar an die Kreuzung Sveavägen/Tunnelgatan. Hier sprang um 23.21 Uhr ein unbekannter Mann aus einem Hauseingang, feuerte von hinten zwei Schüsse auf das Paar ab und flüchtete zu Fuß über eine Treppe in eine Seitenstraße. Der Ehemann brach schwer verletzt zusammen, seine Frau erlitt einen Streifschuss. Beide wurden in ein nahe gelegenes Krankenhaus gebracht.

Um 1.10 Uhr am 1. März 1986 verkündete ein Sprecher des schwedischen öffentlich-rechtlichen Radios:

„Schwedens Ministerpräsident Olof Palme ist tot. Er wurde heute Nacht im Zentrum von Stockholm erschossen. Olof Palme wurde an der Kreuzung Sveavägen/ Tunnelgatan niedergeschossen und verstarb kurz darauf im Sabbatsbergs-Krankenhaus. Die Regierung ist informiert ...“

Diese sachliche Nachrichtenmeldung löste in Schweden ein politisches, gesellschaftliches und emotionales Beben aus, das mit keinem Ereignis nach dem Zweiten Weltkrieg vergleichbar war. Das schwedische Selbstverständnis war zerstört und lag in Trümmern. Bis zum 28. Februar 1986 war Schweden für seine Bewohner ein Paradies auf Erden: gesellschaftlicher Konsens, ein funktionierender Wohlfahrtsstaat und friedliche Konfliktlösungen waren Eckpfeiler des schwedischen Modells. Auch die Nähe der politischen Führungsschicht zu „ihren“ Wählern war ein Charakteristikum des schwedischen Staatswesens. Für Olof Palme war es selbstverständlich, in seinem Privatleben ohne Leibwächter durch Stockholm zu gehen oder wie jeder andere Hauptstadtbewohner mit der U-Bahn zu fahren. Seit der Ermordung von Gustav III. im Jahr 1792 hatte es in Schweden keinen politischen Mord mehr gegeben. Das Projektil, das Palmes Herzschlagader durchschlug, tötete nicht nur einen der weltweit angesehensten Friedensaktivisten, sondern zerstörte auch den Mythos von Schweden „als einer friedlichen Oase in einer ansonsten kriegerischen Welt“, wie es ein Zeit-Korrespondent im März 1986 formulierte.

Am Morgen des 1. März läuteten in allen Stockholmer Kirchen für 15 Minuten die Glocken. Schweden war wie paralysiert, die Menschen konnten es nicht fassen, dass ihr Regierungschef, Anwalt der Dritte Welt Staaten, resoluter Kriegsgegner und vehementer Kritiker des südafrikanischen Apartheidsregimes mitten in Stockholm erschossen worden war. Zu Tausenden pilgerten sie an den Ort des Attentats und nach wenigen Stunden war die Stelle von einem Teppich aus Blumen bedeckt. Doch diese Paralyse machte auch vor der schwedischen Polizei nicht halt.

Bezeichnend für die chaotisch verlaufende Fahndung sollte bereits das Eintreffen der ersten Polizisten am Tatort sein: „Wer sind Sie? Weisen Sie sich aus!“ wurde die Gattin Palmes von den Streifenpolizisten angeraunzt. „Seid ihr wahnsinnig?! Ich bin Lisbet Palme, dort liegt mein Olof er-

schossen, der Regierungschef dieses Landes!" Erst Stunden nach dem Anschlag wurde Riksalarm ausgerufen und alle Bahnhöfe, Flughäfen und Grenzübergänge kontrolliert. Für den Attentäter wäre es ein Leichtes gewesen, bereits vorher das Land zu verlassen. Der Tatort wurde gänzlich unzureichend abgesperrt und die Spurensicherung vor Ort war eine Katastrophe. So konnte die Polizei erst Tage später die zwei tödlichen Projektile der Öffentlichkeit präsentieren: Ein indischer Tourist hatte sie zufällig gefunden und der überforderten Polizei überreicht. Die Behauptung, dass die Geschosse aus einer „sehr alten Waffe" abgefeuert wurden – so die Erklärung in einer Pressekonferenz –, musste wenige Tage später revidiert werden. Deutsche Kollegen des BKA identifizierten die Projektile als gängige Munition eines großkalibrigen „Smith & Wesson"-Revolvers. Diese Fehler gepaart mit dilettantischem Fehlverhalten der Polizei ziehen sich wie ein roter Faden durch die Ermittlungen. Wenn es nicht ein so ernstes Thema wäre, böte sich der Fall Palme als Paradebeispiel für ein Polizeihandbuch mit dem Titel „Wie man es nicht macht!" an.

In den Wochen, Monaten und Jahren nach dem Fall verfolgte man Tausende von Spuren, doch alle endeten im ermittlungstechnischen Nirvana. 1989 wurde ein Verdächtiger angeklagt und vor Gericht gestellt. Christer Pettersson, geboren 1947, hatte den typischen Lebenslauf eines Kleinkriminellen mit Alkohol- und Drogenproblemen. In erster Instanz wurde er wegen des Mordes an Palme zu lebenslanger Haft verurteilt. Einige Monate später wurde er wegen gravierender Verfahrensfehler jedoch in zweiter Instanz freigesprochen. Die Indizien waren äußerst schwach und selbst die Staatsanwaltschaft sah kein Motiv, warum Pettersson den „Statsminister" hätte umbringen sollen. Zu der Zeit schon schossen unzählige Verschwörungstheorien ins Kraut. Dabei reichte das Spektrum von den „üblichen" Verdächtigen wie dem amerikanischen CIA, dem russischen KGB, Israels Mossad über das fanatische Chomeini-Regime Irans, südafrikanischen Rassisten, der kurdischen PKK, einem internationalen Waffenhändlersyndikat bis hin zur schwedischen Sicherheitspolizei (SÄPO). Besonders die Theorie, die (rechts-)radikale Gruppierungen innerhalb der schwedischen Sicherheitskräfte für den Mord verantwortlich macht, hat viele Anhänger. Der fast unerklärliche Dilettantismus der Polizei würde vor diesem Hintergrund auch verständlich.

Seit 1986 sind in Schweden 2200 Morde geschehen, von denen 98 % aufgeklärt wurden. Der Palme-Mord gehört nicht dazu. Trotz des aufwendigsten, teuersten und längsten Ermittlungsverfahrens in der schwedischen Geschichte tappen die Fahnder noch immer im Dunkeln. Immer wieder tauchen dubiose Zeugen auf, die der Polizei angeblich verraten, wo sich die verschwundene Tatwaffe befindet. Meist ist dies in abgelegenen Seen oder Teichen. Die Polizeitaucher rücken dann schon fast routinemäßig aus und die Boulevardpresse freut sich über ein großes Foto mit Taucher auf der Seite Eins „Liegt in diesem See das Rätsel des Palme-Mordes?"

Doch langsam läuft den Ermittlern die Zeit davon. Nach 25 Jahren ist der Mord verjährt. Das wäre im Jahr 2011 …

15 CENTRALBADET ★★ [C3]

Das Centralbadet in der Drottningatan ist DER Treffpunkt der Entspannungssuchenden und Körperbewussten.

Die ersten Gäste werden vermutlich schon im grünen und ruhigen Eingangsbereich dieser Oase in der sonst so turbulenten Innenstadt abschalten können: Leises Wasserplätschern, viele Grünpflanzen und Gewächse oder ein erfrischendes Getränk in dem schattigen Innenhof stehen dem zumindest nicht im Wege. Das im Jugendstil errichtete Bad ist eine Stockholmer Institution. Für die meisten Besucher ist das altehrwürdige Gebäude einfach nur traditionsreich und niveauvoll, es vermittelt Klasse und Stil. Einigen wenigen wird die Inneneinrichtung vielleicht etwas eng und muffig vorkommen; die Geschmäcker werden da wohl auseinandergehen. Was bleibt, ist, sich selbst ein Bild zu machen. Das Angebot reicht vom Kraftraum, verschiedenen Saunen und einem kleinen, wunderschönen Schwimmbecken bis hin zu den verschiedensten Formen der Körperpflege und -behandlung. Im weitesten Sinne kann man wohl auch die Bar für den durstigen und kommunikativen Besucher dazuzählen.

060st Abb.: sk

› **Centralbadet,** www.centralbadet.se, Drottninggatan 88, Tel. 08 54521300, U-Bahn Hötorget, Einlass Mo.–Fr. 6–20 Uhr, Sa. 8–20 Uhr, So. 8–17 Uhr, Eintritt ab 110 Skr (ca. 11 €), ermäßigt ab 65 Skr (ca. 6,50 €)

Gleich schräg gegenüber dem Haupteingang zum Centralbadet erblickt man das **Norra Latin Konferens Centrum**, ein für die Öffentlichkeit zugängliches Tagungs- und Kongresszentrum. Von der Drottninggatan aus hat man die „gemütlichere" und „freundlichere" Ansicht dieser ehemaligen Schule aus dem 19. Jahrhundert. Die „monumentale" und „beeindruckende" Seite des Gebäudes kann man am besten vom Vorplatz am Norra Bantorget bestaunen,

Gleich in der Nähe, in der Barnhusgatan, befindet sich mit dem **Dansens Hus** (s. S. 35) die wohl maßgebende Bühne für Modernen Tanz und Tanztheater der Hauptstadt.

Zurück in der Drottninggatan weisen in diesem weitgehend autofreien und eher weniger touristischen Teil der Flaniermeile – soweit man das von der Drottninggatan überhaupt behaupten kann – in die Straße eingelassene literarische Verse und Weisheiten den Weg zu einem der berühmtesten Söhne der Stadt: *August Strindberg.* Das **Strindbergsmuseet Blå**

Tornet (s. S. 34, Blauer Turm) in der Drottninggatan 85 entführt seine Besucher an den Ort, an dem der weltberühmte Dramatiker, Maler und Fotograf von 1908–1912 die letzten vier Jahre seines produktiven Lebens verbrachte.

ÜBERGANG NACH ÖSTERMALM

Den Übergangsbereich von Norrmalm nach Östermalm markiert vor allem das etwas ruhigere Viertel zwischen den Verkehrsadern Sveavägen und Birger Jarlsgatan.

Direkt am Sveavägen befindet sich die strahlend weiße **Adolf Fredriks Kyrka**, die, wenn sie nachts angestrahlt wird, besonders imposant wirkt. Die Innenausstattung beeindruckt zweifelsohne durch die außerordentliche Deckengestaltung. Auf dem die Kirche umgebenden Friedhof fanden beispielsweise der Namensgeber des Sergels Torg, *Johan Tobias Sergel,* oder auch die ehemaligen Ministerpräsidenten *Hjalmar Branting* und *Olof Palme* ihre letzte Ruhestätte.

› **Adolf Fredriks Kyrka,** www.adolffredrik.nu, Holländergatan 16, Tel. 08 207076, U-Bahn Rådmansgatan oder Hötorget, Mo. 13–19 Uhr, Di.–Sa. 10–16 Uhr, So. 10.30–16 Uhr

Eine weitere sehenswerte Kirche ist die **St. Johannes Kyrka** in der Johannesgatan. Der schlanke, 70 m hohe gotische Backsteinbau liegt wunderschön in einer eher ruhigeren Gegend. Das weitläufige Friedhofsgelände dient als Parkfläche und wird von der angrenzenden Schule als „Schulhof“ genutzt. Der hölzerne Glockenturm bereichert seit dem Jahre 1692 dieses Areal.

› **St. Johannes Kyrka,** Tel. 08 50888650, www.svenskakyrkan.se/johannes, Johannesgatan 19, U-Bahn Rådmansgatan, wochentags 11–15 Uhr

Von der St. Johannes Kyrka im Norden bis zum Brunkebergstorg im Süden Norrmalms zog sich einst eine kleine Hügelkette entlang, an deren Flanken 1471 die siegreichen Schweden unter *Sten Sture* ihre legendäre Schlacht am Brunkeberg gegen den Dänenkönig *Christian I.* austrugen. Während die südlichen Hügel im Zuge der Stadtentwicklung abgetragen wurden, können Fußgänger und Fahrradfahrer im nördlichen Bereich zwischen Sveavägen und Birger Jarlsgatan bequem den Ende des 19. Jahrhunderts in den Berg getriebenen **Brunkebergstunnel** nutzen, um nach Östermalm zu gelangen. Die Arbeiten an diesem Tunnel erwiesen sich schwieriger als geplant, herunterrieselnder Sand und Schotter schienen schon das Ende aller Tunnelhoffnungen zu sein. Mit der Verwendung einer neuartigen Gefriertechnik aus England (die eigentlich zum Gefrieren von Fleisch auf dem Transport aus dem fernen Australien gedacht war) gelang dem Architekten *Knut Lindmark* der wortwörtliche Durchbruch. Der Boden konnte auf –54 ° und bis zu einer Tiefe von 6–9 m gefroren werden. So schaffte man schließlich ein Bautempo von 1–2 m pro Woche, an dessen Ende die Einweihung des Tunnels im Jahre 1886 stand.

Konsumorientiertere Mitmenschen werden den Weg über die pulsierende **Kungsgatan,** zusammen mit ihren Nebenstraßen eine der beliebtesten

◄ *Eine Oase der Erholung: der Innenhof des Centralbadet*

DAS STOCKHOLMER BLUTBAD

Es war ein rauschendes Fest. Der frisch zum schwedischen König gekrönte Christian II. - dänischer Herrscher war er bereits - ließ sich nicht lumpen und beging seine Thronbesteigung standesgemäß. Vom 4.-7. November 1520 gaben sich Hunderte von Gästen den Feierlichkeiten hin, Dänen und Schweden prosteten sich zu und lagen sich in den Armen. Alles schien harmonisch und niemand schien den perfiden Plan von Christian II. und dem mit ihm verbündeten Erzbischof Gustav Trolle zu ahnen ...

Noch wenige Monate zuvor hatten sich die Schweden unter Sten Sture dem Jüngeren den dänischen Machtbestrebungen widersetzt. Die Anhänger Sten Stures strebten einen Austritt aus der von Dänemark dominierten Kalmarer Union an und als Antwort auf die Unabhängigkeitsbestrebungen marschierte Christian II. von Dänemark mit seinen Truppen auf Stockholm zu. In der Schlacht am Åsunden-See in Västergötland wurde Sten Sture der Jüngere schwer verletzt und starb auf dem Weg in die Hauptstadt. Trotzdem waren seine Anhänger nicht geschlagen und die Truppen des Dänenkönigs waren deutlich geschwächt.

Man einigte sich schließlich auf einen Kompromiss, mit dem beide Seiten scheinbar leben konnten: Christian II. wurde schwedischer König im Rahmen der Kalmarer Union und die „Rebellen“ erhielten eine schriftliche Generalamnestie. Außerdem wurde ihnen zugesichert, dass sowohl ihre gesellschaftliche Stellung wie auch ihr Besitz unangetastet bleiben.

Das war der Status Quo bis zum 7. November 1520, als plötzlich alle Tore des königlichen Schlosses in Stockholm geschlossen wurden. Den adeligen Gästen wurde von Erzbischof Trolle eine Anklageschrift vorgelesen, in der ihnen der Vorwurf der Ketzerei gemacht wurde. Da dieses Vergehen nicht in den weltlichen Machtbereich Christian II. fiel, konnte er seine Hände in Unschuld waschen und auf die formale Zuständigkeit der kirchlichen Rechtsprechung verweisen. Dies war jedoch schon zur damaligen Zeit ein mehr als durchsichtiges Manöver, das selbst von einfachen Stockholmer Bürgern durchschaut wurde.

Am folgenden Tag trat ein Gericht zusammen, in dem Erzbischof Trolle sowohl die Position des Anklägers wie auch die des Richters bekleidete. Der Urteilsspruch lautete wie kaum anders zu erwarten auf „Schuldig“. Und auf Ketzerei stand unweigerlich der Tod! Keine Zeit verschwendend, begann der Henker auf dem Stortorget im Zentrum der heutigen Altstadt seine Arbeit. „Euer Gnaden müssen mich entschuldigen, aber es wurde mir befohlen Euer Gnaden zu enthaupten“, soll der Scharfrichter seinem ersten Opfer, dem Bischof von Vincentius, mit auf den letzten Weg gegeben haben.

Innerhalb von zwei Tagen wurden fast hundert Geistliche, Adelige, führende Bürger Stockholms und Ratsmitglieder einen Kopf kürzer gemacht und auf dem Stortorget bildeten sich zentimetertiefe Blutseen. Fast die gesamte Führung des Aufstandes gegen die Dänen wurde so aus dem Weg geräumt. Aber auch auf dem Weg in den Tod wurden die Standesschranken eingehalten: Geistliche und Adelige wurden mit dem Schwert geköpft, bei sonstigen Amtsträgern nahm man eine Axt zur Hand und die einfachen Bürger wurden an einem großen Galgen aufgeknüpft.

Zur Abschreckung ließ man die Leichen mehrere Tage im Zentrum der Gamla Stan liegen und ein unerträglicher Gestank waberte durch die Gassen. Schließlich wurde auf Södermalm ein Scheiterhaufen errichtet und die Toten dort verbrannt. Im Tode wurden die Sture-Anhänger wieder mit ihrem Anführer vereint: Obwohl Sten Sture vor mehr als einem halbem Jahr beerdigt worden war, wurde er auf Anordnung Christians exhumiert, um ebenfalls demonstrativ auf dem Scheiterhaufen eingeäschert zu werden.

Unter den Toten war auch Erik Johansson (Vasa), der Vater Gustav Vasas. Letzterer sollte kaum drei Jahre später Christian II. absetzen und den schwedischen Thron besteigen.

Einkaufsgegenden der Stadt, vorziehen. Die beiden Türme auf Höhe der Malmskillnadsgatan waren von ihrem Architekten *Sven Wallander* als vorläufiger Höhepunkt der sich entwickelnden Stadt gedacht, doch ließen ihn die Stadtväter schließlich nur den nördlichen der beiden Türme errichten, der andere wurde von *Ivar Callmander* realisiert.

Letztendlich mündet die Kungsgatan in den **Stureplan**, der einerseits die offizielle Grenze nach Östermalm, andererseits aber auch schon ein - wenn nicht sogar das - Zentrum des Lebens in Östermalm darstellt. Kaum zu glauben, dass die quirlige und laute Birger Jarlsgatan einst ein kleines Bächlein war, welches die beiden im entstehen begriffenen Stadtteile voneinander trennte. Sucht man tagsüber den Stureplan und Umgebung zum Flanieren auf, macht in der anderen Tageshälfte die Stockholmer Upperclass hier die Nacht zum Tage.

ESSEN UND TRINKEN

› **Berns** (s. S. 51)

128 [E4] **Café Atrium,** Södra Blasieholmshamnen 4 (im Nationalmuseet s. S. 32), Tel. 08 6113430, U-Bahn Kungsträdgården. Kultur und Kulinarisches ist hier im wunderbaren Ambiente geschickt miteinander verknüpft worden.

129 [II D4] **Café Panorama,** Kulturhuset, Sergels Torg, Tel. 08 211035, U-Bahn T-Centralen. Di./Mi./Fr. 11–20 Uhr, Do. 11–21 Uhr, Sa. 11–18 Uhr, So. 11–17 Uhr; herrlicher Blick über den Sergels Torg.

130 [II D3] **Café Piastowska,** Tegnérgatan 5, Tel. 08 212508, U-Bahn Rådmansgatan. Ebenso gutes wie gemütliches Lokal. Man fühlt sich wie in eine ganz spezielle, polnische Welt versetzt.

131 [II C3] **Citykonditoriet,** www.citykonditoriet.com, Adolf Frediks Kyrkogata 10, Tel. 08 53480720, U-Bahn Hötorget. Mo.-Fr. 10-18 Uhr, Sa./So. 10-16 Uhr; sehr schöner, alter und riesiger Saal, etwas versteckt in der 2. Etage einer Seitenstraße der Drottninggatan, das Neonkreuz der Citykirche weist den Weg.

132 [II D3] **Depå Coffee & Sushi,** www.depa.se, Mäster Samuelsgatan 10, Tel. 08 6780100, U-Bahn Kungsträdgården. Das modern eingerichtete Lokal lockt mit einem witzigen Angebotsmix und gutem Dagens Lunch.

› **Fredsgatan 12 (F12)** (s. S. 54)

› **Grill** (s. S. 55)

133 [II C4] **Icebar,** www.nordicseahotel.se, Vasaplan 4, Tel. 08 50563124, U-Bahn T-Centralen. Ganzjährig geöffnet, die Zeiten variieren jedoch. Vorbuchungen sind notwendig. Der Aufenthalt dauert 45 Min. Für 180 Skr (ca. 18 €) Eintritt erhält man zudem warme Kleidung und einen Drink freier Wahl. Jedes weitere Getränk kostet 95 Skr (ca. 9,50 €).

› **KB** (Konstnärsbaren) (s. S. 55)

134 [II C4] **Konditori Vetekatten,** www.vetekatten.se, Kungsgatan 55, Tel. 08 208405, U-Bahn T-Centralen. Mo.-Fr. 7.30-19.30 Uhr, Sa. 9.30-17 Uhr, So. 12-17 Uhr. Schon ein Blick ins Schaufenster der Konditorei verrät, dass es keinen Sinn macht, sich über etwaige Kalorien Gedanken zu machen: Das Wasser läuft einem automatisch im Mund zusammen.

135 [II C3] **Kungshallen am Hötorget,** www.kungshallen.nu, Kungsgatan 44, U-Bahn Hötorget. Mo.-Fr. 9-23 Uhr, Sa. 11-23 Uhr, So. 12-23 Uhr. „Fast-Food" auf hohem Niveau in gut 15 Restaurants - mehr als nur für zwischendurch.

062st Abb.: ld

136 [II C4] **Le Dejeuner,** www.ledejeuner.aos.se, Kungsgatan 66, U-Bahn T-Centralen. Mo.-Fr. 9-19.30 Uhr, Sa. 11-17 Uhr. Gutes, günstiges Essen zur Mittagszeit beim Erkunden der Stadt.

› **Matsalen** (s. S. 56)

137 [II D4] **Naglo Vodka Bar,** www.naglo.com, Gustav Adolfs Torg 20, Tel. 08 102757, U-Bahn Kungsträdgården. Neben dem anspruchsvollen Restaurant lädt die Vodkabar mit ihren 60 verschiedenen Sorten zum längeren Verbleiben ein.

› **Operakällaren** (s. S. 56). Das ganze „Opera-Ensemble" wird noch durch **Operabaren** und die etwas günstigere Speisevariante **Bakfickan** bereichert.

› **Pontus** (s. S. 56)

138 [II C4] **Pressklubben,** www.pressklubben.se, Vasagata]n 50, Tel. 08 234870, U-Bahn T-Centralen. Eine stilvolle Bar mit ausgezeichnetem Menü.

› **Prinsen** (s. S. 56)

› **Restaurang 1900** (s. S. 57)

› **Rolfs Kök** (s. S. 57)

› **Tintarella di Luna** (s. S. 58)

› **Vassa Eggen** (s. S. 58)

› **Wedholms Fiskrestaurang** (s. S. 58)

UNTERHALTUNG UND NACHTLEBEN

› **Berns** (s. S. 51), www.berns.se, Berzelii Park, Tel. 08 56632222, U-Bahn Kungsträdgården. Traditioneller Schwerpunkt im Stockholmer Nachtleben. Mi./Do. 22-3 Uhr, Fr./Sa. 23-4 Uhr.

139 [II D3] **Blue Moon Bar,** www.bluemoonbar.se, Birger Jarlsgatan 29, Tel. 08 201411, U-Bahn Östermalmstorg, Fr./Sa. 20-03 Uhr, Nachtklub ab 27 Jahre; buntes Programm mit vielen Liveveranstaltungen.

› **Café Opera** (s. S. 45)

•140 [II C4] **Casino Cosmopol,** Tel. 08 7818800, www.casinocosmopol.se, Kungsgatan 65, U-Bahn T-Centralen. Tgl. 13-5 Uhr; ab 20 Jahre, Tageskarte 30 Skr (ca. 3 €) oder Mitgliedskarte (ein Jahr gültig) für 100 Skr (ca. 10 €); Tischspiele und Spielautomaten.

141 [II C3] **Chaplins Bar,** www.chaplinsbar.se, Kungsgatan 50, Tel. 08 4115180, U-Bahn Hötorget. Mi.-Sa. 16-3 Uhr; Restaurant, Bar, Nachtklub auf verschiedenen Ebenen.

› **Fasching** (s. S. 46)

142 [II D3] **Golden Hits/Schlagerbaren,** www.wallmans.com, Kungsgatan 29, Tel. 08 50556000, U-Bahn Hötorget. Häufig Schlager und Shows, auch etwas für Nostalgiefans.

143 [II C3] **Karlsson & Co,** Tel. 08 54512140,www.karlsson-co.com, Kungsgatan 56, U-Bahn Hötorget. Mo.-Fr. 16-3 Uhr, Sa. 12-3 Uhr. Vom Restaurantbetrieb bis zu Spieltischen findet man hier alles.

› **KGB Bar & Restaurant** (s. S. 46)

144 [II C3] **Kicki's Bar & Café,** www.kickis.nu, Kungsgatan 54, Tel. 08 100026, U-Bahn Hötorget. Einlass für Frauen ab 18, für Männer ab 20 Jahren; berühmt-berüchtigt für seine Karaokeabende.

145 [II D3] **Nalen,** www.nalen.com, Regeringsgatan 74, Tel. 08 50529200, U-Bahn Östermalmstorg. Vieles unter einem Dach: Livemusik, Rock, Pop und Jazz.

146 [E4] **Wallmans Salonger,** www.wallmans.com, Teatergatan 3, Tel. 08 50556000, U-Bahn Kungsträdgården. Restaurant Mi./Do. 18.30-1 Uhr, Fr./Sa. 18.30-2 Uhr. Ebenfalls eine Institution der Stadt, häufig Shows mit anschließendem Nachtklub (bis 2 Uhr).

◀ *In der Icebar am Vasaplan ist warme Bekleidung im Eintrittspreis inbegriffen*

SKEPPSHOLMEN UND KASTELLHOLMEN

Neben Baudenkmälern und Museen ist das alljährlich auf den Bühnen und Wiesen Skeppsholmens stattfindende Stockholmer Jazz Festival ein Höhepunkt im Stockholmer Veranstaltungskalender und ein Besuchermagnet erster Güte.

Die beiden vorgelagerten Inseln Skeppsholmen und Kastellholmen bilden zusammen den „Stadtteil" Skeppsholmen, den ganze 70 Stockholmer ihr ständiges Zuhause nennen. Bei dem bunten und interessanten Angebot wird diese Zahl allerdings von den Tagesbesuchern problemlos um ein Vielfaches überboten. Skeppsholmen ist durch die Buslinie 65 mit dem Hauptahnhof verbunden, eine Alternative stellt die U-Bahn Station Kungsträdgården dar, von der man in wenigen Minuten die beiden Inseln in der Saltsjön erreichen kann.

Einzige Möglichkeit, um auf die Insel Skeppsholmen zu gelangen, ist die einzigartige, aus 5 Eisensegmenten zusammengesetzte **Skeppsholmsbron,** die 1862 eine vorherige Behelfskonstruktion ablöste. Die überdimensionierten goldenen Kronen auf dem Geländer, abgelichtet vor dem Hintergrund des Stadtschlosses oder der Silhouette Östermalms, sind wohl eines der beliebtesten Fotomotive der Stadt.

Aufgrund der zentralen und daher strategisch bedeutenden Lage im Stockholmer Hafen überrascht es kaum, dass Skeppsholmen früher die Funktion eines Flottenstützpunktes ausübte. Glücklicherweise mussten die Marinequartiere nicht neuen, funktionalen Gebäuden weichen, sondern die Museen und andere Einrichtungen konnten diese für ihre Zwecke übernehmen, was vielleicht gerade diesen speziellen Charme der Insel ausmacht.

Gleich zu seiner Rechten erblickt man die Jugendherberge mit ihrem berühmten und weithin sichtbaren Erkennungsmerkmal, dem Wohnschiff **Af Chapman.** Der 1888 in England erbaute Großsegler ging nach wechselvoller Geschichte unter englischer, norwegischer und schwedischer Flagge schließlich vor Skeppsholmen vor Anker, fungiert seit 1949 als Jugendherberge und gilt nun als eines der Vorzeigehostels, das in wohl keiner Broschüre über die Stadt fehlen darf.

Wendet man sich nach links, gelangt man zur 1824–1842 nach Plänen von *Fredrik Blom* erbauten **Skeppsholmkyrka** (oder auch Karl Johans Kyrka). Nach umfangreichen Renovierungsarbeiten erstrahlt das Gotteshaus nun wieder in vollem Glanz; leider ist das Innere für die Öffentlichkeit nicht zugänglich. Zudem wurde die Kirche 2002 offiziell entweiht, sodass dort heute keine Gottesdienste mehr abgehalten werden können.

Etwas versetzt dahinter öffnet das **Östasiatiska Museet** (s. S. 33) seine Pforten. Die Bandbreite der dargebotenen Ausstellungsstücke reicht von asiatischer Kunst und Kultur im Allgemeinen bis hin zu Skulpturen, Malereien oder Porzellan aus China, Korea, Japan, Indien oder Südostasien. Ergänzt wird das vielfältige Angebot durch themengebundene Sonderausstellungen, Kurse, Workshops und eine umfangreiche Asienbibliothek.

► *Das Kastell auf der kleinen Insel Kastellholmen*

16 MODERNA MUSEET ★★ [E5]

Gleich nebenan präsentiert das Moderna Museet seit 1958 nationale und internationale Kunstwerke der Moderne, die höchsten Ansprüchen gerecht werden.

Dalí, Klee, Matisse oder *Picasso* sind nur einige der Künstler, mit denen das Museum locken kann. Nicht weniger spektakulär ist das neue Museumsgebäude an sich, das nach den Plänen des spanischen Architekten *Rafael Moneo* 1998 eingeweiht wurde. In unmittelbarer Nähe zum Museum sind auf einer Freifläche die originellen und fantasievollen Skulpturen von *Jean Tinguely* und *Niki de Saint Phalle* zu genießen.

Kunst in einem ganz anderen Bereich bietet das Restaurant im Moderna Museet (s. S. 57): Mit Blick über das Wasser auf Djurgården und Östermalm kann man sich hier in kulinarischer Hinsicht verzaubern lassen.

› **Moderna Museet,** www.modernamuseet.se, Tel. 08 51955200. Di./Mi. 10–20 Uhr, Do.–So. 10–18 Uhr, Eintritt frei außer für bestimmte Sonderausstellungen; Führungen in Englisch Juli/Aug. Di., Do. und So. 12 Uhr

Dem Modernen Museum folgt auf dieser kleinen, aber feinen Museumsmeile das **Architekturmuseum** (s. S. 29).

Bevor man nach Kastellholmen gelangt, ziehen zwei weitere Einrichtungen die Aufmerksamkeit der Besucher auf sich: Die **Kungliga Konsthögskolan** (Königliche Kunsthochschule) ist in einer ehemaligen und nun liebevoll restaurierten Unterkunft für Matrosen eingezogen. In ähnlicher Form gilt dies auch für das **Designforum Svensk Form,** einer Einrichtung, die sich dem Design verschrieben hat und dies mit Ausstellungen Interessenten näher bringen möchte.

- **Designforum Svensk Form,** www.svenskform.se, Holmamiralens Väg 2, Tel. 08 4633134, Di.-Do. 12-19 Uhr, Fr.-So. 12-17 Uhr

Hat man die Kastellholmsbron überquert, befindet man sich auch schon auf der kleineren Kastellholmen. Der Name ist wörtlich zu nehmen: Das so gut wie einzige Gebäude auf der Insel ist das **Kastell** aus dem Jahre 1848. Nachdem die erste Befestigung 1845 explodierte, musste an dieser exponierten Stelle beinahe zwangsläufig eine neue Verteidigungsanlage errichtet werden. Der Aufgabe stellte sich *Fredrik Blom,* unter dessen Leitung das neue Kastell in den Jahren 1846-1848 fertiggestellt wurde. Von der Anhöhe kann man bei der Aussicht auf die schimmernde Wasserfläche und den regen Bootsverkehr herrlich entspannen. Wer sich da von den gelegentlichen Freudenschreien, die vom gegenüberliegenden Vergnügungspark Gröna Lund herübergetragen werden, ablenken lässt, ist dann auch beinahe selber Schuld.

Auch wenn man es nicht vermuten würde, Kastellholmen ist eines der ältesten und traditionsreichsten Sport- und Freizeitgebiete der Stadt. Keimzellen der sportlichen Entwicklung waren der sich 1866 gründende Königliche Schlittschuhklub sowie die 1830 entstandene Königlich Schwedische Segelgesellschaft (KSSS). Im Jahre 1882 taten sich beide Organisationen zusammen, um das sichtbare Wahrzeichen dieser Entwicklung entstehen zu lassen: Den **Schlittschuhpavillon** (Skridskopaviljongen), einen bemerkenswerten, schlossähnlichen Bau, der unverändert auf der linken Seite, gleich nachdem man die Brücke von Skeppsholmen überschritten hat, steht.

Ausblick vom Turm des Stadshuset auf die Parkanlagen

ESSEN UND TRINKEN

- **Restaurant im Moderna Museet** 16 (s. S. 57)

KUNGSHOLMEN

Das bislang eher beschauliche und ruhige Kungsholmen gewann in den letzten Jahren immer mehr an Attraktivität hinzu und mausert sich nun zu einem echten Geheimtipp und zur festen Größe eines Stockholmaufenthalts.

Auch wenn man sicherlich noch nicht ausschließlich wegen Kungsholmen die schwedische Hauptstadt bereisen würde, so braucht sich der Stadtteil in vielerlei Hinsicht auch nicht mehr hinter anderen Stadtteilen Stockholms zu verstecken.

In der Vergangenheit, als dieses Siedlungsgebiet der Stadt Stockholm zugeschlagen werden sollte, diskutierte man, ob nicht Västermalm – in Anlehnung an die gute Stockholmer Tradition, Vororte nach einer Kombination aus Himmelsrichtungen und der Endung „-malm" zu benennen – der passende Name sein könnte. Letztendlich aber sprach der damalige König *Karl XI.* ein Machtwort und entschied sich für den königlichen Namen. Bei den einfachen Leuten lebte das volkstümlichere Västermalm allerdings noch etliche Jahrzehnte weiter und auch heute noch kann man auf diese Bezeichnung stoßen.

Nach Kungsholmen gelangt man gewiss nicht auf einem der schönsten Wege, führen sie doch in der Regel von Norrmalm über die vom Autoverkehr vielfrequentierten Brücken der Innenstadt. In Kungsholmen jedoch erst einmal angekommen, sollte man die Zeit dort tunlichst genießen. Gute Einkaufsmöglichkeiten befinden sich in der Umgebung der St. Eriksgatan einschießlich der Västermalmsgallerien. Und rund um die Scheelegatan/Hantwerkargatan kann man das eine oder andere einladende Lokal oder Café aufsuchen.

061st Abb.: sk

17 STADTHAUS (STADSHUSET) ★★★ [C5]

Erster Anlaufpunkt bei einer Tour durch diesen Stadtteil wird zweifellos das berühmte, die Silhouette der Stadt prägende Stadshuset sein. In wenigen Gehminuten vom Hauptbahnhof über die stark befahrene Stadsbron zu erreichen, wirkt dieses beeindruckende, burgähnliche Renaissancebauwerk immer imposanter, je näher man ihm kommt.

Nach 12-jähriger Bauzeit wurde das Gebäude an den Ufern des Riddarfjärden 1923 seiner Bestimmung übergeben. Allein um die 8 Mio. Ziegel verbauten die Arbeiter bei der Errichtung nach den Entwürfen des Architekten *Ragnar Östberg*. Parallelen zu den heutigen Zeiten lassen sich auch ziehen. Um Geld zu sparen, wurde eigens auch auf Materialien und Handwerker aus dem von der Inflation gebeutelten Deutschland der frühen 1920er-Jahre zurückgegriffen. Genutzt hat das freilich wenig: Schon damals überstiegen die tatsächlichen Baukosten die veranschlagten Kosten um das Doppelte. Ausgangspunkt einer jeden Besichtigung wird der gewaltige Innenhof sein, von dem man den Innenbereich, die Außenanlagen, den Turm, aber auch den Souvenirladen erreichen kann. Überwältigt einen das Gebäude noch nicht durch seine schiere Größe, seinen 106 m hohen Turm oder die Gartenanlagen, so schaffen dies ganz bestimmt die prachtvollen Räume und Inneneinrichtungen. Am bekanntesten wird die – zum Glück nicht wirklich blaue – **Blaue Halle** sein. In diesem repräsentativen Saal findet nach der feierlichen Preisverleihung im Konserthuset alljährlich das Nobelpreis-Bankett statt. Um die idealen Maße für die große Treppe zu finden, ließ der perfektionistisch veranlagte Architekt *Östberg* seine Frau eine Woche lang Stufen mit den verschiedensten Abmesseungen probelaufen. Die seitlichen Säulengänge sowie die gewaltige Orgel mit ihren über 10.000 Pfeifen und 138 Registern sind weitere Höhepunkte der Blauen Halle. Von hier aus gelangt man schnell zu den weiteren Räumen und Fluren. Im Rådssalen, dem Sitzungssaal

der Stockholmer Stadtverordnetenversammlung, kommen zwei Mal pro Monat die Stadtverordneten zu Beratungen zusammen. Die Räumlichkeiten, vor allem die Deckenkonstruktion, sind einem Langhaus aus den Wikingertagen nachempfunden. Ist die Blaue Halle der größte Bankettsaal, so ist der **Gyllene Salen** – der Goldene Saal – sicherlich der prachtvollste. Von der Kopfseite des Saals dominiert das von *Einar Forseth* geschaffene Mosaik „Mälardrottningen" den Raum.

Die **Außenanlagen**, unter anderem mit den Skulpturen des Künstlers *Carl Eldh,* fallen terrassenartig zum Riddarfjärden ab und eröffnen einen herrlichen Ausblick nach Riddarholmen, Gamla Stan und Södermalm. Erst von hier aus entdeckt man auch wirklich die vielen kleinen Verzierungen und Skulpturen an den Fassaden des Stadshuset. Vor größere Probleme sieht man sich lediglich gestellt, möchte man nicht ständig anderen Touristen durch ihr Fotomotiv laufen. Frühmorgens ist folglich der beste Zeitpunkt, die Ruhe am Wasser zu genießen, um dann anschließend mit den eintreffenden Reisegruppen die Innenräume zu betreten.

Überragt wird der gesamte Gebäudekomplex von dem 106 m hohen **Turm** an der Südostecke des Gebäudes, an der Turmspitze die drei goldenen Kronen, die Nationalsymbole des Königreichs Schweden, emporragen. Die Turmbesteigung ist ein absolutes „Muss", auch wenn man an manchen Tagen dafür länger ansteht: Die letzten Meter scheinen wie ein nicht enden wollendes Labyrinth und der Ausblick setzt dem Ganzen dann die verdiente Krone auf. Wenn also die Schlange zur Turmbesteigung eine verträgliche Wartezeit erhoffen lässt, sollte man die Gelegenheit unbedingt beim Schopfe packen, da immer nur 30 Personen gleichzeitig auf die Plattform gelassen werden.

▲ *Beim Aufstieg auf den Turm am Stadshuset eröffnen sich überraschende Perspektiven*

Am Fuß des Turmes befindet sich das leere Grab des legendären Stadtgründers Stockholms, **Birger Jarl.** Als der Architekt *Ragnar Östberg* seine Pläne für das Stadthaus entwickelte, versuchte er auch, den sterblichen Überresten *Birger Jarls* hier ihre letzte Ruhe zu geben. Er hatte jedoch seine Rechnung ohne die Herren des Klosters Varnhem in Västergötland gemacht, dem Ort, an dem der Leichnam bislang bestattet lag. Sie waren von diesen Plänen ganz und gar nicht begeistert, verweigerten sich dieser Idee, und so kommt es, dass der Gründer Stockholms weiterhin im fernen Västgöterland begraben liegt, während das vergoldete Ehrengrab noch immer auf die Erfüllung seiner ursprünglichen Bestimmung wartet.

› **Stadshuset,** www.stockholm.se/stadshuset, Hantwerkargatan 1, Tel. 08 50829058/9, U-Bahn Rådhuset oder T-Centralen, Besichtigungen nur mit Führungen: in Englisch und Schwedisch tgl. Juni–Aug. 10, 11, 12, 14 und 15 Uhr, Sept. 10, 12 und 14 Uhr, Okt.–Mai 10 und 12 Uhr; Führungen in Deutsch und weiteren Sprachen in den Monaten Juni–Aug. Erwachsene 60 Skr (ca. 6 €), Rentner/Studenten 50 Skr (ca. 5 €), Jugendliche von 12–18 Jahren 30 Skr (ca. 3 €), der Turm kann selbstständig bestiegen werden, Mai–Sept. tgl. 10–16.30 Uhr, Eintritt 20 Skr (ca. 2 €)

DAS ZENTRALE KUNGSHOLMEN

Setzt man im Anschluss seinen Weg auf der Hantverkargatan in Richtung Kungsholmen-Zentrum fort, erblickt man zugleich zu seiner Linken – zwischen Hantverkargatan und dem Uferbereich – das ehemalige **Handwerkerviertel.** Kungsholmen galt früher als ausgesprochener Handwerkerbezirk, da man hier ungestört seiner Profession nachgehen konnte ohne andere Bewohner zu belästigen (Lärm, Schmutz, Gerüche, Feuer). Die teilweise mühevoll restaurierten Häuser dienen heute mehrheitlich der Stadt Stockholm als Verwaltungsgebäude.

Weiter entlang der Hantverkargatan, direkt am Eingang zur U-Bahn-Station Rådhuset, befindet sich **Kungsholmen Kyrka.** Die Kirche aus dem 17. Jahrhundert ist von einer kleinen, ruhespendenden Grünfläche umgeben, daneben gefällt vor allem ihre helle und freundliche Innenraumgestaltung.

Über Hantverkargatan und Scheelegatan gelangt man zum 1915 nach Plänen von *Carl Westman* erbauten **Rådhuset.** Der Sitz des Stockholmer Amtsgerichtes erinnert durch sein gewaltiges Erscheinungsbild ein wenig an eine mittelalterliche Burg oder an ein Kloster. Gleich gegenüber befindet sich mit **Piperska Muren** (etwa: Pipers Mauer) eine weniger bekannte Sehenswürdigkeit Stockholms. Der königliche Ratgeber *Carl Piper* erwarb dieses Objekt 1694, begann umgehend mit aufwendigen Arbeiten und machte die gesamte Anlage zu einer der Schönsten ihrer Art in Kungsholmen, wenn nicht sogar in Stockholm. *Piper* selbst verstarb während des Nordischen Krieges 1716 in russischer Gefangenschaft. Seine Frau verbrachte die Sommertage auf dem Anwesen, um das sie 1702 eben besagte Mauer errichten ließ. 1807 wechselte es in den Besitz des elitären Arla-Coldinu-Ordens, in dem es sich noch bis heute befindet.

An der Rückseite des Rådhuset, vorbei am Stockholmer **Polizeihauptquartier,** welches durch einen unterirdischen Gang mit dem Gericht verbunden ist, um so den Weg für die Delinquenten möglichst kurz zu halten, schließt sich der leicht hügelige **Kronobergsparken** an.

Für den Städtebauinteressierten bietet sich die kleine Alternativroute zum nördlich gelegenen Viertel rund um den **Grubbensringen** mit der St. Eriks Kapelle im Zentrum an. Der Bezirk ist ein Paradebeispiel für eine gelungene Stadtsanierung in den 1990er Jahren: Er vermittelt einen modernen und zugleich freundlichen Eindruck und ist in gelungener Art und Weise in die Umgebung und die vorgegebenen Strukturen eingebettet.

Da es sich bei Kungsholmen um eine Insel handelt, kann man sie gut zu Fuß oder mit dem Rad erkunden beziehungsweise umrunden. Vor allem die südliche Route entlang des Norr Mälarstrand mit seinen mächtigen Stadthäusern, den Booten sowie dem Blick hinüber nach Södermalm verleitet zu ausgedehnten Spaziergängen. Im Idealfall lässt sich dies mit einem Besuch im Rålambshovspark oder dem Mariebergspark mit dem **Badestrand Smedsudden** verbinden.

068st Abb.: ld

ESSEN UND TRINKEN

- › **Stadshuskällaren** (s. S. 58)
- › **Mamas and Tapas** (s. S. 56)
- › **Spisa hos Helena** (s. S. 57)
- 147 [A4] **Thelins,** www.thelinskonditori.se, Sankt Eriksgatan 43, Te. 08 6511900, U-Bahn Fridhemsplan. Mo.-Fr. 7.30-19 Uhr, Sa./So. 9-18 Uhr. Traditionsreiche Konditorei, die sich dank ihrer Leckereien großer Beliebtheit erfreut.

UNTERHALTUNG UND NACHTLEBEN

- 148 [B4] **Lokal,** www.lokal.gastrogate.com, Scheelegatan 8, Tel. 08 6509809, U-Bahn Rådhuset. So.-Di. 16-1 Uhr, Mi./Do. bis 2 Uhr, Fr./Sa. bis 3 Uhr, eher eine Bar, viele kleinere Gerichte für 70 Skr (ca. 7 €), aber auch einige größere Speisen.
- › **Mälarpaviljongen** (s. S. 276)
- 149 [B5] **M/S Gerda,** Norr Mälarstrand, Kajplats 466, Tel. 08 6508031, U-Bahn Rådhuset. Auf einem Ponton im Riddarfjärden, gemütlich, speziell an lauen Sommerabenden.

VASASTAN

Vasastan, offiziell eigentlich Vasastaden, beschreibt den seit 1926 eigenständigen Stadtteil im nördlichen Innenstadtbereich, den ca. 50.000 Stockholmer ihr Zuhause nennen. Neben einigen Gaststätten und Kneipen, seinen breiten Straßenzügen und einigen Parks ist Vasastan auch für seine Vielzahl an kleineren Bühnen bekannt.

Vasastan wird eingegrenzt durch die Gewässer Karlbergssjön und Barnhusviken im Westen und vom Brunnsviken und der Verkehrsader Norra Länken im Norden; die Grenze zu Norrmalm bildet die Tegnérgatan und zu Östermalm die Birger Jarlsgatan. Die zentrale Verkehrs- und Lebensader des Stadtteils ist die Odengatan mit dem quirligen Odenplan als ihrem Mittelpunkt.

18 ODENPLAN ★ [B2]

Als Ausgangspunkt einer Tour bietet sich der belebte und weitläufige Odenplan an, der durch die gleichnamige U-Bahn-Station leicht zu erreichen ist.

Zahlreiche Einkaufsmöglichkeiten und Cafés zeigen, dass sich hier und längs der verkehrsreichen Odengatan das Leben in Vasastan abspielt. Eine Stichstraße zum Odenplan, die Upplandsgatan, gilt als eine der besten Einkaufsstraßen für Antiquitäten in Stockholm. Inmitten des Platzes trotzt die monumentale und beeindruckende **Gustaf Vasa Kyrka** – einer Insel für Ruhesuchende gleich – dem geschäftigen Treiben auf dem Odenplan. Im Jahre 1906 im italienischen Barock erbaut, ist die Kirche mit ihren beinahe 1200 Plätzen eine der größten der Stadt. Der Grundriss ist einem griechischen Kreuz nachempfunden, über dessen Mitte sich die 60 m hohe Kuppel wölbt. Die Kuppel selbst verzieren Malereien des Künstlers *Viktor Andrén.* Der aus dem frühen 18. Jh. stammende Hochaltar war eigentlich für den Dom in Uppsala bestimmt, letztendlich fand er seinen Platz in der Gustaf Vasa Kirche, nachdem er zuvor etliche Jahre zur Aufbewahrung im Nordischen Museum 29 verbracht hatte.

› **Gustaf Vasa Kyrka,** www.gustafvasa.nu, Odenplan, Tel. 08 50888632, U-Bahn Odenplan, Mo.–Do. 11–18 Uhr, Fr. 10–15 Uhr, Sa./So. 11–15 Uhr

Westlich des Odenplans stößt man schnell auf den **Vasaparken,** einer bei Kindern wie Hunden gleichermaßen beliebten Grünfläche mit einem Spielplatz. In der Dalagatan 46, mit Blick auf den Park, verbrachte die große schwedische Autorin *Astrid Lindgren* einen erheblichen Teil ihres Lebens. In einer anderen Nebenstraße, der Odengatan, befindet sich das **Jüdische Museum** (s. S. 30).

▶ *Der Altar der Gustaf Vasa Kyrka*

◀ *Ausblick von Kastellholmen auf eine der vielen Fähren im Stockholmer Hafen*

Schließlich öffnet sich die Odengatan zum verkehrsreichen **St. Eriksplan**, einem zentralen Knotenpunkt Vasastans. Das Gebiet westlich des Platzes wird auch Birkastan genannt. Rund um die **Rörstrandsgatan**, benannt nach einer ehemals dort ansässigen Fabrik des bekannten Porzellanherstellers, befinden sich zahlreiche Cafés, Restaurants und kleinere (Secondhand-)Geschäfte. In der **Filadelfiakyrkan**, in der Rörstrandsgatan 5, kommen häufig Chöre zusammen. Wegen ihrer Größe durfte die Kirche auch schon mal als Ersatz für das renommierte Konserthuset einspringen, als dort nämlich wegen Renovierungsarbeiten die Nobelpreise nicht verliehen werden konnten.

19 VIN & SPRITHISTORISKA MUSEET ★ [B2]

Einerseits könnte es den einen oder anderen verwundern, dass ausgerechnet in der Hauptstadt dieses dem Alkohol gegenüber so restriktiven Landes dem Hochprozentigen ein eigenes Museum gewidmet wird. Vielleicht ist aber genau eben dies das Hauptargument für die Berechtigung eines solchen Museums.

Über die St. Eriksgatan oder den kleinen Umweg durch das westlich davon gelegene Viertel **Rödabergsområdet**, einem für damalige Verhältnisse gewaltigen Stadtbauprojekt aus dem frühen 20. Jahrhundert, gelangt man zur Dalagatan, an deren Ende das **Wein- und Spirituosenmuseum** aufgesucht werden sollte. Es ist das einzige Museum dieser Art in Schweden. In einem altehrwürdigen Backsteinbau, dessen Geschichte lange Zeit selbst mit der Produktion verschiedenster Alkoholika verknüpft war, erfährt man viele interessante und überraschende Geschichten rund um die Schnaps-, Wein- und Punschsorten sowie um den eigentlichen Herstellungsprozess. Und vielleicht hilft ja gerade dieser Museumsbesuch, das Verhältnis der Schweden zum Alkohol begreiflich zu machen. Zudem ergibt sich hier die Möglichkeit, an unterschiedlichen Weinproben teilzuhaben.

› **Vin & Sprithistoriska Museet,** www.vinosprithistoriska.se, Dalagatan 100, Tel. 08 7447070, U-Bahn Odenplan, dann weiter mit dem Bus 65 zur Norra Stationsgatan, Di. 10–19 Uhr, Mi.–Fr. 10–16 Uhr, Sa./So. 12–16 Uhr, Führungen auf Schwedisch am Wochenende 12.30 und 14 Uhr, Eintritt: Erwachsene 40 Skr (ca. 4 €), ermäßigt 30 Skr (ca. 3 €), bis 18 Jahre frei, Weinproben für Gruppen ab 275 Skr (gut 27 €) pro Person

ENTLANG DES SVEAVÄGEN UND DER BIRGER JARLSGATAN

Das Stadtbild der östlichen Vasastan wird durch die drei weiten Verkehrsadern Odenplan, Sveavägen und Birger Jarlsgatan sowie die Parkanlagen Vanadislunden und Observatorielunden bestimmt.

Im äußersten Nordosten Vasastans befindet sich der **Vanadislunden**, eine wegen ihrer Spielplätze bei Kindern beliebte Grünanlage. Der Name Vanadis lässt sich auf das Schiff „Vanadis“ (Vanadis war eine weniger gebräuchliche Bezeichnung für die nordische Göttin

▶ *Das preisgekrönte Gebäude der Stadtbibliothek*

066st Abb.: sk

Freja) zurückführen, welches aufgrund einer viel beachteten Weltumseglung von 1883–1885 gewisse Popularität erzielte. Unter anderem beherbergt der Park die schöne **Stefanskyrkan.**

Nach einem kurzen und heftigen – weil steilen – Aufstieg gelangt man zu einem einer Burganlage nicht unähnlichen Gebäude, dem gewaltigen 1879 erbauten **Wasserspeicher** Vasastans. An dieser Stelle liegt zugleich mit 43 m der höchste Punkt des Stadtbezirkes und man kann einen wunderschönen Rundblick über die nördlichen Vorstädte genießen.

Vom Vanadislunden ist es auch nur ein kleiner Fußmarsch zum Ateliermuseum des **Bildhauers Carl Eldh** (s. S. 29) im äußersten Nordosten Vasastans kurz vor dem Brunnsviken.

Die Gegend rund um die Roslagsgatan wird häufig auch als Sibirien bezeichnet. Angeblich soll dieser Ort einst aufgrund seiner nördlichen Lage, seiner Abgeschiedenheit sowie seiner unwirklichen und trostlosen Erscheinung bei den Menschen Assoziationen mit den endlosen Weiten des fernen russischen Hinterlandes ausgelöst haben. Davon kann heute keinesfalls mehr die Rede sein, vielmehr führen bezeichnenderweise gerade zahlreiche Kneipen und Restaurants den Namen Sibirien voller Stolz in ihrem Namen.

ÜBERGANG NACH NORRMALM

Südlich der Odengatan begibt man sich langsam, aber sicher in die Nähe des lebhaften Stadtbezirks Norrmalm. Auch dieser Übergangsbereich wartet mit einigen Attraktionen auf.

Die **Stockholmer Stadtbibliothek** mit ihren Nebengebäuden ist eine der

Detailkarte III: Vasastan

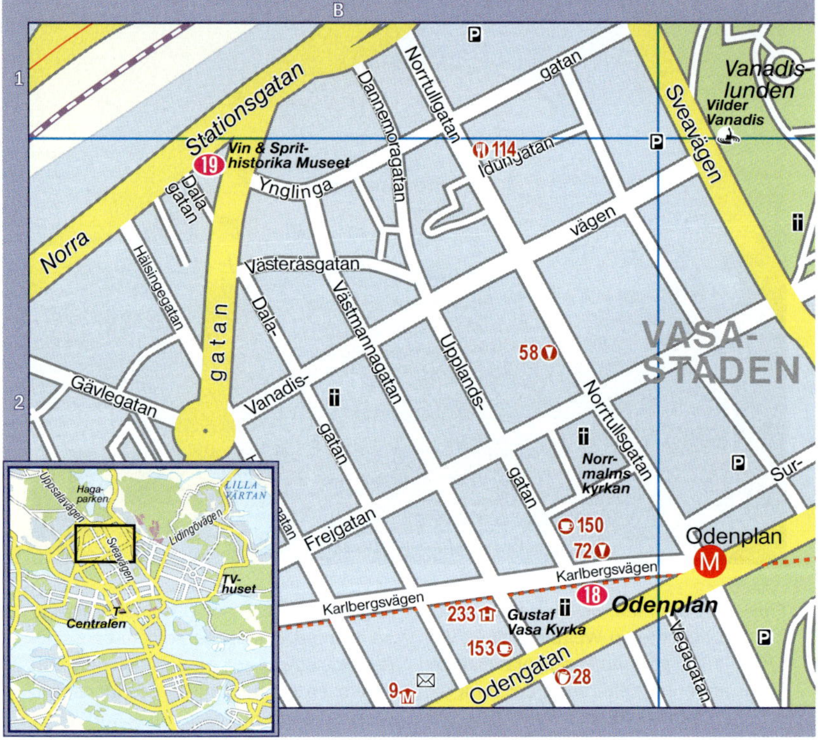

herausragenden architektonischen Adressen der Stadt. Der schwedische Stararchitekt *Gunnar Asplund* schuf 1928 dieses aufsehenerregende und für seine Zeit fortschrittliche Gebäude, das sowohl durch sein Inneres als auch durch sein Äußeres Maßstäbe setzte. In ihren Wänden beherbergt die Stadsbibliotek eine immense Auswahl an nationalen wie internationalen Büchern und Zeitschriften.

› **Stockholms Stadsbibliotek,** www.ssb.stockholm.se, Sveavägen 73/ Odengatan 55, U-Bahn Odenplan o. Rådmansgatan, Mo.-Do. 9-21 Uhr, Fr. 9-19 Uhr, Sa./So. 12-16 Uhr

20 OBSERVATORIUM (OBSERVATORIEMUSEET) ★ [C2]

Von dem kleinen Park rund um das ehemalige Observatorium gilt es vor allem, den einmaligen Ausblick über die Stadt zu erleben.

Von der Stadsbibliotek bedarf es nur eines steilen Aufstiegs, um zu einem weiteren Aussichtspunkt Stockholms zu

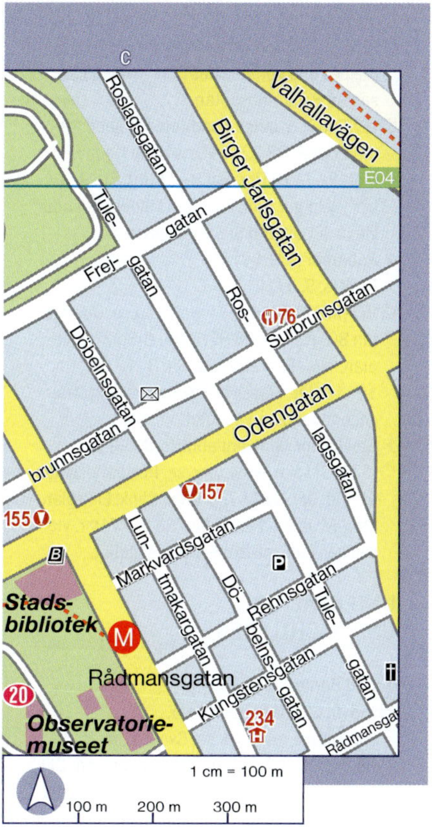

- 9 [III B2] Judiska Museet S. 30
- 28 [III B2] Odenteatern S. 35
- 58 [III B2] Cliff Barnes S. 45
- 72 [III B2] Tranan S. 46
- 76 [III C2] Clas på Hörnet S. 51
- 114 [III B2] Stockholms Matvarufabrik S. 58
- 150 [III B2] Café Blåbär S. 134
- 153 [III B2] Ritorno S. 134
- 155 [III C2] Hard Rock Café S. 134
- 157 [III C2] Storstad S. 134
- 233 [III B2] Gustav Vasa Hotel S. 292
- 234 [III C2] Hotel Hellsten S. 292
- 18 [B2] Odenplan S. 129
- 19 [B2] Vin & Sprithistoriska Museet S. 130
- 20 [C2] Observatorium (Observatoriemuseet) S. 132

gelangen. Urplötzlich befindet man sich im Observatorielunden mit einem zentralen Gebäude, dessen Lage, hoch über der Stadt, auch schon viel über seine ehemalige Funktion verrät: das alte **Observatorium** der Hauptstadt. 1748–1753 von *Carl Hårleman* erbaut, erhoffte man sich von dieser exponierten Lage bahnbrechende wissenschaftliche Erkenntnisse aus den Tiefen des Weltalls. Die hier seit 1756 gesammelten Wetter- und Temperaturaufzeichnungen gehören zu den ältesten weltweit. Im Jahre 1931 musste das Observatorium schließlich nach Saltsjöbaden ausquartiert werden, da das Lichtermeer der boomenden Großstadt eine seriöse Arbeit zunehmend erschwerte. Seit 1991 dient das Gebäude als Museum. In dem kleinen umliegenden Park kann man hervorragend verschnaufen, den Ausblick genießen oder sich von den aufsteigenden Geräuschen der Hauptstadt inspirieren lassen.

› **Observatoriemuseet**, www.observatoriet.kva.se, Drottninggatan 120, Tel. 08 54548390, U-Bahn Odenplan, So. 12–15

Uhr, Okt.-März Di. 18-21 Uhr mit Führung, Eintritt 50 Skr (ca. 5 €), ermäßigt 25 Skr (ca. 2,50 €)

Verlässt man den kleinen Park wieder in südlicher Richtung, so sieht man sich in der Drottniggatan 116 vor einem kleinen Universitätsgebäude stehen, dem **Spökslottet.** Rankten sich zunächst etliche Gerüchte und Geschichtchen um versteckte Schätze und herumspukende Personen um dieses Gemäuer, so weht in diesen Tagen nunmehr der akademische Geist durch diese Hallen: Im Jahre 1925 ging das Spukschloss in den Besitz der Universität über, die heute dort vornehmlich Konferenzen abhält.

Einen kleinen Teil der Stadtgrenze zwischen Vasastan und Norrmalm bildet der **Tegnérlunden.** In vergangenen Tagen standen zwei Windmühlen an diesem Ort, heute bieten ein Spielplatz, einige Bänke sowie ein im Sommer dahinplätscherndes Bächlein gute Möglichkeiten zum kurzen Entspannen.

ESSEN UND TRINKEN

Die populärsten Orte, um gut zu essen und sich zu amüsieren, sind die belebte **Odengatan**, der **Odenplan** sowie die am St. Eriksplan gelegene **Rörstrandsgatan**, die sich besonders beim jüngeren Publikum großer Beliebtheit erfreut.

- 150 [III B2] **Café Blåbär,** Upplandsgatan 54, Tel. 08 325475, U-Bahn Odenplan. Kleines, beinahe unscheinbares Café mit einer unerwarteten Fülle verschiedenster Salate; sehr gut für zwischendurch.
- › **Café Levinsky's** (s. S. 51)
- › **Clas på Hörnet** (s. S. 51)
- 151 [A3] **Mellqvist Bar,** Rörstrandsgatan 4, Tel. 08 302380, U-Bahn St. Eriksplan. Kleines und gemütliches Café in der angesagten Rörstrandsgatan.
- 152 [II C3] **Nybergs Konditori,** Upplandsgatan 26, Tel. 08 321195, U-Bahn Odenplan. Mo.-Fr. 7-19 Uhr, Sa. 8-17 Uhr, So. 9-17 Uhr. Sehr gut zum *Fika,* zum Mitnehmen oder gleich an Ort und Stelle genießen.
- › **Rabarber** (s. S. 57)
- › **RAW** (s. S. 57)
- 153 [III B2] **Ritorno,** www.ritorno.se, Odengatan 80-82, Tel. 08 320106, U-Bahn Odenplan. Mo.-Fr. 7-22 Uhr, Sa. 8-18 Uhr, So. 10-18 Uhr. Klassische Konditorei mit Café gegenüber dem Vasapark.
- › **Stockholms Matvarufabrik** (s. S. 58)
- 154 [A3] **Xoko,** www.xoko.se, Rörstrandsgatan 15, Tel. 08 318487, U-Bahn Sankt Eriksplan. Mo.-Fr. 7.30-19.30, Sa./So 9-17 Uhr. Vielseitiges Café mit exzellentem Angebot.

UNTERHALTUNG UND NACHTLEBEN

- › **Cliff Barnes** (s. S. 45)
- 155 [III C2] **Hard Rock Café,** www.sthlm.hardrock.se, Sveavägen 75, Tel. 08 54549400, U-Bahn Rådmansgatan. Die unvermeidliche Hauptstadtfiliale für die, die gerne wissen, was sie erwartet.
- 156 [B3] **Musslan,** www.musslan.se, Dalagatan 46, Tel. 08 346410, U-Bahn Odenplan. Vor dem Barbesuch sollte das gute Restaurant ebenfalls aufgesucht werden: Di.-Do. 18-1 Uhr, Fr./Sa. 18-2 Uhr. Beliebtes Restaurant (gleich nebenan das ebenfalls zu empfehlende Restaurant Wasahof, s. S. 58). In diesem Gebäude lebte Astrid Lindgren lange Zeit.
- 157 [III C2] **Storstad,** www.storstad.se, Odengatan 41, Tel. 08 6733800, U-Bahn Rådmansgatan. So. geschlossen. Belebte und beliebte Bar mit exzellenter Küche.
- › **Tranan** (s. S. 46)

ÖSTERMALM UND LADUGÅRDSGÄRDET

Nobel und exklusiv, chic und vornehm – mit diesen Umschreibungen wird Östermalm häufig auf einen Nenner gebracht.

In den frühen Tagen Östermalms war diese rasante Entwicklung wohl kaum abzusehen: Ladugårdsgärdet oder Ladugårdslandet war die ursprüngliche Bezeichnung dieser Gegend, wobei *Ladugård* wortwörtlich mit „Kuhstall" übersetzt werden kann. Damals war das Gebiet zunächst noch ein beliebtes, weil stadtnahes Ausflugsziel. Seit der Mitte des 19. Jahrhunderts ist ein vermehrter Zuzug in diese zunehmend attraktivere Wohngegend zu verzeichnen, die schließlich 1885 offiziell den Namen Östermalm annahm. Begrenzt und durchzogen wird der Stadtteil durch so großartige und klangvolle Boulevards und Chausseen wie Birger Jarlsgaten, Narvavägen, Karlavägen, Valhallavägen oder eben Strandvägen. Vor allem Letztgenannter geht geradezu eine symbolhafte Symbiose mit Östermalm ein: Die wohl exquisiteste Adresse der Stadt mit ihren herrschaftlichen Häusern steht für das Bild, das man sich von Östermalm am liebsten machen will oder auch dafür, wie mancher „Östermalmer" gerne gesehen werden möchten. Abgerundet wird dieses Bild von dem repräsentativen Botschaftsviertel, der vornehmen Wohngegend am Humlegården oder den zahlreichen interessanten Museen von hohem Format. Daneben dominiert der Stureplan, das Einkaufsparadies der Schickeria und das Ziel eines jeden, der im Stockholmer Nachtleben etwas auf sich hält. „Sehen und gesehen werden" darf dann auch hier vielen als primäres Ziel unterstellt werden.

21 STUREPLAN ★★ [D3]

Das pulsierende Herz Östermalms bildet der Stureplan, der zentrale Platz, der durch das Aufeinandertreffen von Birger Jarlsgatan, Sturegatan und Kungsgatan gebildet wird.

Rund um den Stureplan haben sich viele Bars und Klubs angesiedelt, die allesamt einen traditionell erstklassigen Ruf im Stockholmer Nachtleben genießen. Die vielen Boutiquen und Niederlassungen der angesagten Haute Couture am und um den Stureplan laden geradezu zum Schaufensterbummeln oder vielleicht

069st Abb.: ld

▶ *Stureplan – der Einkausmagnet für die großen Geldbeutel*

Detailkarte IV: Östermalm und Ladugårdsgärdet

auch Einkaufen ein. Das hervorstechendste Beispiel ist zweifellos die Sturegallerian (s. S. 38), die ausgelassene Shoppingwelt für den Stockholmer mit Rang und Namen. In dieser Galerie für die Leute mit dem großen Geldbeutel residiert auch das noble Sturebadet (s. S. 282), eine Wellness-Oase, die wohl keine Wünsche offenlässt. Die Vielfalt des Angebots reicht vom Saunieren und Schwimmen über Gewichtestemmen bis hin zu einer kaum zu überblickenden – geschweige denn auszusprechenden – Auswahl an (fernöstlichen) Behandlungsmethoden.

22 KUNGLIGA HUMLEGÅRDEN ★ [D3]

Wenige Meter von diesem Verkehrsknotenpunkt entfernt dehnt sich die Parkanlage des prächtigen Kungliga Humlegården aus.

Die weitläufige Grünfläche am Rande der Innenstadt verspricht mit ihren Schatten spendenden Bäumen, Skulpturen, Wiesen und Spielplätzen Erholung pur. Die südliche Begrenzung des Areals bildet die beeindruckende **Kungliga Biblioteket**, die schwedische Nationalbibliothek, deren gläserner Niedergang auf

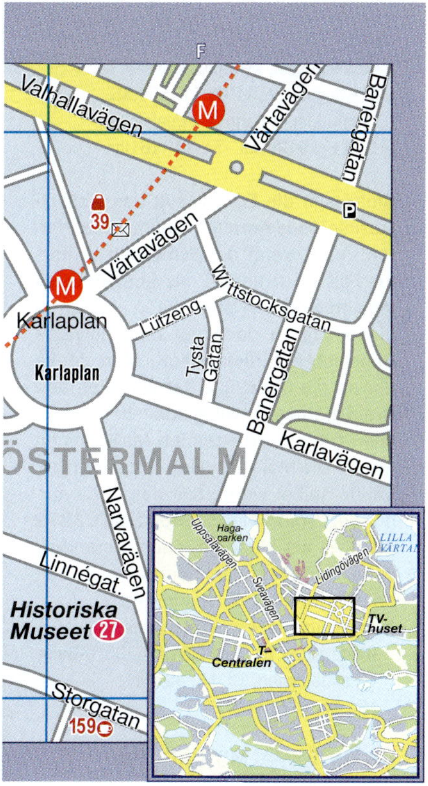

39 [IV F3] Fältöversten S. 38
54 [IV E3] Östermalm Saluhallen S. 41
59 [IV E3] Elverket S. 45
85 [IV E3] GQ S. 54
94 [IV E3] Lisa på Torget S. 56
99 [IV E3] Östermalms Saluhallen S. 56
159 [IV F4] Musiksalongen Gabriel Hilda S. 140
160 [IV E4] Riddarbageriet S. 141
161 [IV D3] Sturekatten S. 141
163 [IV D3] Kharma S. 141
164 [IV D3] Sturecompagniet S. 141
165 [IV D3] T.G.I. Friday's S. 141
239 [IV E3] Örnsköld Hotell S. 293
21 [D3] Stureplan S. 135
22 [D3] Kungliga Humlegården S. 136
23 [E4] Kungliga Dramatiska Teatern S. 137
24 [E4] Musikmuseum (Musikmuseet) S. 138
25 [E3] Armeemuseum (Armémuseum) S. 138
26 [E3] Östermalmstorg S. 138
27 [F3] Historisches Museum (Historiska Museet) S. 139

der Rückseite die Besucher 40 m in die Tiefe führt, wo das fünf Stockwerke hohe Bücherarchiv in den Fels gehauen wurde (www.kb.se, Mo.–Do. 9–20 Uhr, Fr. 9–19 Uhr, Sa. 10–17 Uhr).

Etwas abseits der gängigen Besucherrouten von der nordwestlichen Ecke der Parkanlagen des Humlegårdens entlang des Karlavägens reckt sich der dunkle Backsteinbau der **Engelbrektskyrkan** empor. Die imposante Kirche wurde auf einem Hügel erbaut, wodurch ihre auffällig schmale Erscheinung nochmals unterstrichen wird.

23 KUNGLIGA DRAMATISKA TEATERN ★ [E4]

Erster Höhepunkt einer Tour vom Nybroviken zum Östermalmstorg ist das prunkvolle, in goldenem Antlitz erstrahlende Kungliga Dramatiska Teatern, kurz Dramaten.

Das Theater am Nybroplan ist die erste Adresse für die großen – auch schwedischen – Inszenierungen und das Aushängeschild der Stockholmer Theaterlandschaft. Lange Zeit prägte der legendäre *Ingmar Bergmann* den Ruf des Hauses, dessen Stücke selbstverständlich auch heute noch hier aufgeführt werden.

- **Dramaten,** www.dramaten.se, Nybroplan, Tel. 08 6670680, U-Bahn Östermalmstorg

Vom Nybroplan empfiehlt sich, den dort seinen Ausgang nehmenden **Strandvägen** entlang zu flanieren. Edle und exklusive Geschäfte haben unter dieser Adresse ihre Heimat gefunden, das traditionsreiche Hotel Diplomat verspricht unvergessliche Nächte in Toplage. Wer von den herrschaftlichen Gebäuden und der Wasserlage nicht genug bekommen kann, sollte den Strandvägen bis nach Djurgården zu Fuß genießen.

24 MUSIKMUSEUM (MUSIKMUSEET) UND 25 ARMEEMUSEUM (ARMÉMUSEUM) ★ [E3-4]

Zwei benachbarte, spezielle und unbedingt zu empfehlende Museen dieses Stadtteils sind das Musik- und das Armeemuseum.

Biegt man vom Nybroplan/Strandvägen in die Sibyllegatan ein, gelangt man schon bald zum interessanten **Musikmuseum.** In dem stilvollen Gebäude, einer ehemaligen Bäckerei, kann man wunderbar eintauchen in die großartige Welt der Musik und Instrumente. Neben der liebevollen Aufmachung besticht das Museum mit seinen interaktiven Möglichkeiten: Wer möchte sich nicht gerne einmal auf einer Gitarre oder den Drums selber spielen hören? Die Ausstellung präsentiert sich kindgerecht, die Erklärungen werden teilweise in Englisch geliefert.

▶ *Ein Blick von Söder nach Östermalm mit Strandvägen und Hotel Diplomat*

- **Musikmuseet,** www.musikmuseet.se, Sibyllegatan 2, Tel. 08 51955490, Östermalm, U-Bahn Östermalmstorg, Di. 11-19 Uhr, Mi.-So. 11-16 Uhr

Gleich um die Ecke öffnet das wirklich faszinierende **Armeemuseum** seine Pforten. Auch wenn die Schweden in letzter Zeit nicht gerade als kriegerisches Volk aufgefallen sind, kann das Land diesbezüglich doch auf eine bewegte Geschichte zurückblicken. Man denke nur an die Streifzüge der Wikinger, den Dreißigjährigen Krieg oder die zahlreichen friedenserhaltenden Maßnahmen unter UN-Mandat. Das Museumsgebäude selbst wurde seit dem 17. Jahrhundert vom Militär genutzt, seit 1879 dient es als Museum, nach umfangreichen Renovierungen erstrahlt es seit dem Jahre 2000 in neuem Glanz.

- **Armémuseum,** www.armemuseum.se, Riddargatan 13, Tel. 08 51956300, U-Bahn Östermalmstorg, Di. 11-20 Uhr, Mi.-So. 11-16 Uhr

26 ÖSTERMALMSTORG ★★ [E3]

Auf dem nahen Östermalmstorg geht es ein wenig gelassener zu als in der hektischen Birger Jarlsgatan oder auf dem betriebsamen Nybroplan.

Die kleinen Geschäfte in den umliegenden Häusern und natürlich der Platz selbst mit seinen Ständen machen ihn zu einem der gemütlichsten Aufenthaltsorte in Östermalm. Unangefochtener Höhepunkt sind jedoch die **Saluhallen** (s. S. 41). Die backsteinerne Markthalle aus dem Jahre 1890 ist ein wahrer Delikatessentempel. Hier bekommt man alles, was das kulinarische Herz begehrt. Geht die Liebe tatsächlich durch den Magen, wird man an diesem Ort garantiert sein Herz verlieren. Dies gilt sowohl für die exzellenten Restaurants wie auch für die vielen Stände, bei denen man auch bei einem Stadtrundgang schnell einkehren kann. An den Platz grenzt ebenfalls noch die sandfarbene **Hedvig Eleonora Kyrka** (tgl. von 11–18 Uhr geöffnet), in der ein Besuch zu den mittäglichen Orgelkonzerten sehr zu empfehlen ist.

27 HISTORISCHES MUSEUM (HISTORISKA MUSEET) ★ [F3]

Im Osten Östermalms befindet sich eine Besonderheit der zahlreichen historisch ausgerichteten Museen Stockholms.

Folgt man vom Östermalmstorg der Storgatan und lässt sich nicht von den mondänen Gebäuden in den Seitenstraßen vom Weg abbringen, so gelangt man zum **Historischen Museum**, einem musealen Komplex von gewaltigen Ausmaßen, auf dem die Verwaltung, eine Bibliothek, verschiedene Ausstellungen und selbstverständlich auch das eigentliche Museum ihre Standorte haben. Thematisch bezieht sich das anschauliche Museum auf die Frühgeschichte sowie das Mittelalter, wobei ein eindeutiger Schwerpunkt auf der Wikingerzeit liegt. Etwas gesondert und besonders gesichert liegt der Goldraum *(Guldrummet)*, eine Ausstellung wertvoller Gold- und Silberschätze der langen schwedischen Geschichte. Insgesamt wird den Besuchern hier in eindrucksvoller Art und Weise Edelmetall mit einem Gesamtgewicht von mehr als 250 kg präsentiert. Nach dem Ausflug in die Geschichte liegt ein erholsamer Ausflug in das nette Café im Innenhof auf der Hand.

140st Abb.: ld

› **Historiska Museet,** www.historiska.se, Narvavägen 13–17, Tel. 08 51955600, U-Bahn Karlaplan, Mai–Sept. tgl. 10–17 Uhr, ansonsten tgl. 11–17 Uhr, Do. 11–20 Uhr, Erwachsene 60 Skr (ca. 6 €), Kinder bis 16 Jahre haben freien Eintritt

Auf dem Weg zum Nobelparken passiert man zunächst einmal die **Oscars Kyrka** am breiten Narvavägen. Im Dag Hammarskjölds Väg liegt die **Berwaldhallen** (s. S. 272), das moderne und architektonisch interessante Konzerthaus aus dem Jahre 1979, das nach dem berühmten schwedischen Komponisten *Franz Berwald* (1796–1868) benannt wurde und dem Symphonieorchester des Schwedischen Radios eine neue Heimstätte gab.

Zugleich befindet man sich in der Diplomatstaden, einer Bezeichnung, die wohl keiner weiteren Übersetzung bedarf. In dieser idyllischen Lage haben zahlreiche Nationen ihre **Botschaften** errichten lassen, darunter auch die diplomatische Vertretung der Bundesrepublik Deutschland in der Skarpögatan.

Die sich anschließende, etwas ländlich anmutende Gegend ist der alte Stockholmer Randbezirk **Ladugårdsgärdet,** praktischerweise im allgemeinen Sprachgebrauch auf *Gärdet* reduziert. Hier angekommen, vermutet man sich schon gar nicht mehr in der schwedischen Hauptstadt: Die Wiesen und Felder gehen fließend in leicht bewaldete Gebiete über. Auf einem schönen Spazierweg, der teilweise auch am Wasser entlangführt, gelangt man zu dem nun gar nicht mehr so weit erscheinenden **Kaknästornet** 47, der mit seinen 155 m die umstehenden Baumwipfel bei Weitem überragt (siehe Sehenswürdigkeiten in anderen Randbezirken).

28 ÖSTERMALMS MUSEUMSTRIUMVIRAT ★★ [H4]

An der Straße zwischen den Feldern und dem Wasser wird den Ansprüchen der kulturhungrigen Besucher noch einmal Genüge getan.

Ein museales Zentrum, gebildet aus dem Sjöhistoriska- und Tekniskamuseet (beide s. S. 34) und Etnografiskamuseet (s. S. 30) , liefert erneut ein gutes Beispiel der enormen Bandbreite der Stockholmer Museumslandschaft. Das **Sjöhistoriska Museet** vermittelt auch anhand der zahlreichen Modelle einen anschaulichen Überblick über die Geschichte der (schwedischen) Seefahrt. Im **Tekniska Museet** werden die Besucher in die Welt der Maschinen und technischen Erfindungen eingeführt, und, wo es möglich ist, zum Mitmachen und Selbstentdecken aufgefordert. Wer also selbst mal ein Gokart steuern möchte, ist hier richtig. Und im **Etnografiska Museet,** dem Völkerkundemuseum, ragen besonders die authentischen Fotografien aus der Ausstellung heraus.

ESSEN UND TRINKEN

› **Eriks Bakfika** (s. S. 51)

158 [E4] **Café Tidemans,** www.tidemans.se, Sibyllegatan 3, Tel. 08 6641170, U-Bahn Östermalmtorg. Wochentags 9–21 Uhr, Sa./So. 10–20 Uhr. Beliebte Espressobar.

› **Divino** (s. S. 51)

› **GQ** (s. S. 54)

› **Kaknästornet** (s. S. 55)

› **Lisa på Torget** (s. S. 56)

159 [IV F4] **Musiksalongen Gabriel Hilda,** Storgatan 44, Tel. 08 6620035, U-Bahn Östermalmstorg. Liebevoll eingerichtetes Café auch mit Livemusik.

› **Östermalms Saluhallen** (s. S. 56)

160 [IV E4] **Riddarbageriet,** Riddargatan 15, Tel. 08 6603375, U-B ahn Östermalmstorg. Mo.-Fr. 8-18 Uhr, Sa. 9-15 Uhr.

161 [IV D3] **Sturekatten,** Riddargatan 4, Tel. 08 6111612, U-Bahn Östermalmstorg. Mo.-Fr. 8-20 Uhr, Sa. 9-18 Uhr, So. 11-18 Uhr. Populäres Café nahe dem „Zentrum" Östermalms.

162 [D2] **The Cookbook Café,** Birger Jarlsgatan 76, Tel. 08 206308, U-Bahn Tekniska Högskolan. In dem gemütlichen Café praktischerweise Kochbücher gleich mit zum Verkauf angeboten.

UNTERHALTUNG UND NACHTLEBEN

› **Elverket** (s. S. 45)

› **Riche** (s. S. 46)

163 [IV D3] **Kharma,** www.kharma.se, Sturegatan 10, Tel. 08 6620465, U-Bahn Östermalmstorg. Do.-Sa. 22-3 Uhr. Populäre Bar im Zentrum des Nachtlebens rund um den Stureplan.

› **Spy Bar** (s. S. 46)

164 [IV D3] **Sturecompagniet,** www.sturecompagniet.se, Sturegatan 4, Tel. 073 4486630. U-Bahn Östermalmstorg. Do.-Sa. 22-3 Uhr. Edler Treffpunkt der Stockholmer Nachtschwärmer auf zwei Etagen.

165 [IV D3] **T.G.I. Friday's,** www.tgifridays.se, Birger Jarlsgatan 16, Tel. 08 6113131, U-Bahn Östermalmstorg. Mo.-Do. 11.30-1 Uhr, Fr. bis 2 Uhr, Sa. 12-2 Uhr, So. 12-1 Uhr. Gut besuchter Ableger der berühmten T.G.I.-Friday's-Kette. Eine weitere Filiale liegt direkt am Kungsträdgården.

070st Abb.: sk

► *Der Vergnügungspark Gröna Lund lockt mit seinem überwältigenden Unterhaltungsangebot alle Altersgruppen an*

DJURGÅRDEN

Die Insel im Osten der Stadt kann zu Recht als grüne Lunge Stockholms bezeichnet werden. Auch wenn der eintrittspflichtige Skansen weite Teile Djurgårdens umfasst, bleiben in dem ehemaligen königlichen Jagdrevier noch immer ausreichend Möglichkeiten zum Erholen und Erleben: Paddeln, Spazieren, Fahrradfahren, Joggen, eindrucksvolle Museen, die weitläufigen Grünanlagen, nette Cafés, begehrte Ausflugslokale oder der Freizeitpark Gröna Lund verschaffen Djurgården – dem Tiergarten – ein besonderes Ambiente.

Von einer Besiedlung der Insel kann genau betrachtet eigentlich nur im äußersten Südwesten Djurgårdens gesprochen werden. Insgesamt leben rund 800 Stockholmer dort. Ursprünglich bezeichnete man Djurgården als Waldemarsön, wobei die genaue Herkunft des Namens ungeklärt ist. Die Rückführung auf einen König Waldemar liegt zwar auf der Hand, ist jedoch unbewiesen. Im Namen

071st Abb.: ld

Waldemarsudde lebt jedoch ein Teil dieser Bezeichnung bis heute weiter. Dank eines königlichen Privilegs durfte im 18. Jahrhundert auf Djurgården Branntwein hergestellt und ausgeschenkt werden. Der Startschuss einer späteren Besiedlung, wenn auch zunächst nur auf der Basis von Kneipen und ähnlichen Einrichtungen, war gefallen. Jedoch ließ es nicht lange auf sich warten, bis die Stockholmer Bevölkerung die weiteren Vorzüge des stadtnahen Erholungsgebiets erkannte. Ihnen sind die wenigen, aber wunderschönen herrschaftlichen Villen auf Djurgården zu verdanken. Heute ist Djurgården vielen vor allem als Namensgeber einer der erfolgreichsten und bekanntesten Sportvereine Schwedens ein Begriff.

Am einfachsten erreicht man Djurgården über den eindrucksvollen Strandvägen mit dem Bus (Nr. 44, 47, teilweise auch 69) oder, wer es gerne klassisch mag, mit der historischen Straßenbahnlinie 7, die zurzeit noch vom Norrmalmstorg losfährt, im Jahr 2010 aber bis zum Hauptbahnhof fahren soll. Mindestens genauso brillant ist die Ankunft mit einer der zahlreichen Fähren aus dem Citybereich.

Der angemessene Übergang nach Djurgården erfolgt über die zum Ende des 19. Jahrhunderts erbaute **Djurgårdsbron.** Das an der Brücke liegende Café stellt nicht nur eine exzellente Gelegenheit dar, den Ausflug hier abzurunden, auch wird das Freizeitangebot durch Boots-, Fahrrad- oder Inliner-Verleih bereichert. Auf der weiteren Tour Richtung Inselzentrum wird man dann im Folgenden von einem einmaligen Museenangebot geradezu überschüttet.

▲ *Herrschaftliche Häuser an einer der besten Adressen – dem Strandvägen*

29 NORDISCHES MUSEUM (NORDISKA MUSEET) ★ [F4]

Das prachtvolle Äußere sowie die mächtige Innenhalle stellen die eigentliche Ausstellung eindeutig in den Schatten, ein kurzes Vorbeischauen lohnt sich aber allemal.

Von der Djurgårdsbron kommend, ragt gleich zur Rechten der monumentale Bau des **Nordischen Museums** in den Stockholmer Himmel. Im Übergang vom 19. zum 20. Jh. fertiggestellt, präsentiert das Nordiska Museet die Lebenswelten Skandinaviens mit dem eindeutigen Schwerpunkt auf Schweden. Gelegentliche Sonderausstellungen und Sonderveranstaltungen runden das bunte Programm ab.

› **Nordiska Museet,** www.nordiskamuseet.se, Djurgårdsvägen, Tel. 08 51956000, Bus 44/47 oder die Fähre von Nybroviken, tgl. 10–16 Uhr, in der Hauptsaison 10–19 Uhr

30 VASAMUSEUM (VASAMUSEET) ★★★ [F4]

Das um das Flaggschiff Vasa herum errichtete Vasamuseum zählt zu den absoluten Highlights von Stockholm. Schon von Weitem besticht das Haus durch seine spezielle, reizvolle Architektur.

Übertroffen werden die dann schon hohen Erwartungen der Besucher noch einmal im Museum selber: Unvermittelt sieht man sich im leicht abgedunkelten Innern des Museums dem gewaltigen, ehemaligen Stolz der schwedischen Marine gegenüber, der 1628 kurz vor dem Eintritt Schwedens in den Dreißigjährigen Krieg auf seiner Jungfernfahrt sank und gut 330 Jahre später unter nicht minder aufsehenerregenden Umständen die Wasserlinie erneut durchbrach – für die Nachwelt glücklicherweise nun wieder in umgekehrter Richtung. Die Ausstellungstexte sind neben Schwedisch auch teilweise ins Englische übersetzt, die Aufmachung ist aber auch ohne die sprachliche Erläuterung verständlich und beeindruckend. Neben neun Ausstellungen zum Thema „Vasa“ gibt es ein Restaurant, einen großen Museumsladen und ein Kino, in dem ein interessanter Film über die „Vasa“ in 16 Sprachen gezeigt wird.

Der Besuch des Vasamuseums ist folglich ein unbedingtes „Muss“ und gerade für Kinder ein unvergessliches Ereignis.

Im Außenbereich des Haupteinganges wurde in Gedenken der Opfer der **Estonia-Katastrophe** vom September 1994 eine Gedenkstätte errichtet.

› **Vasamuseet,** www.vasamuseet.se, Galavärvsvägen, Tel. 08 51954800, Bus 44/47 oder mit der Fähre von Nybroviken. Erwachsene 95 Skr (ca. 9,50 €), bis 18 Jahre frei. Juni–Aug. 8.30–18 Uhr, Sept.–Mai tgl. 10–17 Uhr, Mi. bis 20 Uhr.

31 JUNIBACKEN ★ [F4]

Kinderträume werden wahr und Kinderaugen vermutlich immer größer, wenn man hier urplötzlich Pippi Langstrumpf oder den anderen schwedischen Helden seiner eigenen Kindertage Auge in Auge gegenübersteht.

In unmittelbarer Nähe der beiden musealen Höhepunkte Vasa- und Nordiska Museet gesellt sich dieses Kinderparadies. Junibacken ist unbedingt zu empfehlen, wenn die Urlaubstage etwas verregnet sind und der Nachwuchs sinnvoll unterhalten sein will. Sprachprobleme sind in dieser Kinderwelt eher nicht zu erwarten und das größte Problem wird wohl sein, einen Abstellplatz für den Kinderwagen

DAS KRIEGSSCHIFF VASA

Sonntag, der 10. August 1628 war ein sonniger Tag. Im Hafen von Stockholm hatten sich Tausende Schaulustiger eingefunden, um einem spektakulären Ereignis beizuwohnen. Das Kriegsschiff „Vasa" sollte an diesem Tag auf seine Jungfernfahrt gehen und erstmals in offene Gewässer segeln.

Die „Vasa" war nicht irgendein Kriegsschiff. Es war eines der mächtigsten maritimen Konstruktionen seiner Zeit und das mit Abstand kampfstärkste Schiff der schwedischen Flotte: 69 m lang, fast 12 m breit, vom Kiel bis zur Mastspitze 52 m hoch und das aufwendig verzierte Heck ragte 20 m über die Wasseroberfläche. Es verfügte über 1275 m² Segelfläche und eine maximale Bemannung von ca. 450 Personen (150 Seeleute plus 300 Soldaten). Die Bewaffnung von 64 Kanonen war - für die damalige Zeit revolutionär - auf zwei Kanonendecks verteilt und stellte während des Dreißigjährigen Krieges, der zur Zeit der Inbetriebnahme der „Vasa" in Mitteleuropa wütete, eine den Gegner einschüchternde Feuerkraft dar.

Es sollte die kürzeste Jungfernfahrt aller Zeiten werden. Vier der zehn Segel wurden gesetzt, Salut wurde geschossen und der Stolz der schwedischen Marine glitt bei schwachem Wind majestätisch durch den Stockholmer Hafen. Jedoch nur für ca. 20 Minuten bzw. eine Wegstrecke von 1300 Meter: Eine leichte Brise ergriff das Schiff, die „Vasa" neigte sich stark seitwärts und durch die geöffneten Kanonenpforten des unteren Kanonendecks drangen große Mengen Wasser in das Innere des Schiffs. Die „Vasa" kenterte und sank innerhalb weniger Minuten mit Mann und Maus. Obwohl sich die Unglücksstelle in unmittelbarer Landnähe befand, starben, je nach Quelle, zwischen 30-50 Mann der 150-köpfigen Besatzung (nach der Bergung 1961 fand man 25 Skelette in dem Wrack).

Dieses Desaster - sowohl was die menschlichen Verluste angeht als auch die Reputation des schwedischen Königshauses - schrie schon in der damaligen Zeit nach Aufklärung. Welche Fehler wurden begangen, was lief falsch und - damals wie heute von großer Bedeutung - wer trug die Schuld bzw. wer konnte zum Sündenbock gemacht werden? Obwohl mehreren Verantwortlichen der Prozess gemacht wurde, kam es zu keiner Verurteilung. Die Gründe für den Untergang der „Vasa" sind vielschichtig und stellen sich aus heutiger Sicht so dar:

- *Während der fast dreijährigen Bauzeit verstarb der holländische Chefkonstrukteur Henrik Hybertsson und wurde durch den weniger erfahrenen Hein Jakobsson ersetzt.*
- *Auf Wunsch von Gustav Adolf II. wurde die „Vasa" um ein zweites Kanonendeck aufgestockt, obwohl es hierfür keine schiffsbaulichen Erfahrungen gab. Dadurch wanderte der Schwerpunkt des Schiffes nach oben und die Stabilität ging verloren.*
- *Die Stabilität damaliger Schiffe wurde durch tonnenschweren Ballast im Rumpf gewährleistet - zumeist in Form von großen Steinen und Felsbrocken. Trotz des zusätzlichen Kanonendecks blieb der Ballast unverändert und war unzureichend.*

150st Abb.: Image Bank Sweden, ©Stockholm Visitors Board, Richard Ryan

› *Durch die geöffneten Kanonenpforten des unteren Batteriedecks konnte bereits bei leichter Krängung (Schräge) Wasser ungehindert ins Schiffsinnere fließen. Wären die Pforten geschlossen gewesen, hätte man vermutlich die Katastrophe verhindern und anschließend entsprechende Konstruktionsänderungen umsetzten können.*

› *Wenige Tage vor der Jungfernfahrt führte Admiral Klas Fleming einen Stabilitätstest auf der „Vasa" durch. Dabei liefen 30 Seeleute abwechselnd von einer auf die andere Seite. Es kam zu einer so gefährlichen Seitenneigung, dass Fleming den Test aus Angst um das Schiff abbrechen ließ. Weitere, logische Konsequenzen aus dem fehlgeschlagenen Test wurden nicht gezogen.*

In den folgenden Jahrhunderten geriet die „Vasa" mehr und mehr in Vergessenheit. Erst in den 1950er Jahren kam sie wieder in den Fokus der Öffentlichkeit. Der Wrackspezialist Anders Franzèn konnte nach intensiver Archivrecherche und vielen Tauchgängen 1956 die „Vasa" im Stockholmer Hafen lokalisieren. Es dauerte jedoch noch fünf Jahre, bis das Schiff die Wasseroberfläche durchbrach. Die Hebung des zerbrechlichen Wracks war ein technisch sehr diffiziler Vorgang, bei dem sechs kleine Tunnel unter dem Rumpf hindurchgebohrt wurden. Durch diese Tunnel wurden Stahlseile gezogen, mit denen man das Schiff in 16 Etappen vorsichtig aus dem Schlick hob. Am 24. April 1961, fast genau 333 Jahre nach dem Untergang, kam die „Vasa" wieder an die Oberfläche.

1962 wurde das vormals so stolze Kriegsschiff in die Vasa-Werft, ein erstes provisorisches Museum, transportiert und dort 17(!) Jahre lang kontinuierlich mit einem chemischen Konservierungsmittel besprüht. Im Jahr 1988 ging die „Vasa" wohl auf ihre letzte Reise in das neu erbaute Vasamuseum (Vasamuseet) auf der Insel Djurgården, das im Sommer 1990 von König Karl Gustav XVI. persönlich eröffnet wurde.

Das neue Vasamuseum ist eines der beeindruckendsten und faszinierendsten historischen Museen der Welt, das alljährlich über 1 Million Besucher in seinen Bann zieht. In dem Museum bekommt man einen fast unverstellten Blick in eine lang vergangene Epoche. Die Katastrophe vor fast 400 Jahren ist das Glück der Besucher von heute.

zu finden oder aber die kleinen Besucher wieder nach Hause zu lotsen.

› **Junibacken,** www.junibacken.se, Galärvarvsvägen, Tel. 08 58723000, Bus Nr. 44 oder 47, Di.-Fr. 10-17 Uhr, Sa./So. 9-18 Uhr, Erwachsene 110 Skr (ca. 11 €), Kinder (3-15 Jahre) 95 Skr (ca. 9,50 €)

Wer sich für die Geschichte des Tauchens interessiert, sollte keinesfalls das kleine **Dyktankhuset** (www.sdhf.se) auslassen. Etwa auf halbem Weg zwischen Vasamuseum und Aquaria Vattenmuseum erfährt man hier vieles über die Geschichte des Tauchens. Ein thematischer Bogen wird gespannt vom Flaschentauchen bis hin zu U-Booten.

32 AQUARIA VATTENMUSEUM ★★ [F5]

Das kleine, aber feine Aquarium vermittelt einen anschaulichen Einblick in die sonst verborgenen Wasserwelten.

Sowohl die tropischen Meere mit ihren mangrovengesäumten Küsten als auch die einheimische Ostsee finden hier ihre Berücksichtigung. Ebenso genial wie nervenaufreibend ist der klitzekleine Glastunnel, durch den Kinder und andere junggebliebende Spaßvögel einen kleinen Teil des Aquariums krabbelnd erkunden können. Dem einen wird das Vattenmuseum vielleicht etwas klein erscheinen, in der Übersichtlichkeit kann aber bekanntlich auch eine Stärke liegen. Wem all dies noch nicht reicht, dem bleibt abschließend noch immer das nette Café mit spektakulärem Blick auf den Hafen.

› **Aquaria Vattenmuseum,** www.aquaria.se, Falkenbergsgatan 2, Tel. 08 6604940, Bus 44/47 oder mit der Fähre von Nybroviken, Di.-So. 10-16.30 Uhr, Mitte Juni-Mitte Aug. tgl. 10-18 Uhr, Erwachsene 80 Skr (ca. 8 €), Kinder 6-15 Jahre 40 Skr (ca. 4 €), kostenlos mit Stockholm Visitors Card

Ergänzt wird die hochkarätige Djurgårdener Museumslandschaft um das **Biologiska Museet** (s. S. 29), welches einige Exponate der einheimischen Tierwelt beheimatet - allerdings in der ausgestopften Variante.

Neben dem bereits erwähnten Junibacken befinden sich mit Gröna Lund und Skansen zwei weitere Vergnügungsparks auf Djurgården.

33 GRÖNA LUND ★★ [F5]

Auf die Frage, was man sich unter einem klassischen Freizeitpark vorzustellen habe, sollte möglichst bald der Name Gröna Lund ins Spiel gebracht werden.

Gröna Lund lässt wahrlich keine Wünsche offen und weist ein kaum zu überschauendes, geschweige denn zu bewältigendes Angebot auf - und dies gilt für alle Altersstufen. Karussells, Schiffsschaukel, Riesenrad und Geisterbahn konkurrieren um die unternehmungslustigen Besucher. Achterbahn und Katapult sind von weither sichtbar, die Jubelschreie der mutigen Teilnehmer schon von Weitem zu hören. Natürlich dürfen die Fast-Food-Buden und Restaurants ebenso wenig fehlen wie Spielhallen und Souvenirshops. Daneben präsentieren sich im Lauf des Jahres die unterschiedlichsten Künstler auf den verschiedenen Bühnen.

› **Gröna Lund,** www.gronalund.com, Djurgårdsvägen, Tel. 08 58750100, Bus Nr. 44 und 47 oder direkt mit der Fähre von Nybrokajen oder Slussen. Die Öffnungszeiten variieren sehr: In den Sommermonaten vom späten Vormittag oder der Mittagszeit

(11–14 Uhr) bis in die späten Abendstunden (22–24 Uhr). Die Eintrittspreise sind unterschiedlich gestaffelt: Eintritt kostet 30 Skr (ca. 3 €) (4–12 Jahre, Pensionäre) oder 60 Skr (ca. 6 €) (älter als 13 Jahre). Für die Attraktionen gilt es extra zu bezahlen: Es gibt eine Tageskarte für 235 Skr (gut 23 €); daneben existiert ein System gestaffelter Couponkarten, die an den jeweiligen Attraktionen einzulösen sind.

34 SKANSEN ★★ [F5]

Skansen ist eines der größten Freilichtmuseen weltweit und eines der beliebtesten und belebtesten Ausflugsziele Stockholms.

Im Gegensatz zu Gröna Lund zeigt sich Skansen eher von der ruhigeren Seite. In dem 1891 von *Arthur Hazelius* gegründeten Freizeitpark wurden zunächst historische Gebäude aus allen Landesteilen zusammengetragen, im Lauf der Zeit folgten ein auf die nordische Tierwelt spezialisierter Zoo und ein Aquarium. Große Freiflächen laden zum Picknick ein und auf den Bühnen, vor allem auf der Solliden-Bühne, werden große Veranstaltungen aller Art (z. B. das populäre, im Fernsehen übertragene *Allsången* im Sommer) aufgeführt. Selbstverständlich begeht man auch hier die großen schwedischen Feiertage wie Walpurgisnacht, Midsommar, Nationalfeiertag oder Luciafest. Skansen ist speziell für Familien eine willkommene Attraktion. An Wochenenden kann es schnell sehr voll werden und man sollte darüber nachdenken, seine Verpflegung selber mitzubringen – ansonsten könnte es zusammen mit den Eintrittspreisen ein insgesamt teures Vergnügen werden.

› **Skansen,** www.skansen.se, Djurgårdsvägen, Tel. 08 4428000, Bus 44 und 47 oder mit der Fähre von Nybroviken, Mai tgl. 10–20 Uhr, Juni–Aug. tgl. 10–22 Uhr, Sept. tgl. 10–17 Uhr, Okt.–Apr. tgl. 10–16 Uhr, Erwachsene 80 Skr (ca. 8 €), ermäßigt 40 Skr (ca. 4 €)

DIE WEITLÄUFIGE UMGEBUNG DJURGÅRDENS

Ziemlich genau in der Mitte des langgezogenen nördlichen Uferbereichs liegt **Rosendals Slott.** Die Sommerresidenz *Karls XIV. Johan* – des ersten schwedischen Königs aus dem Hause *Bernadotte* – wurde in den 1820er Jahren von *Fredrik Blom* erbaut und ist vor allem aufgrund seiner typischen Inneneinrichtung bekannt. Daher verwundert es auch wenig, dass diese Art der Einrichtung in Schweden unter dem Begriff Karl-Johan-Stil in die Geschichte einging.

› **Schloss Rosendal,** www.royalcourt.se, Rosendalsvägen, Tel. 08 4026130, Führungen Juni–Aug. Di.–So. stündlich 12–15 Uhr

Am anderen, dem südlichen Ufer Djurgårdens gelegen, gibt es eine weitere Kunsthalle. Seit nunmehr über 90 Jahren werden in der **Liljevalchs Konsthall** die unterschiedlichsten Ausstellungen präsentiert. Vor allem die vielgerühmte Frühjahrsausstellung Vårsalongen begeistert dabei die Kritiker immer wieder.

› **Liljevalchs Konsthall,** www.liljevalchs.stockholm.se, Djurgårdsvägen 60, Tel. 08 50831330. Di.–So. 11–17 Uhr, Di./Do. bis 20 Uhr. Erwachsene 70 Skr (ca. 7 €), bis 18 Jahre frei.

In relativer Nachbarschaft befindet sich **Prins Eugens Waldemarsudde** (s. S. 33), die Kunstsammlung von Prinz *Eugen* (1865–1947) – kunstinteressierter und talentierter Sohn *Oskars II.*

DAS HERRSCHERGESCHLECHT BERNADOTTE – WIE EIN „FRANZOSE" AUF DEN SCHWEDISCHEN THRON KAM ...

Zu Beginn des 19. Jahrhunderts dominierte der Kaiser der Franzosen die europäische Politik: Napoleon Bonaparte. Fast ganz Europa lag ihm zu Füßen oder unterstand zumindest indirekt seiner Kontrolle. Das schwedische Königshaus hatte zu diesem Zeitpunkt jedoch mit einem anderen Problem zu kämpfen: König Karl XIII. und seine Gattin Hedwig von Schleswig-Holstein-Gottorf hatten einen gemeinsamen Sohn bekommen, der jedoch nur wenige Tage alt wurde. Somit fehlte dem alternden Königspaar ein Thronfolger. Dieses Problem wurde durch die Adoption von Christian August von Augustenburg scheinbar gelöst. Unter dem Namen Karl August (der Name „Christian" war in Schweden wegen der verhassten dänischen Könige sehr unpopulär) wurde er im Jahre 1809 vom schwedischen Reichstag zum offiziellen Thronfolger gewählt. Der frisch gewählte Kronprinz und König in spe konnte die Position des zweiten Mannes im Staat jedoch nur wenige Monate besetzen. Während einer Militärparade im Mai 1810 erlitt er hoch zu Ross einen Schlaganfall und verstarb im Sattel.

Somit begann der Thronfolgerfindungsprozess wieder von vorne. Doch diesmal nahm das schwedische Militär das Heft in die Hand und drängte auf einen Nachfolger aus dem Umfeld des bis dato siegreichen Napoleon Bonaparte. Schnell fiel die Wahl auf einen französischen Marschall namens Jean Baptiste Bernadotte, der bereits im August 1810 zum Nachfolger Karls XIII. ernannt wurde. Umgehend schaltete er sich in die Politik des schwedischen Reiches ein und gestaltete sie aktiv mit. Seine außenpolitische Ausrichtung verwunderte selbst kühnste Beobachter. Statt sich ins Fahrwasser Napoleons zu begeben, wie es seine Wurzeln nahegelegt hätten, distanzierte er sich von der aggressiven Machtpolitik seines ehemaligen Vorgesetzten (mit dem er nicht nur die Heimat teilte: Bernadottes Frau Desiree Clary war in ihren jungen Jahren die Geliebte Bonapartes gewesen). 1813 kam es sogar zum offenen Bruch zwischen Bonaparte und dessen ehemaligem General, als sich Letzterer der Koalition gegen Napoleon anschloss und aktiv mit schwedischen Truppenkontingenten an den Kämpfen gegen das französische Heer teilnahm. Parallel zu den Kämpfen gegen Napoleon richtete sich Bernadottes Augenmerk auf den Ausbau der schwedischen Machtstellung in Nordeuropa. Nach erfolgreichen

072st Abb.: ld

Kämpfen gegen Dänemark wurde Norwegen 1814 Teil des schwedischen Imperiums.

Als Bernadotte im Februar 1818 unter dem Namen Karl XIV. Johann schwedischer König (und als Karl III. Johann norwegischer Regent) wurde, hatte er die Eckpfeiler seiner Außenpolitik bereits gesetzt und realisiert. Unter seiner Regentschaft schlug Schweden eine friedliche Außenpolitik ein und konnte diesen Kurs bis heute halten. Seit dem stürmischen Beginn des 19. Jahrhunderts war Schweden in keinen Krieg aktiv involviert. Die Regentschaft von Karl XIV. Johann endete mit dessen Tod 1844 - die Herrschaft der Bernadottes jedoch nicht. Nachfolger auf dem schwedischen Thron wurde sein Sohn Oskar I. Ihm sollten bis heute noch fünf weitere Regenten folgen. Seit 1973 ist Karl XVI. Gustav schwedischer König. Ihm wird voraussichtlich seine Tochter Kronprinzessin Viktoria folgen, die dann Dank einer Änderung der Thronfolgeregelung im Jahr 1980 die erste Königin des Herrscherhauses Bernadotte sein wird.

◀ *Das Denkmal für Karl XIV. Johann in der Stockholmer Altstadt*

An der äußersten östlichen Landzunge Djurgårdens gelangt man zur **Thielska Galleriet.** In einem ungewöhnlichen, orientalisch angehauchten und von einer Kuppel dominierten Gebäude wird heute die Kunstsammlung des Finanziers und Kunstmäzens *Ernest Thiel* einer breiten Öffentlichkeit zugänglich gemacht. Verantwortlich für das Bauwerk war ebenfalls der Architekt *Ferdinand Boberg.* Errichtet in den Jahren 1904–1907 wurde die Villa schließlich 1926 ein Museum und im Anschluss vielfach renoviert. *Ernest Thiel* war ein begeisterter Kunstliebhaber und zählte so zeitgenössische Größen wie *Edvard Munch, Carl Larsson, Bruno Liljefors* oder *Anders Zorn* zu seinem Bekanntenkreis. An diesem Ort ging er seiner Sammelleidenschaft nach.

Des einen Freud war des anderen Leid: Aus finanziellen Gründen musste *Thiel* schließlich die Galerie dem Staat übertragen, der sie dann seinerseits öffentlich zugänglich machte und die Ausstellung um weitere Veranstaltungen und Vernissagen erweiterte.

› **Thielska Galleriet,** www.thielska-galleriet.se, Sjötullsbacken 8, Tel. 08 6625884, Bus Nr. 69, Mo.-Sa. 12–16 Uhr, So. 13–16 Uhr, Erwachsene 50 Skr (ca. 5 €), ermäßigt 30 Skr (ca. 3 €)

ESSEN UND TRINKEN

166 [F5] **Blå Porten,** www.blaporten.com, Djurgårdsvägen 64, Tel. 08 6638759. Bus 44, 47. Nettes Café, sommers ab 11 Uhr geöffnet.

167 [F4] **Djurgårdsbrons Sjöcafé,** www.sjocafet.com, Galärvarvsvägen 2, Tel. 08 6614488, Bus Nr. 47. Schön am Wasser gelegen; auch Boots-, Inliner-, Fahrradverleih.

› **Wärdshus Ulla Winbladh** (s. S. 58)

SÖDERMALM UND LÅNGHOLMEN

Wer hier erst einmal lebt, will nie wieder weg – schon aus Prinzip! So oder so ähnlich wird wohl die Lebensphilosophie der meisten Bewohner Södermalms ausfallen: Lokalpatriotismus wird hier ganz groß geschrieben.

Södermalm – oder einfach nur Söder – hat für viele der schätzungsweise 90.000 Bewohner den anderen Stadtteilen in vielerlei Hinsicht längst den Rang abgelaufen. Darüber darf natürlich gestritten werden, einen eigenen Eindruck sollte man sich jedoch auf jeden Fall machen.

Zahlreiche Künstler und Lebenskünstler, Intellektuelle, Alternative und junge Leute haben ihr Zuhause in Södermalm gefunden. Ihnen wird eine gewisse Unkonventionalität und Gelassenheit nachgesagt, die vielleicht auch an einer hohen Lebensfreude und Lebensqualität abzulesen ist oder sich in den vielen Kneipen, Cafés, Boutiquen oder Secondhandläden widerspiegelt. Bemerkenswert ist zudem die untrennbare Verbundenheit der Södermalmer mit *ihrem* Sportklub Hammarby IF.

Dies war nicht immer so. Der südliche Vorort hat eine phänomenale Metamorphose vom häufig belächelten Randbezirk, über den leicht verächtlich die Nase gerümpft wurde, über einen klassischen Arbeitervorort bis hin zu dem begehrten Wohnquartier, das es heute ist, zurückgelegt. Die Spuren der Maria Magdalena Kapelle lassen sich bis ins 14. Jahrhundert zurückverfolgen, eine erste permanente Besiedlung nahm von Slussen über die heutige Hornsgatan und Götgatan ihren Ursprung. Das Wasser und die bis zu 40 m hohen Felsklippen setzten einer weiteren Ausdehnung Stockholms nach Süden zunächst eine natürliche Barriere entgegen, doch bedeutete die Industrialisierung im 19. Jahrhundert für Södermalm einen gewaltigen Entwicklungsschub und den letztendlichen Durchbruch.

Unbestritten aber ist Södermalm in vielen Bereichen Trendsetter und hat sich nichtsdestotrotz sein kleinstädtisches Flair bewahrt. Neben den zahlreichen

078st Abb.: ld

◀ *Die gelassene Atmosphäre in Södermalm zieht viele Kreative in dieses Stadtviertel*

Kunst- und Designgalerien oder den unübersehbaren Läden mit Kuriositäten und Überraschendem glänzt Söder mit einer Flut von gemütlichen Cafés und einladenden Kneipen. Speziell entlang der Götgatan, am Medborgarplatsen und Mariatorget oder in dem Viertel um die Skånegatan, dem kneipentechnischen Bermudadreieck Stockholms, wird man in dieser Hinsicht voll auf seine Kosten kommen.

SÖDERMALMSTORG

Von Gamla Stan gelangt man über die unansehnlichen und verkehrsreichen Brückenkonstruktionen nach Södermalm. Jedoch wird man hinsichtlich dieses ersten unerfreulichen Eindrucks schnell eines Besseren belehrt, hat doch auch schon Södermalmstorget/Slussen seine schönen Ecken – nicht umsonst hat die Hilton-Gruppe in unmittelbarer Nachbarschaft einen großen Hotelkomplex hochgezogen.

35 STOCKHOLMS STADSMUSEUM ★ [D6]

Wissenswertes über Stockholm auf anschauliche Art und Weise verpackt ist hier das vorgelebte Museumskonzept.

Am nordwestlichen Rand des mit zahlreichen Leuchtreklamen versehenen Platzes residiert im ehemaligen Bezirksrathaus das **Stockholmer Stadtmuseum.** Das Museum zog in den von *Nicodemus Tessin dem Älteren* entworfenen Prunkbau Ende der 1930er Jahre ein und vermittelt seinen Besuchern einen lebhaften Eindruck der Stockholmer Stadtgeschichte seit der legendären Gründung 1252 durch *Birger Jarl.*

› **Stockholms Stadsmuseum,** www.stadsmuseum.stockholm.se, Ryssgården/Slussen, Tel. 08 50831600, U-Bahn Slussen, Di.–So. 11–17 Uhr, Do. 11–20 Uhr

36 KATARINAHISSEN ★ [D6]

Einmaliger Aussichtspunkt, exquisites Restaurant und optimaler Ausgangspunkt zum Erkunden des Nachtlebens in Södermalm – Stockholmbesucher, was willst du mehr?

Blickt man vom Stadsmuseum über den Vorplatz, sticht einem sofort die Stahlkonstruktion des **Katarinahissen** mit dem erstklassigen Restaurant Gondolen (s. S. 54) ins Auge. Über diesen Aufzug gelangt man problemlos in die höhergelegenen Bezirke Södermalms mit fantastischem Blick über die City. Beinahe augenblicklich ist man am Södra Teatern und Mosebacke Torg angelangt und kann dabei – praktisch im Vorbeigehen – eines der besten Restaurants der Stadt kennenlernen. Ob man allerdings den kostenpflichtigen Aufzug wirklich benutzen möchte oder aber die wenigen Schritte selber zurücklegt, bleibt letztendlich jedem selbst überlassen.

› **Katarinahissen,** Stadsgården 6, U-Bahn Slussen, Mo.–Fr. 7.30–22 Uhr, Sa./So. 10–22 Uhr. Erwachsene 10 Skr (ca. 1 €), Kinder 5 Skr (ca. 0,50 €)

Hoch über der Stadt am **Mosebacke Torg** steht man an einem wahren Vergnügungszentrum Södermalms. Das traditionsreiche Mosebacke Etablissement mit Bar, Restaurant und Terrasse sowie das ebenso ehrwürdige Södra Teatern (s. S. 36) bestimmen die Szenerie des Platzes. Früher standen hier zwei Windmühlen, wovon die eine, benannt

Detailkarte V: Södermalm

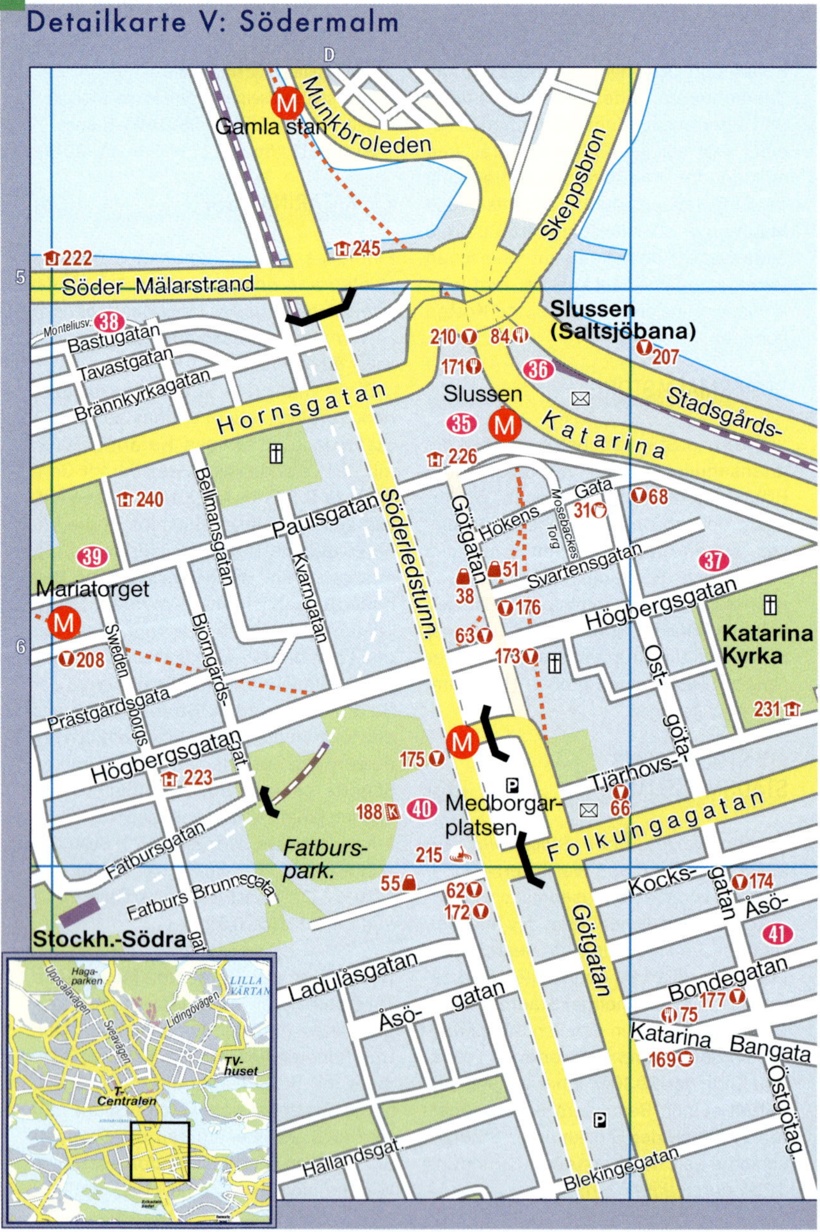

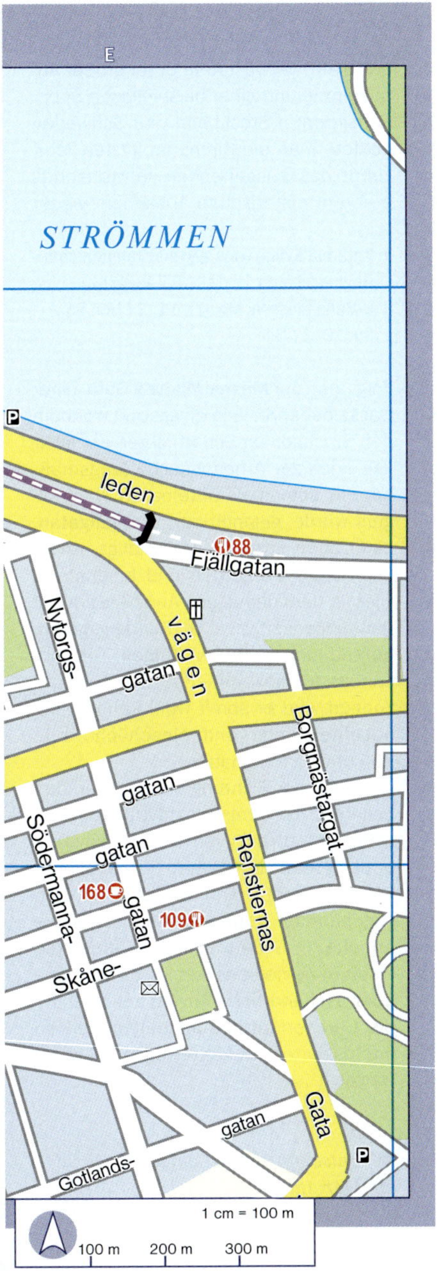

31 [V D6] Södra Teatern S. 36
38 [V D6] Bruno S. 38
51 [V D6] 10 Swedish Designers S. 40
55 [V D7] Söderhallarna S. 41
62 [V D7] 5emtio 4yra S. 46
63 [V D6] Fenix S. 46
66 [V D6] Kvarnen S. 46
68 [V E6] Mosebacke S. 46
75 [V E7] Chutney S. 51
84 [V D6] Gondolen S. 54
88 [V E6] Hermans S. 55
109 [V E7] Sardin S. 57
168 [V E7] Café String S. 158
169 [V E7] Lisas Café S. 158
170 [V D6] Rival S. 158
171 [V D6] Strömming Imbiss S. 158
172 [V D7] Gröne Jägaren S. 158
173 [V D6] Högbergs S. 158
174 [V E7] Ostgötakällaren S. 158
175 [V D6] Snaps S. 158
176 [V D6] Tiffany's S. 158
177 [V E7] WC S. 158
188 [V D6] Filmstaden Söder S. 269
207 [V E6] Lady Patricia S. 276
208 [V D6] Side Track S. 276
210 [V D6] Bitch Girl Club S. 276
215 [V D6] Forsgrenska Badet S. 282
222 [V D5] The Red Boat Mälaren S. 291
223 [V D6] Tre Små Rum S. 291
226 [V D6] Anno 1647 S. 291
231 [V E6] Columbus Hotell S. 292
240 [V D6] Rival Hotel S. 293
245 [V D5] Hilton Stockholm Slussen S. 294
35 [D6] Stockholms Stadsmuseum S. 151
36 [D6] Katarinahissen S. 151
37 [E6] Das Katarina-Viertel S. 154
38 [D6] Mariaberget S. 155
39 [D6] Mariatorget S. 155
40 [D6] Medborgarplatsen S. 156
41 [E7] SoFo S. 157

nach ihrem Besitzer *Moses Holm*, zum Namensgeber des gesamten Hügels wurde. Im Jahre 1890 nahm hier eine tragische Geschichte ihren Verlauf, als der junge und schneidige *Victor Rolla* ebenso spektakulär wie tödlich verunglückte: Seine Nummer als Artist des dortigen Varietés sah vor, auf einem Trapez, welches durch einen Ballon getragen wurde, die Leute zu unterhalten. Leider löste sich der Ballon samt *Victor Rolla*, der sich noch winkend von den Volksmassen verabschiedete. An einem der folgenden Tage fand man seinen Leichnam schließlich im Schärengarten treibend wieder und man begrub ihn unter großer Anteilnahme seiner vor allem weiblichen Fans.

37 DAS KATARINA-VIERTEL ★ [E6]

Das kleine Viertel um die Kirche mit seinen engen Gassen, dem Kopfsteinpflaster und den alten Holzhäusern vermittelt einen Eindruck davon, wie es in längst vergangenen Zeiten einmal ausgesehen haben mag.

In Sichtweite des Mosebacke befindet sich die beeindruckende **Katarina Kyrka** mit dem wunderschönen Friedhof ringsum. Am Ende des 14. Jahrhunderts wurde an dieser Stelle eine erste Kapelle errichtet. In der Mitte des 17. Jahrhunderts erhielt dann der damalige „Stararchitekt" *Jean de la Vallé* den Auftrag, ein neues Gotteshaus zu erbauen. Der Grundstein dazu wurde 1656 gelegt, endgültig fertiggestellt wurde die Kirche schließlich 1695. Eine Reihe von „Katastrophen" zieht sich durch die Geschichte der Katarina-Kirche. Spielten noch die Hexenprozesse Ende des 17. Jahrhunderts eine wichtige Rolle, trafen die Kirche im weiteren Verlauf zwei Großfeuer, die sie 1723 und 1990 verwüsteten. Unter großer Anteilnahme und einer beispiellosen Spendenaktion in Stockholm und Schweden richtete man die Kirche im letzten Jahrzehnt des ausgehenden Jahrtausends in ihrem historischen Aussehen wieder her.

› **Katarina Kyrka**, www.svkyrkankatarina.com, Högbergsgatan 15, Tel. 08 7436800, U-Bahn Slussen, Mo.–Fr. 11–17 Uhr, Sa./So. 10–17 Uhr

Folgt man der **Mäster Mikaels Gata**, einer Gasse benannt nach einem dort wohnenden Stockholmer Scharfrichter, der letztlich auch zur Arbeitsbeschaffungsmaßnahme seines unmittelbaren Nachfolgers wurde, gelangt man zur **Fjällgatan**, einer alten Straße mit einmaligem Ausblick über Djurgården und Innenstadt. Hier, in dem damaligen Außenbezirk auf der Klippenspitze bei der Stigbergsgatan, befand sich auch der **Galgen**. Gut einsehbar für ankommende Schiffsbesatzungen wird er somit wohl kaum seine abschreckende und einschüchternde Wirkung verfehlt haben.

In östlicher Richtung erblickt man den beliebten Aussichtspunkt **Fåfängan**.

Begibt man sich vom Södermalmstorg entlang der Hornsgatan in westlicher Richtung, stößt man zunächst auf den sogenannten **Hornspuckeln**, eine kleine Anhöhe im Södermalmer Stadtbild, die insofern bemerkenswert ist, da dort eine überraschend hohe Anzahl ansprechender Galerien auf die hoffentlich ebenso interessierten wie kauflustigen Besucher wartet.

▶ *Entspannen und Genießen am Mariatorget*

38 MARIABERGET ★★ [D6]

Unmittelbar daran schließt sich zwischen Hornsgatan und Riddarfjärden das Viertel Mariaberget an. Alte Gebäude, Kopfsteinpflaster und steile Treppen wechseln sich auf dem leicht hügeligen Terrain ab.

Der eindrucksvolle, märchenhafte Gebäudeaufbau erschließt sich einem vielleicht erst bei einer Betrachtung aus größerer Distanz, etwa von Riddarholmen oder dem wasserseitigen Ausgang der U-Bahn-Station Gamla Stan (zweifelsohne sind dies die günstigsten Plätze zum Fotografieren). Unbedingt aufzusuchen ist der kleine, leicht zu übersehende **Monteliusvägen** hoch über dem Södra Mälarstrand. Es ist ein wunderbarer Ort (speziell in den Abendstunden), um mit einer mitgebrachten Flasche Wein den Ausblick über die wasserreiche Innenstadt zu genießen oder Erinnerungsfotos zu schießen.

Auf der anderen Straßenseite der Hornsgatan liegt die **Maria Magdalena Kyrka.** Seit Mitte des 14. Jahrhunderts dient dieser Ort als eine Begräbnisstätte, eine der prominentesten Grabstätten ist die des Stockholmer Originals und Troubadours *Evert Taube.*

39 MARIATORGET ★★ [D6]

Rund um den gemütlichen Mariatorget und die anliegenden Seitenstraßen warten zahlreiche Cafés, Kneipen und Restaurants.

Am augenfälligsten ist wahrscheinlich das 1937 eröffnete Hotel Rival – damals eine der größten Kino-/Theaterbühnen der Stadt. Das ehemalige ABBA-Mitglied *Benny Andersson* hat in jüngster Vergangenheit dem Rival wieder

074st Abb.: sk

zu altem Glanz verholfen; heute ist es auch für sein reizvolles Café/Restaurant (s. S. 158) bekannt. Der Platz selbst wurde nach dem großen Feuer von 1759 angelegt, bis 1959 war er noch nach König *Adolf Fredrik* (1710–1771) benannt. In der Mitte des Mariatorget laden Bänke und eine Fontäne mit einem Motiv aus der nordischen Mythologie zum Verweilen ein: Thor bekämpft dort die Midgardschlange. An der Westseite des Platzes verbrachte der umstrittene und geheimnisumwitterte Wissenschaftler und Mystiker *Emmanuel Swedenborg* einige Zeit seines Lebens.

Zurück auf der Hornsgatan findet man nach wenigen Schritten die populäre **Folkoperan (s. S. 35)**. Am westlichen Ende der Hornsgatan befindet sich der sich zum Årstaviken öffnende **Tantolunden.** Einmal im Jahr rückt der Park in den Mittelpunkt des hauptstädtischen Lebens, dann nämlich, wenn im Sommer hier und in der Umgebung das Stockholm Pride Festival, die Stockholmer Variante des Christopher-Street-Day, zelebriert wird. Das restliche Jahr über wird die Parkanlage zusammen mit dem nahe gelegenen Zinkensdamms Idrottsplats (Sportstadion) zu einem Mekka der Sport- und Freizeitbegeisterten.

Hier, ganz im Westen Södermalms, im Übergangsbereich nach Långholmen 42, versuchen einige „geschäftstüchtige Aktivisten“ rund um den Hornstulls Strand an den Wochenenden einen **Straßenmarkt** (Hornstulls Street Market s. S. 39) zu organisieren.

Neben der Hornsgatan bildet die **Götgatan** die zweite alte Lebensader Södermalms. Die zu weiten Teilen als Fußgängerzone ausgewiesene Straße geht zunächst leicht bergauf, vom Scheitelpunkt hat man eine gute Sicht auf den fernen Globen 44. Rechts und links der Straße locken zahlreiche interessante und abwechslungsreiche Läden, Cafés und Bars die Besucher. Die Götgatan ist sicherlich *eine* attraktive Einkaufsstraße, die im Gegensatz zum häufig anzutreffenden modischen Mainstream der Innenstadt erfrischend anders wirkt.

40 MEDBORGARPLATSEN ★ [D6]

Kurz nachdem der Fußgängerbereich in den verkehrsreichen Teil übergeht, öffnet sich die Götgatan zum Medborgarplatsen. Der Name Medborgarplatsen (etwa „Platz des Mitbürgers“) wirkt wie ein Relikt aus Zeiten der Arbeiterbewegung oder der sozialdemokratischen Administration – das Erscheinungsbild einiger Gebäude am Platz unterstreicht dieses zudem noch.

Heute vermittelt der weitläufige Platz einen freundlichen, einladenden und durchaus auch modernen Eindruck. Ein Kinokomplex, eine Bibliothek, das **Forsgrenska Hallenbad** (s. S. 282) oder die vielen Cafés und Restaurants (mit Außenbereich) sowie einige der ersten Adressen des Södermalmer Nachtlebens machen den Medborgarplatsen und seine unmittelbare Umgebung so attraktiv. Unterstrichen wird dies nicht zuletzt durch die Söderhallarna (s. S. 41), eine vorzügliche Adresse für hungrige Touristen mit erlesenem Geschmack.

Geht man über den Platz und zwischen Söderhallarna und Kino die Treppen hinunter, gelangt man zum **Fatbursparken**, einem ehemaligen See, der im Zuge der Industrialisierung und Verstädterung trockengelegt wurde und dessen Name (*fatabur* = Vorratskammer) wohl in seinem enormen Fischreichtum begründet lag. Der Park mit seinen Skulpturen und den umgebenden monumentalen Gebäuden übt offensichtlich auch eine gewisse Anziehungskraft auf allerlei skurrile Gestalten aus, die üppig tragenden Kirschbäume sind zweifelsohne für alle ein unwiderstehliches Objekt der Begierde und die Blüte im Frühjahr ist prächtig anzusehen.

Ganz am Ende der Götgatan, jenseits des Ringvägen beim Årstaviken, befindet sich mit dem **Eriksdalsbadet** (s. S. 282) ein Schwimmbad, in dem auch die gemeine Familie Svensson (das schwedische Gegenstück zur Familie Otto Normalverbraucher) ihrem Badespaß nachgehen kann – wenn nicht gerade in der

▶ *Ein etwas anderes Hotel: Das ehemalige Gefängnis auf Långholmen*

mit olympischen Maßen glänzenden Schwimmstätte nationale oder internationale Wettbewerbe ausgetragen werden.

41 SOFO ★★★ [E7]

„Söder om Folkungar" oder auch „South of Folkungar", kurz SoFo, beschreibt ein Viertel begrenzt durch Folkungargatan, Götgatan, Ringvägen und Renstiernas Gata. SoFo ist eines der angesagtesten Viertel, in dem man zwanglos miteinander umgeht und eine Menge interessanter Menschen treffen kann. Vor allem aber steht SoFo für sein berühmt-berüchtigtes und intensives Nachtleben sowie die kleinen flippigen bis alternativen Läden.

Einer der schönsten Plätze dieses Quartiers ist der **Nytorget.** Um die kleine Grünfläche gruppieren sich viele Cafés und am Wochenende fühlt man sich beinahe verpflichtet, in einem der Cafés am Platz oder in den angrenzenden Straßen zum Brunchen einzukehren und die Cafékultur zu genießen (wenn dies nicht aufgrund der immer noch nicht beendeten Kneipentour sowieso auf der Hand liegt).

Jenseits der Renstiernas Gata thront die **Sofie Kyrka** auf den Vita Bergen. Die Parkanlage, in der sich auch eine kleine Freilichtbühne befindet, ist gerade im Sommer ein beliebter Rückzugsplatz der Södermalmer.

42 LÅNGHOLMEN ★★ [A6]

Auch wer sich nicht für die vielleicht bedrückende Atmosphäre einer ehemaligen Haftanstalt interessiert, ist auf Långholmen gut aufgehoben. Neben Hotel und Jugendherberge gibt es dort noch ein kleines Museum (selbstverständlich zur Gefängnisthematik), eine Gaststätte, mit Spazierwegen durchzogenes Grün und nette Badeplätze, die teilweise einen Ausblick auf die Innenstadt bieten.

Die immer noch relativ citynahe Insel Långholmen ist gut mit der U-Bahn (Hornstull), dem Bus (Nr. 4, 40, 66 und 77) oder dem Pkw zu erreichen. Wer den Weg über den Söder Mälarstrand einschlägt, passiert den mächtigen Bau der ehemaligen Münchenbryggeriet (Brauerei), der in seiner ganzen Größe vielleicht nur von Kungsholmen auszumachen ist.

Långholmen selbst diente beinahe auf den Tag genau 250 Jahre lang als Gefängnisinsel. Das berühmte **Gefängnis Kronohäktet** wurde auf Långholmen zu Beginn des 19. Jh. errichtet und galt bis zu seiner Schließung im Jahre 1975 als

079st Abb.: ld

eine der berüchtigtsten Haftanstalten des Landes. Die letzte Todesstrafe in Schweden wurde hier an *Johan Alfred Andersson Ander* am 23. Novemer 1910 vollzogen, indem man den Delinquenten mittels des Fallbeils um einen Kopf kürzte.

Nach umfangreichen Baumaßnahmen am Gefängnisgebäude nahm im Jahr 1989 schließlich das Hotel seinen Betrieb auf. Allein schon diese Tatsache sollte einen Besuch der Insel unumgänglich machen: Wo sonst schon hat man die Gelegenheit, in einer echten Gefängniszelle zu nächtigen?

ESSEN UND TRINKEN

168 [V E7] **Café String,** www.cafestring.com, Nytorgsgatan 38, Tel. 08 7148514, U-Bahn Medborgarplatsen. Mo.-Do. 9-21 Uhr, Fr. 9-19 Uhr, Sa./So. 10.30-19 Uhr. Der richtige Ort für ein ausgiebiges Frühstücksbüffet.

› **Chutney** (s. S. 51)

› **Fåfängan** s. S. 54

› **Gondolen** (s. S. 54)

› **Hermans** (s. S. 55)

169 [V E7] **Lisas Café,** Skånegatan 68, Tel. 08 6403636, U-Bahn Medborgarplatsen. Mo.-Sa. 6.30-15 Uhr. Eines der gemütlichsten Cafés im Viertel.

170 [V D6] **Rival,** www.rival.se, Mariatorget 3, Tel. 08 54578900, U-Bahn Mariatorget. Ein Café-Restaurant-Bar-Hotel-Theater-Komplex, das vom ABBA-Mitglied *Benny Andersson* aus seinem Dornröschenschlaf geholt wurde.

› **Sardin** (s. S. 57)

› **Sjögras** (s. S. 57)

171 [V D6] **Strömming Imbisswagen,** Slussen-Vorplatz. Kaum zu glauben, aber die lange Schlange vor dem Imbiss spricht Bände: Für immer mehr Stockholmer gibt es den besten Fisch mitten auf dem ungemütlichen Platz am Slussen in einer unscheinbaren Imbissbude mit der Aufschrift Nystekt Strömming.

UNTERHALTUNG UND NACHTLEBEN

› **5emtio 4yra** (s. S. 46)

› **Fenix** (s. S. 46)

172 [V D7] **Gröne Jägaren,** Tel. 08 6409600, www.gronejagaren.com, Götgatan 64, U-Bahn Medborgarplatsen. Mo.-Fr. 10.30-1 Uhr, Sa./So. 11-1 Uhr. Für die, die auch im Urlaub nicht auf ihre 56 Kräuter verzichten möchten. Häufig Karaoke, teilweise geht es hier recht hemdsärmelig zu.

173 [V D6] **Högbergs,** www.hogbergs.nu, Götgatan 33, Tel. 08 6419498, U-Bahn Slussen. Mo.-Do. 16-1 Uhr, Fr.-So. 14-1 Uhr. Auf drei Etagen findet man alles, was den Abend bereichert.

› **Kvarnen** (s. S. 46)

› **Marie Laveau** (s. S. 46)

› **Mosebacke** (s. S. 46)

174 [V E7] **Ostgötakällaren,** Östgötagatan 41, Tel. 08 6432240, U-Bahn Medborgarplatsen. Mo.-Fr. 17-1 Uhr, Sa./So. 15-1 Uhr. Jever vom Fass mit rustikalem Interieur. Zum Tanzen geht es gleich nach nebenan.

175 [V D6] **Snaps,** www.snapsbar.se, Götgatan 48, Tel. 08 6402868, U-Bahn Medborgarplatsen. Geradezu überfüllte, weil gute Gastronomie; draußen sitzen am Medborgarplatsen oder zu später Stunde drinnen abfeiern.

176 [V D6] **Tiffany's,** Götgatan 27, Tel. 08 6421949, U-Bahn Slussen. Mo.-Fr. 16-1 Uhr, Sa. 14-1 Uhr, So. ab 16 Uhr. Ein guter Ort, um den Abend gelungen einzuläuten.

177 [V E7] **WC,** www.wcbar.se, Skånegatan 51, U-Bahn Medborgarplatsen. Tel. 08 6438300. Nettes Lokal mit gutem Restaurant und extrem langer Bar. Der nahezu perfekte Ort, um den Abend gelungen einzuläuten. Man kann bis 22 Uhr draußen sein.

SEHENSWÜRDIGKEITEN IN DEN RANDBEZIRKEN

43 SKOGKYRKOGÅRDEN ★ [E9]

Architekturfreaks mit Hang zum Morbiden werden sich auf dem Skogkyrkogården richtig wohl fühlen.

Der auf der UNESCO-Liste des Weltkulturerbes geführte Waldfriedhof wurde von dem für so viele Stockholmer Bauwerke verantwortlichen und vielfach prämierten Stararchitekten *Gunnar Asplund* konzipiert. *Asplund* arbeitete, von den ersten Plänen 1914 bis zur Fertigstellung 1940, kaum zu glaubende 26 Jahre an der Umsetzung des Projekts. Die dezente und weitläufige Anlage übt eine gewisse Ausstrahlung aus, die diese unvergleichliche Atmosphäre des Friedhofs ausmacht. Ergänzt werden die Bestattungsfelder mit friedhofstypischen Gebäuden, darunter der Skogskapellet (Kapelle) und dem Skogskrematoriet (Krematorium). Zu erreichen ist der Skogskyrkogården am leichtesten über die Ausfallstraße 73 in Richtung Nynäshamn.

44 GLOBEN ★ [E9]

Glaubt man sich einem riesigen aufgeblähten Golfball gegenüber, so befindet man sich am Globen, einem der landesweit bedeutendsten Veranstaltungsorte für Sport, Konzerte usw.

Der ebenfalls in einem der südlicheren Randbezirke liegende und weithin sichtbare postmoderne Bau wurde 1989 seiner Bestimmung übergeben, war und ist ein wegweisender Meilenstein der schwedischen Architektur und bietet – je nach Art der Veranstaltung – weit über 10.000 Zuschauern Platz. Die grandiose Architektur ist eingebettet in die zugegebenermaßen etwas künstlich wirkende GlobenCity, eine Stadt in der Stadt. Das Globen-Areal soll bis 2012 um ein neues, 30.000 Zuschauer fassendes Stadion erweitert werden.

› **Globen**, www.globearenas.se, Globentorget, Tel. 08 50835300, Johanneshov, U-Bahn Globen

45 NATURHISTORISCHES REICHSMUSEUM (NATURHISTORISKA RIKSMUSEET) MIT COSMONOVA ★★★ [C1]

Auch wenn man die Klasse eines Museums nicht unbedingt an seinen schieren Ausmaßen festmachen sollte: Das auf dem erweiterten Campus der Universität beheimatete Naturhistorische Reichsmuseum ist eines der größten Museen Schwedens, wobei die Quantität hier auch für hohe Qualität steht.

080st Abb.: ld

▶ *Ausblick auf GlobenCity*

Die Anfänge der Sammlungen lassen sich auf keinen geringeren als *Carl von Linné* in der Mitte des 18. Jh. zurückverfolgen. Die Ausstellung liefert einen Rückblick auf 4½ Mrd. Jahre Erdgeschichte, über die Wasserwelten und die Polarregionen im Allgemeinen und die schwedische Natur im Speziellen. Vieles ist hier zum Mitmachen, selbst erleben oder ausprobieren und somit interessant für alle Altersstufen. Auge in Auge mit Dinosauriern oder mit den gewaltigen Ausmaßen einer Seekuh konfrontiert, besinnt man sich der Vielfalt der Natur und begegnet ihr vielleicht wieder mit mehr Respekt.

In den Komplex integriert wurde Cosmonova, das erste IMAX-Kino des Landes mit einer Leinwand von gewaltigem Ausmaß. Das Programm ist standesgemäß auf die abenteuerliche und spektakuläre Welt der Natur ausgerichtet. Und vielleicht erweist es sich als das größte Problem, den Nachwuchs anschließend ohne größeres Murren aus dem Museumsshop wieder herauszuführen.

› **Naturhistoriska Riksmuseet,** www.nrm.se, Frescativägen 40, Tel. 08 51954040, U-Bahn Universitetet, Di., Mi. und Fr. 10–19 Uhr, Do. 10–20 Uhr, Sa./So. 11–19 Uhr, Infos über das Programm im IMAX-Kino Cosmonova unter Tel. 08 51955130, Erwachsene 80 Skr (ca. 8 €), bis 18 Jahre frei

46 MILLESGÅRDEN ★★ [C1]

Höhepunkt eines Ausfluges zum Millesgården wird zweifelsohne der grandiose, an einem Hang zum Wasser hin abfallende Skulpturenpark sein, in dem die Werke Milles zu bestaunen sind.

Auf der noch zum Großraum Stockholm gehörenden Insel Lidingö befindet sich das ehemalige Anwesen des

CARL VON LINNÉ

Wer achtet bei den alltäglichen Zahlungsmitteln auf die Abbildungen? Insbesondere im Ausland mit den unbekannten Währungen konzentriert man sich nur auf den Zahlenwert der Münze oder des Geldscheins. Doch schauen Sie sich einmal den schwedischen 100-Kronen-Schein an. Dort ist ein Mann mit altertümlicher Frisur abgebildet, einer der berühmtesten Gelehrten schwedischer Zunge: Carl von Linné.

Als am 23. Mai 1707 in einem kleinen smäländischen Dorf Carl Linnaeus das Licht der Welt erblickte, ahnte niemand, dass gerade einer der genialsten Forscher des 18. Jahrhunderts geboren worden war. Der Lebensweg des jungen Carl schien schon vorgezeichnet, da Vater und Großvater mütterlicherseits als protestantische Pfarrer wirkten bzw. gewirkt hatten. Bereits als kleiner Junge zeigte Carl ein ausgesprochenes Interesse für die Pflanzen des Familiengartens und diese botanische Passion intensivierte sich zu Schulzeiten weiter. Dank der Überzeugungsarbeit seines Lehrers durfte Carl, gegen den ursprünglichen Wunsch des Vaters, an der Universität Lund Medizin studieren. Nach nur einem Jahr in Lund wechselte er 1728 auf Rat seiner Professoren an die renommiertere Universität Uppsala. Schnell erweckte Linnaeus durch Ehrgeiz, interdisziplinäres Fachwissen und eine messerscharfe Auffassungsgabe das Interesse der Professoren und erklomm in der akademischen Hierarchie geschwind Stufe für Stufe. Er wurde nicht nur für

046ro Abb.: apt

seine fachlichen Qualifikationen geachtet. Seine umgängliche Art machte ihn bei Kollegen wie Untergebenen sehr beliebt. Er kannte keine Standesdünkel und pflegte weitreichende Kontakte mit der internationalen Forschergemeinschaft. „Mit Bauern sprach er bodenständig auf ihre Weise, mit anderen Forschern auf Latein", beschrieb ihn ein Zeitgenosse. Seine Leidenschaft für die Botanik kombinierte er mit diversen Reisen, die ihn durch ganz Schweden führten. Ausführliche Reiseberichte und umfangreiche Pflanzensammlungen dokumentieren noch heute seine Aktivitäten.

Unsterblich wurde Linnaeus jedoch durch etwas anderes. Er entwickelte ein Klassifizierungssystem für alle Pflanzen dieser Welt. Danach werden die Gewächse nach Gattung und nach Art eingeteilt. Diese sog. binäre Nomenklatur ist bis heute, wenn auch modifiziert, in der Botanik und der Zoologie gebräuchlich. Damals war der Ansatz von Linné's Systema Naturae - er wurde 1761 vom König in den Adelsstand gehoben und aus Carl Linnaeus wurde Carl von Linné - revolutionär: Er klassifizierte die Pflanzen nach der Art ihrer sexuellen Reproduktion. Nicht verwunderlich also, dass das Systema Naturae vom Papst auf den Index gesetzt wurde und der Botaniker Johann Siegesbeck die Einteilungssystematik als „abscheuliche Unzucht" bezeichnete. (Man kann Linné beim Umgang mit einem seiner größten Kritiker eine humorvolle Gelassenheit nicht absprechen: Ein neu entdecktes, bedeutungsloses Unkraut erhielt von ihm den lateinischen Namen „Siegesbeckia".)

Als Professor für Medizin und Botanik der Universität Uppsala engagierte sich Linné vorzugsweise in seinem Wohnort. Im Jahr 1741 übernahm er als Leiter den botanischen Garten der Stadt und innerhalb weniger Jahre entstand mit viel Herzblut der artenreichste und bedeutendste Garten Schwedens, der noch heute in Uppsala als Linnéträgården Besuchern offen steht.

Als Carl von Linné 1778 nach Jahren der Krankheit in Uppsala verstarb, wurde er neben dem schwedischen König und Reichsgründer Gustav Vasa (und dessen drei Ehefrauen!) im Dom von Uppsala beigesetzt.

▲ *Carl von Linné - der berühmteste Mediziner und Botaniker Schwedens - ist auf dem 100-Kronen-Schein verewigt*

schwedischen Künstlers *Carl Milles*. Hier verbrachte *Carl Milles* (1875–1955) zusammen mit seiner Frau *Olga* große Teile seines schöpferischen Lebens. Die eine oder andere Abbildung seiner Werke wird den Besuchern Stockholms beinahe zwangsläufig in Form eines Bildbandes oder eines Titelbildes ins Auge fallen. Trotz Innenräumen und ergänzendem Bistro und Museumsshop, an einem sonnigen Tag wird ein Besuch der Außenanlagen nicht zu schlagen sein.

› **Millesgården,** www.millesgarden.se, Herserudsvägen 32, Tel. 08 4467590, Lidingö, U-Bahn Ropsten anschließend weiter mit dem Bus oder, wer möchte, auch zu Fuß. Sommer tgl. 11–17 Uhr, Okt.–Mitte Mai Di.–So 12–17 Uhr. Eintritt 90 Skr (ca. 9 €)

47 KAKNÄSTORNET ★★ [H3]

Im östlichen Stadtteil Ladugårdsgärdet liegt der weithin sichtbare Kaknästornet. Das Bauwerk ist ein **Fernsehturm** in doppelter Hinsicht: Einerseits in seiner Funktion als TV- und Radioturm, andererseits kann man auch von dort oben die einmalige Fernsicht über Stockholm mit den von hier so klein erscheinenden Sehenswürdigkeiten oder den angrenzenden Schärengarten genießen. Die vielleicht etwas weitere Anfahrt (mit dem Bus etwa 20 Min. vom Nybroplan) lohnt sich allemal und man sollte sich die Ruhe und Zeit gönnen um den Rundblick – bei einem Brunch oder Abendessen – zu erleben.

Entworfen wurde der 155 m hohe und mit 34 Stockwerken versehene Kaknästornet von den beiden Architekten *Bengt Lindroos* und *Hans Borgström*. 1967 wurde der TV-Turm nach 4-jähriger Bauzeit seiner Bestimmung übergeben und er ist noch heute eines der höchsten Bauwerke Skandinaviens. Zwei Fahrstühle transportieren die Gäste rasant auf die beiden Besucherplattformen, wobei eine der Plattformen als Restaurant dient.

Über Geschmack lässt sich bekanntlich streiten und der graue Betonturm löst bestimmt die eine oder andere kontrovers geführte Diskussion aus; aber wie gesagt, die Fernsicht ist einfach einzigartig.

› **Kaknästornet,** www.kaknastornet.se, Mörka Kroken, Tel. 08 6672105, Bus Nr. 69 oder mit dem Auto über den Djurgårdsbrunnsvägen. Juni–Aug. tgl. 9–22 Uhr, Jan.–Mai und Sept.–Nov. Mo.–Sa. 10–21 Uhr, So. 10–18 Uhr, Dez. tgl. 10–21 Uhr. Erwachsene 35 Skr (ca. 3,50 €), ermäßigt 20 Skr (ca. 2 €)

FJÄDERHOLMARNA

Die Schärengruppe wirbt auch gerne mal mit dem Slogan „... dort, wo der Schärengarten beginnt". Wer allerdings behauptet, er kenne den Schärengarten, weil er die Fjäderholmarna besucht habe, weiß nicht, wovon er spricht. Der Vergleich hinkt, bestenfalls handelt es sich um eine Light-Version des Schärengartens! Sicherlich sind die Fjäderholmarna ein nettes Ausflugsziel, das in etwa 20 Min. mit dem Schiff von der Innenstadt aus erreicht werden kann. Die insgesamt vier Inseln um die Hauptinsel Stora Fjäderholmen sind mit den verschiedensten Lokalitäten, einigen kleineren Museen und Ausstellungen, zahlreichen (Handwerks-) Boutiquen und einem kleinen Freilichttheater touristisch voll erschlossen.

In der Geschichte der Inseln spielte vor allem die Zeit des ausgehenden 19. Jh. eine bedeutende Rolle, die als der sog. „Wodka-Krieg" in die Annalen einging.

› **Infos** über www.fjaderholmarnaskrog.se oder www.fjaderholmarna.se, Tel. 08 7183355

RUND UM DEN MÄLARSEE

EKERÖ UND UMGEBUNG

Im unmittelbaren Westen Stockholms erstreckt sich in der Inselwelt des Mälaren, dem mit 1140 km^2 drittgrößten See des Landes und achtgrößten See Europas, die Kommune Ekerö mit ihren zum Weltkulturerbe der UNESCO zählenden touristischen Highlights, dem Schloss Drottningholm und der alten Wikingersiedlung Birka.

DROTTNINGHOLM

Die herausragendste Sehenswürdigkeit der Kommune ist zweifelsohne Drottningholm. Darunter darf man sich jedoch nicht nur das Schloss an sich, sondern vielmehr ein einzigartiges Ensemble vorstellen, das das eigentliche königliche Schloss, das Chinaschloss (Kina Slott) sowie den Park mit weiteren Gebäuden umfasst.

Die sicherlich entspannteste und zugleich spektakulärste Art und Weise, sich Drottningholm zu nähern, ist die Anreise mit einem Ausflugsboot von Stockholm. So erhält man schon einen ersten kleinen Eindruck von der Inselwelt im Mälaren, bevor sich plötzlich das beeindruckende Schloss von der Wasserseite vor einem aufbaut.

Die Arbeiten zum **Schloss Drottningholm** begannen im Jahre 1662 an einer Stelle, an der zuvor ein erstes Schloss niederbrannte. Die Durchführung oblag dem umtriebigen Architekten *Nicodemus Tessin d. Ä.* im Auftrag der späteren Königin *Hedwig Eleonore.* Seit 1981 ist das Barockschloss eine Residenz der königlichen Familie.

› **Schloss Drottningholm,** www.royalcourt.se, Tel. 08 4026280, Mai–Aug. tgl. 10–16.30 Uhr, Sept. 11–15.30 Uhr, Okt.–April Sa./So. 12–15.30 Uhr, Erwachsene 80 Skr (ca. 8 €), ermäßigt 40 Skr (ca. 4 €), Kombiticket Schloss und Kina Slott 120 Skr (ca. 12 €), Schloss, Kina Slott und Schlosstheater 180 Skr (ca. 18 €), Führungen in Englisch und Schwedisch mehrmals tgl., Okt.–Mitte Juni nur an Wochenenden

Dem **Chinaschloss** und dem **Schlosspark** ist es hauptsächlich zu verdanken, dass die gesamte Anlage 1991 als erstes Objekt in Schweden überhaupt den Status eines Weltkulturerbes zugesprochen bekam.

Als kleines Lustschloss konzipiert, wurde 1760 ein ursprüngliches Holzgebäude zu einem der am besten erhaltenen Rokokobauwerke mit chinesischem Einschlag umgestaltet. 1989–1996 erfolgte eine umfassende Renovierung. Im Park sind weitere Attraktionen zu entdecken, wie zum Beispiel die zahlreichen Wasserspiele, größere und kleinere Teiche oder die immer neuen und überraschenden Sichtachsen, die zu herrlichen Spaziergängen geradezu einladen. Das **Schlosstheater** beispielsweise wird zu den ältesten Theatern gerechnet, dessen ursprüngliche Bühnenausstattung noch immer genutzt wird. Fertiggestellt wurde das Schlosstheater 1766 nach den Plänen von *Carl Fredrik Adelcrantz.* Nachdem das Theater nach dem Tod *Gustavs III.* etwas in Vergessenheit geriet, wurde es letztendlich zu Beginn des 20. Jahrhunderts aus seinem Dornröschenschlaf erweckt und spielt seitdem eine

Von Stockholm aus fahren zahlreiche Ausflugsboote zu den touristischen Highlights des Mälarsees

☐ Karte Umschlag hinten

bedeutende Rolle im kulturellen Leben Stockholms.

- **Kina Slott,** www.royalcourt.se, Tel. 08 4026270, Mai–Aug. tgl. 11–16.30 Uhr, Sept. tgl. 12–15.30 Uhr, Erwachsene 70 Skr (ca. 7 €), ermäßigt 35 Skr (ca. 3,50 €)
- **Schlosstheater,** www.dtm.se, Tel. 08 7590406, Führungen Mai–Sept. mehrmals tgl., in der Hochsaison auch in Deutsch, Erwachsene 80 Skr (ca. 8 €), ermäßigt 50 Skr (ca. 5 €), die Vorstellungspreise variieren zwischen 50 Skr (ca. 5 €) und über 700 Skr (ca. 70 €), Kartenbestellung über Tel. 08 6608225 oder www.ticnet.se
- **Drottningholms Wärdshus,** www.drottningholmswardshus.se, Tel. 08 7590308, gute Küche in unmittelbarer Nähe zum Schloss

Anreise

- U-Bahn bis Brommaplan, dann einen der Busse der Linien 301–323. Mit dem Boot von Stockholm: In der Hauptsaison stündlich mit Strömma Kanalbolaget von Stadshusbron, Tel. 08 58714000; Hinfahrt 110 Skr (ca. 11 €), mit Rückfahrt 150 Skr (ca. 15 €), Dauer ca. 1 h

SVARTSJÖ

Möchte man „Stockholms westlichen Schärengarten“ weiter erkunden, kann man seine Reise auf der Straße 261 fortsetzen und gelangt dann kurz vor Ekerö über die Straße 800 auf die Insel Färingsö, wo vor allem **Svartsjöviken** mit seinem **Schloss** und dem **Schlosspark** ein bevorzugtes Reiseziel ist. Das Schloss kann eine wechselhafte Geschichte vorweisen: In den 1520er Jahren ließ *Gustav Vasa* ein mittelalterliches Steinhaus aus dem 14. Jahrhundert zu einer Burg mit Befestigungen erweitern. 1687 vernichtete schließlich ein Feuer große Teile

082st Abb.: ld

dieser Burg. Unter den Monarchen *Fredrik I.* und *Adolf Fredrik* machte man sich in der Mitte des 18. Jahrhunderts an den Wiederaufbau des Schlosses und durch zahlreiche Um- und Ausbauten entstand letztendlich ein elegantes Jagdschloss in seiner heutigen Form. Von 1890 bis 1966 ergab sich für das Schloss ein kleines Intermezzo als „Zwangsarbeiteranstalt" – eine mit Zellen und Mauern bestückte Unterkunft für Langzeitarbeitslose. Von diesen baulichen Veränderungen ist heute allerdings nichts mehr zu bemerken.

Der Schlosspark und die weitere Umgebung rund um den Svartsjöviken stellen ein kleines Paradies für Fauna und Flora dar. Speziell die zahlreichen Blumen- und Vogelarten sind Zeugen für eine gelungene Symbiose von Natur und Kultur. Wanderwege von beinahe 6 km, versehen mit Aussichtspunkten und einem Beobachtungsturm, bieten den Besuchern die Gelegenheit, die Natur ausgiebig zu genießen.

EKERÖ

Städtisches Zentrum dieser Kommune ist die **Stadt Ekerö** auf der gleichnamigen Insel. Neben den Annehmlichkeiten einer größeren Stadt wie Einkaufsmöglichkeiten, Banken oder Cafés, finden sich hier und in der näheren Umgebung noch weitere Attraktionen. Das Schloss Ekebyhovs Slott ließ der Feldmarschall *Carl Gustav Wrangel* in den 1670er Jahren bauen. Heute wird das aus Holz errichtete Schloss für verschiedenste kulturelle Veranstaltungen und Konferenzen genutzt. Der umliegende Park birgt ein wissenschaftliches Interesse: Hier findet sich eine Apfelgenbank, unschwer an den zahlreichen Bäumen zu erkennen. Im naheliegenden **Slottskafé** kann man die Beine hochlegen, um sich etwas von den weitläufigen Spaziergängen zu erholen.

› **Ekebyhovs Slott,** www.ekero.se, Björkuddsvägen, 17834 Ekerö, Tel. 08 56039201, Öffnungszeiten des Cafés: Mai und Juni an den Wochenenden, Juli und August durchgängig von 12–16 Uhr
› **Touristinformation,** www.ekero.se/turism, Ekerövägen 65, Tel. 08 56023395, Ekerö Kommun, www.ekero.se
› **Asknäs Krog & Kafé,** Ekerö, www.asknas.se, Tel. 08 373850, im Sommer tgl. 11–21 Uhr, im Winter wochentags 11–16 Uhr, Sa./So. 12–17 Uhr, auch Übernachtungsmöglichkeiten, sehr schön gelegen

Weiterreise

Wenige Autominuten östlich von Ekerö legt eine **Autofähre** bei Jungfrusund über den Vårbyfjärden nach Slagsta ab, von wo aus die E4/E20 schnell zu erreichen ist.

SKYTTEHOLM

Verlässt man die Stadt Ekerö über die Straße 816, so kommt nach wenigen Kilometern die Abzweigung nach **Skytteholm.** Das dort auf einer kleinen Landzunge gelegene Herrenhaus ließ *Johan Skytte* im 17. Jahrhundert errichten. Es dient heute als Hotel. Im umliegenden Park sind einige Skulpturen des schwedischen Künstlers *Carl Milles* aufgestellt.

› **Hotel Skytteholm** mit Restaurant, www.skytteholm.se, Tel. 08 56023600, DZ mit Frühstücksbuffet ab 420 Skr (ca. 42 €), geöffnet im Juni/Juli
› **Nick's Café,** Skytteholm, Tel. 08 56023358, Mai–Sept. 8–22 Uhr, Café und Restaurant mit Dagens Rätt und à la carte

BIRKA

Neben Drottningholm stellt die alte Wikingersiedlung **Birka** auf der Insel Björkö das zweite Weltkulturerbe der Gemeinde Ekerö dar. Auf dieser kleinen Insel im Mälaren entstand die erste, von Hof und Handel geprägte städtische Kultur im Sveareich. Von hier aus kontrollierten die Könige der Svea weite Teile ihres Handelsraumes. Die Stadt wurde vermutlich im 8. Jahrhundert gegründet. Birka wurde deshalb als Standort auserkoren, da die Insellage nicht nur Schutz bot, sondern weil neben der für den Handel wichtigen Wasserverbindung (Zugang zur Ostsee und zugleich über den Mälaren in das Hinterland) sich hier auch bedeutende Handelsstraßen kreuzten. Alles in allem eröffneten sich also nahezu ideale Voraussetzungen, um Handel zu treiben, von denen auch Handwerker und Bauern der umliegenden Ortschaften profitierten. Zudem gewährleistete der Platz durch die Anwesenheit des Königs auch einen Marktfrieden und eine Rechtssicherheit (zum Beispiel Rechtsschutz für Fremde), sodass der ungestörte Handel auf eine verlässliche und kalkulierbare Grundlage gestellt wurde – ein für Kaufleute und Händler nicht zu unterschätzender Vorteil. In der Blütezeit ab Mitte des 9. Jahrhunderts war Birka das schwedische Zentrum des Ostseehandels und somit der zentrale Umschlagplatz für schwedische und ausländische Waren. Die Beziehungen reichten von Nowgorod und Kiew über Byzanz bis hin in die arabischen Länder, was anhand von Münzfunden belegt werden kann. Zu dieser Zeit lebten ca. 1000 Menschen in Birka.

Im Jahre 829 begann die christliche Missionierung in diesem Gebiet. Vom Kaiser *Ludwig dem Frommen* geschickt, unternahm der Mönch *Ansgar*, der „erste Apostel des Nordens“, seine erste Reise nach Birka. Zu dieser Zeit glaubten die Svea beinahe noch ausschließlich an ihre heidnischen Götter wie *Odin, Thor* oder *Freyja*. Tatsächlich bekehrte *Ansgar* auch einige Svea zum christlichen Glauben, allerdings mit mäßigem Erfolg, und bis zum endgültigen Einzug des Christentums sollten noch einige Jahrhunderte vergehen. Bei einem in Birka gefundenen Bischofsstab, der aus der Zeit um 800 datiert, dürfte es sich wohl eher um ein Beutestück gehandelt haben. Und auch bei den wenigen christlichen Gräbern dieser Zeit handelte es sich wahrscheinlich um Ausnahmen oder herumziehende Händler. In Erinnerung an *Ansgar* errichtete man 1929/30 die **Ansgarkapelle** mit dem Ansgarkreuz auf Björkö – in diesem Fall wird man wohl zu Recht den Ausspruch wagen können „besser spät als nie“.

Letztendlich wurde Birka um 950 als Handelsplatz aufgegeben. Warum dies geschah, wird unter Fachleuten kontrovers diskutiert und es mangelt nicht an seriösen und originellen Thesen. Bislang wurden jedoch noch keine befriedigenden Antworten geliefert. Jedenfalls wurde die Siedlung aufgegeben und Städte wie Sigtuna oder Gotland liefen Birka den Rang ab.

Heute ist von diesem einst bedeutendsten Handelszentrum so gut wie nichts mehr zu erkennen. Lediglich Reste der Verteidigungsanlagen sind noch zu erkennen. Das soll aber nicht bedeuten, dass es hier nichts mehr zu entdecken gibt, dass es hier nicht interessant und spannend zugehen würde. Die aufgeschütteten Wälle vermitteln noch heute einen guten Eindruck über die Anlagen. Das **Gräberfeld** im Norden der Insel, Hemlanden genannt, ist mit über 3000 Gräbern das wohl größte seiner Art in Skandinavien. Das **Ansgarkreuz,** auf einer leichten Anhöhe gelegen, bietet einen großartigen Ausblick über die Schärenwelt des Mälaren; mit etwas Glück und Geduld kann man dieses Erlebnis auch bei absoluter Stille genießen.

Und das **Birka-Museum** vermittelt mit seinen Ausstellungen, Führungen und archäologischen Darbietungen einen lebendigen Eindruck jener vergangenen Epoche.

› **Birka-Museum,** www.raa.se/birka, Tel. 08 56051445, Mai–Mitte Sept. wochentags 11–16 Uhr, Sa./So. 11–17 Uhr, in der Hochsaison tgl. 10.30–18.30 Uhr, Erwachsene 60 Skr (ca. 6 €), Kinder ab 12 Jahre 35 Skr (ca. 3,50 €), Kinder unter 12 Jahre Eintritt frei, für Besucher, die mit den regulären Booten kommen, ist der Eintritt im Bootspreis inbegriffen
› **Ansgarkapellet,** Mai–Sept. 9–18 Uhr, Gottesdienst an Sonn- und Feiertagen Juni–Aug. um 13.45 Uhr

Anreise

› Ausflugsboote gehen unter anderem mehrmals täglich von Stockholm (Stadshusbron, Dauer ca. 1:45 h), Södertälje, Västerås (via Strängnäs) und Rastaholm auf Ekerö. Die aktuellen Zeiten sind zu erhalten bei: Strömma Kanalbolaget, www.stromma.se, Tel. 08 58714000; Mälarö Skärgårdstrafik, www.ms-movitz.com, Tel. 08 7111457 und Ångfartyget Ejdern, www.ejdern.org

ADELSÖ

Auf der im Vergleich zu Björkö wesentlich größeren Insel konzentrieren sich die Ausflugsziele auf die östliche Inselhälfte. Im Gegensatz zu dem Handelszentrum in Birka lag auf Adelsö der Hovgården, das Machtzentrum des königlichen Hofes und seines Gefolges. Interessanterweise überdauerte Hovgården Birka zeitlich bei Weitem. Heute finden sich hier noch bauliche Überreste aus dieser vergangenen Epoche. Sehenswert ist ebenfalls Adelsö Kyrkan, eine in die leicht wellige Landschaft eingebettete Kirche aus dem 12. Jahrhundert, und das Heimatmuseum (Hembygdsmuseet).

Naturfreunden sei der historisch interessante Wanderweg, der auch die mit gut 53 m höchste Erhebung samt Aussichtsturm streift, sowie die Adelsö Safari-Tour empfohlen. Hierbei erhält man einen guten Eindruck von der heimischen Flora und Fauna, indem man frühmorgens mit gemütlichem Tempo über die Insel kutschiert wird. Die schönsten Badestellen Adelsös eröffnen sich einem an der Westküste bei Hanholmen und Brygghusviken.

› **Café Uppgården,** Tel. 070 2029963, im Sommer Sa. und So. 10–20 Uhr, Mo.–Fr. 8–18 Uhr, traditionelles Café in unmittelbarer Nähe zum Heimatmuseum

Anreise

› **Anreise:** U-Bahn Brommaplan, anschließend Bus 311 oder 312 zur Fährstelle. Bus 312 fährt im Anschluss auch noch auf Adelsö. Mit dem Auto via Drottningholm und Ekerö auf der Straße 816 zum Fähranleger auf Munsö. Die Fähre geht tagsüber halbstündig, die Überfahrt dauert 6 Min. Auch ist die Anreise mit dem Ausflugsboot vom Stockholmer Stadshuset möglich (www.stromma.se). Die sehr zu empfehlende Fahrt kostet für Hin- und Rücktour 290 Skr (ca. 29 €).

WEITERE REISETIPPS IN DER GEMEINDE EKERÖ

- **Konditori Brostugan,** www.brostugan.se, Kärsö, Tel. 08 7590301, im Sommer offen von 10–22 Uhr, günstig gelegen auf dem Weg kurz vor Drottningholm, auch 18-Bahn-Minigolfanlage und Bootsverleih
- **Kajaktouren,** Tranholmen/Ekerö, www.frilufts.se/malaroarna, Tel. 073 6587338, Touren auf unterschiedlichem Niveau für Anfänger, Familien und „Profis"
- **Bootsausflüge:** Strömma Kanalbolaget, www.stromma.se, Tel. 08 58714000; Mälarö Skärgårdstrafik, www.ms-movitz.com, Tel. 08 7111457

076st Abb.: sk

SIGTUNA UND UMGEBUNG

ROSERSBERG

Verlässt man Stockholm auf der E4 gen Norden, gelangt man schon nach wenigen Kilometern in die Kommune Sigtuna. Direkt an der E4 liegt die Ortschaft Rosersberg, von wo aus es nur ein Steinwurf bis zum gleichnamigen Schloss ist. **Schloss Rosersberg** wurde ab 1634 für *Gabriel Oxenstierna,* einen Spross einer der bedeutendsten schwedischen Familien, erbaut. Mitte des 18. Jahrhunderts wanderte die Residenz in den Besitz der schwedischen Krone. Sehenswert ist vor allem die prunkvolle Ausstattung der königlichen Räume sowie die das Schloss umgebende Parkanlage an den Ufern des Mälaren.

- **Schloss Rosersberg,** www.royalcourt.se, Tel. 08 59035039, geöffnet Juni–Aug., montags geschlossen, Sept. nur an Wochenenden, Führungen mehrmals tgl., Erwachsene 70 Skr (ca. 7 €), ermäßigt die Hälfte

SCHLOSS STENINGE

Setzt man seine Reise nach Sigtuna fort, so ist bei Märsta ein Abstecher zum Schloss Steninge sehr zu empfehlen. Idyllisch an einem Seitenarm des Mälaren gelegen, wurde das Barockschloss mit seinen Parkanlagen 1705 vom Bauherrn *Carl Gyllenstierna* errichtet und – nach wechselvoller Geschichte – erst kürzlich umfassend renoviert und der Öffentlichkeit wieder zugänglich gemacht.

◄ Ein Runenstein – Spuren der Geschichte in Sigtuna, einem der ältesten Siedlungsgebiete Schwedens

Das Stallgebäude aus dem Jahre 1873 beherbergt ein Kulturzentrum mit einer Glashütte (inklusive Fabrikverkauf) und einer Galerie von exzellentem Ruf.

› **Schloss Steninge,** www.steningeslott.com, Tel. 08 59259500, E4 Abfahrt Märsta, dann Richtung Valsta, geöffnet im Sommer an den Wochenenden
› **Kulturzentrum,** Kontakt s. Schloss Steninge, Mo.–Fr. 11–17 Uhr, Sa. und So. 10–17 Uhr. Beim **Fabrikverkauf** können Produkte um bis zu 30 % günstiger erworben werden.
› **Restaurant „Glasmästerfruns kök",** gleiche Öffnungszeiten wie im Kulturzentrum, Café und Speisen à la carte

SIGTUNA

Über die Straße 263 gelangt man nach Sigtuna, eines der ältesten Siedlungsgebiete des Sveareiches und damit auch Schwedens. Die Frage, ob denn nun die Wikingersiedlung Birka oder Sigtuna als älteste Stadt Schwedens zu werten sei, ist für echte Lokalpatrioten selbstverständlich schon lange entschieden.

Die Ursprünge der Stadt gehen auf das Ende des 10. Jh. zurück, als König *Erik Segersäll* im Jahre 980 am nördliche Mälaren eine Stadt gründete und Sigtuna schnell die Aufgabe zur Wahrung der königlichen Machtinteressen in der Mälarenregion wahrnahm. König *Olof Eriksson* ließ hier im Jahre 995 das erste Münzhaus des Reiches errichten, in dem Münzen nach englischem Vorbild geprägt wurden. Die Spuren dieser Entwicklungen lassen sich noch heute sehr gut ablesen: Sigtuna war eher dem nahen Mälaren abgewandt, die Häuser drängten sich entlang der Stora Gatan. An der Stelle inmitten der Stadt, an der heute das Museum Sigtunas seinen Platz findet, stand wohl in früheren Zeiten der königliche Hof. Für ca. 300 Jahre war Sigtuna „die erste Stadt" des Reiches mit Königssitz, Münze und sieben (!) Kirchen, ehe Stockholm am Ende des 13. Jh. diese Rolle übernahm.

Erster Anlaufpunkt dieses geschichtsträchtigen, direkt am Wasser gelegenen Städtchens (ca. 7500 Einwohner) wird vermutlich die **Stora Gatan** sein. Kleine Geschäfte in historischen Gebäuden reihen sich aneinander und laden zum Flanieren ein. Hier läuft man wortwörtlich auf historischen Pflastern, denn die Hauptstraße aus den Gründertagen *Erik Segersälls* verlief ebenfalls genau an dieser Stelle. Im **Drakegården** (dem Drachenhof), einem Haus in der Stora Gatan aus dem 18. Jh., welches unter anderem in seiner Geschichte auch als Gasthaus diente, befindet sich heute die

075st Abb.: sk

Touristinformation. Dort, wo sich die Stora Gatan zum Stora Torget öffnet, liegt das **Rathaus** Sigtunas. 1744 erbaut, gilt dieses architektonische Schmuckstück als das kleinste Rathaus Schwedens. Folgt man der Stora Gatan in westlicher Richtung, so findet man zu seiner Linken, an der Stelle, wo sich einst der königliche Hof befand, das **Sigtuna Museum**, ein seit 1916 existierendes Museum, in dem Sigtunas Bedeutung während der Wikingerzeit und des Mittelalters präsentiert wird. Hier und in der unmittelbaren Umgebung spielen sich auch die **Mittelaltertage** (Sigtuna Medeltidsdagar) ab. An einem Wochenende zu Beginn des Monats Juli werden bei diesen Festtagen zahlreiche Aktivitäten zum Anschauen oder Mitmachen rund um das Mittelalter für Jung und Alt angeboten.

Als ehemals auch religiöses Zentrum sind die **Kirchen** – alte wie neue – noch immer ein wesentlicher Bestandteil der Stadt. Gleich drei mittelalterliche Kirchenruinen, St. Per, St. Lars und St. Olof, verteilen sich entlang der Prästgatan nördlich des Zentrums. Unter den Ruinen St. Olofs, einer Kirche aus dem 12. Jh., fand man bei Ausgrabungen 2000/01 weitere, noch ältere Gebäudereste. Gleich gegenüber liegt die von Dominikanern im Jahre 1247 erbaute Mariakyrkan, die noch heute genutzt wird und eine der ältesten Ziegelkirchen der Region ist. Und schließlich sind im erweiterten Stadtzentrum etliche **Runensteine** zu entdecken. Es empfiehlt sich also, mit offenen Augen durch Sigtuna zu gehen.

◀ *Die mittelalterliche Kirchenruine St. Olof aus dem 12. Jahrhundert*

Adressen

- **Turistbyrå Sigtuna,** www.sigtuna.se, Stora Gatan 33, Tel. 08 59480650. Es werden auch (individuelle) Führungen arrangiert.
- **Rathaus,** Stora Torget, Juni–Aug, 12–16 Uhr
- **Sigtuna Museum,** www.sigtunamuseum.se, Stora Gatan 55, Tel. 08 59126670, im Sommer tgl. von 12–16 Uhr
- **Mariakyrkan,** im Sommer tgl. von 9–20 Uhr, Führungen Mo.–Fr. 14.30, 15.30 und 17 Uhr
- **Bootsverleih:** siehe Café Den Gyldene Vafflan (Kap. „Essen und Trinken“)

Unterkünfte

- **Hotel Kristina,** www.hotellkristina.se, Rektor Cullbergsväg 1, Tel. 08 59258000, schickes Hotel, zentral gelegen
- **Vennerbo Gård,** www.vennerbo.se, Tel. 070 4252540, Zimmer und Hütten in Vennerbo, etwa 2,5 km nördlich von Sigtuna an der Straße 263, Übernachtungsmöglichkeiten ab 150 Skr (ca. 15 €)
- **Sigtunahöjden,** www.sigtunahojden.se, Hertigvägen 7, Tel. 08 59257700, EZ ab 1950 Skr (ca. 200 €), DZ ab 1650 Skr (ca 165 €)
- **Sigtuna Stiftelsen,** www.sigtunastiftelsen.se, Manfred Björkquists Allé 2–4, Tel. 08 59258900, EZ ab 500 Skr (ca. 50 €), DZ ab 300 Skr (ca. 30 €) p. P, in einer einmaligen Anlage eingebettet, dank des Rosengartens ist man wortwörtlich wie auf Rosen gebettet
- **Stads Hotell,** www.sigtunastadshotell.se, Stora Nygatan 3, Tel. 08 59250100, Designerhotel im Stile der 1930er und -50er Jahre, EZ ab 1900 Skr (ca. 190 €), DZ ab 2200 Skr (ca. 220 €)
- **Stora Brännbo,** www.storabrannbo.se, Stora Brannbovägen 2–6, Tel. 08 59257500, Sommerpreise: EZ ab 550 Skr (ca. 55 €) mit Frühstück, DZ ab 400 Skr (ca. 40 €) p. P. mit Frühstück

Essen und Trinken

- **Båthuset Krog & Bar,** www.bathuset.com, an der Strandpromenade, auf einem Ponton im Hafen von Sigtuna, Tel. 08 59256780, Di.-So. 18-23 Uhr
- **Café Myntet,** Stora Gatan 52, Tel. 08 59255706, Mo.-Fr. 9-20 Uhr, Sa. und So. 10-19 Uhr, Café und Restaurant, gutes Essen (auch: Dagens Lunch) inmitten der Stadt
- **Den Gyldene Vafflan,** www.vafflan.se, Strandvägen, Tel. 08 59250800, im Sommer tgl. 11-22 Uhr
- **Farbror Blå,** www.farbrorbla.com, Stora Torget 4, Tel. 08 59256050, hier sitzt, speist und trinkt man direkt am Stora Torget
- **R.C. Chocolat,** www.rcchocolat.se, Stora Gatan 49 am Lilla Torget, Tel. 08 59480385, Café, in dem die Schokolade oder das Eis noch selber hergestellt werden
- **Sigtuna Delikatess,** www.sigtunadelikatess.se, Stora Gatan 31, Tel. 08 59255522, exzellente „Kleinigkeiten“
- **Tant Bruns Kaffestuga,** www.tant-brun.se, Laurentii Gränd 3, Tel. 08 59250934, tgl. ab 10 Uhr, ein uriges und gemütliches Café

Eine Möglichkeit der Weiterfahrt wäre nun ein Abstecher über die Straßen 263 und 255 nach Uppsala, der viertgrößten Stadt Schwedens. Oder aber man setzt seine Rundreise um den Mälaren direkt in Richtung Enköping fort.

▶ *Kleine Pause am Ufer des Flusses Fyrisån*

UPPSALA UND UMGEBUNG

ÜBERBLICK

Das ehemals bedeutende politische und religiöse Zentrum des Sveareiches wird vor allem durch zwei Aspekte bestimmt: Seine Geschichte sowie die Universität, wobei beides, damals wie heute, eng miteinander verwoben ist. Heute ist Uppsala (die Betonung liegt auf der zweiten Silbe: Uppsala) mit ca. 185.000 Einwohnern die viertgrößte Stadt des Landes und beherbergt unter anderem die älteste Universität sowie die größte Kathedrale Skandinaviens. Die Stadt zählt zweifellos zu den schönsten Städten Schwedens.

Uppsala wird durch den Fluss Fyrisån in die von der Kathedrale, der Universität, dem studentischen Leben und den historischen Gebäuden dominierte Altstadt und das funktionale, von modernen Einkaufsmöglichkeiten und Verwaltungsgebäuden geprägte Geschäftsviertel geteilt. Die aufregende und pulsierende Stadt ist ein reizvoller Anziehungspunkt für jeden Besucher, hat jedoch, dank seiner nunmehr 40.000 Studenten, vor allem etwas für junge Menschen zu bieten.

Allemal lohnt sich ein Rundgang durch die Altstadt, ohne gleich planmäßig sämtliche Ziele anzusteuern, sondern vielmehr, um die Stadt mit ihren historischen Gebäuden, den Nationshäusern, den vielen jungen Menschen und gemütlichen Cafés auf sich wirken zu lassen. Dabei kann das moderne Uppsala sicherlich nicht mit dem historischen Teil konkurrieren, doch ist die Fußgängerzone modern und funktional und lässt nichts vermissen.

Ein Wort noch zu den Nationshäusern: Die Studentennationen sind Vereinigungen, deren Wurzeln bis ins 17. Jahrhundert reichen. Die insgesamt 13 Nationen, benannt nach schwedischen Regionen, obliegen allesamt der studentischen Selbstverwaltung. Sinn und Zweck der Nationen war und ist es, den neuen Studenten eine gewisse Orientierungshilfe und Sicherheit zu geben. Keinesfalls sind sie etwa mit den in Deutschland bekannten Burschenschaften zu vergleichen. Vielmehr sind die Studentenhäuser Treffpunkte sowie feste soziale und kommunikative Stützen der Studenten in ihrem universitären Leben.

ANREISE

Dank der E4 lassen sich die rund 70 km von Stockholm nach Uppsala mit einem **Pkw** problemlos und schnell zurücklegen. Gleiches gilt für den **Zug:** Mehrmals stündlich verkehren Züge zwischen den beiden Städten und benötigen dafür 40 Min. (2. Klasse 75 Skr, ca. 7,50 €). Der Bahnhof befindet sich in der Kungsgatan, zu Fuß etwa 10 Min. vom Zentrum entfernt (Info-Tel. 018 652210). In unmittelbarer Nähe zum Bahnhof liegt der Busbahnhof.

Zwischen Uppsala und Stockholm verkehren die **Busse** auch zwei Mal pro Stunde, an den Wochenenden aber nicht so häufig (www.swebusexpress.se; 70 Min., 50 Skr, ca. 5 €). Die Hauptbushaltestelle für die Uppsala-Busse befindet sich am Stora Torget (Uppsalabus, Tel. 018 273700).

Den Flughafen **Arlanda** erreicht man mit dem Bus (mehrmals stündlich, 45 Min., 100 Skr, ca. 10 €) und dem Zug (mehrmals tgl., 20 Min., 2. Klasse, 90 Skr, ca. 9 €). Infos für Bus- und Bahnverbindungen sind einzuholen über: www.ul.se oder www.tim-trafik.se.

084st Abb.: sk

Detailkarte VI: UPPSALA

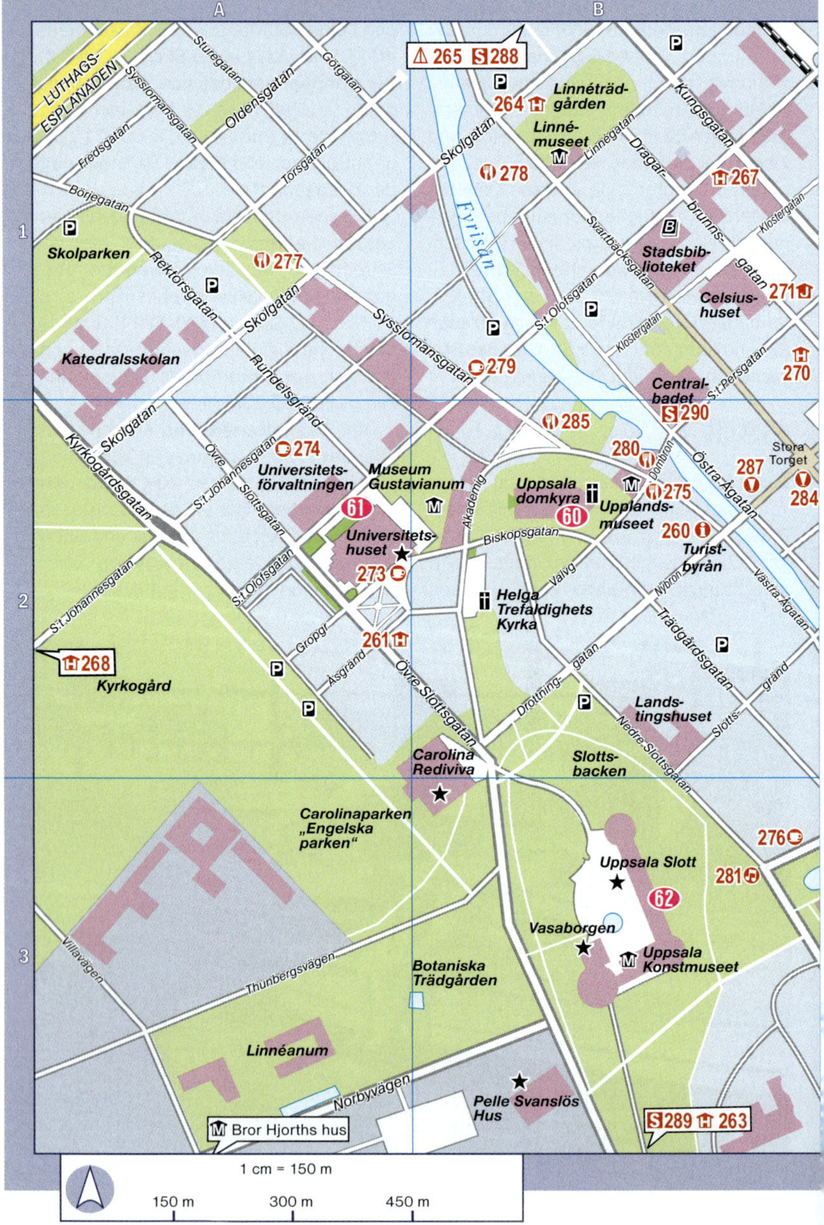

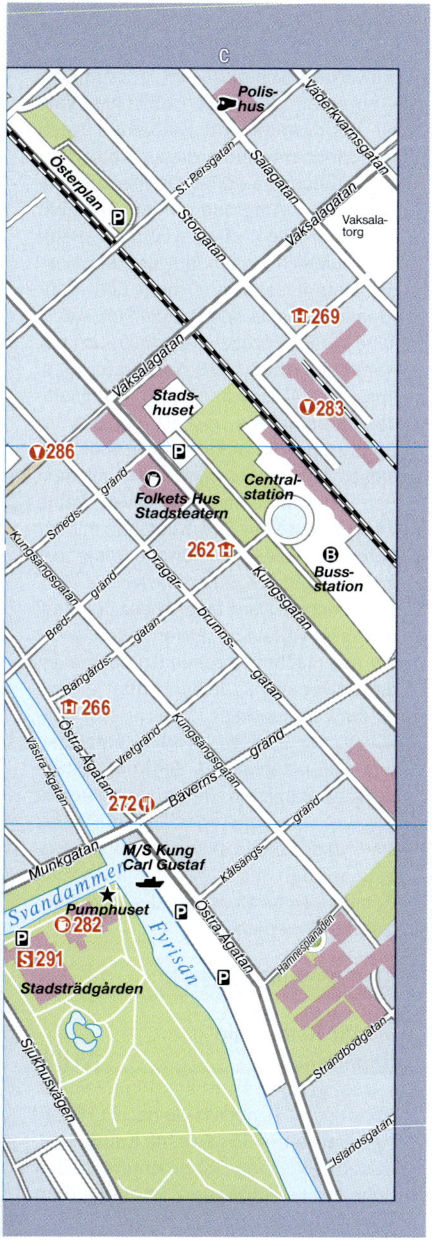

260 [VI B2] Touristinformation S. 182
261 [VI A2] Akademihotellet S. 182
262 [VI C2] Best Western Hotel Svava S. 182
263 [VI B3] Eklundshof S. 182
264 [VI B1] First Hotel Linné S. 183
265 [VI B1] Fyrishov Camping S. 183
266 [VI C2] Grand Hotell Hörnan S. 183
267 [VI B1] Hotel Uppsala S. 183
268 [VI A2] Hotell Muttern S. 183
269 [VI C1] Park Inn Uppsala S. 183
270 [VI B1] Clarion Hotel Gillet S. 183
271 [VI B1] Uppsala Vandrarhem City S. 183
272 [VI C2] Alexander S. 183
273 [VI A2] Café Alma S. 183
274 [VI A2] Café Uroxen S. 183
275 [VI B2] Hambergs Fisk S. 183
276 [VI B3] Konditori Fågelsången S. 184
277 [VI A1] Le Parc S. 184
278 [VI B1] Lingon S. 184
279 [VI B1] Ofvandahls Hovkonditori S. 184
280 [VI B2] Tzatziki S. 184
281 [VI B3] Birger Jarl S. 184
282 [VI C3] Flustret S. 184
283 [VI C1] Katalin and all that Jazz S. 184
284 [VI B2] O'Connors S. 184
285 [VI B2] Saluhallen S. 184
286 [VI C2] Seven S. 184
287 [VI B2] Terrassen S. 184
288 [VI B1] Fyrishov S. 185
289 [VI B3] Gottsundabadet S. 185
290 [VI B2] Nautilus Centralbadet S. 185
291 [VI C3] Svettis S. 185
60 [VI B2] Kathedrale (Domkyrkan) S. 176
61 [VI A/B2] Universitätsviertel S. 177
62 [VI B3] Schloss S. 180

GESCHICHTE

Die ersten Siedlungen dieser Region datieren aus den ersten Jahrhunderten nach Christi Geburt, als die Bewohner Upplands diese fruchtbare Gegend kultivierten. Das ursprüngliche Uppsala bildete sich beim heutigen Gamla Uppsala oder Alt-Uppsala heraus. Die drei Grabhügel aus dem 5. und 6. Jahrhundert sind noch Zeugen dieser vergangenen Epoche, in der Gamla Uppsala das Zentrum eines heidnischen Kultes war. 4,5 km flussabwärts entstand ein Handelsplatz an der Stelle, an der damals der Fyrisån in den Mälaren mündete. In der Folgezeit entwickelte sich dieser Ort – Östra Aros – zu einem attraktiven Umschlagplatz für Handwerker und Kaufleute. Nach der Christianisierung dieser Region im 12. Jahrhundert wurde (Gamla-)Uppsala Erzdiözese. Aufgrund zahlreicher Faktoren, vor allem aber, weil der Fyrisån kontinuierlich versandete und der Handelsplatz flussabwärts mehr und mehr (Gamla-)Uppsala den Rang ablief, wechselte die Erzdiözese und damit auch der Name des Ortes 1273 nach Östra Aros. Aus Östra Aros wurde folglich Uppsala, das ursprüngliche Uppsala wurde unter Gamla Uppsala bekannt. Vermutlich in dieser Zeit begann man auch mit dem Bau der Kathedrale, der in ihrer Weihe 1435 gipfelte. 1477 wurde dann mit der Aufnahme eines „Studium Generale“ die erste Universität Skandinaviens in Uppsala errichtet. Nach einer Phase der Stagnation im Verlauf der Reformation, unter der aus machtpolitischen Gründen auch die Universität zu leiden hatte, gelang es der Universität schließlich, sich dem königlichen Einfluss wieder zu entziehen und sich als geistiges Zentrum Schwedens zu etablieren. Berühmte Lehrende wie *Carl von Linné* oder *Anders Celsius* sind hierfür eindrucksvolle Zeugen. Bislang wurden nicht weniger als sechs Nobelpreise an Dozenten der Uppsalaer Universität verliehen.

083st Abb.: sk

SEHENSWÜRDIGKEITEN

60 Die Kathedrale (Domkyrkan) [VI B2]

Das weithin sichtbare Wahrzeichen Uppsalas ist sicherlich die nach 175-jähriger Bauzeit 1435 geweihte **Kathedrale.** Das im gotischen Stil errichtete 118 m hohe Backsteinbauwerk ist das größte

Gotteshaus Skandinaviens – hier schworen bis zum 18. Jahrhundert die schwedischen Könige ihren Eid. Zahlreiche berühmte Schweden wie *Gustav Vasa,* sein Sohn *Johann III., Carl von Linné,* der Philosoph *Emanuel Swedenborg,* König *Erik der Heilige* sowie die Angehörigen weiterer namhafter schwedischer Adelsfamilien haben hier ihre letzte Ruhestätte gefunden. In der im Nordturm zu findenden **Schatzkammer** sind unter anderem das Schwert *Gustav Vasas* sowie mittelalterliche Kirchenkleider, darunter auch die blutigen Kleidungsstücke von Mitgliedern der bedeutenden Familie Sture, die 1567 von König *Erik XIV.* im Schloss umgebracht wurden, zu besichtigen.

› **Domkyrkan,** www.uppsaladomkyrka.se, Domkyrkoplan 5-7, Tel. 018 187201, Kathedrale: Mai-Sept. tgl. 8-18 Uhr, Okt.-April So.-Fr. 8-18, Sa. 10-18 Uhr, freier Eintritt, kostenlose Führung sonntags 12.30 Uhr, Schatzkammer: Mai-Sept. Mo.-Sa. 10-17 Uhr, So. 12.30-17 Uhr, Okt.-April Mo.-Sa. 10-16 Uhr, So. 12.30-16 Uhr, Führungen im Sommer, Eintritt 30 Skr (ca. 3 €), bis 16 Jahre frei

Die in unmittelbarer Nähe vom Dom liegende **Dreifaltigkeitskirche** (Helga Trefaldighets Kyrka) ist bei Weitem nicht so beeindruckend wie der Dom. Die Kirche aus dem 13. Jahrhundert hat jedoch schöne Deckenmalereien aufzuweisen. Nach den Erbauern wird die Kirche auch „Bauernkirche“ genannt.

› **Helga Trefaldighets Kyrka,** Domkyrkoplan 2, Tel. 018 187215, Di.-So. 8-16 Uhr

◄ *Der mächtige Dom in Uppsala aus dem 15. Jahrhundert – auch die letzte Ruhestätte Gustav Vasas*

61 Das Universitätsviertel [VI A/B2]

Schräg gegenüber der Kathedrale befindet sich das **Gustavianum,** das älteste noch heute zu besichtigende Universitätsgebäude Uppsalas. Heute beherbergt das 1662 errichtete ehemalige Hauptgebäude einige Museen, unter anderem zur Geschichte der Universität und verschiedener Wissenschaften, Ausstellungen zur Nordischen, Ägyptischen und Griechischen Geschichte sowie das Anatomische Theater und den Augsburger Kunstschrank, eine Art Kuriositätensammlung aus dem 17. Jahrhundert.

› **Gustavianum,** www.gustavianum.uu.se, Akademigatan 3, Tel. 018 4717571, Di.-So. 11-16 Uhr, im Sommer 10-16 Uhr, Führungen Sa. und So. auf Englisch um 13 Uhr, für Familien um 14 Uhr, auf Schwedisch um 15 Uhr, Eintritt 40 Skr (ca. 4 €), ermäßigt 30 Skr (ca. 3 €), bis 12 Jahre frei

Von der Rückseite des Gustavianums erblickt man das 1887 fertiggestellte heutige **Hauptgebäude der Universität.** Dieses repräsentative Gebäude bietet sich geradezu für offizielle Veranstaltungen an, es wird aber auch heute noch für den täglichen Universitätsbetrieb genutzt. Die grandiose Eingangshalle ist auf jeden Fall einen Blick wert, die weiteren Teile sind jedoch nicht öffentlich zugänglich oder nur in Verbindung mit geführten Touren. Vom Hauptgebäude hat man zudem einen herrlichen Blick über eine kleine Grünfläche mit Runenstein und den sich anschließenden historischen Gebäuden. Es lohnt sich, hier kurz zu verweilen und sich vom studentischen Treiben fangen zu lassen.

› **Universitetshuset,** Övre Slottsgatan, Tel. 018 4711715, Mo.-Fr. 8-16 Uhr, Führungen im Gustavianum nachfragen

EIN STUDENTENLEBEN IN UPPSALA – VOM FLOGSTA-SCHREI UND SISTA APRIL

Manch einer wird sich vielleicht noch an den Ohrwurm der norwegischen Schlagersängerin Kirsti „Ein Student aus Uppsa-la-la-la-la ...“ aus dem Jahre 1969 erinnern. Abgesehen von der vollkommen falschen Betonung hat die Sache natürlich einen reellen Hintergrund, verschlägt es doch Jahr für Jahr neben den insgesamt 40.000 einheimischen Studenten auch zahlreiche internationale Austauschstudenten in dieses „beschauliche Städtchen“.

Erreicht man Uppsala mit der Bahn oder muss sich sogar zu Fuß auf den Weg zu seinem neuen Zuhause machen, so wird einem zunächst einmal die unüberschaubare Menge von Fahrrädern am Bahnhof und in der Innenstadt ins Auge fallen. Mit einem Schlag wird es einem mehr als offensichtlich werden: Der Drahtesel ist ein unbedingtes Muss im hiesigen Studentenleben. Der frisch eingetroffene Student sollte sich tunlichst bemühen, selber in den Besitz eines Rades zu gelangen – und dabei sollte er sich nicht von einer kleinen, aber nicht unbedeutenden Randnotiz abschrecken lassen: Die durchschnittliche Verweildauer eines Fahrrades bei seinem Erstbesitzer ist eher gering, eine „natürliche Fluktuation“ könnte schon nach kurzer Zeit Rad und Herr wieder auf getrennte Wege schicken.

Die meisten Studenten werden anfangs in Wohnheimen untergebracht sein. Wenn sie dann das Glück haben, in Flogsta ihre Zelte aufschlagen zu dürfen, sollten sie sich zunächst einfach mal freuen, gibt es doch für das aktive Studentenleben kaum einen genialeren Ort und die 16 Betonblöcke sind auf den zweiten Blick gar nicht mehr so schlimm. Interessant an Flogsta ist auch noch eine weitere, soziale Komponente. Angeblich soll von staatlicher Seite versucht worden sein, schwedische Ex-Häftlinge hier

077st Abb.: sk

wieder in die Gesellschaft zu resozialisieren (bei genauerer Betrachtung mancher Mitbewohner liegt dieser Gedanke gar nicht so fern - vielleicht sollte man daher diesem Gerücht auch gar nicht ernsthaft auf den Grund gehen). Manche Behauptungen gehen sogar weiter: So ist auch zu hören, der ehemalige Topterrorist Carlos habe für einige Zeit Unterschlupf in Flogsta gefunden. Ein Gerücht, das sich freilich nur schwerlich überprüfen lässt, zumindest hört es sich aber doch recht tollkühn und verwegen an.

Ausländische, unbedarfte oder einfach nur zartbesaitete Studenten sollten sich in ihrer erste Flogstanacht nicht erschrecken, speziell wenn es sich dabei um einen Freitag oder Samstag handelt. Denn an diesen Abenden ertönt der markerschütternde Flogsta-Schrei besonders intensiv durch die Häuserschluchten: Eine Gruppe partyfreudiger junger Menschen versammelt sich gegen 22 Uhr an ihren Fenstern oder auf ihren Balkonen, um sich mittels ihrer Stimmen Gehör zu verschaffen oder Luft zu machen - jedenfalls artet dies regelmäßig in ein ohrenbetäubendes Getöse aus. Was durchaus aber auch Sinn machen kann, werden doch auf diese Weise einerseits bereits blockierte Hirnwindungen wieder freigepustet und andererseits stimmt man sich hervorragend auf das mit Sicherheit kommende Nachtleben ein.

Ein absoluter Höhepunkt im studentischen Leben sind zweifelsohne die Feierlichkeiten zum Sista April. In den Stunden vom 30. April zum 1. Mai ist es eine gute Tradition unter den Studenten, ausgelassen die Walpurgisnacht (auf Schwedisch Valborg) zu feiern. Unter einem Teil der Studentenschaft ist es guter Brauch, diese „Feierlichkeiten" mit einem ausgedehnten Frühstück auf den Dächern von Flogsta einzuläuten.

Unter dem tosenden Beifall der begeisterten Menschenmenge beginnt um 10 Uhr das Bootsrennen mit selbstkonstruierten Vehikeln auf dem Fyrisån. Dabei zählt das Ankommen nicht wirklich, sondern vielmehr das „dabei sein". Von der „Tradition", die Bootsführer mit rohen Eiern zu beschmeißen, wissen nicht viele, am wenigsten wohl die Bootsbesatzungen selber - wenn es denn überhaupt eine solche Tradition gibt. Am Nachmittag versammelt sich dann die Studentenschaft auf dem Platz vor der Universitätsbibliothek, der Carolina Rediviva. Um 15 Uhr tritt schließlich der Direktor der Universität auf den Balkon der Bibliothek und begrüßt die wartenden Studenten mit seiner schwenkenden Mütze, woraufhin es ihm alle gleichtun und ihre weißen Studentenkappen in die Luft werfen. Ein grandioses Spektakel. Zugleich ist dies auch der Auftakt zum berühmt-berüchtigten Champagner-Galopp, eine Bezeichnung, die sch on alles über den Sinn und Zweck dieser Übung aussagt. Gönnen sich einige zwischendurch noch eine kleine Pause, geht es für andere nahtlos in die Feierlichkeiten am Abend über. In den Nationshäusern wird dann, nach teilweise vorzüglichen Banketts, in festlicher Abendgarderobe bis in die frühen Morgenstunden munter weitergefeiert, ehe man sich anschließend wieder dem studentischen Alltag mit all seinen Pflichten und Freiheiten widmen muss.

◄ Uppsala ohne Studenten und ihre Fahrräder - einfach undenkbar

Folgt man dem Hügel weiter bergauf, so gelangt man letztendlich zur **Carolina Rediviva**, dem Bibliotheksgebäude aus dem frühen 19. Jahrhundert. Mit ca. 5 Mio. Exemplaren ist sie eine der größten und ältesten Bibliotheken Skandinaviens (ihre Ursprünge lassen sich bis auf das Jahr 1620 zurückführen). Hauptattraktion ist sicherlich die wertvolle Silberbibel, eine im Jahre 520 in gotischer Schrift verfasste Bibel, die in den Wirren des Dreißigjährigen Krieges ihren nicht ganz freiwilligen Weg nach Schweden fand und dort selber häufig zum Objekt krimineller Begierde wurde. Die weiteren Räume der Bibliothek sind leider nur für eingeschriebene Studenten zugänglich – dem einfallsreichen und überzeugungskräftigen Besucher wird sich aber sicherlich eine Möglichkeit bieten, die Carolina Rediviva in ihrer ganzen Größe zu erkunden. Jedes Jahr am 30. April rückt die Carolina Rediviva in den Mittelpunkt des studentischen und dann auch städtischen Lebens: Von hier aus richtet der Rektor der Universität um 15 Uhr seine Worte an die Masse der wartenden Studenten, die dann auf ein Zeichen ihre weißen Mützen in die Luft schmeißen, um anschließend in den Straßen und Nationshäusern der Stadt die Walpurgisnacht bis spät in die Nacht ausgiebig zu feiern.

› **Carolina Rediviva,** www.ub.uu.se, Dag Hammarskjölds Väg 1, Tel. 018 4713900, Mo.-Fr. 9-20 Uhr, Sa. 10-17 Uhr, So. 11-16 Uhr von Mitte Mai bis Mitte Sept.

62 Das Schloss [VI B3]

Einen schönen Blick über die Stadt kann man vom Mitte des 16. Jahrhunderts unter *Gustav Vasa* erbauten **Schloss** genießen. In ihm soll unter anderem die Entscheidung über den Eintritt Schwedens in den Dreißigjährigen Krieg getroffen worden sein. 1702 forderte ein Großfeuer seinen Tribut; letztendlich erhielt das noch immer imposante Schloss seine jetzige L-Form im Jahre 1757. Das Schloss selbst beherbergt allerdings weniger spektakuläre Ausstellungen. Eine Besichtigung der Räume kann nur in Verbindung mit geführten Touren gemacht werden. Vom Hof aus erhält man hingegen ein nettes Fotomotiv mit der frei stehenden Turmuhr, der *Gunillaklockan,* im Vorder- und der Kathedrale im Hintergrund.

› **Uppsala Slottet,** www.uppsalaslott.se, Övre Slottsgatan, Tel. 018 7272485, Führungen Juni-Aug. 12.15 und 14 Uhr in Schwedisch, um 13 und 15 Uhr in Englisch, Kinderführungen Sa. und So. um 12.15 Uhr, Eintritt für Schlossführung und Kunstmuseum 60 Skr (ca. 6 €), Kinder 15 Skr (ca. 1,50 €)

Das grüne Uppsala

Dem Schloss gegenüber liegt eine der zahlreichen Grünflächen Uppsalas, der vor über 350 Jahren angelegte **Botanische Garten.** In ihm finden sich an die 13.000 Pflanzenarten aus aller Welt, die sich auf die Außenanlagen, das wunderschöne tropische Gewächshaus und der Orangerie verteilen.

› **Botaniska Trädgården,** www.botan.uu.se, Villavägen 8, Tel. 018 4712838, Park: Sept.-April tgl. 7-19 Uhr, Mai-Aug. 7-21 Uhr, Eintritt frei, Gewächshaus: im Sommer Di.-Fr. 9-17 Uhr, Sa./So. 11-17 Uhr, im Winter auch für Ausstellungen geöffnet, Eintritt 20 Skr (ca. 2 €), bis 15 Jahre frei, Orangerie: Mo.-Do. 9-15.30 Uhr, Fr. 9-14.30 Uhr, Café Victoria: Mai-Aug. tgl. 10-17 Uhr, Sept. Sa. und So. 10-17 Uhr

089st Abb.: ld

Die Verdienste des berühmten *Carl von Linné* werden in dem **Linnéträdgården** (Linnégarten) wachgehalten, einem echten Kleinod. Der Park mit Museum liegt auf der östlichen Flussseite in nordöstlicher Verlängerung der Fußgängerzone. Hier sind 1300 Pflanzen zu bestaunen, die teilweise noch von *Linné* selbst gepflegt wurden. Es ist zugleich Schwedens ältester botanischer Garten, der 1655 von *Olaf Rudbeck dem Älteren* angelegt und 1743 für *Linné* erweitert wurde. In dem zum Museum hergerichteten Wohnhaus lebte und arbeitete *Linné* mit seiner Familie, originale Gegenstände und Einrichtungen sind hier ausgestellt.

› **Linnéträdgården,** www.linnaeus.uu.se, Svartbäcksgatan 27, Tel. 018 4712576, Park: Mai–Aug. tgl. 9–21 Uhr, Sept. tgl. 9–19 Uhr, Ausstellungen in der Orangerie Mai–Sept. Mo.–Fr. 11–15 Uhr, Eintritt 20 Skr (ca. 2 €), unter 15 Jahren frei, Museum: Juni–Mitte Sept. Di.–So. 12–16 Uhr, 25 Skr (ca. 2,50 €), Kinder in Begleitung Erwachsener frei

Ein weiterer Park ist der weitläufige **Stadsträdgården.** Die Wiesen laden zum Relaxen und Ausspannen ein, am Fyrisån kann man wunderbar entlangbummeln. Zudem hat man vom Parkeingang auch den besten Blick auf das von hier aus beeindruckende Schloss. Von

▲ *Linnéträdgården – Schwedens ältester botanischer Garten*

der gegenüberliegenden Flussseite legen die Ausflugsboote nach Stockholm oder zum Skokloster ab.

Weitere Museen

Das **Upplandsmuseum** befindet sich in einer ehemaligen Wassermühle, herrlich gelegen direkt am Fyrisån. Unter diesem Dach wurden Alltagsgegenstände und viel Wissenswertes über die Geschichte Upplands und Uppsalas von der Wikingerzeit bis heute zusammengetragen.

- **Upplandsmuseet,** www.upplandsmuseet.se, St. Eriks Torg 10, Tel. 018 169100, Di.-So. 12-17 Uhr

Die Bilder und Skulpturen des in Uppsala geborenen und durchaus umstrittenen **Künstlers Bror Hjorth** (1894-1968) können in seinem zu einem Museum umgebauten ehemaligen Atelier bestaunt werden.

- **Bror Hjorths Hus,** www.brorhjorthshus.se, Norbyvägen 26, Tel. 018 567030, Mitte Juni-Mitte Aug. Di.-So. 12-16 Uhr, 30 Skr (ca. 3 €), unter 18 Jahren frei
- **Pelle Svanslös Hus,** www.pellesvansloshus.se, Dag Hammarskjölds Väg 9, Tel. 018 602600. Eintritt 60 Skr (ca. 6 €), unter 3 Jahren frei. Die kleine Katze ohne Schwanz hat nun ihr eigenes Zuhause, in der der vierbeinige Held bewundert werden kann.

PRAKTISCHE REISETIPPS

Informationen

🛈**260** [VI B2] **Touristinformation,** www.uppland.nu, Fyristorg 8, Tel. 018 7274800, Mo.-Fr. 10-18 Uhr, Sa. 10-15 Uhr, Mitte Juni-Aug. auch So. 12-16 Uhr), zentral gelegen am Fyrisån. Neben Auskünften, Informationsmaterialien und der Uppsala-Karte (für vielfältige Ermäßigungen) kann man hier umfangreiche Hilfe bei der Unterkunftssuche erhalten. Zusätzlich lassen sich auch Gruppenführungen arrangieren (Tel. 018 7274818).

- **Viking Line,** Kungsgatan Ecke Bangårdsgatan, Tel. 018 188400 oder 018 4524000
- **Silja Line,** Kungsgatan 47, Tel. 018 607350

Unterkünfte

Reist man auf eigene Faust nach Uppsala, sollte man auf jeden Fall die Touristinformation ansteuern. Dort erhält man kompetente und umfangreiche Hilfe bei der Quartiersuche. Von der Mitwohngelegenheit für den Low-Budget-Reisenden bis zum 4-Sterne-Hotel lässt sich in der Stadt alles finden.

Zimmer vermitteln beispielsweise **Abel's Zimmervermietung**, Tel. 018 262929 und **Uppsala Zimmervermittlung**, Tel. 018 109533; eine **Bed & Breakfast Agentur** erreicht man unter www.bedandbrakfastuppsala.se.

Hütten in Uppland werden z. B. unter www.stugoriuppland.com vermittelt.

261 [VI A2] **Akademihotellet,** Tel. 018 155190, www.akademihotellet.uu.se, Övre Slottsgatan 5A, in unmittelbarer Nähe der Universität, EZ ab 690 Skr (ca. 69 €), DZ ab 850 Skr (ca. 85 €)

262 [VI C2] **Best Western Hotel Svava,** www.hotelsvava.com, Bangårdsgatan 24, Tel. 018 130030, gegenüber dem Bahnhof, EZ ab 1445 Skr (ca. 150 €), DZ ab 1775 Skr (ca. 180 €) (an Wochenenden 695 bzw. 875 Skr, ca. 70 € bzw. 87 €)

263 [VI B3] **Eklundshof,** www.eklundshof.se, Eklundshofsvägen 7, Tel. 018 550100, ruhige Lage in der Nähe des Krankenhauses, EZ ab 1050 Skr (ca. 105 €), DZ ab 1350 Skr (ca. 135 €), im Sommer wesentlich günstigere Zimmer.

264 [VI B1] **First Hotel Linné,** www.firsthotels.com, Skolgatan 45, 018 102000, schön gelegen am Linnéträdgården, EZ ab 950 Skr (ca. 95 €), DZ ab 1150 Skr (ca. 115 €)

265 [VI B1] **Fyrishov Camping,** www.fyrishov.se, Idrottsgatan 2, Tel. 018 7274960/-63, in unmittelbarer Stadtnähe, ganzjährig geöffnet, Zeltplätze ab 115 Skr (ca. 11,50 €), auch Hütten zu mieten, einige davon behindertengerecht, besonders attraktiv: Gäste erhalten eine 50%ige Ermäßigung für die Schwimmhalle

266 [VI C2] **Grand Hotell Hörnan,** www.grandhotellhornan.com, Bangårdsgatan 1, Tel. 018 139380, renoviertes Hotel in zentraler Lage, EZ ab 1245 Skr (ca. 125 €) (an Wochenenden ab 750 Skr, ca. 75 €), DZ ab 1595 Skr (ca. 160 €)

267 [VI B1] **Hotel Uppsala,** www.profilhotels.se, Kungsgatan 27, Tel. 018 4805000. Das Hotel hat vielfältige Zimmerangebote, vom Hotel bis zum Vandrarhem-Stil mit integrierter kleiner Küche. Dementsprechend breit ist die Preisgestaltung. Nahe des Zentrums, zudem werden auch Apartments für Langzeitaufenthalte vermittelt.

268 [VI A2] **Hotell Muttern,** www.hotellmuttern.se, St. Johannesgatan 31C, Tel. 018 510414, alle Zimmer mit Dusche, WC und Kabel-TV, EZ ab 850 Skr (ca. 85 €), DZ ab 1150 Skr (ca. 115 €), kleines gemütliches Hotel 15 Fußminuten vom Zentrum. Hier fühlt man sich tatsächlich wie bei Muttern, speziell wenn man sich bei den jederzeit bereitstehenden Keksen, Kaffee oder Tee bedient.

269 [VI C1] **Park Inn Uppsala,** www.parkinn.se, Storgatan 30, Tel. 018 681100, EZ ab 1450 Skr (ca. 145 €), DZ ab 1600 Skr (ca. 160 €) (an Wochenenden 750 Skr, ca. 75 €, bzw. 900 Skr, ca. 90 €), komfortables Hotel, das es den Gästen an nichts fehlen lässt.

270 [VI B1] **Clarion Hotel Gillet,** www.clarionhotellgillet.se, Dragarbrunnsgatan 23, Tel. 018 681800, Hotel mit Pool, Sauna, Solarium etc. mitten in der Stadt, EZ ab 700 Skr (ca. 70 €), DZ ab 900 Skr (ca. 90 €). Hier gibt es zudem ein erstklassiges Restaurant.

› **Sunnersta Camping,** Granebergsvägen, Tel. 018 7276084, an einer Mälarenbucht gelegen, Stellplätze ab 160 Skr (ca. 16 €), 7 Hütten, geöffnet von Mai–Sept.

› **Sunnersta Herrgård,** www.sunnerstaherrgard.se, Sunnerstavägen 24, Tel. 018 324220, wunderschöne Jugendherberge mit Hotel, ganzjährig geöffnet, etwa 5 km südlich des Zentrums, Betten ab 200 Skr (ca. 20 €), EZ ab 605 Skr (ca. 60 €), DZ ab 710 Skr (ca. 71 €)

271 [VI B1] **Uppsala Vandrarhem City,** www.uppsalavandrarhem.se, St. Persgatan 16, Tel. 018 100008, die Rezeption ist geöffnet von 8–10 und 16–19 Uhr, EZ ab 350 Skr (ca. 35 €), Betten im Schlafsaal ab 170 Skr (ca. 17 €)

Essen und Trinken

Zwar wird man sicherlich nicht ausschließlich wegen des kulinarischen Rufes nach Uppsala reisen, die Stadt hat jedoch einiges an Cafés und Restaurants zu bieten.

272 [VI C2] **Alexander,** www.alexander.se, Östra Ågatan 59, Tel. 018 135052, hervorragendes griechisches Restaurant mit erschwinglichen Preisen

273 [VI A2] **Café Alma,** Universitätshuset, Tel. 018 4712330, kleines Café in schönem Ambiente, nur wochentags geöffnet

274 [VI A2] **Café Uroxen,** St. Johannesgatan 18, Tel. 018 133107, nettes Café, leider im Sommer geschlossen

275 [VI B2] **Hambergs Fisk,** Tel. 018 710050, www.hambergs.se, Fyristorg 8, Fisch in allen Varianten

276 [VI B3] **Konditori Fågelsången,** Munkgatan 3, Tel. 018 145265, gemütlich eingerichtetes Café, welches häufig auch von Studenten frequentiert wird

277 [VI A1] **Le Parc,** Torsgatan 15, Tel. 018 548488, in einer kleinen Grünfläche gelegenes ruhiges Restaurant

278 [VI B1] **Lingon,** www.restauranglingon.com, Svartbäcksgatan 30, Tel. 018 101224, speziell die vielen Plätze auf der Terrasse zum Fluss Fyrisån sind zu empfehlen

279 [VI B1] **Ofvandahls Hovkonditori,** Sysslomansgatan 5, Tel. 018 134204, das wohl traditionsreichste Café der Stadt

280 [VI B2] **Tzatziki,** www.tzatziki.se, Fyristorg 4, Tel. 018 150333, sehr gutes Speiserestaurant, das einfach unschlagbar direkt am Fluss liegt

Nahezu unübertroffen hinsichtlich des **Restaurantangebots** und auch im Hinblick auf das **Nachtleben** sind die Uppsaler 285 [VI B2] **Saluhallen,** www.saluhalleniuppsala.se, St. Erikstorg, Tel. 018 135512. Vom einfachen und guten Dagens Rätt bis hin zu einem der landesweit besten Restaurants (Guldkanten), vom Straßencafé bis zum Nachtklub reicht das Spektrum dieser einzigartigen Anlage, in der die einzelnen Restaurants, Cafés und Stände um die Gunst der (erlebnis-)hungrigen Kundschaft wetteifern.

Unterhaltung und Nachtleben

Uppsala ist zwar die viertgrößte Stadt des Landes, dennoch hinkt ein Vergleich mit Stockholm oder Göteborg in Bezug auf die dortigen kulturellen Events und das Nachtleben. Dank ihrer großen Studentenzahl kann die Stadt aber mit zahlreichen interessanten Lokalitäten aufwarten.

281 [VI B3] **Birger Jarl,** www.birgerjarl.nu, Nedre Stottsgatan 3, Tel. 018 711734, sehr beliebte Disco mit Livebands direkt unterhalb des Schlosses, an den Wochenenden fast obligatorisches Schlangestehen – und das aus gutem Grund

282 [VI C3] **Flustret,** www.flustret.se, Svandammen 1, Tel. 018 100444, Biergarten mit Livemusik, ideal im Sommer, um den Abend zu beginnen

283 [VI C1] **Katalin and all that Jazz,** www.katalin.com, Tel. 018 140680, Godsmagasinet/Östra Station, direkt hinter dem Bahnhof; viel Livemusik bis spät in die Nacht in passender Umgebung

284 [VI B2] **O'Connors,** www.oconnors.se, Stora Torget 1, Tel. 018 144010, Irish Pub und Disco in der ersten Etage zum Stora Torget, häufig an den Wochenenden überlaufen

› **Saluhallen,** siehe Kap. „Essen und Trinken“

286 [VI C2] **Seven,** www.seven.se, Vaksalagatan 10, Tel. 018 711777, einer der beliebtesten Klubs der Stadt

287 [VI B2] **Terrassen,** www.terrassen.se, Drottninggatan 1A, Tel. 018 144150, die Bar in der ersten Etage ist der perfekte Ort, den Abend zu beginnen, eine Fortsetzung im Kellerklub liegt dann auf der Hand

Des Weiteren bieten die meisten der **Studentennationen** ebenfalls Pubs oder Discos an, allerdings nur für Studenten. Mit einem (internationalen) Studentenausweis oder sehr guten Überredungskünsten wird sich dort sicherlich auch für Nicht-Uppsala-Studenten Tür und Tor öffnen. Ein Übersichtsheftchen, was wann wo abläuft, geben die Nationen heraus.

Weitere Aktivitäten

Zum **Schwimmen** bietet sich im Sommer die Badesstelle *Storvad* in der unmittelbaren Nähe Gamla Uppsalas an (Bus Nr. 2 oder 110). Hier badet man direkt im Fyrisån. Wer ein bisschen mehr Abwechslung und Infrastruktur haben möchte, dem sei das Freibad *Fyrishov* empfohlen. Hier gibt es eine Schwimmhalle mit 50-m-Bahnen, einem 10-m-Turm und einer Kletterwand, die ins Wasser herabgelassen werden kann, sowie ein tropisches Abenteuerbad mit Rutschen, Whirlpool und vielem mehr. Die Eintrittspreise variieren je nachdem welches Bad man aufsucht und wie lange man sich dort aufhalten möchte.

Im südlichen Vorort Gottsunda befindet sich ein Schwimmbad mit Rutschen, Sauna und integriertem Fitnessraum. Mitten in der City Uppsalas mit einem einmaligen Ausblick aus dem Becken direkt auf die Altstadt und die Türme der Kathedrale liegt das wunderschöne Centralbadet, in dem ebenfalls verschiedene Saunas und ein Fitnessstudio integriert sind. Neben diesem **Fitnessstudio** existiert unter anderem noch das *Svettis*, das für Studenten und Schüler die wohl preisgünstigsten Angebote bereithält.

- **S288** [VI B1] **Fyrishov,** www.fyrishov.se, Idrottsgatan 2, Tel. 018 7274950, Mai–Sept. Mo.–Fr. 9–21 Uhr, Sa. und So. 9–19 Uhr
- **S289** [VI B3] **Gottsundabadet,** www.godsundabadet.se, Valthornsvägen 13, Tel. 018 7276040
- **S290** [VI B2] **Nautilus Centralbadet,** St. Persgatan 4, Tel. 018 101660
- **S291** [VI C3] **Svettis,** www.student.uu.se/sh, Sjukhusvägen 2, Tel. 018 695280

Wer gerne **Paddeln** möchte, kann auf verschiedene Anbieter zurückgreifen. Etwa 17 km östlich von Uppsala an der Straße 282 liegt das **Fjällnora Camp** (siehe auch www.uppsala.se, Tel. 018 7270610). In Uppsala selbst gibt es drei Ausstatter. Conno's Kayak liegt im südlichen Vorort Vårdsätra (Tel. 018 291780, Vårdsätravägen, dann den Hinweisschildern Vårdsätra Sätesgård folgen). Dort befindet sich auch eine nette Badestelle.

In Sunnersta ist die Gemeinschaft der Friluftsfrämjandet (etwa „Förderer der Freiluftsaktivitäten“) beheimatet. Hier gibt es eine Langlaufloipe und -laufbahn, eine Sauna, einen Kanu- und Kajakverleih und im Winter können zudem Langlaufschlittschuhe ausgeliehen werden (www.frilufts.se/uppsala, Dag Hammarskjölds Väg 270, Tel. 018 7276086). Und schließlich bietet noch Fyrishov (siehe oben) einen Bootsverleih an.

UMGEBUNG VON UPPSALA

Gamla Uppsala

Die Hauptattraktion der näheren Umgebung Uppsalas ist zweifelsohne **Gamla Uppsala.** Ungefähr 5 km nördlich vom Stadtzentrum gelegen ist dieser Ort mit dem Fahrrad oder mit dem Bus (Linien 2 oder 110) gut zu erreichen. Einst das religiöse Zentrum des heidnischen Kultes im Reich der Svea, wurden an dieser Stelle im 5. und 6. Jahrhundert für drei ihrer Könige – *Aun, Egil und Adil* – Grabhügel angelegt. Bei dem vierten, nicht eingezäunten Hügel handelt es sich nicht um ein weiteres Grab, sondern um den Versammlungsplatz des damaligen *Tings,* einer Art Parlament. Ob auch der legendäre Tempel mit Opferstelle, von dem der Chronist *Adam von Bremen* im 11. Jahrhundert zu berichten wusste, in Gamla Uppsala zu finden ist, ist nicht gesichert, jedenfalls wurden bislang keine eindeutigen archäologischen Belege dafür gefunden. Ob es folglich auch zu Menschenopfern gekommen sein mag – ebenfalls eine Behauptung von *Adam von Bremen* – ist nicht mit letzter Sicherheit festzustellen, sollte dies allerdings der Fall

085st Abb.: sk

gewesen sein, so war es wohl eher die Ausnahme als die Regel.

Der Legende nach soll die Kirche an diesem Ort errichtet worden sein. In der ersten Hälfte des 12. Jahrhunderts fertiggestellt, war sie bis zur Verlegung der Diözese ins heutige Uppsala Sitz des Erzbischofs. Vor der Kirche hielt Papst *Johannes Paul II.* 1989 eine Messe ab. In der Außenmauer der Kirche findet sich ein eingearbeiteter Runenstein.

Im angegliederten Informationszentrum erhält man Informationen und erfährt Wissenswertes über diese vergangene Epoche der schwedischen Geschichte.

› **Gamla Uppsala,** www.raa.se/gamlauppsala, Historisches Zentrum: Disavägen, Tel. 018 239300, Mai–Aug. tgl. 11–17 Uhr, Sept.–April Mo./Sa./So. 12–15 Uhr, Eintritt 50 Skr (ca. 5 €), ermäßigt 30 Skr (ca. 3 €), unter 7 Jahren frei, Kirche: Tel. 018 253063, Okt.–März tgl. 9–16 Uhr, April–Sept. 9–18 Uhr, Eintritt frei

Ulva-Mühle

Ganz in der Nähe Gamla Uppsalas, etwa 3 km nordwestlich davon, liegt direkt am Fyrisån die **Ulva-Mühle.** Hier kann man allerlei Handwerksprodukte erstehen oder das Treiben vom Café aus beobachten. Vor allem aber lädt diese zauberhafte Gegend zum Picknick, zu Spaziergängen oder auch zum Angeln ein.

› **Ulva Mühle,** www.ulvakvarn.se, Tel. 018 322060, Handwerker-Markt am ersten Septemberwochenende, Sept.–Mai.: Läden: Di.–Fr. 10–17 Uhr, Sa./So. 11–16 Uhr, Café: Sa./So. 11–16 Uhr, Juni–Aug.: Läden und Café Mo.–Fr. 10–17 Uhr, Sa./So. 11–16 Uhr

Hammarby

Ein weiteres Ausflugsziel, welches in Verbindung zu *Carl von Linné* steht, ist sein Sommersitz bei **Hammarby.** 1758 erstand *Linné* dieses 10 km südöstlich von Uppsala gelegene Grundstück.

Neben den Ausstellungsstücken im Gebäude sind im Park die Sammlung sibirischer Pflanzen sowie die Genbank von Fruchtarten der Mälarenregion von besonderem Interesse.

› **Linnés Hammarby,** www.hammarby.uu.se, Tel. 018 326094, Juni-Aug. Di.-So. 11-17 Uhr, Park bis 20 Uhr, Museum und Café Di.-So. 12-16 Uhr, Eintritt 60 Skr (ca. 6 €), unter 16 Jahren frei

Bootsausflüge von Uppsala

Von Uppsala aus lassen sich auch zwei herrliche **Bootsausflüge** organisieren. Zum einen kann man auf der M/S König Carl Gustaf eine Tagestour zum **Skokloster** unternehmen. Diesen eindrucksvollen Landsitz ließ *Carl Gustav Wrangel,* der Gouverneur der damaligen schwedischen Besitzungen in Norddeutschland, 1654 in Auftrag geben. Er selbst verbrachte allerdings nur ganze zwei Wochen dort.

› **Bootstour zum Skokloster,** Islandsbron-Brücke/Östra Ågatan, Uppsala Hafen, Tel. 018 144800, Tagesausflüge Ende Mai-Anfang Aug. Dauer 11-16.15 Uhr, Rundtour 200 Skr (ca. 20 €), Hinweg 150 Skr (ca. 15 €), unter 12 Jahre gratis. Abendtour: Dauer von 18-22.45 Uhr, 375 Skr (ca. 38 €) inkl. Essen und Musik. Abfahrt und Ankunft in Uppsala

► *Besticht nicht nur durch sein faszinierendes Äußeres: das Wiks Slott*

◄ *Das ehemalige Zentrum des Sveareiches in Gamla Uppsala*

RICHTUNG ENKÖPING

VON UPPSALA NACH ENKÖPING

Auf der Straße 55 Richtung Enköping gelangt man nach gut 20 km zur Abzweigung zum **Wiks Slott.** Ein Abstecher zu diesem hohen und zugleich schmalen Backsteinschlösschen aus dem 15. Jahrhundert lohnt in jedem Fall, handelt es sich doch um ein fantastisch gut erhaltenes Schloss mit beeindruckender Inneneinrichtung und einem einladenden Park an einem Seitenarm des Mälaren. Nur ist es zu schade, dass man nicht im Schloss selber, sondern nur mit Blick auf das Schloss, im benachbarten und architektonisch eher nüchternen Anbau nächtigen darf.

› **Wiks Slott,** www.lul.se, Tel. 018 6116660, Übernachtungen in Nebengebäuden ab 1050 Skr (ca. 105 €)

151st Abb.: sk

Etwa auf halber Strecke zwischen Uppsala und Enköping durchfährt man die Ortschaft **Örsundsbro.** Auch hier lohnt sich ein kleinerer Aufenthalt. Vicke Vire ist ein altertümliches Café, in dem auch heimische Waren zum Verkauf angeboten werden. Das alte Stummfilmkino inspiriert vielleicht mehr als nur den einen oder anderen Filmfan. Im Handelsmuseum Kappen kann die Inneneinrichtung aus dem 19. Jahrhundert bewundert werden. Außerdem ist in der Verkaufsboutique des Keramikherstellers Rörstrand vielleicht das ein oder andere Steingutteil als Schnäppchen zu ergattern. Zudem dient der Örsundaån als nahezu perfekte Ausgangsbasis für Paddeltouren entweder entlang des Flusses oder zum nahen Mälaren.

VON SIGTUNA NACH ENKÖPING

Von Sigtuna fährt man zunächst auf der landschaftlich schönen Straße 263 (Erikssund, Vreta) durch die **Gemeinde Håbo** mit ihrem Hauptort Bålsta und der Topattraktion **Skokloster.** Bei Vreta nimmt man die Abzweigung nach Norden, um so auf eine Halbinsel mit dem Skoklosters Naturreservat zu gelangen. Bei der Anfahrt sieht man schon aus einiger Entfernung das prachtvolle Barockschloss in schillerndem Weiß durch die Bäume dieser grandiosen Anlage strahlen. Das Schloss spiegelt eindrucksvoll die Tage wieder, als Schweden als europäische Großmacht die Geschichte auf dem Kontinent schrieb und mitbestimmte. Es gilt als größtes privat erbautes Schloss Schwedens.

Baubeginn war das Jahr 1654 und nach seiner Fertigstellung trug hier der Bauherr, Feldmarschall *Carl Gustaf Wrangel,* verschiedenste Objekte wie Gemälde, Waffen, Bücher oder andere Alltagsgegenstände zusammen, die heute noch im Schloss zu bewundern sind.

Auf dem weitläufigen Gelände können des Weiteren eine Gaststätte, ein Automuseum und Skoklosters Kyrka, eine zu einem Zisterzienserkloster aus dem frühen 13. Jahrhundert gehörende Kirche, aufgesucht werden.

Im Sommer ziehen die **Skoklosterspelen,** ein mittelalterliches Spektakel für Jung und Alt, die Besucherströme in diese bezaubernde Gegend.

› **Skoklosters Slott,** www.skoklostersslott.se, Tel. 08 4023070, April Sa./So. 11.30–16 Uhr, Mai Di.–So. 11.30–16.30 Uhr, Juni Di.–So. 11.30–17.30 Uhr, Juli–Aug. tgl. 10.30–17.30 Uhr, Sept. Di.–Fr. 12.30–16.30 Uhr und Sa./So. 11.30–16.30 Uhr, ab 18 Jahren 75 Skr (ca. 7,50 €), Führungen in Englisch jeweils 15 Min. nach einer vollen Stunde, Führungen in Deutsch auf Anfrage
› **Skokloster Wärdshus** und Hotell, www.skokloster.se, Tel. 018 386100, EZ ab 1100 Skr (ca. 110 €), DZ ab 1650 Skr (ca. 165 €)
› **Skokloster Camping,** www.camping.se, Tel. 018 386035, geöffnet Mai–Sept. Übernachtungen ab 160 Skr (ca. 16 €), ein schöner Campingplatz an der Zufahrtsstraße zum Skokloster, allerdings keine Hütten

▶ *Idyllisch gelegen: Das imposante Skokloster am Mälaren*

086st Abb.: sk

Anreise

Neben der Möglichkeit der Anreise mit dem eigenen Pkw oder mit dem Bus Nr. 894 von Bålsta kann vor allem die Anreise mit einem Ausflugsboot von Uppsala oder Stockholm ans Herz gelegt werden. Nähere Informationen sind dem Kapitel „Uppsala Umgebungsziele" zu entnehmen.

BISKOPS ARNÖ

Bei der Fahrt durch diese einzigartige Landschaft, die einerseits durch die weite, von Wäldern durchzogene Landschaft und andererseits durch die intensive und traditionsreiche Landwirtschaft geprägt wird, stößt man auf zahlreiche kleine Ortschaften, Kirchen und Gutshöfe. Einer dieser landschaftlichen Höhepunkte ist sicherlich die Insel Biskops Arnö in einem Seitenarm des Mälaren. Einst Sommerresidenz der Bischöfe von Uppsala (1280–1527, dem Jahr der Reformation in Schweden) beherbergt die über einen schmalen Damm zu erreichende Insel heute eine Volkshochschule sowie eine Jugendherberge.

› **Vandrarhem,** www.biskops-arn.se, Tel. 0171 82689, Betten ab 200 Skr (ca. 20 €), leider ist die Anlage nur in der Zeit von Juni–Aug. offen; ansonsten nur auf Anfrage

EKOLSUNDS SLOTT UND HJÄLSTAVIKEN

Kurz bevor man auf der Straße 263 aus östlicher Richtung nach Enköping gelangt, liegt an einem kleinen Sund das Schloss **Ekolsunds Slott**, ein Barockschloss aus dem 14. Jh., das unter anderem *Gustav III.* zur Erholung diente.

Direkt gegenüber auf der nördlichen Seite der Straße existiert mit **Hjälstaviken** ein Naturparadies, das nicht nur unter Ornithologen große Aufmerksamkeit genießt. Der wichtige Rastplatz für Zugvögel wird durch zahlreiche erklärende Tafeln, Rundwanderwege und Aussichtspunkte zu einem interessanten Naturerlebnis pur.

- **Ekolsunds Slott,** www.ekolsundsslott.se, Tel. 0171 472200, Gruppenführungen können ab 10 Personen für jeweils 120 Skr (ca. 12 €) arrangiert werden. Unter demselben Dach befindet sich auch ein Restaurant der gehobenen Klasse; Übernachtungen sind ebenfalls möglich.
- **Håbo Turistbyrå,** www.habo.se, Stockholmvägen 28, Bålsta, Tel. 0171 52510 oder 0760929956, im Sommer geöffnet Mo.-Fr. 11-18 Uhr, Sa./So. 11-16 Uhr.

ENKÖPING UND UMGEBUNG

Im Vergleich mit anderen aufregenden Städten längs des Mälaren besticht Enköping auf den ersten Blick vielleicht nur durch seine Sachlichkeit, vielerorts lässt sich jedoch schon Spannendes und Interessantes entdecken, sowohl in Enköping als auch in der Umgebung.

ENKÖPING

Enköping schmückt sich selbst gerne mit dem Titel **„Stadt der Parks"**. Bei grob überschlagenen 20 Parks, Grünanlagen und Gärten im ummittelbaren Citybereich hat diese Bezeichnung sicherlich auch ihre Berechtigung. Nähere Informationen findet man auf der Website: www.enkoping.se/parker).

Einer dieser Gärten, **Westerlundska Gården**, beheimatet heutzutage, neben einer kleinen Grünanlage, vor allem ein kleines Museum in Erinnerung an den heimischen Arzt *Ernst Westerlund* (1839-1924).

Neben diesen vielen kleinen und größeren Oasen fällt bei einem Stadtrundgang zuerst die über den schachbrettartigen Stadtkern auf einem Hügel wachende **Vårfrukyrkan** (Gottesdienst sonntags um 11 Uhr) auf. Das Inventar dieser Feldstein-Kirche aus dem 12. Jahrhundert stellt einen Streifzug durch die Geschichte der Kircheneinrichtung dar. Altar, Orgel, Leuchter oder auch Bänke, Taufbecken und Wanddekorationen entstammen verschiedenen Jahrhunderten. Die letzte Restaurierung ereignete sich 1973-1975.

An Museen sind hauptsächlich zwei hervorzuheben: Das **Enköpings Museum** bietet einen erstaunlichen Einblick in die Geschichte der Stadt. Zeitweilig diente dieses ursprüngliche Kaufmannsgut auch als Rathaus Enköpings.

Etwas abseits des Stadtzentrums, auf dem Fabrikgelände der Firma BAHCO, ist dem weit über die Stadt- und Landesgrenzen bekannten Erfinder **Johan Petter Johansson** (1853-1943) ein kleines Museum gewidmet. Neben den fast 100 Patenten liegt sein Ruhm und seine Bekanntheit wohl vor allem in der Erfindung und Entwicklung der Rohrzange und des verstellbaren Rollgabelschlüssels - einigen vielleicht auch noch unter der Bezeichnung „Engländer" bekannt - begründet.

Adressen

- **Touristinformation,** www.enkoping.se, Torggatan 33, Tel. 0171 625040

- **J. P. Johansson Museet,** Tallbacksvägen 2, Tel. 0171 22707, Mi. 13–16 Uhr oder nach Vereinbarung
- **Enköpings Museum,** www.enkoping.se, Rådhusgatan 3, Tel. 0171 625402, Di.–Fr. und So. 12–16 Uhr, Sa. 11–15 Uhr, in den Sommermonaten auch Mo. 12–16 Uhr, freier Eintritt
- **Westerlundska Gården,** Kyrkogatan 29, Tel. 0171 39385
- **Wintersport: Skattmansöbacken,** www.skattman.nu. In einem Naturreservat liegt ein kleines Skigebiet mit dem – angeblich – „größten natürlichen Skihügel Upplands": 52 m hoch, 270 m lang, stolze zwei Skilifte und mit einem zum Einkehrschwung verführenden Restaurant, mit Skiverleih, etwa 40 km nördlich von Enköping, Anfahrt über die Straße 70 (von Enköping) oder 72 (von Uppsala).

Unterkünfte

- **Bredsand,** www.bredsand.com, Vandrarhem, Camping und Hütten (Tel. 0171 80011), Vandrarhem Erwachsene ab 230 Skr (ca. 23 €), Camping ab 140 Skr (ca. 14 €), Hütten ab 300 Skr (ca. 30 €), 5 km südlich von Enköping direkt am Mälaren, Restaurant, Kiosk, Minigolf, Fahrrad- und Bootsverleih, ganzjährig geöffnet
- **Djurby Gård,** www.djurby.se, Tel. 0171 474044, 360 Skr (ca. 36 € für Erwachsene) bzw. 100 Skr (ca. 10 € für Kinder), nördlich von Litslena, nahe der Straße 55, mehrere Zimmer unter einem Dach, gemeinsames WC, Küche, Aufenthaltsraum und Sauna, ganzjährig geöffnet
- **First Hotell Park Astoria,** Kyrkogatan 7, Tel. 0171 478080, EZ ab 800 Skr (ca. 80 €), zentral gelegenes Hotel mitten in Enköping mit großem Angebot
- **Lidingby Gård,** www.lidingby.nu, Tel. 0171 81033, mehrere Hütten, z. B. eine moderne 6-Bett-Stuga in Vallby, ab 400 Skr (ca. 40 €), ca. 9 km südöstlich von Enköping
- **Härjarö Herrgård,** www.harjaro.se, Tel. 0171 82290, Camping (ab 175 Skr, ca. 18 €) Hütten (z. B. vier Betten ab 750 Skr, ca. 75 €), Boots- und Fahrradverleih, Minigolf, Sauna, ganzjährig geöffnet, in die Natur eingebettete Anlage auf einer Landzunge ca. 30 km südöstlich von Enköping
- **Petersbergs Gård,** www.petersbergsgard.se, Tel. 070 6765482, luxuriös ausgestattete Stuga für bis zu acht Personen, ca. 18 km nordwestlich von Enköping bei Bred

Essen und Trinken

- **Hamnmagasinen,** www.hamnmagasinen.se, Hamngatan, Tel. 0171 21892, von Kaffee und Kuchen bis zum Menü, sehr schön am Wasser gelegen, Sitzmöglichkeiten auch im Freien
- **Masoud,** Källgatan 15, Tel. 0171 24304, Restaurant mit Barbetrieb
- **O'Learys,** www.olearys.se/enkoping, Kungsgatan 21–23, Tel. 0171 447777, Irish Pub, Sportbar und Restaurant mit Sitzgelegenheiten am zentralen Platz
- **Svarta Majas Krog,** www.svartamaja.se, Torggatan 28, Tel. 0171 29004, Essen à la carte und Nachtklub unter einem Dach

UMGEBUNG VON ENKÖPING

Bricht man von Enköping zu einem Badeausflug an die idyllischen Mälarenstrände auf, so sollte man etwas Zeit für kleinere Zwischenstopps einplanen.

Bei der Ortschaft Boglösa erwarten einen **Felszeichnungen,** die zu den ältesten, größten und schönsten ihrer Art in Uppland zählen. In der Kirche befindet sich dazu ein kleines Informationszentrum, die eigentlichen Zeichnungen sind in Boglösa und in der näheren Umgebung zu bestaunen.

Das kleine Städtchen Lillkyrka ist der Ausgangspunkt einer **historischen Wanderung** durch eine geologisch und kulturgeschichtlich interessante Gegend, den Wegrand säumen diverse Überbleibsel der fast 3000-jährigen Vergangenheit. Der Naturwanderweg ist Teil des ganz Uppland durchkreuzenden Upplandsleden und kann zwischen 2 und 3 km variiert werden. Im Winter wird er auch als Skilanglaufstrecke genutzt.

Grönsöö Slott bezeichnet ein Schloss mit umliegendem Park auf der gleichnamigen Insel im Mälaren, welches 1607–1611 unter dem königlichen Ratgeber Baron *Johan Skytte* errichtet wurde. Neben seiner Wasserlage, den Grünanlagen mit ihren uralten Bäumen und dem Chinesischen Sommerhäuschen samt fernöstlichen Muschelverzierungen sind die sehenswerten Inneneinrichtungen des Schlosses die Hauptattraktionen eines Besuches. Ist man im Herbst zu Gast auf Grönsöö Slott, solle man auf gar keinen Fall den Apfelmarkt inklusive kultureller Aktivitäten versäumen.

› **Grönsöö Slott**, www.gronsoo.se, Tel. 0171 87084, 25 km südöstlich von Enköping, über Lillkyrkan Richtung Härjarö, den Schildern ab Veckholm folgen, Schlossführungen Mai–Sept. an Wochenenden, Eintritt 40 Skr (ca. 4 €), Schlossführungen 150 Skr (ca. 15 €) für Erwachsene
› **Boglösa Hällristningsgården** (Felszeichnungen), Tel. 0171 89063, geöffnet im Juli und an den Wochenenden zwischen Juni und Mitte Sept.

Wer die Rundtour um den Mälaren abkürzen möchte, dem bietet sich bei Enköping die Gelegenheit, die attraktive, über Brücken und Inseln direkt nach Strängnäs führende Straße 55 zu nehmen. Allerdings sollte man sich durch die einzigartige Straßenführung nicht allzu sehr ablenken lassen, sind doch auf dieser Straße Blitzkästen montiert. Bezüglich der Verkehrsüberwachung gilt Gleiches für die Weiterfahrt von Enköping nach Västerås: Auch auf der E18 versucht der schwedische Staat, mit dieser Variante den Rasern Herr zu werden.

Bevor man nun Västerås und Umgebung erkundet, sei noch auf eine weitere Sehenswürdigkeit hingewiesen, die mehr oder weniger genau zwischen Enköping und Västerås liegt. Zweigt man von der E18 Richtung Mälaren ab, so gelangt man nach gut 20 km auf die Insel Ängsö, wo das **Schloss Engsö** diesen Abstecher zu einem lohnenswerten Ziel macht. Erstmals 1185 in einem Brief von König *Knut Eriksson* erwähnt, erhielt das Schloss sein heutiges, vom französischen Rokoko geprägtes Äußeres in den 40er Jahren des 18. Jh. Architekt war der seinerzeit wohl bedeutendste Vertreter seines Faches, *Carl Hårleman.* Neben den Inneneinrichtungen und dem Schlosspark sollte man auch ein wenig Zeit für den Besuch der hübschen Kirche in Änsgö einplanen. Und da die Insel in einem Naturschutzgebiet liegt, verwundert es auch nicht, dass an ihren Ufern (speziell im Westen der Insel) einige schöne Badeplätze auf einen Besuch warten.

› **Engsö Slott**, www.engsoslott.com, Tel. 0171 444012, Mai–Aug. Sa./So. 12–17 Uhr, Juli–Mitte Aug. auch tgl. 12–17 Uhr, freitags geschlossen, Erwachsene 60 Skr (ca. 6 €), Kinder bis 12 Jahre frei

VÄSTERÅS UND UMGEBUNG

Im Gegensatz zum Namen seines mittelalterlichen Pendants *Östra Aros* (etwa: östliche Flussmündung; gemeint ist das heutige Uppsala), lässt sich der heutige Name Västerås sehr wohl noch an der alten Wikingerbezeichnung für diesen Handelsplatz, nämlich *Västra Aros* (die westliche Flussmündung), herauslesen. Mit 130.000 Einwohnern ist Västerås die sechstgrößte Stadt des Landes und urbanes Zentrum der nordwestlichen Mälarenregion sowie der Provinz Västmanland. Landesweite Bedeutung erzielte die Stadt, die seit dem Ende des 13. Jahrhunderts die Stadtrechte genießt, im Jahre 1527, als *Gustav Vasa* im Zuge seiner machtpolitischen Konsolidierung hier den Reichsreformationstag abhielt, die Abschaffung des Katholizismus durchsetzte und Schweden somit in ein protestantisches Land umgestaltete.

VÄSTERÅS

Seit den Zeiten der Wikinger war die Gegend im Mündungsgebiet des Svartån ein Umschlagplatz für Waren aller Art, speziell aber für (Eisen-)Erze aus den nördlicher gelegenen Bergbaugebieten. Der wasserreiche Fluss war damals noch gut schiffbar. Diese Tradition hat sich bis in unsere Zeit fortgesetzt, Västerås ist das unumstrittene Industrie- und Handelszentrum der Region mit dem größten Binnenhafen des Landes und dem ABB-Firmensitz als herausragende Beispiele. Die Stadt darf aber keineswegs mit einem tristen Industriestandort verwechselt werden, vielmehr ist sie eine moderne und lebendige Stadt, in der die alten, gemütlichen Viertel mit modernen Geschäftsvierteln abwechseln und von dem bläulich schimmernden Glasturm des Radisson-Hotels überragt werden. Aus sportlicher Sicht ist sicherlich herauszustellen, dass 340 km Radwege Västerås zu einem Eldorado für Radler und Skater machen.

Wer mehr auf Pferdestärken unter einer Motorhaube steht, für den veranstaltet Västeras im Sommer das Power-bigmeet. Für einige wenige Tage füllen sich die Straßen mit US-Straßenkreuzern, Pkw-Kuriositäten oder anderen aufgemotzten fahrbaren Untersätzen und geben so den Rhythmus der Stadt vor.

Entlang des Flusses

Erschließt man sich Västerås vom Bahnhof her, so gelangt man zu seiner Linken schon nach wenigen Metern zur Mündung des Svartån in den Mälaren. Von hier aus legen auch die **Fähren** ab, die die Stadt mit den näheren Umgebungszielen verbinden. Folgt man dem Svartån flussaufwärts, so fallen einem zunächst die zahlreichen Grünflächen der Stadt ins Auge. In einem dieser Parks eingebettet, direkt am Fiskartorget, liegt das **Kunstmuseum** der Stadt. Das 1860 erbaute ehemalige Rathaus beherbergt Exponate, die vor allem nach der regionalen, schwedischen und nordischen Gegenwartskunst ausgerichtet sind. Im hauseigenen Café lässt sich der Kunstgenuss zusätzlich noch versüßen, entweder im Kellergewölbe oder in den Sommermonaten auf den in den Park hinauslaufenden Terrassen.

› **Västerås Konstmuseum,** Tel. 021 391300, www.vasteraskonstmuseum.se, Fiskartorget 2, Juni–Aug. Di.–Fr. 11–16 Uhr, Sa./So. 12–16 Uhr, Eintritt frei

087st Abb.: sk

Schräg gegenüber, ebenfalls am Fiskartorget, befindet sich das Stadshuset. Doch ist nicht das verwaltungstechnische Zentrum der Stadt von besonderem Interesse, vielmehr gewinnt diese Stelle dadurch an Bedeutung, weil hier, etwas versteckt, noch die baulichen Überreste eines im 13. Jahrhundert errichteten **Dominikanerklosters** zu entdecken sind. Überquert man nun den Fluss auf der Slottsbron, erblickt man zunächst das **Turbinhuset**, ein altes Kraftwerk, welches für die damalige Ansiedlung des ASEA-Konzerns eine nicht unerhebliche Rolle spielte. Dahinter eröffnet sich dem Besucher der Blick auf das **Schloss** von Västerås, ein repräsentatives Gebäude aus der Zeit Ende des 13. Jh, in dem sich in unseren Tagen das **Landesmuseum** mit seinen für die Region bedeutenden kulturhistorischen Ausstellungsgegenständen eingerichtet hat. Weiter entlang des Flusses liegt am Eingang des kleinen Stadsparken das städtische **Theater**, soweit man der Sprache mächtig ist, eine sicherlich interessante Alternative während einer Visite in Västerås.

› **Teater Västmanland**,
www.teatervastmanland.se, Slottsgatan 17, Tickets unter Tel. 021 4704110 oder über die Touristinformation

Am anderen Ende des Stadsparken gelangt man zu einer weiteren Brücke, von wo man den Ausblick über Fluss, Fiskartorget und Kunstmuseum einerseits und auf die kleinen Gebäude des historischen Västerås entlang des Svartån andererseits genießen kann. Auch lohnt sich ein **kleiner Rundgang** durch diesen alten Stadtteil über die engen und verwinkelten Straßen der Skomaker-, Slotts- und Kungsgatan.

Bevor man sich nun der City mit Stora Torget und Kirchenbezirk zuwendet, sei noch auf einen Abstecher zum nahen

Djäkneberget aufmerksam gemacht. Überquert man den Västra Ringvägen, so erreicht man nach wenigen Schritten dieses etwas oberhalb der Stadt gelegene Naherholungsgebiet. Die hügelige Parklandschaft kann mit einigen der besten Aussichten über Stadt und See aufwarten. Cafés, eine Minigolfanlage, Spielplätze, Wiesen und Grünanlagen tun ein Weiteres hinzu, um hier ausgiebig entspannen und verschnaufen zu können.

Der Kirchenbezirk

Seit dem frühen 12. Jh. war Västerås Bischofssitz. Folglich verwundert es nicht, dass die Stadt mit dem Dom und weiteren klerikalen Gebäuden ein Viertel aufzuweisen hat, das mit baulichen Attraktionen nicht geizt.

Die im wahrsten Sinne des Wortes herausragende Sehenswürdigkeit ist der, mit den für diese Region typischen Ziegelsteinen errichtete, 92 m hohe **Dom**, dessen bauliche Anfänge im 13. Jh. anzusiedeln sind. Reizvolle Inventare sind zweifellos der von *Sten Sture dem Jüngeren* gestiftete Hochaltar sowie der hier in einem prachtvollen Marmorsarkophag ruhende Leichnam *Eriks XIV.* Dessen sterbliche Überreste waren im Übrigen zu lang, sodass man sich gezwungen sah, die Füße *Eriks XIV.* vom Leichnam abzutrennen und separat aufzubewahren.

Direkt vor dem Haupteingang steht eine von *Carl Milles* geschaffene Statue *Johannes Rudbeckius'*, dem Gründer des ersten schwedischen Gymnasiums in Västerås im Jahre 1623.

◀ *Teile der pittoresken Altstadt am Fluss Svartån*

› **Domkyrkan,** www.svenskakyrkan.se/vasterasdomkyrkoforsamling, Tel. 021 814600, in den Sommermonaten werden täglich mehrere, auch thematisch unterschiedliche Führungen angeboten (so beispielsweise auch eine Turmbesteigung immer Mo., Mi. und Do. um 14 Uhr), zudem öffnet ein Sommercafé montags bis freitags 12–16.30 Uhr Uhr seine Pforten

Kyrbacken bezeichnet das Straßengeflecht im nördlichen Kirchenbezirk. Ein Spaziergang auf dem Kopfsteinpflaster zwischen den einfachen Holzhäusern aus dem 18. Jh. lohnt sich in gleichem Maße wie ein kurzes Verschnaufen im **Botanischen Garten,** einer kleinen grünen Oase inmitten der Stadt, gleich östlich des Doms auf dem Weg zur Stadtbibliothek.

Die moderne City

Die Innenstadt wird vor allem von dem weitläufigen Doppelplatz von Stora- und Bondtorget sowie den vielfältigen Einkaufsmöglichkeiten geprägt.

Südlich des Kirchenbezirks schließt sich der großzügige **Stora Torget** an. Der dortige eher gemütliche und bescheidene Wochenmarkt liegt im krassen Gegensatz zu dem monumental wirkenden **Stadshotellet.** Dieses Hotel erfüllte nie den ihm ursprünglich zugedachten Zweck, nämlich Bereiche der städtischen Verwaltung zu beherbergen. Vielmehr war das Gebäude seit seiner Fertigstellung im Jahre 1907 stets ein Hotel mit dazugehörigem Restaurantbetrieb. An der westlichen Ecke des Platzes begegnet man dem **Aseaströmmen,** einem originellen Denkmal in Erinnerung an die Arbeiter des unbestritten bedeutendsten Konzerns der Stadt auf ihrem täglichen Weg zur Arbeit. Der jenseits dieses

Denkmals liegende **Bondtorget** wird den meisten Besuchern wahrscheinlich wegen seiner augenscheinlich hübschen Bebauung und den dort befindlichen Straßencafés in guter Erinnerung bleiben. Eher unbekannt ist, dass auf eben diesem Platz in den 1970er Jahren ein bedeutender Münzfund gemacht wurde, der jetzt in Stockholm verwahrt wird.

Verlässt man Stora-/Bondtorget in östlicher Richtung, gelangt man in das mit Fußgängerzonen durchzogene moderne **Einkaufsareal** der Stadt. Die vielen Geschäfte und Passagen bieten gute Einkaufsmöglichkeiten. Den krönenden Abschluss dieses Vergnügens bildet der bereits eingangs erwähnte Hotel-Restaurant-Bar-Komplex des Radisson SAS Plazas.

Mit gleich zwei **kuriosen „Hotels“** kann Västerås aufwarten: Für „Hackspettet“ sollte man keine Höhenangst besitzen, sitzt es doch 8 m über dem Erdboden in einer Baumkrone im Stadtpark und man gelangt nur über die verwegenen Seilkonstruktionen in sein „Zimmer“.

Und für „Utter Inn“ sollte man schon eine Vorliebe zum Wasser entwickelt haben: Während der obere Teil noch über dem Wasserspiegel inmitten des Mälaren liegt, ist der kleine Schlafraum unter Wasser angelegt. Auge in Auge mit Hecht und Barsch fühlt man sich bei den Schraubengeräuschen der vorbeiziehenden Boote unwillkürlich an *Wolfgang Petersens* Kinospektakel „Das Boot“ erinnert. Einfach genial, wenn da nicht die latente Gefahr der Seekrankheit und das Gefühl, irgendwie doch auf dem Präsentierteller zu sitzen, lauern würde. Wer sich dieses Vergnügen nicht entgehen lassen möchte, muss unbedingt frühzeitig buchen!

Anreise

Eine Stadt dieser Größe und Bedeutung ist auf vielerlei Weise zu erreichen. Über die E18 ist Västerås an das Straßennetz angeschlossen, Züge verkehren mehrmals täglich zwischen Västerås und der Hauptstadt (2. Klasse: 125 Skr, ca. 12,50 €). Gleiches gilt auch für die Busverbindungen – die zentrale Busstation befindet sich am Hauptbahnhof.

Ein großer Pluspunkt hinsichtlich der Verkehrsanbindung ist ohne Zweifel der internationale Flugplatz der Stadt. Über ihn wird beispielsweise auch ein Teil des Flugverkehrs der Billigairlines für Stockholm abgewickelt (siehe „Praktische Reisetipps A–Z, Ankunft“).

◀ *Hotel Hackspettet – hoch oben in den Baumgipfeln*

Dank der Wasseranbindung können Stockholm, aber auch Städte wie Strängnas, Mariefred oder Birka genauso mit Booten erreicht werden. Hauptanbieter dafür ist die Strömmakanalbolaget (www.stomma.se, Tel. 08 58714000).

Adressen

- **Västerås Turistbyrå,** Tel. 021 390100, www.vasterasmalarstaden.se, Kopparbergsvägen 1, Mo.-Fr. 10-18 Uhr, Sa. 10-15 Uhr, im Hochsommer auch So. 10-14 Uhr, die Homepage ist sehr zu empfehlen
- **Bootsverleih:** siehe Lövuddens Hotel und Vandrarhem und Björnögården (Kap. „Unterkünfte")
- **Fahrradverleih,** organisiert auch die Touristinformation
- **Fährverbindungen** zu den vorgelagerten Inseln, die Schiffe legen am Östra Hamnen ab; Infos auch von Rederi Mälarstaden, www.rederimalarstaden.se, Tel. 021 135171
- **Konzerthaus,** www.vmu.nu, Kopparbergsvägen 1, Tel. 021 403600, Tickets über die Touristinformation, www.ticnet.se oder Biljet Direkt Tel. 077 1707070

Unterkünfte

- **Best Western Hotel Esplanade,** www.esplanade.acc.se, Domkyrkoesplenaden 2, Tel. 021 101200, zentral gelegen, EZ ab 600 Skr (ca. 60 €), DZ ab 750 Skr (ca. 75 €)
- **Björnögården,** www.bjornogarden.se, Björnö, Tel. 021 26200, ungefähr 100 Meter hinter der Brücke rechts, 12 Hütten in verschiedenen Größen und in unterschiedlicher Ausstattung, auch mit B&B, zahlreiche Freizeitmöglichkeiten, v. a. Wassersport, Hütten ab 350 Skr (ca. 35 €)
- **Comfort Hotel Etage,** Stora Gatan 32, Tel. 021 151220, EZ ab 650 Skr (ca. 65 €), DZ ab 850 Skr (ca. 85 €)
- **Elite Stadshotellet,** www.vasteras.elite.se, Stora Torget, Tel. 021 102800, traditionsreiche Adresse in bester Lage, EZ ab 650 Skr (ca. 65 €), DZ ab 900 Skr (ca. 90 €)
- **Johannisbergs Camping,** Johannisbergsvägen, Tel. 021 140279, nur wenige Kilometer südwestlich von Västerås am Wasser gelegen mit schönem Strand, Boots- und Fahrradverleih, auch Hütten
- **Klipper Hotel,** www.klipperhotel.se, Kungsgatan 4, Tel. 021 410000, Mo.-Do. abends mit Buffet, Betten zum Selberbeziehen ab 400 Skr (ca. 40 €), EZ ab 700 Skr (ca. 70 €)
- **Lövuddens Hotel und Vandrarhem,** www.lovudden.nu, Johannisbergsvägen, Tel. 021 185230, EZ ab 500 Skr (ca. 50 €), DZ ab 900 Skr (ca. 90 €), stadtnah im Südwesten am Wasser, Kiosk, Restaurant, Bootsverleih in der Nähe
- **Norra Björnöns Fritidsgård,** www.ansgarsforsamling.se, Norra Björnö 1, Tel. 021 26028, direkt hinter der Brücke rechts liegen einige Hütten, beliebte und daher an Wochenenden volle Badestelle, Café, Bootsverleih, ab ca. 400 Skr (ca. 40 €), Auskünfte auch über die Touristinformation
- **Radisson SAS Plaza Hotel/First Hotel Plaza,** www.firsthotels.se, Karlsgatan 9 A, Tel. 021 101010, vielversprechende Aussichten vom Wolkenkratzer der Stadt, auch aus der in der 24. Etage liegenden Sauna, EZ ab 600 Skr (ca. 60 €), DZ ab 800 Skr (ca. 80 €), Sommerpreise ab 250 Skr (ca. 25 €)
- **STF Vandrarhem Västerås,** Svalgången 1, Tel. 021 303800, 12 DZ, etwas außerhalb des Stadtzentrums, Bett ab 275 Skr (ca. 28 €), günstiger für Mitglieder

Abschließend noch zwei Kuriositäten:

- **Hotell Hackspett,** ein Baumhaus in einer stattlichen Eiche im Vasaparken, als Installation eines Künstlers geplant, ist es das wohl kleinste Hotel der Stadt, kein Nagel wurde dafür in die Eiche getrieben; ein Bett, Übernachtung (1100 Skr, ca. 110 €) oder mit Halbpension (1500 Skr, ca. 150 €), geöffnet April-Oktober, frühzeitige Buchung über die Touristeninfomation Tel. 021 390100

› **Hotell Utter Inn,** mit dem Boot gelangt man vom Östra Hamnen zu einer 25 m² großen Übernachtungsmöglichkeit, einer kleinen „künstlichen Insel". Tagsüber ist Sonnenbaden und Schwimmen angesagt (Fischen ist leider strengstens verboten), zum Nächtigen begibt man sich in den Schlafraum unterhalb der Wasseroberfläche - da eröffnen sich ganz neue Perspektiven. Kosten: 1100 Skr (ca. 110 €, einfache Übernachtung), 1500 Skr (ca. 150 €, Halbpension), rechtzeitige Buchungen über die Touristinformation Tel. 021 390100, Saison April-Oktober

Essen und Trinken

› **Å,** www.arestobar.nu, Slottsgatan 6, Tel. 021 417270, gutes Essen à la carte, an gleicher Stelle befindet sich der Klub **å2**

› **Bishops Arms,** www.bishopsarms.com/vasteras, Östra Kyrkogatan 5, Tel. 021 102850, ein typischer Pub gleich beim Stadshotellet

090st Abb.: sk

› **Blue Moon Bar,** www.bluemoonbar.se, Kungsgatan 4, Tel. 021 120180, Restaurant, Klub ab 24 Jahre, Do.-Sa. bis 2 Uhr

› **Karlsson på Taket,** Karlsgatan 9, Tel. 021 101098, Restaurant und Bar im Radisson SAS Plaza in der 22. Etage

› **Kalle på Spången,** www.kallepaspangen.se, Kungsgatan 2, Tel. 021 129129, gemütliches Café in historischer Umgebung, mit kleinem Kunstladen

› **Limone Kök och Bar,** www.limone.lunchinfo.com, Stora Gatan 4, Tel. 021 417560, italienisches Restaurant für mittags und abends

› **Skybar,** Karlsgatan 9, Tel. 021 101099, ebenfalls in luftiger Höhe im Radisson Plaza, Bar mit einmaliger Aussicht, auch mit warmer Küche, am Wochenende bis 2 Uhr geöffnet, im Hochsommer leider geschlossen

› **Stadskällaren,** www.vasteras.eliste.se, Stora Torget, Tel. 021 102803, zentraler geht es kaum, nur zum Abendessen, die Bar ist bis 23 Uhr geöffnet

UMGEBUNG VON VÄSTERÅS

Als Besucher Västerås liegt es auf der Hand, einen Abstecher auf die **vorgelagerten Inseln** zu unternehmen. Vom an der Svartånmündung liegenden Fährhafen können mit den Booten die Inseln Östra Holmen, Västra Holmen, Elba, Ridön sowie Almö-Lindö und Skåpholmen angesteuert werden. Alle diese Eilande haben prächtige Strände und idyllische Wanderwege gemein. Des Weiteren ist Östra Holmen für seine herrlichen

◄ *Der sichtbare Teil des Unterwasserhotels Utter Inn*

Nacktbadestrände bekannt, Almö-Lindö und besonders das kleinere Skåpholmen begeistern mit Abgeschiedenheit, während man auf der größeren und immer noch ruhigen Ridön-Insel neben dem Baden und Wandern kleine Fahrradtouren unternehmen oder in dem kleinen Café entspannen kann. Auch existiert hier ein kleines Gästehaus.

› **Ridö Gård,** Tel. 073 9106000, 5 unterschiedlich große Räume, Betten ab 220 Skr (ca. 22 €) p. P.
› **Café Magasinet,** Tel. 073 9106000 oder 021 23165, Ridön, Mitte Juni bis Juli Mi.–Sa. 12–17 Uhr, So. 10.30–15.30 Uhr, Aug. So. 10.30–15.30 Uhr

Eine weitere Insel – **Björnö** – kann bequem von Västerås aus in wenigen Minuten mit dem Auto erreicht werden. Fahrradfahrer können dies auch zu einer gelungenen Tagestour ausbauen. Auf Björnö wird gebadet (an Wochenenden kann es voll werden), gewandert, gejoggt oder gepaddelt. Für Wintertouristen stehen in der kalten und hoffentlich schneereichen Jahreszeit viele Kilometer beleuchtete Langlaufpisten zur Verfügung. Ganz Mutige/Wahnsinnige können auch auf der Skisprungschanze ihr Glück strapazieren.

Ungefähr 15 km südwestlich von Västerås liegt das malerische **Schloss Tidö.** Kein Geringerer als der mächtige Reichskanzler des Dreißigjährigen Krieges, *Axel Oxenstierna,* ließ dieses Renaissance-Schloss ab 1625 errichten. Neben dem gerade renovierten und beeindruckenden Herrschaftssitz samt umgebender Parklandschaft interessiert die meisten Besucher das umfangreiche Spielzeugmuseum mit einer kaum zu überblickenden Anzahl von Ausstellungsobjekten.

› **Tidö Slott und Leksaksmuseum,** www.tidoslott.se, Tel. 021 53017, Mai/Juni und Aug. Sa./So. 12–17 Uhr, Juli. tgl. 12–17 Uhr

KVICKSUND

Möchte man nun auf kürzestem Wege seine Reise nach Eskilstuna fortsetzen, fährt man am besten auf der landschaftlich schönen Straße 53 in südliche Richtung. Bei dem kleinen Städtchen Kvicksund lohnt sich ein kleiner Zwischenstopp, hier überquert man an einem kleinen Sund den Mälaren und es eröffnen sich wunderschöne Perspektiven.

STRÖMSHOLMS KANAL

Auf der weiteren Schleife um den Mälaren überquert man von Västerås kommend in westlicher Richtung den **Strömsholms Kanal,** Ausgangspunkt für Ausflüge und Aktivitäten entlang dieses Wasserweges.

In den 1770er Jahren begann man, den Kolbäcksån auszubauen und zu ergänzen, und so für die Frachter aus den nördlichen Eisenerzgebieten bei Smedjebacken durchgängig schiffbar zu machen. Zwar musste nur ein Bruchteil des Weges, nämlich 12 km, neu gegraben werden, insgesamt entstand jedoch so eine insgesamt 110 km lange Wasserstraße durch 14 Seen mit 26 Schleusen bei einem Gefälle von 100 m. Eingeweiht 1795 ist er damit nach dem Hjälmare-Kanal der zweitälteste Kanal des Landes und heute ein Paradies für Wassersportler und Freizeitkapitäne. Zudem zieht die Wasserstraße viele Fahrradfahrer an, da die Strecke ebenfalls von einem gut zu befahrenen Radweg gesäumt wird.

STRÖMSHOLM

Die eigentliche Ausgangsbasis für Ausflüge auf und/oder entlang des Kanals ist die kleine Ortschaft Strömsholm. Neben dem Kanal ist **Schloss Strömsholm** die Topattraktion. Dieses majestätische Schloss in prachtvoller Umgebung wurde ab 1669 vom Architekten *Tessin d. Ä.* für die Königswitwe *Hedwig Eleonora* errichtet.

Darüber hinaus hat Strömsholm noch für den **Pferdesport** überregionale Bedeutung. Stadt und Umgebung sind ein Zentrum für die Pferdezucht und das Training dieser edlen Vierbeiner. Unbestrittene Höhepunkte diesbezüglich sind dann die Wettkampftage sowie das landesweit beachtete Grand National im Sommer eines jeden Jahres. Das wenige Hundert Meter entfernte **Borgåsund** war einst größter Hafen am Mälaren, heute ist dieser idyllische Ort direkt am Sund vor allem bei Bootsbesitzern ein Begriff.

Praktische Reisetipps

- **Allgemeine Informationen** über den Kanal: www.stromsholmskanal.se, Tel. 0220 10011
- **Bootstouren auf der M/S Strömsholm,** www.stromsholmskanal.se, Tel. 0220 35057, für max. 60 Personen von Strömsholm bis Fagersta, hauptsächlich Tagestouren, zahlreiche Zwischenstopps, Mitte Juni–Mitte Aug.
- **Kolbäcks Gästgivaregård,** Tingshusgatan 3, www.kolbacksgastgivaregard.com, Kolbäck, Tel. 0220 40360, traditionsreiches Lokal und Hotel am Fluss, EZ ab 500 Skr (ca. 50 €), DZ ab 800 Skr (ca. 80 €) *Birger Jarl* soll an dieser Stelle seine Feinde zur Versöhnungsfeier eingeladen und sich anschließend eine Schlacht mit ihnen geliefert haben, ca. 5 km nördlich von Strömsholm
- **Strömsholm Bed&Breakfast,** Tel. 0220 43534, gebucht wird über das Café „Markan"
- **Strömsholm Jazz-Museum,** www.jazzmuseum.com, Tel. 0220 43330, eines, wenn nicht sogar *das* erste Jazzmuseum Europas, Konzert über den ganzen Sommer verteilt, zudem Café und Restaurant
- **Strömsholm Slott,** www.royalcourt.se, Tel. 0220 43035, E18, anschließend Beschilderung nach Kolbäck bzw. Strömsholm, Mai an Wochenenden 12–16 Uhr, Juni und Aug. tgl. 12–16 Uhr, Juli tgl. 12–17 Uhr, Erwachsene 70 Skr (ca. 7 €), ermäßigt 35 Skr (ca. 3,50 €)
- **Strömsholm Vandrarhem,** www.stromsholmsvandrarhem.com, Sofielundsvägen 23, Tel. 0220 43774, 20 Räume, EZ ab 390 Skr (ca. 40 €), DZ ab 490 Skr (ca. 50 €), Fahrradverleih

HALLSTAHAMMAR

Von zwei ganz unterschiedlichen Seiten präsentiert sich Hallstahammar den Besuchern. Die eine Seite, die nüchterne Innenstadt, kann getrost vernachlässigt werden, es sei denn, man steht auf anonyme und schmucklose Stadtkerne oder will dort seinen Proviant auffüllen. Die andere, touristisch reizvolle Seite zieht sich einem blauen Bande gleich entlang des Strömsholms Kanals durch die Stadt. Allein schon ein Besuch der **zahlreichen Schleusen** und das Beobachten des regen Treibens der Freizeitkapitäne lohnt sich. Erster Anlaufpunkt in Hallstahammar wird vielleicht **Skantzö** sein. Dort befindet sich die Touristinformation,

► *Schleusenalltag in Hallstahammar*

093st Abb.: sk

ein Campingplatz sowie ein Spaßbad mit allerlei Freizeitangeboten. Das liebevoll hergerichtete **Skantzen-Kanalmuseum** vermittelt einen lebhaften Einblick in die Geschichte des Kanals. Ebenfalls mit der Geschichte der Region beschäftigen sich zwei weitere Sehenswürdigkeiten Hallstahammars. Das **Trångfors-Kraftwerk** samt Schmiede zeigt, wie die Industrialisierung Einzug in diese Gegend hielt. **Åsby** mit Landwirtschaftsmuseum, Garten, den Einkaufsmöglichkeiten landwirtschaftlicher Produkte sowie einem Minizoo bietet eine interessante Mixtur für die Besucher aller Altersschichten.

Praktische Reisetipps

- **Touristinformation Hallstahammar** (auch Kolbäck-Strömsholm), www.hallstahammar.se, Skantzö Bad & Camping (Sommeradresse), Tel. 0220 24186
- **Brukshotellet,** www.skantzenhotell.se, Skantzgatan 7, Tel. 0220 21200, eine wundervoll gelegene Übernachtungsmöglichkeit, im Sommer EZ ab 600 Skr (ca. 60 €), DZ ab 895 Skr (ca. 90 €)
- **Kanuzentrale Hallstahammar,** Tel. 0220 24305, beim Skantzö Bad & Camping, Mai–Sept., Preisbeispiele: 1 h 70 Skr (ca. 7 €), 24 h 280 Skr (ca. 28 €), 1 Woche 950 Skr (ca. 95 €)
- **Skantzen Kanalmuseum,** www.svedviberg.se oder www.hallstahammar.se, Tel. 0220 17409, geöffnet Ende Mai–Mitte Aug. 11–17 Uhr, freier Eintritt; Café
- **Skantzö Bad & Camping,** www.hallstahammar.se, Tel. 0220 24305, Campingplatz (Hochsaison ab 180 Skr, ca. 18 €), Hütten (4 oder 6 Betten ab 500 Skr, ca. 50 €) und Abenteuerbad (25 Skr, ca. 2,50 €), auch: Kanu- und Fahrradverleih, Tennis, Minigolf
- **Trångfors,** www.svedviberg.se, Kraftwerk und Schmiede, Tel. 0220 17409, geöffnet im Juli am Wochenende 13–17 Uhr
- **Åsby,** www.asby.nu, Garten, Tel. 0220 23830, wochentags 10–18 Uhr, Sa./So. 10–16 Uhr; nebenan können originelle und leckere schwedische Fleischwaren eingekauft werden

SURAHAMMAR

Was die mangelnde Attraktivität der Innenstadt betrifft, kann es Surahammar leider mit seiner Nachbarstadt Hallstahammar aufnehmen. Zweifelsohne sind aber auch Dank der vielen Industriedenkmäler und des Wassers (Ausgangs- und Haltepunkt für Kanutouren) die reizvollen Ecken problemlos zu finden. Bei einer Bevölkerung von gut 10.000 Einwohnern vermutet man in diesem verschlafen wirkenden Städtchen kaum eine lange und bedeutende Geschichte als wichtiger Industriestandort. Surahammer kann jedoch auf eine beinahe 450-jährige Tradition bei der Eisenverarbeitung zurückblicken und bis heute genießen einige Firmen mit ihren Produkten in den Nischen dieser weltumspannenden Branche einen ausgezeichneten Ruf.

Im **Bruksmuseet**, dem Firmenmuseum, wird den Besuchern ein Einblick in die Abläufe der damaligen Arbeitswelt vermittelt, wobei zahlreiche Maschinen und Vorrichtungen dieser vergangenen Epoche bewundert werden können.

Das nahegelegene **Stenhuset**, in den Sommermonaten die Heimat der **Touristinformation**, veranstaltet im Jahr mehrere Ausstellungen für Kunsthandwerk. Zudem befindet sich hier ein Café und gleich nebenan ein Heimathof. Motorradfans werden im **Motorradmuseum** „Gyllene Hjulet" voll auf ihre Kosten kommen. Die Exponate reichen von den Anfängen der motorisierten und verchromten Zweiräder bis hin zu leistungsstärkeren Modellen aus den 1970er Jahren. Insgesamt sind an die 120 Objekte ausgestellt.

Praktische Reisetipps

- **Touristinformation Surahammar,** www.surahammar.se, Stenhuset, Ekängsvägen 5 (Sommeradresse), Tel. 0220 39083, auch Café
- **Bruksmuseet,** Stålvägen, Infos über die Touristinformation oder Tel. 0220 39071
- **Kanuzentrale Surahammar,** beim Freibad (Tel. 0220 30810) oder über die Touristinformation
- **Motorradmuseum „Gyllene Hjulet",** www.mcmuseum.se, Bruksgatan, Tel. 0220 33742, Mai–Sept. Sa./So. 10–17 Uhr
- **Surahammars Herrgård,** Herrgårdsvägen 3–5, www.surahammarsherrgard.se, Tel. 0220 39500, Herrgårdsvägen, Hotel und Restaurant in parkähnlicher Landschaft auf einer kleinen Insel im Fluss, EZ ab 950 Skr (ca. 95 €), DZ ab 1450 Skr (ca. 145 €)
- **STF Vandrarhem,** www.innbiten.se, Stationsvägen 2, Tel. 0220 33008, 67 Plätze in 1- bis 6-Bett-Zimmern, Betten ab 210 Skr (ca. 21 €), Hotelübernachtungen ab 500 Skr p. P. (ca. 50 €), auch Fahrradverleih

KÖPING

Mit seinen rund 24.000 Einwohnern markiert Köping die westliche Begrenzung des Mälaren. Die Lage der Stadt ergibt sich aus den für den Handel günstigen Standortbedingungen, dem Hafen, den waldreichen Erzgebieten im Norden sowie den weiten landwirtschaftlichen Flächen in der unmittelbaren Umgebung. Erste frühzeitliche Funde und Felszeichnungen belegen eine Besiedlung der Region ab 2000 v. Chr. und zeigen eine stetige Entwicklung sowohl im Bronzezeitalter als auch in der Wikingerzeit. Eine erste Erwähnung unter dem Namen Laglösaköping stammt aus dem Jahre 1257, gut 200 Jahre später, nämlich 1474, gesteht der Reichsverweser *Sten Sture d. Ä.* Köping weitgehende Handelsprivilegien zu. Einen schweren Einschnitt musste die Stadt 1889 verkraften, als bei einem Feuer die halbe damalige Siedlungsfläche ein Opfer der Flammen wurde.

Auch heute noch ist Köping ein regional durchaus bedeutendes Handelszentrum mit einer Volvo-Niederlassung als deutlichstem Beispiel. Zudem befindet sich hier ein Endpunkt einer Kalksteinseilbahn zwischen Forsby (am südlichen Hjälmaren) und Köping. Mittlerweile zwar nicht mehr in Gebrauch, ist sie für jedermann noch gut sichtbar, beispielsweise auf der Weiterfahrt nach Kungsör oder bei der Überquerung des Hjälmaren auf der Straße 56.

Die **beiden berühmtesten Söhne** der Stadt sind wohl der schwedische Apotheker und Chemiker *Carl Wilhelm Scheele* und der aus dem nördlich gelegenen Odensvi stammende *Richard Dybeck. C. W. Scheele,* in Stralsund geboren, verbrachte die letzten Jahre bis zu seinem Tod in Köping. Er war einer der bedeutendsten Chemiker des 18. Jahrhunderts und entdeckte unabhängig von anderen Wissenschaftlern unter anderem das chemische Element Sauerstoff sowie einige Säuren. *Richard Dybeck* (1811–1877) ist vor allem wegen seiner Vertextung der schwedischen Nationalhymne im Land ein fester Begriff.

Der schmucke und übersichtliche Stadtkern erschließt sich einem am besten bei einem Rundgang. Beiderseits des Flusses Köpingsån erstreckt sich eine nette **Promenade,** die zugleich einige der schönsten Sehenswürdigkeiten der Stadt verbindet. Schräg gegenüber der **Touristinformation** weiten sich die Straßen zum Stora Torget, an dessen nördlichem Ende das **Rathaus** zu bestaunen ist. Der 1877 eingeweihte, verputzte Holzbau ersetzte das vorherige Rathaus, welches mitten auf dem Platz lag. Vom großen Brand 1889 nahezu unversehrt, verdankt es sein heutiges Aussehen umfangreichen Umbaumaßnahmen in den 1920er Jahren. Heute wird das Rådhuset von verschiedensten kommunalen Einrichtungen genutzt.

Die strahlend weiße, auf einer kleinen Anhöhe liegende **Kirche** Köpings rundet den Gesamteindruck des Stora Torget auf angenehme Art und Weise ab. Erbaut wurde sie zu Beginn des 18. Jahrhunderts unter dem Architekten *Nicodemus Tessin d. J.* Wendet man sich vom Stora Torget dem Köpingsån zu und setzt dort seinen Stadtrundgang fort, so kreuzt man zunächst die Einkaufsstraße Stora Gatan, um anschließend in die kleine **Altstadt** Gamla Stan zu gelangen. Hier lassen sich noch einige sehenswerte Gebäude finden. Am südlichen Ende der Gamla Stan, direkt am Fluss, liegt das **Köpings Museum,** eine Ansammlung verschiedenster kleinerer Museen und Ausstellungen, die die wichtigsten Entwicklungen und Begebenheiten der

092st Abb.: sk

► *Die weiße Kirche Köpings – eines der Wahrzeichen der Stadt*

Stadtgeschichte beleuchten. Neben einem Museum zu Köpings Brandkatastrophe und dem Nyströmska Gården, einem wunderschön gelegenen Tischlereimuseum, darf in der Scheele-Stadt selbstverständlich ein **Apothekenmuseum** nicht fehlen.

Auf der anderen Flussseite, wenn man sich wieder gen Zentrum orientiert, kommt man zu einer weiteren Ausstellung, welche Aspekte der **Auto- und Technikgeschichte** dokumentiert. Speziell Fans von liebevoll restaurierten Oldtimern kommen hier auf ihre Kosten. Von hier aus sind es auch nur einige Meter bis zum **Gammelgården**, einem Freilichtmuseum, das seinen Besuchern auf anschauliche Art und Weise verdeutlicht, wie im Schweden des 19. Jahrhunderts gelebt wurde.

Einen eindrucksvollen Ausflug ins Umland bildet unbestritten eine Reise ins **Hedströmsdalen.** Aufgrund seiner Bandbreite, seiner Attraktionen und Kontraste wird der Abschnitt zwischen Malingsbo, ca. 60 km nordwestlich von Köping, und der Mündung des Flusses bei Malmön auch als Tal der Gegensätze bezeichnet. Verschiedenste Natur- und Kulturerlebnisse machen diesen Abstecher für viele zu einem unvergessenen Ereignis. Abschließend soll noch darauf aufmerksam gemacht werden, dass Köping und die Umgebung sich hervorragend für ausgedehnte **Fahrradtouren** eignen. Karten und Infos dazu gibt es in der Touristinformation.

Adressen

- **Touristinformation,** www.koping.se, Barnhemsgatan 2, Tel. 0221 25655, Juni-Aug. Mo.-Fr. 10-18 Uhr, Sept.-Mai Mo.-Fr. 10-12 und 13-17 Uhr
- **Auto & Technikausstellung** (Bil & Teknikhistoriska Samlingarna), www.biloteknik.se, Glasgatan 19, Tel. 0221 20600, tgl. Mai-Sept. 10-18 Uhr, Eintritt 50 Skr (ca. 5 €)
- **Freiluftmuseum Gammelgården,** www.koping.se, Otto Hallströms Väg, Tel. 0221 23386, Juni-Mitte Aug. Di.-Fr. 11-19 Uhr, Sa./So. 10-16 Uhr
- **Hedströmsdalen,** Informationen: www.hedstromsdalen.com
- **Köpings Museum,** www.koping.se, Östra Långgatan 37, Tel. 0221 25351, tgl. 13-16 Uhr, freitags geschlossen, im Juli nur Sa./So. 13-16 Uhr, Eintritt frei

Unterkünfte

- **Best Western Hotel Scheele,** www.hotel-scheele.se, Hultgrensgatan 10, Tel. 0221 18120, mit Restaurant, EZ ab 700 Skr (ca. 70 €), DZ ab 950 Skr (ca. 95 €)
- **Hotell Gillet,** www.gilletkoping.se, Östra Långgatan 27, Tel. 0221 21290, zudem auch ein gutes Restaurant, EZ ab 710 Skr (ca. 71 €), DZ ab 900 Skr (ca. 90 €)
- **Malmöns Camping,** Malmönvägen, Malmön, Tel. 0221 24419, 7 km nördlich von Köping am Mälaren, Mai-Aug., Wohnwagen ab 140 Skr (ca. 14 €), Hütten ab 450 Skr (ca. 45 €), Bootsverleih
- **Sörby Gård Vandrarhem,** www.kontakta-oss.nu/sorby, Tel. 0221 32393, Richtung Arboga kurz hinter Valskog rechts nach Sörby, Zimmer mit 1-5 Betten, ab 130 Skr (ca. 13 €), ganzjährig geöffnet, kleiner Pool und Sauna
- **Vandrarhem Tre Knektar,** Ågardsgatan 2D, Tel. 0221 24495, zentral gelegen, 2- bis 4-Bett-Zimmer

► *Stimmungsvolles Arboga*

Essen und Trinken

- **Athos Kök & Bar,** www.athoswebb.se, Hamnplan 5, Tel. 0221 15070, schön gelegen, wochentags mittags Buffet
- **Caffelatte,** Stora Gatan 5, Tel. 0221 17929, das Angebot reicht von warmen Mahlzeiten bis hin zu Kaffee und Kuchen
- **Pub & Restaurang Hantverkaren,** www.hantis.com, Torggatan 12, Tel. 0221 10036, gutes Lokal, auch mit Sportbar
- **Restaurang H,** Östra Långgatan 1, Tel. 0221 760000, gutes Restaurant mit Dagens Lunch, Mi.-Sa. bis 24 Uhr

ARBOGA

Obwohl die Stadt geografisch ziemlich genau zwischen Mälaren und Hjälmaren liegt, orientiert sich Arboga stärker zum Letztgenannten. Bei einer Tour um den Mälaren sollte der Ort jedoch auf jeden Fall mit auf dem Programm stehen, lässt sich hier doch Interessantes, Schönes und Aufregendes entdecken und findet man bei schönem Wetter im Sommer längs des Arbogaåns schon so etwas wie südländisches Flair vor. Ein Besuch dieses gemütlichen und – im positiven Sinne – durchaus ruhigen Städtchen lohnt allemal.

Bereits relativ früh besiedelt – zahlreiche Runensteine der Umgebung und die erste Kirche lassen sich auf das 11. Jahrhundert zurückdatieren – prägten ein Jahrhundert später Franziskanermönche weite Teile der Stadtgeschichte. Seine „Großzeit" erlebte die Ansiedlung im späten Mittelalter, als unter *Engelbrekt,* Anführer eines Aufstandes von Dalarnas Bauern und Bergleuten gegen die dänische Fremdherrschaft und Steuerwillkür, im Jahre 1435 der **erste Reichstag Schwedens** in Arboga tagte. Großspurig verkünden noch heute ihre Bewohner,

006st Abb.: sk

dass man damals die „zweite Stadt" Schwedens hinter Stockholm gewesen sei. Bei aktuell 13.500 Einwohnern ist dies aus heutiger Sicht wohl nur schwerlich nachzuvollziehen. Seinen mittelalterlichen Charme hat sich Arboga jedenfalls erhalten, was bei einem Spaziergang am Fluss mit seinen Häusern und wundervollen Gärten oder durch den stimmungsvollen Stadtkern am deutlichsten zutage tritt. Einmal im Jahr, im August, wird für eine Woche ein **Mittelalterspektakel** ausgerichtet, ein Ereignis, dass man sich in der ansonsten ruhigeren Kleinstadtatmosphäre nicht entgehen lassen sollte. Weitere Eckpfeiler im Veranstaltungskalender sind der **Karneval** im Juni und der **Herbstjahrmarkt** Anfang September.

Gleich drei Museen locken in Arboga die Besucher an: Das **Arboga Museum,** gleichzeitig das Kulturzentrum der Stadt, bietet Raum für diverse Ausstellungen. Im **Brauerei-(Bryggeri-)Museum** wird dem Besucher Einblick in die althergebrachte Tradition des Brauens gegeben, und im – für eine Stadt dieser Größenordnung kurios genug – **Raketenmuseum** kann man etwas über Waffensysteme und die dazugehörige Technikgeschichte in Erfahrung bringen. Unter anderem sind hier auch fehlgeleitete V1-Raketen aus dem Zweiten Weltkrieg zu bestaunen.

Weitaus friedfertiger geht es bei den zahlreichen Freizeitangeboten in und um Arboga herum zu.

Gut ausgebaute **Fahrradwege** ermöglichen fabelhafte Radtouren von unterschiedlicher Länge. Arbogaån, Hjälmarekanal und die vielen größeren und kleineren Seen der Umgebung schaffen die Voraussetzung für erlebnisreiche **Kanutouren** und für Entspannungssuchende steht die etwas bequemere Variante einer **Dampferfahrt** selbstverständlich auch auf dem Programm.

Selbst **Wintersportler** können auf ihre Kosten kommen: Zwei Pisten auf einer 350 m langen Abfahrt bei einem Gefälle von 60 m erlauben zumindest einige Schwünge. Nähere Infos zu den Exkursionen gibt es in der Touristinformation.

Adressen

- **Touristinformation,** www.arboga.se, Centrumleden 6, Tel. 0589 87151, im Bahnhofsgebäude, in der Hochsaison Mo.–Fr. 10–18 Uhr, Sa. 10–14 Uhr, auch Infos zu geführten Stadtrundgängen
- **Arboga Museum,** www.arbogamuseum.se, Nygatan 37, Tel. 0589 14210, Di.–Do. und Sa. 13–16 Uhr, Eintritt frei
- **Bootstouren** in der Umgebung, Arboga Rederi AB, www.lagerbjelke.com, Tel. 019 107191, verschiedene Angebote auf den Wasserwegen mit mehreren Ausflugsdampfern
- **Brauereimuseum,** www.arbogamuseum.se, Skandiagatan, Tel. 0589 14210, Fr./Sa. 11–15 Uhr
- **Ekbacks Bad,** Vinbäcksleden, Tel. 0589 87170, Frei- und Hallenbad, tgl. geöffnet
- **Raketenmuseum,** www.robotmuseum.se, Glasbruksgatan 1, Tel. 0589 10499, Do. 9–12 Uhr, erster Sa. im Monat 10–16 Uhr

Unterkünfte

- **Arboga Stadshotell,** www.arbogastadshotell.se, Nygatan 39, Tel. 0589 12980, EZ 820 Skr (ca. 82 €), DZ 950 Skr (ca. 95 €)
- **Herrfallet Stugby och Camping,** Tel. 0589 40110, südlich von Arboga schön gelegen auf einer Landzunge am Hjälmaren, viele Hütten, die Preise schwanken saisonal, 2-Bett-Hütte 420 Skr (ca. 42 €), 3-Bett-Hütte 590 Skr (ca. 59 €), 6-Bett-Hütte 890 Skr (ca. 89 €), auch mit Restaurant

› **Tåby Gård,** www.taby-gard.se, Medåker, Tel. 0589 660008, B&B, Bett ab 375 Skr (ca. 38 €), EZ 400 Skr (ca. 40 €), wenige Kilometer nordwestlich von Arboga

Essen und Trinken

› **Café Stadsgården,** www.cafestadsgarden.se, Kapellgatan 8, Tel. 0589 19790, tgl. geöffnet, nettes Café direkt am Stora Torget
› **Fem Små Bord,** Smedjegatan 3, Tel. 0589 10831, Mo.-Fr. 10-16 Uhr, ein ebenfalls uriges Café im alten Stadtkern
› **Restaurang Ågården,** Kapellgatan 8, Tel. 0589 10246, Mi.-Sa. bis 22 bzw. 24 Uhr, Restaurant am Fluss mit Dagens Lunch in der Woche
› **Stadskällaren,** www.stadskallaren.se, Nygatan 42, Tel. 0589 19590, wochentags auch mittags geöffnet, So. geschlossen

091st Abb.: sk

▲ *Der hölzerne Glockenturm Kungsholms*

KUNGSÖR

Eine erste, kleinere Attraktion kann man bereits auf der Fahrt von Arboga nach Kungsör ausmachen, wenn nämlich auf der E20 die Kalksteinseilbahn Forsby - Köping erneut gekreuzt wird.

Die Wurzeln dieser kleinen Ansiedlung am Mälaren legte kein Geringerer als *Gustav Vasa,* als er im Jahre 1538 im nördlichen Mündungsbereich des Arbogaåns ein herrschaftliches Anwesen erwarb, in dem er und zahlreiche seiner königlichen Nachfolger häufig Quartier bezogen.

Die Sehenswürdigkeiten, die Kungsör in unseren Tagen zu einem Reiseziel machen, liegen jedoch weniger in der Stadt selbst als vielmehr in ihrem erweiterten Umland. Das **Gräberfeld in Gersilla,** die aus der Eisenzeit stammende Kulturlandschaft **Malmberga,** die naturschönen Wanderungen **Älghagen** und **Lockmora** sowie der **Kungsörsleden,** ein 20 km langer Wanderweg, der um die Stadt und teilweise auch am Mälaren entlangführt, sind von Kungsör relativ gut zu erreichen. In der Stadt können die **Kung Karls Kyrka** aus dem 18. Jahrhundert und das **Heimatmuseum** aufgesucht werden. Das traditionsreiche **Badehaus** (Badhus) besticht weniger durch seine den Leistungssport fördernden Qualitäten als vielmehr durch sein stimmungsvolles Ambiente. Und natürlich eröffnet der Mälaren zusammen mit dem Gästehafen vielfältige Wassersportmöglichkeiten.

Adressen

› **Touristinformation,** www.kungsor.se, Järnvägsgatan 6, Tel. 0227 600101,

Mo.-Fr. 11-17.30 Uhr, im Sommer auch Sa. 10-13 Uhr

- **Heimatmuseum** (Hembygdsmuseum), Kungsuddsvägen, Tel. 0227 10354, freier Eintritt
- **Kungsörs Badhus,** Villagatan, Tel. 0227 600445, Juni-Aug. geschlossen, Café, Sauna und kleines gemütliches Bad mit 16 m Becken, Sauna und Erholungsmöglichkeiten

Unterkünfte

- **Borgvik Hotell,** Borgviksvägen 1, Tel. 0227 13331, kleines Hotel mit 5 Zimmern, auch mit einem guten Restaurant
- **Ekuddens Camping,** www.ekuddenscamping.com, Ekuddsvägen, Tel. 0227 10238, Camping: ab 130 Skr (ca. 13 €), Hütten: ab 325 Skr (ca. 33 €), Vandrarhem: Betten ab 180 Skr (ca. 18 €), DZ ab 325 Skr (ca. 33 €), Minigolf, Bootsverleih, direkt am See
- **Kungsörstorp Hotell,** www.kungsorstorp.se, Borgviksvägen, Tel. 0227 13060, EZ 890 Skr (ca. 89 €), DZ 1000 Skr (ca. 100 €)

Essen und Trinken

- **Kungsudden Servering,** Kungsuddsvägen, Tel. 0227 10221, im Sommer tgl. 10-17 Uhr, schön gelegen beim Heimatmuseum
- **Hamnen Café,** Fredsgatan 25, Tel. 0227 10069, Café und Bäckerei, auch draußen
- **Phoenix,** Storatorget 1, Tel. 0227 14225, Pizzeria und à la carte

094st Abb.: sk

► *Nur schwerlich wird man einen erholsameren Ort zur verdienten Pause finden*

ESKILSTUNA UND UMGEBUNG

Wie so häufig in Schweden verdanken auch hier viele Ansiedlungen ursprünglich ihre Existenz dem Wasserreichtum oder genauer der Wasserkraft. Treibende Kräfte der Kommune waren und sind die beiden Städte Eskilstuna und Torshälla.

ESKILSTUNA

Der Name der Stadt geht auf den aus England stammenden **Mönch Eskil** zurück, der im 11. Jahrhundert in der Region um das lokale Zentrum Tuna, das heutige Eskilstuna, als Missionar tätig war. Zum Ende des folgenden Jahrhunderts übernahmen die Johanniter eine bedeutende Rolle in der Stadt, doch im Zuge der kirchlichen Umwälzungen durch *Gustav Vasa* wurden ihre Besitzungen eingezogen und ihr Einfluss fand ein schnelles Ende.

Einen Meilenstein hinsichtlich der Stadtwerdung Eskilstunas stellte das besondere Interesse des **Königs Karl X. Gustav** an der Stadt dar. Dieser verfolgte während seiner kurzen Regentschaft (1654–1660) große Pläne und wollte die Stadt zum Zentrum der Eisenverarbeitung ausbauen. Aus diesem Grund betrieb er die Ansiedlung des Livländers *Reinhold Rademacher* und stattete ihn mit umfangreichen Sonderrechten aus, unter anderem Zollfreiheit auf Exporte und eine auf 20 Jahre befristete Monopolstellung bei der Produktion bestimmter Güter. 1659 bekam Eskilstuna die **Stadtrechte** verliehen und sollte fortan Karl Gustavs Stad heißen. Dies sowie viele der weitreichenden Pläne des Königs fanden jedoch mit seinem überraschenden Tod ein jähes Ende.

Die 1771 gegründete *Fristad,* eine Freihandelszone ohne Zunftzwang und Zölle, gab der Stadt neue wirtschaftliche Impulse, und gut 60 Jahre später wurde Fristad mit der Gamla Staden zusammengelegt. Zu dieser Zeit siedelte auch der Industrielle **Munktell** in Eskilstuna an, der wenige Jahre später Schwedens ersten mechanischen Webstuhl und die landesweit erste Dampflokomotive entwickelte. Heute ist die Stadt Eskilstuna mit ihren beinahe 90.000 Einwohnern das Zentrum der gleichnamigen Gemeinde.

Neben der Flusslandschaft mit ihren schönen und ruhigen Inseln ist sicherlich **Gamla Staden,** die Altstadt entlang der Köpmangatan, ein guter Ausgangspunkt zur Stadterkundung. Hier, nicht ganz im Zentrum der Stadt, kann man sich einen ersten Eindruck von Eskilstuna verschaffen, durch zahlreiche kleinere Geschäfte bummeln, den Ausblick auf Fluss und Kirchen genießen oder aber auch einfach verschnaufen. Über die Rådhusbron ist die moderne City in wenigen Minuten zu Fuß erreichbar. Ein Höhepunkt ist das Ensemble des **Tingsgården,** wo sich alles um die Glasbläserei dreht. (Was das in seiner Bedeutung durchaus nicht zu unterschätzende **Plumpsklomuseum** an dieser Stelle zu suchen hat, bleibt wahrscheinlich jedoch ein Geheimnis.) Und wer sich nach all diesen Eindrücken erst einmal ein wenig Ruhe gönnen möchte, dem bleibt hier am Fluss eines der wohl schönsten Cafés der Stadt: Entweder genießt man seine Köstlichkeiten auf der sonnigen Terrasse direkt am Wasser oder aber man gehört zu den wenigen Glücklichen, die dazu den kleinen Steg über dem Fluss aufsuchen können.

Überquert man die Brücke Richtung Innenstadt, liegt zur Rechten die hübsche **Fors Kyrka,** eine romanische Steinkirche aus dem 12. Jahrhundert. Von hier aus erblickt man auch schon eine weitere Kirche, die **Klosters Kyrka,** die sich auf der anderen Flussseite an der Nybron mit ihren zwei Türmen in den Himmel streckt. Klosters Kyrka zählt mit zu den jüngsten Kirchenbauten in Schweden, die Einweihung wurde 1929 vorgenommen.

Die zahlreichen Spuren aus der Zeit der Eisenverarbeitung und der Industrialisierung haben auch im Stadtbild ihren Niederschlag gefunden. Die reizvollen **Rademacherschmieden** stehen ganz in dieser Tradition. Die Arbeiten zu diesem Viertel begannen 1659, von den ursprünglich geplanten 120 Schmieden wurden allerdings nur 20 fertiggestellt.

095st Abb.: sk

Die Produktpalette reichte von einfachen Nägeln über Messer und Scheren bis hin zu Pistolen. Heute dient die schön hergerichtete Anlage als anschauliches und lebendiges Handwerksmuseum. Im Sommer werden auf dem Gelände verschiedene Veranstaltungen und Aufführungen wie Sommertheater oder Kinderfeste ausgerichtet, in einem der Gebäude befindet sich zudem die **Touristinformation.**

In dem wunderschön auf den Flussinseln erhaltenen Museenkomplex **Faktoriet** sind drei Museen zu erleben. In den Ångmaskinhallen, der Dampfmaschinenausstellung, sind die eisernen und dampfenden Zeugen aus vergangenen Tagen zu bestaunen. Die ständige Ausstellung „Mellan Sjöarna" erzählt die Stadtgeschichte auf anschauliche Art und Weise. Und das Faktotum, ein erlebnis- und praxisorientiertes Technikmuseum, lädt die Besucher mit Experimenten zum Mitmachen und Entdecken ein.

Einen Steinwurf von den Inseln entfernt steht man vor dem **Munktell-Museum,** in dem ebenfalls Maschinen und Fahrzeuge aus den Zeiten der Industrialisierung Schwedens ausgestellt sind. Gewidmet ist dieses Museum dem verdienten Bürger und Industriellen der Stadt, *Johan Theofron Munktell,* der buchstäblich mit den zahlreichen dargebotenen Innovationen in Verbindung steht. Beinahe an gleicher Stelle befindet sich das im Sommer 2006 dorthin umgezogene **Kunstmuseum** der Stadt. In dem stimmungsvollen ehemaligen Fabrikgebäude präsentieren sich auf 700 m² Exponate der permanenten und temporären Ausstellungen. Unmittelbar hinter dem Museumsgebäude erstreckt sich eine gewaltige Sport- und Freizeitanlage, die – wie könnte es auch in der Munktell-Stadt Eskilstuna anders sein – Munktell Arena.

Lustige und aufregende Stunden kann man mit der ganzen Familie im zentral gelegenen **Spaßbad Vattenpalatset** verleben. Von außen scheint die Anlage etwas in die Jahre gekommen zu sein, doch hilft ein Besuch an verregneten Urlaubstagen allemal, die Stimmung etwas zu versüßen. Hinsichtlich des Spaßfaktors gilt Ähnliches für einen Besuch im

◄ *Die Zwillingstürme der Klosters Kyrka*

► *Museumskomplex und Hotel Bolinder in bester Lage*

landesweit bekannten Parken-Zoo Eskilstunas. Flankiert von großen und kleinen, wilden und lieben Tieren, von Süßigkeiten, Fantomenland und Freizeitpark, sind die berühmten **weißen Tiger** zweifelsohne der herausragende Höhepunkt in dieser attraktiven Tier- und Spaßwelt. Bei schönem Sommerwetter bietet es sich an, den Ausflug durch einen Besuch im sich gleich nebenan befindlichen Freibad abzurunden.

Abschließend noch eine Bemerkung für Sportfans: Eskilstuna ist zwar nicht gerade berühmt für sein Fußballteam, die außergewöhnliche **Stadionarchitektur** alleine lohnt jedoch schon einen Besuch. Alle vier Ecken des Stadions säumen Hochhäuser und versprechen somit einzigartige Sichtweisen auf das Spielgeschehen. Welcher echte Fan möchte folglich nicht dort wohnen?!

Adressen

- **Touristinformation,** www.eskilstuna.se, Tullgatan 4, Tel. 016 7107000, wochentags 10–18 Uhr, Sa./So. 10–14 Uhr
- **Faktoriet,** Faktoriholmarna,Tel. 016 7102375, Di.–Fr. 10–16 Uhr, freier Eintritt
- **Kunstmuseum,** www.eskilstuna.se/museer, Portgatan 2, Sommeröffnungszeiten Di.–Fr. 11–17 Uhr, Sa./So. 12–16 Uhr, Museum in einer umgebauten Fabrikhalle
- **Munktell Museet,** http://munktellmuseet.volvo.com, Munktellstorget, Tel. 016 131523, Mo.–Fr. 10–16 Uhr, Sa./So. 12–16 Uhr, Erwachsene 20 Skr (ca. 2 €)
- **Rademacherschmieden,** Rademachergatan, Tel. 016 7101371
- **Tingsgården,** www.tingsgarden.com, Rådhustorget 2, Sehenswertes rund ums Glas mit Plumpsklomuseum, diversen Einkaufsgelegenheiten und Restaurant

096st Abb.: sk

- **Vattenpalatset,** www.vattenpalatset.net, Hamngatan 15, Tel. 016 100130, im Juni/Juli geschlossen, kleines Abenteuerbad für die ganze Familie mit Rutschen, Wasserfall und vielem mehr
- **Zoo,** www.parkenzoo.se, Tel. 016 100100, im westlichen Vorort, Mitte Feb.-Mitte Dez. Zoo geöffnet ab 10 Uhr, Vergnügungspark ab 12 Uhr, Eintritt ab 60 Skr (ca. 6 €), in den Sommermonaten verlängerter Eintritt bis 18 Uhr, Tickets aber dann auch wesentlich teurer (120-140 Skr, ca. 12-14 €), Ermäßigungen für Kinder bis 14 Jahre, freier Eintritt bis 4 Jahre, Freibad befindet sich gleich nebenan

Unterkünfte

- **Campingplatz Mälarbaden,** Tel. 016 343187. Mai-Sept, direkt am Mälaren 4 km nördlich von Torshälla mit einigen kleineren Hütten ab 450 Skr (ca. 45 €), Zelt ab 125 Skr (ca. 13 €)
- **City Hotell,** Järnvägsplan 1, Tel. 016 108850, EZ ab 1045 Skr (ca. 105 €), DZ ab 1530 Skr (ca. 153 €), im Sommer auch wesentlich preiswerter, zentrale Lage
- **Comfort Hotel Bolinder,** Tel. 016 167800, www.choicehotels.no, Munktellstorget, EZ ab 950 Skr (ca. 95 €), DZ ab 1050 Skr (ca. 105 €), komfortables Hotel am Fluss gelegen, Frühstücks- und Abendbüfett inklusive
- **Hotell Eskilsgården,** Tel. 016 120245, www.hotelleskilsgarden.se, Zetterbergsgatan 20, 20 Räume in netter Atmosphäre und Frühstücksbüfett inklusive
- **Lilla Hotellet,** Tunaforsgatan 8, Tel. 016 510540, kleines, charmantes Hotel, Dusche/WC im Flur, EZ ab 450 Skr (ca. 45 €), DZ ab 600 Skr (ca. 60 €), Frühstück inkl.
- **Stenkvistaskolans Vandrarhem,** Hällbergavägen 22, Tel. 016 24150, 7 km südlich der Stadt, 25 Zimmer mit 1-3 Betten und teilweise auch WC in den Räumen, ab 150 Skr (ca. 15 €)
- **Sundbyholm Schlosshotel,** Tel. 016 428400, www.sundbyholms-slott.se, besseres Hotel in guter Lage, 10 km nördlich Eskilstunas

100st Abb.: sk

- **Vilsta Sporthotell und Vandrarhem,** www.vilstasporthotell.se, Vasavägen, Tel. 016 513080, etwas außerhalb am südlichen Stadtrand, zahlreiche Freizeitangebote, auch Campingplatz mit Hütten, Hotel: EZ ab 695 Skr (ca. 70 €), DZ ab 890 Skr (ca. 89 €), Vandrarhem ab 210 Skr (ca. 21 €), 4-Bett-Hütten im Sommer ab 795 Skr (ca. 80 €)

Essen und Trinken

- **Beirut Seller,** www.beirutseller.com, Careligatan 7A, Tel. 016 121777, libanesisches Speiserestaurant mit Mittagstisch
- **Café Kaka,** www.cafekaka.se, Kyrkogatan 6, Tel. 016 131094, trendiges, modernes Café
- **CC,** Kungsgatan 42, Tel. 016 130123, Nachtklub mit verschiedenen Events
- **Danne's Kök und Bar,** www.dannesbar.nu, Rådhustorget 7, Tel. 016 512160, Restaurant und Bar in der Gamla Staden
- **Harrys,** www.harrys.se, Teatergatan 3, Tel. 016 484800, Restaurant und Bar mit Shows
- **Tingsgården,** www.tingsgarden.se, Restaurant und Café, Rådhustorget 2, Tel. 016 516620, etwas versetzt am Fluss, bei gutem Wetter kaum zu übertreffen

UMGEBUNG VON ESKILSTUNA

Es hätte nicht viel gefehlt und **Torshälla** wäre heute anstatt Eskilstuna in aller Munde. Mit ähnlichen Vorzügen ausgestattet wie Eskilstuna, lag die Siedlung beispielsweise günstiger am Mälaren. So bewirkte zu Beginn des 17. Jahrhunderts Stockholm die Zurücknahme kurz zuvor gewährter Handelsrechte für Torshälla, da sogar die Hauptstadt eine mögliche Konkurrenz fürchtete. Bereits 1317, also weit mehr als 300 Jahre vor Eskilstuna, erhielt Torshälla die Stadtrechte. Ihren Niedergang leitete 1639 die Fertigstellung des Hjälmarekanals ein, der die Stadt teilweise von den Handelswegen abschnitt, und somit andere Städte wie Arboga ihr den Rang ablaufen konnte. Das endgültige Aus für Torshälla kam 1798, als die Stadt von einem verheerenden Brand heimgesucht wurde und sich von dieser Katastrophe lange nicht mehr erholen konnte. In dem einladenden Städtchen an Fluss und Kanal leben heute 8500 Einwohner. Auf Interesse dürften vor allem die kleinen Gässchen, Rathaus, Kirche, Glasmuseum und Ebelingmuseum stoßen. Einen reizvollen Überblick über die Kleinstadt mit Umgebung erhält man vom steilen Holmberget, wo auch ein Café/Restaurant auf die Besucher wartet.

Fährt man von Torshälla weiter an den Mälaren, so gelangt man letztendlich nach **Mälarbaden,** eine kleine Sommerfrische mit Badestelle und Campingplatz.

Ein anderes attraktives Ausflugsziel ist **Sundbyholm,** ca. 10 km nordöstlich von Eskilstuna am Mälaren gelegen. Das dortige Schloss aus dem 17. Jahrhundert mitsamt umgebenden Gebäuden beherbergt heute einen Hotelkomplex mit Restaurant, Gästehafen und einer weitläufigen Badestelle.

Von kulturhistorischem Wert sind die nur wenige Hundert Meter entfernten **Sigurdsristningen,** eine beinahe 1000-jährige Illustration aus der Sagenwelt der nordischen Mythologie, die an dieser Stelle in den Fels eingeritzt wurde.

◀ *Parkanlagen in der Innenstadt von Eskilstuna*

STRÄNGNÄS

Obwohl nur gut 30.000 Einwohner zählend, kann Strängnäs zu den größeren und schöneren Städten am Mälaren gerechnet werden. Und wie bei so vielen Ansiedlungen dieser Region, lassen sich die historischen Wurzeln dieser prächtigen, günstig an einem Seitenarm des Sees gelegenen Stadt auch bis in die Tage der Wikinger zurückverfolgen. Den Gerüchten zufolge soll hier der englische Mönch *Eskil,* Namensgeber Eskilstunas, im Jahre 1080 gesteinigt worden sein. Seit dem frühen 12. Jahrhundert **Bischofssitz,** wurde um das Jahr 1250 der Grundstein für den auf dem Kirchberg thronenden Dom gelegt. Gut drei Jahrzehnte später verlieh man Strängnäs die Stadtrechte. Zeitgleich wurde bestimmt, dass der städtische Bischof zugleich Stellvertreter des Königs sein soll.

Einen weiteren Meilenstein der Stadtgeschichte stellten die Ereignisse im Zusammenhang mit der **Krönung Gustav Vasas** dar. Dieser ließ sich am 6. Juli 1523 – daher der heutige Nationalfeiertag – in Strängnäs zum König wählen, um daraufhin zwei Wochen später triumphierend in Stockholm einzuziehen. Strängnäs litt wie zahlreiche andere Holzstädte auch unter **Feuersbrünsten.** 1871 wurden große Teile der Stadt durch einen Brand zerstört, nur einzelne Gebäude rund um den Dom und das Hafenviertel überstanden diese Katastrophe.

Ältestes Gebäude der Stadt ist der **Dom,** Strängnäs' weithin sichtbares Wahrzeichen. In der Mitte des 13. Jahrhunderts begonnen, zogen sich die Bauarbeiten über mehrere Jahrhunderte hinweg. Interessante Sehenswürdigkeiten im Innern dieses Sakralbaus sind einerseits das Grabmal *Karls IX.,* welches von einem beeindruckenden Pferd samt vergoldetem Ritter gekrönt wird, sowie die auf dem Boden liegende Statue der Prinzessin *Johanna,* der Tochter *Johans III.,* die in Schloss Gripsholm bis zu ihrem Tode gefangen gehalten wurde. Die ebenfalls noch im Kirchenbezirk liegende **Roggeborgen,** benannt nach dem mächtigen Bischof *Rogge,* stammt aus der Zeit der Jahrhundertwende vom 15. zum 16. Jahrhundert. Lange diente sie als kirchliche Residenz, war ab 1626 Heimat des zweitältesten Gymnasiums des Landes und beherbergt heute eine Abteilung der Königlichen Bibliothek.

Auf dem Weg vom und zum Kirchberg erlebt man unweigerlich die **Gyllenhjelmsgatan,** eine wunderschöne Kopfsteinpflasterstraße, die nach *Karl Karlsson Gyllenhjelm,* dem späteren *Karl IX.,* benannt wurde. Ob allerdings – wie von einem schwedischen Dichter geäußert wurde – dieser Weg als die schönste Straße Schwedens zu gelten habe, sollte dem Urteil eines jeden Einzelnen überlassen werden. Im Haus Nr. 6 ist ein liebevolles **Zinnfiguren-Museum** untergebracht, einerseits ein lobenswertes Unterfangen zu Ehren dieser kleinen Kostbarkeiten, andererseits vielleicht aber auch nur ein – allerdings vergeblicher – Versuch, dieses eher unscheinbare Gebäude in der ansonsten malerischen Straße aufzuwerten.

Neben dem Kirchberg befindet sich mit dem **Kvarnberget** ein zweiter charmanter

▶ *Strängnäs – Stadtansicht über den Mälaren*

097st Abb.: sk

Anziehungspunkt in der Kleinstadt. Seinen Namen verdankt dieses Viertel der 1855 nach holländischem Vorbild erbauten Windmühle. Von hier oben kann man auch den atemberaubenden Ausblick über den nahen Västervikshamnen sowie die Wasser- und Inselwelt genießen.

Daneben liefern die vielen kleinen Gässchen einen anschaulichen Eindruck von der Lebensweise vergangener Tage. In der Kvarngatan 2 ist im **Grassagården** ein einladendes Sommercafé beheimatet, welches auch Anlaufpunkt der Stadtwanderungen und Veranstaltungsort von kleinen und anspruchsvollen Theateraufführungen ist.

Adressen

› **Touristinformation,** www.strangnas.se, Västerviken, Tel. 0152 29699, Mai Sa. 11–15 Uhr, Juni–Mitte Aug. Mo.–Fr. 10–18 Uhr, Sa./So. 10–16 Uhr, Ende Aug. Mo.–Sa. 10–16 Uhr, Anfang Sept. Mi.–Sa. 10–15 Uhr, neben vielen nützlichen Tipps und Hilfen werden hier auch abwechslungsreiche Stadtwanderungen angeboten

› **Kanuverleih Kanotkungen,** Tel. 0159 21635, www.kanotkungen.se, zwischen Strängnäs und Mariefred bei Åkers Styckebruk gelegen, Boote und Ausrüstungen aller Art ab 180 Skr/Tag (ca. 18 €) oder 950 Skr/Woche (ca. 95 €), zudem verschiedene Paketangebote

› **Mälsåkers Slott,** www.malsaker.nu, Selaön, Tel. 0708 234517, Mai–Sept. Mi. und Fr.–So. 12–16 Uhr

Unterkünfte

› **Hotell Laurentius,** www.hotellaurentius.com, Östra Strandvägen 12, Tel. 0152 10444, EZ ab 1095 Skr (ca. 110 €), DZ ab 1350 Skr (ca. 135 €), Sommerpreise günstiger, komfortables, am Wasser gelegenes Hotel

› **Hotel Rogge,** www.hotelrogge.se, Tel. 0152 22880, Gyllenhjelmsgatan 20, EZ ab 800 Skr (ca. 80 €), DZ ab 1000 Skr (ca. 100 €), mit gutem Restaurant, zentraler geht es kaum

- **Löts Camping,** www.strangnas.se, Tel. 0152 25237, östlich von Strängnäs gelegen, ganzjährig geöffnet, Campingplatz auch mit einigen Hütten
- **Malmgården Vandrarhem,** www.malmgarden.com, Tel. 0152 25255, südlich von Strängnäs in Malmby gelegen, Erwachsene 260 Skr (ca. 26 €), Kinder 3–12 Jahre 145 Skr (ca. 15 €), Frühstück 45 bzw. 35 Skr (ca. 4,50 bzw. 3,50 €)
- **Svedäng B&B,** www.svedang.se, Tel. 0152 32132, gemütliches Wohnhaus mit EZ (450 Skr, ca. 45 €) und DZ (700 Skr, ca. 70 €) direkt an der Straße 55, 7 km nördlich von Strängnäs an einem Seitenarm des Mälaren gelegen, die Nähe zur Straße stört nur sehr geräuschempfindliche Zeitgenossen
- **Ulvhälls Herrgård,** www.ulvhall.se, Ulvhälls Allé, Tel. 0152 18680, ehrwürdiger Landsitz südwestlich der Stadt am Mälaren mit Café und Restaurant, Badespaß und Bootsverleih, Spezialevents an Wochenenden und Feiertagen

Essen und Trinken

- **BK Bar & Restaurang,** Eskilstunavägen 34, Tel. 0152 14640, das BK deckt die ganze Vergnügungspalette ab: Restaurant, Bar, Casino und Nachtklub – alles ist zu haben
- **Café Grassagården,** Kvarngatan 2, Tel. 070 6350819, im Sommer tgl. von 11–17 Uhr
- **Schelins Konditori,** Gyllenhjelmsgatan 20, Tel. 0152 10038, sehr gute und beliebte Konditorei in zentraler Lage
- **Ångbåtsbron,** Strandvägen, Tel. 0152 18400, Café und Restaurant, im Sommer tgl. geöffnet 11–22 Uhr

UMGEBUNG VON STRÄNGNÄS

In nordwestlicher Nachbarschaft zu Strängnäs erstreckt sich die **Halbinsel Fogdön.** Die kaum befahrenen Straßen und weiten Landschaften laden geradezu zu Entdeckungstouren ein und eignen sich in idealer Weise auch für Fahrradfahrer. Neben der netten Kirche in der Ortschaft Fogdö sollte dort die Abzweigung

098st Abb.: sk

Richtung Kungsberg aus zweierlei Gründen gewählt werden: Die halb verwilderte Klosterruine Vårfruberga, Überbleibsel eines Nonnenklosters des Zisterzienserordens und später „Ziegellieferant" für den Schlossbau in Gripsholm, gibt den Kulturhungrigen eine gewisse Befriedigung. Naturmenschen und Sportsfreunde werden sich eher an die nur wenige Schritte entfernte einzigartige Badestelle halten. Im Idealfall sollte sich selbstverständlich beides miteinander verknüpfen lassen.

Folgt man der Straße 55 von Strängnäs über die beeindruckende Sundbrücke Richtung Enköping (Vorsicht Radarkontrollen) und orientiert sich bei Aspö nach Osten, so gelangt man zum **Gisslestenen,** einem Runenstein, der sich von anderen Runensteinen insofern unterscheidet, als dass hier die Zeichen direkt in den Fels geritzt wurden.

Auf der östlich von Strängnäs gelegenen **Insel Selaön,** der größten Binneninsel des Landes, befindet sich neben dem mächtigen Åsa-Grabfeld das 1670 errichtete **Barockschloss Mälsåker.** Verursachte ein Feuer zum Ende des Zweiten Weltkrieges noch immense Schäden, so erstrahlt es heute beinahe wieder im alten Glanz.

Auf dem Weg von Strängnäs nach Mariefred passiert man kurz vor Mariefred die kleine Ortschaft **Åkers Styckebruk.** Diente die Stadt in den vorangegangenen Jahrhunderten als Produktionsstätte für Kanonen und Schwarzpulver sowie als Tor zum Bergbaugebiet Åker, so verschob sich der heutige Schwerpunkt hin zu den freizeittouristischen Attraktionen. Paddeltouren, Rad- und Wanderwege, Angelstellen oder der Besuch der Industriedenkmäler sind nur einige der vielen Möglichkeiten, die sich in der mit Seen und Wasserwegen durchzogenen Natur- und Kulturlandschaft anbieten. In der Stadt selbst schildert ein kleines Museum die Entwicklung des Gebietes zu Zeiten der langsam einsetzenden Industrialisierung.

◄ *Die ebenso mächtigen wie schönen Mauern des berühmten Schlosses Gripsholm*

MARIEFRED

Dank *Kurt Tucholskys* Roman „Schloss Gripsholm" erfreut sich dieses Fleckchen Erde gerade bei Touristen aus dem deutschsprachigen Raum großer Beliebtheit. Folglich kann man sich auch darauf verlassen, hier mit noch größerer Sicherheit auf die ansonsten schon zahlreichen Landsleute zu treffen.

Die automatische und spontane Gleichsetzung Mariefreds mit dem landesweit wohl bekanntesten Schloss ist zwar mehr als nachvollziehbar, ist doch die Geschichte des Schlosses mit der Mariefreds auf vielfältige Weise verknüpft. Jedoch tut man damit der kleinen und bezaubernden Stadt Unrecht. Gripsholm bedeutet hier Vieles, aber nicht Alles.

Wie Strängnäs ebenfalls in der Provinz Sörmland gelegen, konnte Mariefred am 12. Juni 2005 ein bedeutendes Jubiläum feiern: Auf den Tag genau vor 400 Jahren erhielt Mariefred von *Karl IX.* die Stadtrechte verliehen. Die Geschichte der Stadt reicht freilich weiter zurück. Der Name geht auf das **Kloster Pax Mariae** aus dem 15. Jahrhundert zurück. Zuvor existierte dort bereits eine Wehrburg, die der einflussreiche Adelsmann *Bo Jonsson Grip* errichten ließ. *Gustav*

Vasa erwarb 1526 die Anlage, ließ die Wehrburg schleifen und an selbiger Stelle ebenfalls eine Burg errichten (das spätere Schloss Gripsholm) die 1537 von den Baumeistern *v. Cöllen* und *Nussdorfer* fertiggestellt wurde. Auf die damaligen turbulenten Zeiten der schwedischen Geschichte ist es wahrscheinlich zurückzuführen, dass dieses Schloss vor allem auch noch als Verteidigungsanlage konzipiert war. Doch in der Regierungszeit *Gustavs III.* (1771–1792) erfuhr Schloss Gripsholm die endgültigen Umbauarbeiten und Erweiterungen, die das trutzig wirkende Schloss zu dieser prächtigen Erscheinung werden ließen.

Bedeutsam für die Stadtentwicklung Mariefreds wurde es noch einmal im Jahre 1682, als ein Feuer große Teile der Stadt verschlang und die einsetzenden Wiederaufbaumaßnahmen das heutige Stadtbild begründeten.

Erste Anlaufstelle eines Besuches wird voraussichtlich **Schloss Gripsholm** mit seinen einladenden Gartenanlagen am Wasser sein. Nachdem *Kurt Tucholsky* 1929 mehrere Monate in Mariefred und Umgebung verbracht hatte, diente das Schloss als Romanvorlage für seinen 1931 erschienenen Welterfolg „Schloss Gripsholm". Es folgten weitere Aufenthalte *Tucholskys* in Schweden, allerdings eher an der Westküste in der Nähe Göteborgs, ehe sich der Autor 1935 das Leben nahm und schließlich auf dem Friedhof Mariefreds seine letzte Ruhestätte fand.

Über einen Weg gelangt man vom nahen Parkplatz, vorbei an zwei Runensteinen, zum Renaissanceschloss mit seinen imponierenden Rundtürmen. Verleitet einen vielleicht schon das eigentliche Bauwerk zum Schweigen und Genießen, so erwarten den Besucher im Schloss weitere Attraktionen. Neben vielfältigen Einrichtungsgegenständen der königlichen Schlossherren und der mit mehreren tausend Exponaten umfangreichsten Porträtsammlung Schwedens wird voraussichtlich der Theaterturm für das größte Aufsehen sorgen. Das unter der Regentschaft *Gustavs III.* eingerichtete Theater mit seinen bezaubernden Bühnenbildern zählt – zusammen mit dem Theater in Drottningholm – zu den weltweit ältesten seiner Art, das auch heute noch für Aufführungen genutzt werden könnte.

Eine interessante – oder vielleicht eher tragische – Episode ereignete sich im Schloss im Zusammenhang mit dem Tode *Gustav Vasas* 1560 und den folgenden Machtkämpfen zwischen Hochadel und König: Der Nachfolger *Gustav Vasas,* sein Sohn *Erik XIV.,* ließ seinen jüngeren Bruder *Johan* im Schloss einkerkern, weil dieser für den Hochadel Partei ergriffen hatte. Als dieser dann selber mithilfe eines Aufstandes nach der Königskrone griff und *Erik XIV.* abgesetzt wurde, setzte König *Johan III.* nun den Bruder an seiner statt im Schloss gefangen.

Unweit des Schlosses, in den ehemals königlichen Vieh- und Pferdeställen, befindet sich mit dem **Grafikens Hus** ein Kunstzentrum, in dem Grafiken nicht nur bestaunt, sondern auch gleich erworben werden können. Ergänzend dazu präsentieren hier Künstler verschiedenster Ausrichtungen in zahlreichen Ausstellungen ihre Objekte. Ein kleines Café lädt zum Entspannen ein.

Auf dem Weg in die Stadt kreuzt man unweigerlich die Eisenbahnschienen der **Museumseisenbahn.** Diese vor allem bei jüngeren Besuchern und Eisenbahnfans beliebte Schmalspurbahn verbindet in den Sommermonaten Mariefred mit dem nahen Läggesta. Für die ca. 4,5 km benötigt die traditionsreiche Dampflok ungefähr 20 Min. In Läggesta angekommen, eröffnet sich einem die Möglichkeit, dort in einen Schienenbus umzusteigen und zum Schloss Taxinge weiterzureisen, um von dort den Ausblick über den Mälaren hinüber nach Mariefred und Schloss Gripsholm zu genießen.

Zurück in Mariefred hält man sich ein wenig rechts, spaziert am Wasser entlang mit Blick auf das Schloss und gelangt nach wenigen Minuten zur die Stadt in herrlichem Weiß überstrahlenden **Kirche.** Bei dem großen Brand 1682 zerstört, wurde sie bis 1701 wieder aufgebaut.

Direkt neben der Kirche liegt der **Callanderska Gården**, ein Bürgerhaus aus dem frühen 20. Jahrhundert, dessen Geschichte sich weiter zurückverfolgen lässt und das mittlerweile als kleines Heimatmuseum dient.

Auf der anderen Straßenseite, schräg gegenüber der Kirche und dem Callanderska Gården, befindet sich das **Gripsholm Värdshus** aus dem 18. Jahrhundert, heute ein Hotel mit angeschlossenem Restaurant, das auf eine wechselvolle Geschichte als Fabrikgebäude und Gasthaus zurückblicken kann.

Das Zentrum Mariefreds bildet der weite **Rådhustorget** mit dem Rathaus aus dem Jahre 1784. In diesem hübschen Holzgebäude ist auch die **Touristinformation** untergebracht. Neben diesem zentralen Platz lohnt sich auf jeden Fall auch ein Streifzug durch die einladenden Gassen Mariefreds. Die Stadt verfügt über eine großzügige touristische Infrastruktur, um so auch dem gelegentlich enormen Besucherandrang Herr zu werden.

Als besonderer Tipp empfiehlt sich noch die Anreise von Stockholm mit dem alten **Dampfschiff „Mariefred“.** Auf diesem Weg könnte ein Kurzbesuch dieses grandiosen Reiseziels mit einer unvergleichlichen Schiffstour gekoppelt werden.

Adressen

- **Touristinformation,** www.strangnas.se, Rådhuset, Tel. 0159 29699, Juni–Mitte Aug. Mo.–Fr. 10–18 Uhr, im Aug. auch So. 11–16 Uhr, Mitte Aug./Sept. Mo.–Sa. 10–15 Uhr
- **Dampfschiff „Mariefred“,** www.mariefred.info, Tel. 08 6698850, Mitte Mai–Anfang Sept. an den Wochenenden, zudem Mitte Juni–Mitte Aug. Di.–So. Abfahrt in Stockholm um 10 Uhr, von Mariefred um 16.30 Uhr, Dauer 2,5 h, Hin- und Rücktour 220 Skr (ca. 22 €), einfach 160 Skr (ca. 16 €), Kinder von 6–16 Jahren 110 Skr (ca. 11 €)
- **Grafikens Hus,** www.grafikenshus.se, Gipsholms Kungsladugård, Tel. 0159 23160, Ende April–Ende Sept. 11–17 Uhr, Eintritt ab 16 Jahre 80 Skr (ca. 8 €), ermäßigt 50 Skr (ca. 5 €)
- **Museumseisenbahn,** www.oslj.nu, Tel. 0159 21000, ein Eisenbahnausflug in historischem Ambiente
- **Schloss Gripsholm,** www.royalcourt.se, Tel. 0159 10194, Mitte Mai–Mitte Sept. täglich 10–16 Uhr, Eintritt 80 Skr (ca. 8 €), ermäßigt 40 Skr (ca. 4 €)

Unterkünfte

- **Djurgårdsporten Vandrarhem,** www.imariefred.nu/djurgardsporten, Djurgårdsgatan 2, Tel. 0159 12415, preiswerte Alternative in zentraler Lage, Übernachtung ab 250 Skr (ca. 25 €)
- **Gripsholms Värdshus,** Tel. 0159 34750, www.gripsholms-vardshus.se, Kyrkogatan 1, edle Unterkunft in traditionsreichem

Ambiente, mit Restaurant, EZ 1290 Skr (ca. 130 €), DZ 1695 Skr (ca. 170 €)

› **Gripsholmsviken/Röda Korset,** Hotel und Vandrarhem, www.redcross.se/gripsholm, Tel. 0159 36700, EZ ab 500 Skr (ca. 50 €), DZ ab 670 Skr (ca. 67 €); Sommerhotel: EZ ab 700 Skr (ca. 70 €), DZ ab 1050 Skr (ca. 105 €), Frühstück inkl.

› **In my garden B&B,** www.inmygarden.se, Strandvägen 17, Tel. 0159 13353, liebevolle Zimmer, das Frühstück kann entweder mit Ausblick über Obstgarten und See genossen werden oder aber man lässt es sich auf dem Zimmer servieren, ab 1995 Skr (ca. 200 €), günstiger bei mehreren Übernachtungen

› **Mariefreds Camping,** www.strangnas.se, Tel. 0159 13530, Mitte April–Mitte Sept., Camping ab 150 Skr (ca. 15 €), Hütten (2-, 4- und 6-Betten) ab 375 Skr (ca. 38 €), Boots- und Fahrradverleih

Essen und Trinken

› **Café Blå Katten,** Munkhagsgatan 10, Tel. 0159 12586, gemütliches Café

› **Konditori Trekanten,** Mellanträppvägen 20, Trekanten, Tel. 0159 10077, etwas außerhalb im Vorort Trekanten gelegen, Café, auch einfache Speisen

› **Gripsholms Värdshus,** exklusives Speiserestaurant, siehe auch Kap. „Unterkünfte"

› **Strandrestaurangen,** Strandvägen, Tel. 0159 13388, www.strandrestaurangen.com, Mo.–Fr. 11–20 Uhr, Sa. 12–20 Uhr, So. 12–18 Uhr, gutes Mittagsbüfett, abends à la carte

WEITERFAHRT NACH SÖDERTÄLJE

Auf dem Weg von Mariefred nach Södertälje gelangt man schon nach wenigen Kilometern auf das Gebiet der Gemeinde Nykvarn. Während die eigentliche Stadt **Nykvarn** mit 8500 Einwohnern das kommunale Zentrum darstellt und mit einigen interessanten Sehenswürdigkeiten aufwarten kann (www.nykvarn.se), ist das **Schloss Taxinge** zweifelsohne die auffälligste Attraktion. Die Anlage mit den umliegenden Gärten kann sich so bekannter Vorbesitzer wie *Bo Jonsson Grip,* der Unionskönigin *Margarete* oder *Sten Sture d. Ä.* rühmen. Das Hauptgebäude selbst wurde 1813 fertiggestellt und ist in eine wunderschöne, weitläufige Parklandschaft mit Aussichten auf den Gripsholmsviken eingebettet.

Schloss Taxinge steht vor allem aber auch für sein viel gerühmtes und berühmtes **Schlosscafé** mit angeblich Nordeuropas größtem Teigwaren-Buffet mit über 60 verschiedenen Variationen und Köstlichkeiten.

Auf dem Weg zum Schloss streift man die **Kirche** von Taxinge, einen Sakralbau aus dem 17. Jahrhundert.

› **Schloss Taxinge,** www.taxingeslott.se, Tel. 0159 70114, von der E20 über die Straße 526 nach Taxinge, Mai–Aug. tgl. 11–18 Uhr, Sept. tgl. 11–16 Uhr, Okt.–April Fr.–So. 11–16 Uhr, das **Schlosscafé** hat dieselben Öffnungszeiten, im Sommer kann man herrlich im Freien sitzen

Eine weitere sehenswerte Kirche, für die ein kleiner Zwischenstopp auf dem Weg nach Södertälje eingeplant werden könnte, ist die **Kirche in Turinge,** die sich auf der Höhe von Nykvarn, allerdings nördlich der E20 befindet. Turinge Kyrkan wurde im 12. Jahrhundert errichtet und in ihrer Vorhalle steht ein Runenstein aus der Wikingerzeit, der vor allem wegen der Länge seiner Inschrift bekannt ist.

► *Die St. Ragnhilds Kyrka in Södertälje*

SÖDERTÄLJE

Den meisten Stockholmfans dürfte Södertälje zumindest von der Durchfahrt auf der E4/20 bekannt sein. Ein Blick von der Autobahn, der wahrlich nicht zu den schönsten zählt. Dieser flüchtige Eindruck ist allerdings nur teilweise berechtigt. Zwar hat Södertälje unter der starken und zahlreichen Konkurrenz attraktiver Reiseziele in den benachbarten Kommunen zu leiden, doch gibt es auch hier viel Interessantes zu entdecken.

Ein Pluspunkt Södertäljes ist, dass die Stadt, dank der Nähe zur Hauptstadt und der hervorragenden Verkehrsanbindung, problemlos als Tagesausflugsziel von Stockholm aus angesteuert werden kann.

Die Geschichte der Stadt ist eng mit der Entwicklung der Wasserwege zwischen Mälaren und Ostsee verbunden. Mit der allgemeinen **Landanhebung** in Skandinavien musste sich die Schifffahrt immer wieder neuen Problemen stellen, da bisher genutzte Wasserwege zunehmend verlandeten. Ab dem 9. Jahrhundert begann man nun an der Stelle des heutigen Södertäljes, Waren, die für Birka bestimmt waren, hier umzuladen. Warum dies ausgerechnet hier geschah, wird an der ursprünglichen Bezeichnung für diesen Ort – Tälje – deutlich, bedeutet er doch in topografischer Hinsicht so viel wie Einschnitt oder Einkerbung (in die Natur). Zu Beginn des 14. Jahrhunderts erhielt das damalige Tälje die **Stadtrechte**, doch erst mit dem Vasa-Sohn **Herzog Karl**, dem späteren *Karl IX.*, erfuhr Södertälje aufgrund seines Hafens einen bedeutenden Aufschwung. Im Jahre 1622 wurde Tälje offiziell in **Södertälje umbenannt**, um es so besser von der Stadtneugründung Norrtäljes nördlich von Stockholm unterscheiden zu können. In der Folgezeit hatte die Stadt

099st Abb.: sk

mit zahlreichen **Schicksalsschlägen** zu kämpfen: Feuersbrünste (vor allem 1630, 1650 und 1881), Handelsschranken, der Einzug der Pest 1705 oder plündernde russische Soldaten zu Beginn des 18. Jahrhunderts behinderten eine weitere Entwicklung der Stadt. Mit der **Fertigstellung des Kanals** 1806–1819, der eine permanente Verbindung zwischen Mälaren und Ostsee gewährleistete, nutzt Södertälje seine vielleicht „letzte Chance". Jedenfalls wirkte dieses Schlüsselereignis für die Stadt wie ein Jungbrunnen, die Bevölkerung stieg merklich und mit dem Anschluss an das Eisenbahnnetz 1860 hielt die Industrialisierung endgültig Einzug in die Region. Heute ist Södertälje eine moderne Industriestadt mit 76.600 Einwohnern. Über ein Drittel der Bewohner haben ihre **Wurzeln im Ausland**; vor allem Finnen und – in den letzten Jahren – Syrer tragen ihren Anteil daran. Der lokale Fußballverein „Assyriska" spielte sogar zeitweilig in der ersten schwedischen Liga.

Wenn man gerade durch die Weiten der schwedischen Landschaften gereist ist und anschließend in Södertälje Station macht, dann verbreitet die Stadt vielleicht schon so etwas wie Großstadtflair, beinahe jedenfalls.

Folgt man der recht modernen Einkaufsstraße der Innenstadt, so gelangt man schnell zu einer der Sehenswürdigkeiten, nämlich zur **St. Ragnhilds Kyrka**. Der Legende nach soll die Patrona der Kirche eine Königstochter gewesen sein, die wiederum mit einem König vermählt wurde. Die Ursprünge der Kirche gehen auf das späte 13. Jh. zurück, als eine vermutlich hölzerne Vorgängerin durch eine langlebigere Steinkirche ersetzt wurde. Im Laufe der Jahrhunderte unterlag St. Ragnhilds häufigen Umbauten und Erweiterungen. Besonders der verheerenden Brandkatastrophe von 1650, als ein Großteil der Inneneinrichtung ein Opfer der Flammen wurde und auch die Statik in Mitleidenschaft gezogen wurde, musste Rechnung getragen werden. Doch gab es durchaus auch glücklichere Kapitel in der Geschichte der Kirche, sofern man diese überhaupt von der übrigen Stadtgeschichte trennen darf: Als beispielsweise russische Truppen 1719 plündernd und brandschatzend die Küste entlangzogen und die gesamte Stadt in Schutt und Asche legten, blieb einzig St. Ragnhilds ausgespart und überstand diese düstere Episode nahezu unversehrt.

An der Einkaufsstraße Storgatan, vorbei an Stortorget und St. Ragnhilds, liegt das wohl berühmteste Ausflugsziel Södertäljes, das landesweit bekannte **Tom Tits Experiment.** Bei diesem größten Wissenschafts-Freizeitpark Schwedens handelt es sich um eine spielerische und interaktive Erlebniswelt, die Jung und Alt in die Welt der Experimente und naturwissenschaftlichen Überraschungen einführt und die Besucher Technik und Wissenschaft, im wahrsten Sinne des Wortes, erleben lässt. Ausdrücklich sei noch einmal darauf hingewiesen, dass auch der Erwachsener mit manch verblüffender Erkenntnis nach Hause gehen wird. Die mehr als 600 Experimente sind auf vier Etagen und einer Außenanlage verteilt. Restaurant, Café sowie Museumsshop erlauben eine sinnvolle Pausengestaltung.

Möchte man sich dem Treiben der Innenstadt ein wenig entziehen, so gelangt man schon nach wenigen Metern zu der Attraktion Södertäljes, die die Stadt wahrscheinlich erst zu dem machte, was sie heute ist: dem **Kanal.** Nachdem erste Versuche, hier einen Durchbruch zwischen Ostsee und Mälaren in die Landschaft zu treiben, im 15. Jahrhundert unter *Engelbrekt* scheiterten, gelang dieses Mammutprojekt schließlich zu Beginn des 19. Jahrhunderts. 1924 erhielt der Kanal sein endgültiges Aussehen. Die Einfahrt in den Kanal vollzieht sich an einer der größten Schleusen Nordeuropas, die einen Niveauunterschied von 0,6 m ausgleichen muss und Schiffe mit einer Länge von 135 m und 18,5 m Breite aufnehmen kann. Einem blauen Bande gleich zieht sich der Kanal durch das Stadtbild Södertäljes und wird, neben der Berufsschifffahrt, auch von vielen Freizeitkapitänen befahren. Besucher werden sich für die Schleuse an sich interessieren oder aber den Kanal als Ablegestelle für die Schiffsausflüge in den Mälaren oder in den vorgelagerten Schärengarten der Ostsee aufsuchen.

Etwas oberhalb des Kanals, am östlichen Uferbereich, liegt das **Sydpoolen Abenteuerbad.** Die Angebotspalette des Badeparadieses reicht von Rutschen, Strömungskanälen und Wasserfällen über Whirlpools, Kleinkinderbecken und Fitnessräume bis hin zu Saunen und Solarien. Zudem bietet Sydpoolen ein umfangreiches Spa-Angebot für Urlaubsgestresste oder Verspannte an.

Etwas außerhalb des Stadtzentrums befindet sich **Torekällberget,** ein Freiluftmuseum für Groß und Klein. Neben verschiedenen Sonderevents kann hier Handwerkern über die Schulter gesehen, sich um kleine Tiere gekümmert oder Geschichte hautnah erlebt werden. Das ebenfalls beim Torekällberget angesiedelte Stadtmuseum führt die Besucher zurück in die Vergangenheit Södertäljes.

Als ein fast schon modernes Wahrzeichen der Stadt kann der spektakuläre, als gewagte Brückenkonstruktion errichtete **Bahnhof Södertälje-Syd** bezeichnet werden. Ob nun aus Platzmangel oder einfach nur aus purer Lust an architektonischer Experimentierfreudigkeit errichtet sei dahingestellt, jedenfalls garantiert die etwas außerhalb der Stadt hochgezogene Betonkonstruktion einen atemberaubenden Anblick. Autofahrer auf der E4 werden praktischerweise automatisch an diesem Bauwerk vorbeigeführt.

Adressen

- **Touristinformation,** www.sodertalje.nu, Järnagatan 11, Tel. 08 50380370, im Sommer wochentags 9–18 Uhr und samstags 10–14 Uhr, ansonsten Mo.–Fr. 10–18 Uhr, es werden auch Stadtwanderungen vermittelt
- **Bootsausflüge:** mit der **Ejdern** (www.ejdern.org) nach Birka, Mariefred, Drottningholm oder Stockholm, Tickets in der Touristinformation; nach Birka verkehren auch die Schiffe der **Strömma Kanalbolaget** (www.stromma.nu, Tel. 08 58714000); Touren in den vorgelagerten Schärengarten mit der M/S Saga Lejon (www.rscl.se, Tel. 011 127801); weitere Infos liefert die Touristinformation
- **Sydpoolen Abenteuerbad & SPA,** www.sydpoolen.se, Östra Kanalgatan 2, Tel. 08 55442800, die Angebotspalette ist vielseitig, daher variieren die Eintrittszeiten und -preise auch recht stark: morgendliches Schwimmen ab 60 Skr (ca. 6 €), 4-h-Karte für das Abenteuerbad 100 Skr (ca. 10 €) für Erwachsene, 85 Skr (ca. 8,50 €) für Kinder zwischen 3 und 15 Jahren, tgl. geöffnet
- **Tom Tits Experiment,** www.tomtit.se, Storgatan 33, Tel. 08 52252500, im Sommer tgl. 11–18 Uhr, im restlichen Jahr werktags 10–17 Uhr, Sa./So. 11–17 Uhr, der Park ist

von Mai-Sept. geöffnet, Kinder von 3-17 Jahren 145 Skr (ca. 15 €), Studenten/Rentner 165 Skr (ca. 17 €), Erwachsene 195 Skr (ca. 20 €), Familienpass 595 Skr (ca. 60 €). Ohne die Begleitung eines Erwachsenen müssen Kinder mindestens 12 Jahre alt sein.

› **Torekällbergets Freiluftsmuseum,** www.sodertalje.se/torekallberget, Tel. 08 55021422, tgl. geöffnet Juni-Aug. 10-18 Uhr, Sept.-Mai 10-16 Uhr, freier Eintritt außer bei Sonderveranstaltungen; das **Stadtmuseum** hat von Okt.-März nur an den Wochenenden geöffnet

Unterkünfte

› **Bommersvik,** www.bommersvik.se, Tel. 08 55241000, ungefähr 15 km südwestlich von Södertälje am See Södra Yngern, Hütten oder Hotel, zahlreiche Freizeitmöglichkeiten, Übernachtungen ab 900 Skr (ca. 90 €), EZ im Hotel ab 1580 Skr (ca. 160 €), DZ ab 2340 Skr (ca. 235 €)

› **Farstanäs Camping,** www.farstanashf.se, Tel. 08 55150215, Autobahnabfahrt Järna, dann Richtung Farsta, großer Campingplatz mit zahlreichen Sportangeboten, Campingplatz geöffnet Mai-Sept., Zeltplatz ab 210 Skr (ca. 21 €), Hütten werden ganzjährig angeboten, 4-Bett-Hütte 650 Skr (ca. 65 €), 2-Bett-Hütte 400 Skr (ca. 40 €)

› **Hagabergs Vandrarhem,** www.hagaberg.fhsk.se, Erik Dahlbergs Väg 60, Tel. 08 55091045, schön am Park und relativ zentral in der Stadt gelegen, DZ ab 440 Skr (ca. 44 €), EZ ab 340 Skr (ca. 34 €)

› **Hotell Skogshöjd,** www.scandichotels.se, Täppgatan 15, Tel. 08 51739106, komfortables Hotel mit vielseitigem Zusatzangebot, zudem mit Restaurant und Bar, EZ ab 850 Skr (ca. 85 €), DZ ab 1050 Skr (ca. 105 €)

› **Hotell Torpa Pensionat,** Tel. 08 55012111, www.torpapensionat.se, im südlichen Randbezirk in der Nähe vom Bahnhof Södertälje-Syd am Torpaviken gelegen, individuell eingerichtete Zimmer, spezielle Angebote, EZ ab 895 Skr (ca. 90 €), DZ ab 995 Skr (ca. 100 €)

› **Håknäs Vandrarhem,** www.svif.se, Tel. 08 55150221, etwa 10 km südlich von Södertälje bei Järnafjäden, E4-Ausfahrt Järna, Betten ab 210 Skr (ca. 21 €), EZ ab 360 Skr (ca. 36 €), DZ ab 500 Skr (ca. 50 €), ganzjährig geöffnet

Essen und Trinken

› **Café Tratten,** Storgatan 21, Tel. 08 55061065, gemütliches Café und Dagens Lunch

› **FemFemNoll,** www.femfemnoll.se, Mälaregatan 8, Tel. 08 55087070, Restaurant mit Klub, bietet fast alles, was ein gutes Nachtleben ausmacht - von einer Bar bis zum Spieltisch

› **Glashyttans Värdshus,** www.glashyttan.se, Badvägen 31, Tel. 08 55013310, Restaurant im südlichen Randbezirk in der Nähe vom Bahnhof Södertälje-Syd am Torpaviken gelegen, lässt sich idealerweise mit einem Ausflug verbinden

› **Hamnmagasinet,** www.hamnmagasinet.net, Slussgatan 13, Tel. 08 55060505, So. geschlossen, auf einem kleinen Hügel in zentraler Lage kann hier sowohl dem kulinarischen Genuss als auch dem Nachtleben gefrönt werden

› **Lillebrors Café,** Storgatan 17, Tel. 08 55037200, einladendes Café mit Dagens Lunch

› **Wendela Hebbes Hus,** www.wendelahebbeshus.se, Vettersgatan 4, Tel. 08 55086675, Restaurant und Café direkt an der Schleuse

IM SCHÄRENGARTEN

ALLGEMEINES ZUM SCHÄRENGARTEN

GEOLOGIE UND GESCHICHTE

Geologisch betrachtet handelt es sich bei den Schären um teilweise bis zu zwei Milliarden Jahre alte Gesteine, die vom Zahn der Zeit und vor allem von den Eiszeiten geformt wurden. Schären sind – im Gegensatz zu den ursprünglich bewaldeten Holmen – vegetationslose, vom Eis und den Gezeiten abgeschliffene Rundhöcker. Die Stockholmer Schärenküste ist also eine riesige überflutete Rundhöckerlandschaft, die sich langsam aus dem Wasser hebt. Mit dem Ende der letzten Eiszeit vor rund 10.000 Jahren begann die Hebung des skandinavischen Sockels, der bis dahin von dem gewaltigen Gewicht des Inlandeises heruntergedrückt wurde. Dieser Vorgang ist noch immer nicht abgeschlossen, auch heute hebt sich der Schärengarten durchschnittlich 30–40 cm pro hundert Jahre aus dem Wasser. Mit ein wenig Fantasie kann man sich dann vorstellen, wie der Stockholmer Schärengarten – oder was davon schon zu erahnen war – wohl zur Geburt Christi ausgesehen haben mag ...

101st Abb.: sk

Ein für viele Bewohner des Schärengartens einschneidendes Erlebnis war die 1719 plündernd und brandschatzend durch die Inselwelt kreuzende russische Flotte, die, ohne auf nennenswerten Widerstand zu stoßen, in den Wirren des Großen Nordischen Krieges viele Inseln heimsuchte.

Aus biologischer Sicht ist es sicherlich mehr als interessant, dass neben den vermehrt zurückkehrenden Seehunden in letzter Zeit auch einige Tümmler gesichtet wurden – was natürlich für eine verbesserte Wasserqualität spricht. Mit ein wenig Glück gelingt es auch, einen der seltenen Seeadler zu sehen.

PRAKTISCHE REISEINFORMATIONEN

In unseren Tagen erscheinen auf den ersten Blick die Möglichkeiten für Paddler und Segler in diesem Insellabyrinth schier unbegrenzt. Bestimmt 24.000 Inseln, nach letzten Zählungen auch deutlich mehr, bilden den Schärengarten, wovon nur gut 150 Inseln ganzjährig bewohnt sind. Im Sommer zeigt sich ein ganz anderes Bild: Um die 50.000 Sommerhäuser und ein Vielfaches an kleineren und größeren Booten machen dieses Inselparadies zur Spielwiese der Stockholmer.

Folgendes gilt es bei einer Fahrt in den Schärengarten zu berücksichtigen:

Die meisten Inseln sind nur mit dem eigenen Boot zu erreichen. Den großen

◄ *Ohne sie läuft nichts: die Schiffe der Waxholmsbolaget*

Kuchen der **Fährverbindungen** teilen die beiden Unternehmen Waxholmsbolaget und Strömma Kanalbolaget & Cinderella Båtarna unter sich auf. Dank WLAN kann man auf den Waxholm-Schiffen problemlos den eigenen Laptop drahtlos nutzen.

› **Waxhomsbolaget,** www.waxholmsbolaget.se, Strömkajen, Tel. 08 6146465, Stockholm
› **Strömma Kanalbolaget & Cinderella Båtarna,** www.stromma.se, Infostellen am Stadshuset, Strömkajen und am Nybroviken, Tel. 08 12004000 (Mo.-Fr. 9-17 Uhr)

Daneben operieren noch einige **kleinere Anbieter,** über die man sich bei den Touristeninformationen oder in Broschüren, die in Unterkünften, Restaurants oder auch anderen öffentlichen Gebäuden ausliegen, informieren kann.

Als Alternative bieten sich andere private Anbieter wie zum Beispiel Båttaxi oder Sjötaxi an. Doch das kann schnell zu einer teuren Angelegenheit werden, hier entscheidet häufig die Anzahl der Mitreisenden über den Preis.

Man sollte sich immer im Vorfeld über die **Abfahrtszeiten** informieren, dies erspart langes Warten und vermeidbaren Frust. Neben den Fährunternehmen und Touristeninformationen kann man im Internet Auskünfte einholen, zudem hängen an den Anlegestellen Fahrpläne aus. Bedenken sollte man, dass beispielsweise freitagabends auch die Stockholmer in den Schärengarten drängen, um dort ein nettes Wochenende zu verleben. Folglich werden zu solchen und vergleichbaren Zeiten die Fähren mehr als voll sein.

Jeder Passagier ist für sein **gültiges Ticket** selbst verantwortlich. Erworben werden können sie teilweise bei den jeweiligen Auskunftsstellen der Anbieter oder – meistens ausschließlich – auf den Schiffen selbst. Die Fahrausweise sind während der Fahrt auf dem Boot zu lösen und müssen beim Verlassen des Schiffes vorgezeigt werden.

Um sicherzustellen, dass eine Fähre auch wirklich an der Anlegebrücke, an der man **zusteigen** möchte, hält, muss das sich dort befindliche **Signal** (das sogenannte Semaphor, eine von Hand zu bedienende weiße Scheibe) gesetzt werden. Bei Dunkelheit muss die hoffentlich vorhandene Beleuchtung ebenfalls aktiviert werden.

Befindet man sich bereits im Schärengarten und möchte weiter in ihn hinausfahren (also auf hinausfahrende Fähren zusteigen), muss man dies telefonisch vorher anmelden, ansonsten läuft man Gefahr, dass die Fährschiffe nicht anhalten. Bei in den Schärengarten einfahrenden Booten ist dies nicht notwendig (so ist zumindest dafür gesorgt, dass jeder wieder zurück ans Festland gelangt). Man kann natürlich auch pokern oder darauf hoffen, dass die Fähre zufällig die Brücke anläuft, um Post oder Passagiere abzusetzen. Bei bedeutenden Anlegestellen wird man wohl auch häufig dieses Quäntchen Glück haben.

Über folgende **Telefonverbindungen** kann eine Anmeldung erfolgen: Waxholms Bolaget Trafikexpedition, Strömkajen/Stockholm: (08) 6146465, Vaxholm (08) 6146464, Stavsnäs (08) 6146466.

Einige **Preisbeispiele:** von Stockholm nach: Grinda (ca. 1 ½ h, 90 Skr, ca. 9 €), Vaxholm (ca. 70 min, 75 Skr, ca. 7,50 €), Svartsö (ca. 2 ½ h, 110 Skr, ca. 11 €), Möja (gut 3 h, 130 Skr, ca. 13 €), Finnhamn (ca. 3 h, 130 Skr, ca. 13 €).

Bei den Waxholmschiffen fahren Kinder bis 6 Jahre umsonst mit, Pensionäre und Kinder zwischen 6 und 12 Jahren zahlen einen reduzierten Preis, die Mitnahme eines Fahrrades kostet 35 Skr (ca. 3,50 €).

Ermäßigungen: 30-Tage-Karte kostet 750 Skr (ca. 75 €); für eine 5-Tage-Karte bezahlt man 420 Skr (ca. 42 €)

Um einen ersten Eindruck vom Schärengarten zu erhalten oder aber um einfach eine schöne Tagestour zu unternehmen, bieten sich beispielsweise die **Routen** Stockholm – Sollenkroka – Stavsudda – Möja oder Stockholm – Sandhamn oder Stavsnäs – Nämdo – Saltsjöbaden an.

Spezielle Touren und interessante Tagesausflüge kann man ebenfalls buchen, Informationen geben die Touristeninformationen oder die einzelnen Gesellschaften.

Die Situation bei den **Parkplätzen** an den Fähranlegestellen erweist sich teilweise als problematisch: Im Sommer, speziell an den Wochenenden, sind sie häufig voll.

Nicht überall nehmen die Parkautomaten auch Münzen oder Scheine, gelegentlich nehmen die Automaten nur Münzen: Für längere Aufenthalte müsste man somit eine stattliche Menge an Münzen mitschleppen. Am einfachsten gestaltet sich die Bezahlung mit einer Kreditkarte. In Vaxholm (kurz vor Vaxholm an der Straße 274 bei Blynäs), Sollenkroka, Stavsnäs, Gåshaga, Årsta und Dalarö existieren Langzeitparkplätze. Auch Boda und Lillsved sind Fähranlegestellen, dort gestaltet sich die Parkplatzsituation aber problematischer, vor allem während der Hauptsaison. Sicherlich ist es günstig, rechtzeitig bei der jeweiligen Unterkunft nachzufragen, was sie empfehlen würde. Wenn man sein Auto in Stockholm zurücklassen möchte, helfen auch die Tipps aus dem Internet (www.stockholm-parkering.se, Verknüpfung *infartsparkeringarna*).

Ungefähre Preisbeispiele: 1 h parken ab 8 Skr (ca. 0,80 €), 24 h ab 56 Skr (ca. 5,60 €).

Man sollte sich rechtzeitig anhand von Karten informieren, wo aufgrund von **militärischen Sperrgebieten** oder **Naturreservaten** mit Einschränkungen gerechnet werden muss.

Unterkünfte sollte man sich rechtzeitig sichern, auch diesbezüglich kann es im Sommer und besonders an den Wochenenden zu Engpässen kommen – es sei denn, man reist mit Zelt.

Vieles im Schärengarten ist **nur in der Hochsaison geöffnet.** Daher ist es schon eine gute Hilfe, sich an folgender Faustregel zu orientieren: Dort, wo ganzjährig Menschen anzutreffen sind, haben auch (Lebensmittel-)Geschäfte ganzjährig offen.

Auch für Tagesausflügler ist es ratsam, immer etwas **Proviant** mitzunehmen, auch wenn es manchmal nur dazu dient, überteuerte Preise zu vermeiden. Nicht auf allen Inseln gibt es alles zu kaufen.

Mehrtägige Inselhüpfer sollten sorgfältig im Vorfeld planen, wo sie was zu kaufen gedenken.

Trinkwasser stellt im Schärengarten vor allem in trockenen Sommermonaten ein kostbares Gut dar, mit dem es sorgsam umzugehen gilt. Dies gilt umso mehr für die vielen kleineren Inseln.

▶ *Hoch über Nynäshamn thront die Kirche der Stadt*

DER SÜDLICHE SCHÄRENGARTEN BIS NYNÄSHAMN

NYNÄSHAMN

Als Stockholm im Jahre 1912 Gastgeber der V. Olympischen Spiele der Neuzeit war, wurden die Segelwettbewerbe vor Nynäshamn ausgetragen – eine Aufteilung ähnlich der Spiele 1972 zwischen München und Kiel. Auch heute lebt die Stadt vorrangig von ihrer Nähe zum Wasser: Nynäshamn ist Hafen für die Fähren nach Gotland, Gotska Sandön, Polen oder auch Nåttarö und Rånö. An der Marina tummeln sich die nicht gerade wenigen Freizeitkapitäne samt ihren Mannschaften und nehmen vornehmlich den **Hafenbereich** mit den vielen kleinen Läden und Buden in Beschlag. Ebenfalls dort findet man die **Touristinformation** und gute Einkehrmöglichkeiten. Die eigentliche Innenstadt Nynäshamns hat dem nicht wirklich viel entgegenzusetzen, eine kleine Fußgängerzone und vor allem die imposante, von einem Felsen auf den Hafenbereich herabblickende Kirche aus dem Jahre 1930 sind wohl schon die Hauptsehenswürdigkeiten in der Innenstadt.

Eine sehr zu empfehlende Ausflugstour ist es, dem extra für die olympischen Segelwettbewerbe erbauten Strandvägen in südlicher Richtung zu folgen. Direkt am Wasser eröffnen sich herrliche Perspektiven und viele kleine Badestellen. Allerdings könnte die Parkplatzsuche zu einem Problem werden. Am Ende des Strandvägen liegt **Lövhagen,** ein ideales Areal für Erholungssuchende. Zahllose Strände, das nette Café an der großen Wiese oder eine Übernachtung in der Jugendherberge oder einer der Hütten versprechen einen angenehmen Aufenthalt.

102st Abb.: sk

Über die Ortschaften Oxnö und Svärdsö gelangt man schließlich von Nynäshamn nach **Torö**, einer Insel ca. 8 km südlich von Nynäshamn, von wo auch die Fährschiffe nach Öja/Landsort ablegen. Torö hat einige nette, naturbelassene Badestellen vorzuweisen, was vor allem für den südwestlichen Teil bei Ören gilt. Die Abzweigung bei Herrhamra ist jedoch schlecht bzw. gar nicht ausgeschildert. Laut Eigenwerbung soll der südlichste Strand beste Surfbedingungen bieten, der Steinstrand könnte jedoch für die feinen sandstrandverwöhnten Sonnenanbeter zu einer Tortur werden.

Praktische Reisetipps

- **Touristinformation,** Tel. 08 52073700, www.visitnynashamn.se, Fiskargränd
- **Lövhagen Vandrarhem,** www.lovhagen.se, Tel. 08 52013831, DZ ab 360 Skr (ca. 36 €), Hütten ab 790 Skr (ca. 80 €, 4 Betten) oder 890 Skr (ca. 90 €, 6 Betten). Einige Minuten (4 km) südlich von Nynäshamn gelegen erreicht man Lövhagen über eine idyllische Straße am Meer.
- **Skärgårdshotellet,** Tel. 08 52011120, www.skargardshotellet.com, Kaptensgatan 2, EZ ab 920 Skr (ca. 92 €), DZ ab 1120 Skr (ca. 112 €), im Sommer und an Wochenenden günstiger, zentral in der Stadt und unschlagbar nah am Fährterminal gelegen
- **Nynäs Havsbad,** www.sodexokonferens.se, Strandgårdsvägen 9, Tel. 08 52060400, EZ ab 2395 Skr (ca. 240 €), DZ ab 1995 Skr/Person (ca. 200 €), wunderschön außerhalb der Stadt direkt am Wasser gelegen, Hotel, Restaurant und Spa
- **Restaurang Kroken,** Tel. 08 52015520, www.restaurangkroken.se, Fiskargränd 8, gutes Restaurant mit großem Außenbereich
- **Restaurantschiff M/S Freja,** Fiskehamn, Tel. 08 52011859, gutes Dagens Lunch, am Wochenende häufig Livemusik und Disco
- **Nynäs Kajak,** www.nynaskajak.se, Rosenvägen 21, Butik Strandgårdsvägen 9, Tel. 0707 133470, Kajaks 24 h ab 350 Skr (ca. 35 €), eine Woche ab 1200 Skr (ca. 120 €)

103st Abb.: sk

› **Nynäshamns Kajakuthyrning,** www.hyrkajak.se, Tel. 0702 757516, etwas südlich bei Lövhagen, Kajaks für 24 h ab 350 Skr (ca. 35 €), für eine Woche ab 1400 Skr (ca. 140 €)

ÖJA/LANDSORT

Die schmale und langgezogene Insel Öja mit ihrem „Hauptort“ Landsort ist ein beliebtes Ausflugsziel der Umgebung. Unter anderem gibt es hier mit der Bed & Breakfast Unterkunft Sjöbloms Öjabod eine Übernachtungsmöglichkeit, bei der Schwindelfreie im Aussichtsturm 40 m über dem Meerespiegel die einmalige Aussicht genießen können.

› **Infos über die Insel:** www.landsort.com

› **Sjöbloms Öjabod,** www.landsort.nu, Tel. 08 52034111 o. 0705319080, Betten ab 790 Skr (ca. 79 €)

HERRÖN, YXLÖ UND MUSKÖ

Im Nordosten Nynäshamns liegen drei weitere Inseln, die mit dem Auto leicht zu erreichen sind: Herrön, Yxlö und Muskö. Über die spärlich bewohnten Inseln Herrön und Yxlö gelangt man durch einen relativ langen Tunnel (für Fahrradfahrer gesperrt) schließlich nach Muskö, einer ruhigeren und durch ihre weite Landschaft beeindruckende Insel, die sich nicht durch viel Fremdenverkehr auszeichnet, sondern eher den Eindruck eines Naherholungsgebietes für Stockholmer vermittelt.

› **Ludvigsbergs Herrgård,** www.ludvigsberg.se, Tel. 08 50045411, Muskö, EZ ab 845 Skr (ca. 85 €), DZ ab 1100 Skr (ca. 110 €), nettes Landhaus mit angegliedertem Restaurant

NÅTTARÖ UND RÅNÖ

Nåttarö und Rånö sind zwei Nachbarinseln von Utö, die aber sehr gut von Nynäshamn her angesteuert werden können. Beide Schären sind bei den Schweden sehr beliebte Ausflugs- und Badeinseln. Gerade das etwas mehr besuchte Nåttarö weist neben eiszeitlichen Spuren und dem 38 m hohen Bötsudden als höchstem Punkt fantastische Sandstrände vor. Wer Erholung mit einigen Tagen Badeurlaub koppeln möchte, ist hier genau richtig.

An der Ångbåtsbrygga auf Nåttarö wurde im Sommer 2009 Schwedens erster „Schnorchelpfad“ seiner Bestimmung übergeben. Wassersportbegeisterten bietet sich hier eine interessante Möglichkeit, die Unterwasserflora und -fauna des Schärengartens zu erleben. Ebenfalls bei der Ångbåtsbrygga befinden sich zudem ein Wirtshaus, ein im Sommer geöffnetes Lebensmittelgeschäft sowie eine Verleihstation für Boote und Fahrräder. Ähnliches gilt für Rånö: Auch hier stehen für Gäste bei der Ångbåtsbrygga eine Gaststätte und ein im Sommer geöffnetes Geschäft die Türen offen.

Praktische Reisetipps Nåttarö

› **Infos** über www.dinskargard.se, Rörvägen 4, Tel. 08 7445001, Haninge, die Touristinformation Nynäshamn (www.visitnynashamn.se) oder www.nattaro.com

› **Östermar Gård,** www.dinskargard.se, Tel. 076 8804934, insgesamt 32 Betten stehen zur Verfügung

◄ *Der Schärengarten – ein Erholungsparadies für alle*

104st Abb.: sk

- **Hütten,** www.dinskargard.se, 2 Betten ab 500 Skr (ca. 50 €), 4 Betten ab 700 Skr (ca. 70 €) und 6 Betten ab 900 Skr (ca. 90 €)
- **Möglichkeiten zum Zelten** finden sich ebenfalls ab 50 Skr (ca. 5 €), in der Nähe des Lebensmittelgeschäfts

Praktische Reisetipps Rånö

- **Infos** über Utö oder Nynäshamn Touristinformation sowie Informationspunkt Rånö, www.rano.se, Tel. 08 50157085, Rånö Brygga
- **Hütten** im Südwesten der Insel, www.rano.se, Tel. 08 50157085, 34 Hütten mit 2, 4 und 6 Betten

UTÖ

Bei der Ortschaft Årsta Havsbad, die über die Schnellstraße 73 (Vorsicht: Blitzkästen!) zügig von Stockholm oder Nynäshamn erreicht werden kann, legen die Fährboote zur Schäreninsel Utö ab. In den Sommermonaten verkehren auch Boote direkt aus Stockholm nach Utö. Manchem Geologen sollte die Insel ein Begriff sein: Die 1,9 Mrd. alten Sedimentschichten und weitere geologische Besonderheiten werden bei einigen Gesteinskundlern vielleicht lang vermisste Entdeckungsgelüste wecken.

Daneben kann Utö auf eine lange Besiedlungsgeschichte zurückblicken. Schon seit dem 12. Jahrhundert wurden dort Eisenerze abgebaut, in unseren Tagen lohnt sich diese schweißtreibende Arbeit wirtschaftlich selbstverständlich nicht mehr. Auf eine Tiefe von kaum zu glaubenden 215 m wurden die Gruben getrieben. Das erzhaltige Gestein gewann man, indem in der Grube ein Feuer entfacht und das erhitzte Gestein mit kaltem Wasser abgeschreckt wurde, sodass das spröde gewordene Gestein schließlich leicht von den Grubenwänden zu lösen war. Einige Grubenlöcher, nun mit Wasser vollgelaufen, sind heute noch zu besichtigen. Das **Gruvmuseet** bietet die Möglichkeit zu tieferen Einblicken in diese Materie.

Des Weiteren lockt die 10 km lange und bis zu 3,5 km breite Insel mit ihrer Natur – am besten erkundet man die weitere Umgebung mit dem (ausgeliehenen) Fahrrad. Schöne Badestellen sind die Felsstrände bei Rävstavik, Södra Sandvik oder auch der kleine Sandstrand Barnens Bad. Der einzige Wermutstropfen besteht darin, dass Teile der Insel – allerdings nicht in der Hochsaison – vom schwedischen Militär als Schießübungsplatz genutzt werden.

Unbestrittenes Zentrum Utös ist **Gruvbyn** mit einem, für eine dünn besiedelte Insel, beachtlichen Angebot bestehend aus mehreren (Lebensmittel-)Geschäften, Restaurants und Unterkunftsmöglichkeiten. Über all dem ragt mit der roten Windmühle aus dem Jahre 1791 das Wahrzeichen Gruvbyns empor.

Die Nachbarinsel **Ålö**, durch eine kleine Brücke mit Utö verbunden und verpflichtendes Ziel einer jeden Fahrradtour, ist vor allem für ihren sandigen Traumstrand Storsand bekannt.

Praktische Reisetipps

- **Touristinformation,** www.utoturistbyra.se, Tel. 08 50157410. Direkt am Fähranleger Gruvbyn, über die Internetseite sind auch die Fährverbindungen zu erfahren.
- **Utö Vandrarhem,** www.utovardshus.se, Tel. 08 50420300, Gruvbyn, prächtiges Holzhaus mit über 40 Betten ab 360 Skr (ca. 36 €, Mitglieder ab 310 Skr, ca. 31 €), Kontakt über das Utö Värdshus, wo sich auch die Rezeption befindet
- **Utö Värdshus,** www.utovardshus.se, Tel. 08 50420300, Gruvbyn, schickes Hotel mit Hütten und Suiten, zudem eines der besten **Restaurants** des Schärengartens, ein exzellenter Ort, um ausgezeichnet zu speisen (Hauptgerichte ab 190 Skr, ca. 19 €)
- **Dannekrogen,** Tel. 08 50157079, Gruvbyn, gutes Restaurant mit gelegentlichen Events an der „Hauptstraße" in Gruvbyn
- **Utö Bageri,** www.utobageri.se, Tel. 08 50157079, Gruvbyn, der richtige Ort für ein (zweites) Frühstück oder zum Fika, neben dem Restaurant Dannekrogen
- **Seglarbaren,** Tel. 08 50420300, Gruvbyn, eine weitere Alternative für Erfrischungen und Snacks direkt am Hafen
- **Pizzastugan,** Tel. 08 50157350, Edesnäs Gård, ideal, wenn man mal nicht in Gruvbyn oder auf einer Fahrradtour essen möchte
- **Fahrradverleih Cykelboden,** Tel. 08 50157450, Gruvbyn, direkt am Hafen von Gruvbyn
- **AktivSkärgård,** www.aktivskargard.se, Tel. 08 50157668, 3 h ab 250 Skr (ca. 25 €), eine Woche ab 2350 Skr (ca. 235 €), am Hafen von Gruvbyn mit einem kleinen Café

GÅLÖ

Etwa 10 km südwestlich von Dalarö (siehe nächstes Kapitel) liegt Gålö, eine verwinkelte Halbinsel, die weit in den Schärengarten hineinragt. Große Teile Gålös sind Naturschutzgebiet, was den ruhigen Charakter der Region noch einmal unterstreicht. Gleich zu Beginn der Halbinsel befindet sich bei der Siedlung Stegsholmen an der rechten

105st Abb.: sk

◄ *Die vollgelaufenen Eisenerzgruben von Utö*

► *Die Kirche auf Utö bei Spränga*

Straßenseite ein ebenso einfaches wie gemütliches Café, wo bei einer Tasse Kaffee auch einige Informationen über Gålö eingeholt werden können. Zentrum und Ausgangspunkt zahlreicher Aktivitäten in der Umgebung dürfte das **Gålö Havsbad** bei Skälåker sein. Der sanft abfallende Sandstrand bietet hervorragende Bademöglichkeiten, der große Campingplatz samt Hütten, Restaurant, Boots- und Fahrradverleih erweitern das Angebot. Im Süden der Halbinsel bei Dyvik kann eine ehemalige Seehund-Station besucht werden, in der im Zweiten Weltkrieg die Tiere zur Bekämpfung von U-Booten trainiert wurden. Ein Stück weiter bei **Oxnö** erreicht man zunächst einen kleinen Sandstrand, ehe man nach einigen Metern von den abgerundeten Klippen die Ostsee badend genießen kann.

› **Gålö Havsbad,** www.galohavsbad.se, Tel. 08 50033156, gut ausgestatteter Campingplatz mit Hütten und einem Vandrarhem (im Sommer ab 295 Skr, ca. 30 €) an einer sandigen Badebucht
› **Badhusviken,** Tel. 08 50033131, Hüttendorf gleich zu Beginn der Halbinsel

DALARÖ

Die Entstehung Dalarös ist eng mit der Seefahrt verknüpft. Die günstige Lage am Wasserweg nach Stockholm verschaffte der Stadt entscheidende Funktionen als Zoll- und Lotsenstation. Im 19. und 20. Jahrhundert profitierte Dalarö ebenfalls wieder von seiner Wasserlage und der Nähe zum Schärengarten: Erste Anzeichen eines beginnenden Sommertourismus waren auszumachen. Auch heute noch ist Dalarö ein wichtiges Tor zum Schärengarten, zahlreiche Fähren haben die kleine Stadt als Ausgangspunkt und viele Durchgangsbesucher nutzen die Geschäfte, um sich für ihren Aufenthalt auf den Inseln auszurüsten. Die Stadt

106st Abb.: sk

selbst kann mit einigen historisch interessanten Gebäuden aufwarten, wie beispielsweise der Kirche aus dem 12. Jahrhundert, dem ehemaligen Zollhaus, jetzt unter anderem Sitz der Touristinformation, oder der zum Heimatmuseum umfunktionierten ehemaligen Unterkunft des Vasa-Entdeckers *Anders Franzén.* Zudem befinden sich in Dalarö einige Galerien sowie zahlreiche Restaurants und Bistros. Die beste Badestelle, das Schweizerbadet, liegt etwas außerhalb der Stadt, der Lotsberget bietet den schönsten Ausblick über Stadt und Wasser.

Für Inselbesucher ist die günstigste, da gratis, Parkmöglichkeit der Parkplatz am Askfatshamnen (am Ortseingang rechts in den Askfatsvägen).

Ein durchaus lohnenswertes Ausflugsziel ist Dalarö Skans, eine befestigte Insel, die für rund 200 Jahre die Zufahrt nach Stockholm sicherte und heute besichtigt werden kann.

Praktische Reisetipps

- **Dalarö Touristinfo,** www.dalaro.se, Odinsvägen 6A, Tel. 08 50150800, Mai und Anfang Sept. Sa./So. 10–15 Uhr, Juni–Aug. Mo.–Fr. 10–17 Uhr, Sa./So. 10–15 Uhr, zusätzliche Telefonzeiten: Sept.–Mai wochentags 9–12 Uhr
- **Dalarö Hotel Bellevue,** Tel. 08 50150410 www.dalarohotel.com, Wallinvägen 26, ein nobles Hotel und Restaurant in bester Lage, EZ ab 790 Skr (ca. 79 €), DZ ab 1190 Skr (ca. 120 €)
- **Dalarö Strand Hotel,** Tel. 08 50151118, www.dalarostrandhotel.se, Odinsvägen 2, gute Unterkunft direkt am Fährhafen mit Restaurant, Café und Parkplatz, EZ ab 790 Skr (ca. 79 €), DZ ab 1180 Skr (ca. 188 €)
- **Vandrarhem Lotshuset,** Tel. 08 50151636, die „kleinste Jugendherberge Schwedens“ im ehemaligen Lotsenhaus, Betten ab 280 Skr (ca. 28 €) in zwei DZ oder einem 4-Bett-Zimmer, rechtzeitig buchen
- **Dalarö Bageri,** www.dalarobageri.se, Odinsvägen 15, Tel. 08 50151166, frische Backwaren in netter Umgebung
- **Mysingen Skärgårdsrestaurang,** www.mysingen.com, Odinsvägen 10, Tel. 08 50151525, gutes Essen
- **Smådalarö Gård,** www.smadalarogard.se, Tel. 08 50155100, edles Hotel (EZ ab 1595 Skr, ca. 160 €, DZ ab 1995 Skr, ca. 200 €) mit vorzüglichem Restaurant
- **Tullhuset Café und Bistro,** Odinsvägen 6A, Tel. 08 50150800, mit bester Sicht auf die Wasserwelt
- **Dalarö Kajak,** www.dalarokajak.se, Askfatshamnen, Tel. 08 50150180, Preisbeispiele: Einer halbtags in der Woche 250 Skr (ca. 25 €), Zweier für 350 Skr (ca. 35 €); Einer 24 h am Wochenende 380 Skr (ca. 38 €), Zweier 495 Skr (ca. 50 €), auch spezielle Touren

◀ *Dalarö – eines der Tore zum Schärengarten*

ORNÖ

Noch eine Spur ruhiger und beschaulicher (als beispielsweise auf Utö) geht es auf Ornö zu, obwohl man dank der Autofähre von Dalarö die Insel bequem erreichen kann. Die seit der Bronzezeit besiedelte Insel ist ca. 15 km lang und zwischen 3 und 4 km breit. Ungefähr 300 Personen leben ganzjährig dort, in der Sommerzeit wächst die Zahl um ein Vielfaches an. Ein kleines Zentrum hat sich bei dem Fähranleger Ornö Kyrka/Kyrkviken etabliert. Dort findet man die **Kirche**

107st Abb.: sk

▲ *Einsame Badestelle auf Ornö*

aus dem Jahre 1886, die Touristinformation mit Fahrradverleih, ein kleines Inselmuseum und, nicht weit davon entfernt, einen kleinen Supermarkt.

Eine gute Idee ist es, die Insel mit dem **Fahrrad** zu erkunden, erst dann wird deutlich, wie hügelig die Insel eigentlich ist. Abschrecken lassen sollte man sich davon jedoch nicht. Ist man leise und aufmerksam, spürt man vielleicht einen Elch oder anderes Rotwild auf; die Flora wird vor allem von zahlreichen Orchideenarten bereichert. Im Süden der Insel bei Sundby liegt ein Naturschutzgebiet. Der See Mären kann umrundet werden, auch wenn der Weg teilweise nicht leicht zu finden ist. In der Mitte der Insel bei Brevik befindet sich eine der leider nur wenigen gut zugänglichen Badestellen Ornös. Und bei Hässelmara, in unmittelbarer Nähe der Anlegestelle der Autofähre, lohnt es sich, dass kleine Landcafé aufzusuchen.

Zudem bietet sich Ornö ausgezeichnet als Ausgangspunkt für weitere (Tages-) Touren in den benachbarten Schärengarten an.

Praktische Reisetipps

- **Touristinformation,** www.orno.se, Tel. 08 50156305 oder 070 3303936, Ornö Kyrka/Kyrkviken, geöffnet im Sommer tgl. von 10.30–17 Uhr, auch **Fahrradverleih** (Tagesausleihe ab 75 Skr, ca. 7,50 €) und Vermittlung von Übernachtungsmöglichkeiten
- **Mörby Gård,** www.morbygard.com, Tel. 070 7961342 oder 08 56042847, Bett ab 260 Skr (ca. 26 €), Natur pur bei diesem grandiosen Landhaus, das erst kürzlich renoviert wurde und an einer riesigen Wiese liegt: Rehbesuche und – mit etwas Glück – auch Elchsichtungen sind beinahe obligatorisch, nicht weit ist es bis zur schönen Felsbadestelle oder den Wanderwegen
- **Krogen Ornö,** www.ornokrog.se, Tel. 08 50156000, Ornö Kyrka/Kyrkviken, ganzjährig geöffnetes Speiserestaurant mit Terrasse zum Schärengarten
- **Hässelmara Gårdscafé,** Tel. 08 50154400, Hässelmara, kleines Café mit angeschlossenem Flohmarkt, ideale Zwischenstation für Fahrradtouren
- **Autofähre** von Dalarö, www.ornosjotrafik.se, Tel. 08 50156600, rechtzeitig buchen

FJÄRDLÅNG

Entscheidenden Einfluss auf die Entwicklung dieser Schäreninsel übte der an der Börse reich gewordene Finanzier und Kunstmäzen *Ernst Thiel* aus. Dieser kaufte im Jahre 1909 die Insel in der Hoffnung, dort einen Großteil seines weiteren Lebens mit seiner Familie verbringen zu können. 1917 entstand schließlich die Thielska Villan, ein Landhaus, in dem heute die Jugendherberge untergebracht ist. Erst im Jahr 1942 wechselten große Teile der Insel in staatlichen und in der Folge in kommunalen Besitz. 1985 wurde ein bedeutendes Naturreservat eingerichtet. Fjärdlång entwickelte sich zu einer beliebten Ferieninsel, die vor allem im Frühjahr und Herbst von Schulklassen für einen längeren Aufenthalt genutzt wird.

Im nördlichen Teil der Insel befindet sich mit Tysta Klint (36 m) der höchste Punkt der Insel, von dem ein Rundblick über die Schären genossen werden kann. Zudem liegt dort ein wunderschöner Naturhafen mit kleinen Bademöglichkeiten. Im Süden und Südosten Fjärdlångs befinden sich weitere attraktive Felsbadestellen. Weitläufige Wiesen in der Nähe der Jugendherberge bieten zahlreiche Möglichkeiten für Freizeitaktivitäten und natürlich können von Fjärdlång aus Nachbarschären angesteuert werden.

› **Weitere Infos** über die Touristinformation in Dalarö oder die Kommune Haninge, die auch Hütten auf Fjärdlång vermittelt (www.haninge.se) oder über die Website www.fjardlang-huvudskar.se

› **Vandrarhem Thielska Villan,** Tel. 08 50156092, gilt für Mai–Okt., ansonsten auch zu buchen über die Touristeninfo in Dalarö: www.dalaro.se, Tel. 08 50150800, Bett ab 200 Skr (ca. 20 €), Campingwiese (Zeltplatz 50 Skr, ca. 5 €). Die „Rezeption" befindet sich gleich nach dem Fähranleger in einer kleinen Behausung, die zumindest geöffnet hat, wenn Fähren angelegt haben. Die Toilettensituation in dem Vandrarhem gestaltet sich etwas schwierig: Die sanitären Anlagen sind recht weit entfernt, was zumindest in der Nacht Probleme bereiten könnte.

108st Abb.: sk

▲ *Der Traum vom Schärengarten, auf Huvudskär wird er wahr*

Ein **Kiosk** mit Café und Lebensmitteln ist in der Hauptsaison offen und liegt in unmittelbarer Nähe des Fähranlegers.

HUVUDSKÄR

Huvudskär, das eigentlich aus 150–200 kleineren und größeren Inseln besteht, ist die perfekte Wahl für einen erlebnisreichen Tagesausflug. Nach interessanter Bootstour durch den Schärengarten erreicht man die Hauptinsel Ålandsskär. Das weithin sichtbare Wahrzeichen ist der grünlich-weiße Leuchtturm aus dem Jahre 1931. Im ehemaligen Zollhaus ist nun die einzige Übernachtungsmöglichkeit,

ein Vandrarhem, untergebracht. Zudem gibt es noch eine für jedermann zugängliche Raststuga, die bei schlechtem Wetter Unterschlupf gewährt (keine Übernachtungsmöglichkeit). Neben vielen Fotomotiven lockt dieser Außenposten Schwedens in der Ostsee mit Spaziergängen und ungetrübtem Badesspaß an den von den Gezeiten rundgeschliffenen Klippen. Mit viel Glück lässt sich vielleicht auch einer der seltenen Seehunde erblicken. Wer länger auf Huvudskär verweilen möchte, muss bedenken, dass auf der Insel **weder Geschäfte noch Cafés** existieren, alles muss selbstständig mitgebracht werden. Ansonsten – oder gerade deswegen – steht einem unvergesslichen Aufenthalt in atemberaubender Natur nichts mehr im Wege.

▲ *Der von Wind und Wetter gezeichnete Leuchtturm auf Huvudskär*

› **weitere Infos** über die Touristinformation in Dalarö oder www.fjardlang-huvudskar.se
› **Vandrarhem Tullhuset**, www.dalaro.se, Tel. 08 50150800, 22 Betten in einfacher und einmaliger Umgebung, die Preise variieren, je nach 2- oder 4-Bett-Zimmer, zwischen 300–350 Skr (30–35 €)

Anreise

› Huvudskärsbåten, www.jungfrun.se oder www.otaxi.se, Tel. 08 50033020 oder 070 2814151, Tour von Dalarö 200 Skr (ca. 20 €), von Fjärdlång 125 Skr (ca. 12,50 €). Wer unterwegs von einer der auf dem Weg liegenden Schären zusteigen möchte, muss dies vorher abstimmen. Fahrtdauer 1,5 h.

DER ZENTRALE SCHÄRENGARTEN

VAXHOLM

Vaxholm bezeichnet sich auch gerne als „das Tor zum Schärengarten", eine Umschreibung, die durchaus den Punkt trifft, sind doch die meisten Ziele im zentralen Schärengarten aufgrund der günstigen Lage und der guten Fähr- und Straßenanbindung schnell und bequem zu erreichen. Vaxholm gilt als ein, wenn nicht sogar der Knotenpunkt im Fährverkehr des Schärengartens.

Ihre Entstehung verdankt die Stadt ihrer strategischen Bedeutung: Nach einigen Jahren der Machtkonsolidierung befahl *Gustav Vasa,* die Seeseite Stockholms durch eine **Befestigungsanlage** absichern zu lassen. Kein Platz schien dafür günstiger als diese kleine Inselwelt um die Insel Vaxön. Das Resultat erblickte schließlich im Jahre 1548 in Form des Kastells das Tageslicht, welches in seinem heutigen Aussehen auf die Mitte des 19. Jahrhunderts zurückgeht. Zwei Mal, 1612 gegen die Dänen und 1719 gegen die Russen, behauptete sich das Kastell als vorgezogene Verteidigungsanlage Stockholms gegenüber feindlichen Truppen. Zum Ende des 19. Jahrhunderts verlagerte sich der Verteidigungsring zur nahegelegenen Oxdjupet, einer Engstelle, in der bislang Steine die Durchfahrt für Schiffe blockierten. Dort übernahm die Festung Oskar-Fredriksborg die Defensivaufgaben von Vaxholm.

Als weitere Standbeine der aufstrebenden Stadt entpuppten sich die Fischerei und der Fremdenverkehr. Heute umfasst die Kommune Vaxholm ca. 10.000 Einwohner, in der Stadt selber zählt man ungefähr die Hälfte.

Neben dem imposanten Kastell, in dem heute unter anderem ein Museum beherbergt ist, locken bei einem **Rundgang** durch die Stadt solch schöne Attraktionen wie das altehrwürdige Waxholms Hotell, das Tullhuset (Zollhaus aus dem Jahre 1736), Wikströmska Gårdarna (aus dem frühen 19. Jahrhundert), die kleine Kirche sowie das hübsche Rådhuset. In der näheren Umgebung zieht **Bogesunds Slott,** das schöne Schloss *Per Brahes des Jüngeren,* die Besucher an.

Praktische Reisetipps

- **Vaxholm Touristinformation,** www.roslagen.se, Rådhuset, Tel. 08 54131480, im Sommer Mo.-Fr. 11-16 Uhr, Sa./So. 11-15 Uhr
- **Vaxholms Kastell,** www.vaxholmsfastning.se, Tel. 08 54171890, tgl. Juni 12-16 Uhr, Juli/Aug. 11-17 Uhr, Erwachsene 50 Skr (ca. 5 €), bis 18 Jahre freier Eintritt
- **SeaSafari,** www.seasafari.se, Kullasundsvägen 39, Tel. 08 54175700, Entdeckungstouren in den Schärengarten in atemberaubenden Schnellbooten, wobei unterschiedlichste Pakete angeboten werden (Seehundsafari, Picknick-, Sauna- oder Grilltour)
- **Skärgårdens Kanotcenter,** Resarövägen/Engarn, www.kanotcenter.com, Tel. 08 54137790, Einerkajak 2 h ab 200 Skr (ca. 20 €), eine Woche ab 1500 Skr (ca. 150 Skr)
- **Kastellets Bed & Breakfast,** Tel. 08 54133035, www.kastelletbnb.se, leicht mit der Fähre zu erreichen, EZ ab 695 Skr (ca. 70 €), DZ ab 895 Skr (ca. 90 €)
- **Waxholms Hotell,** www.waxholmshotell.se, Hamngatan 2, Tel. 08 54130150, Hotel (EZ ab 1100 Skr, ca. 110 €, DZ ab 1225 Skr, ca. 123 €), Restaurant und Bar an traditionsreicher Stelle direkt am Hafen gegenüber der Festung

- **Waxholm Strand,** www.waxholmstrand.com, Eriksövägen, Tel. 08 54130101, Camping ab 120 Skr (ca. 12 €), 2-Bett-Hütten ab 385 Skr (ca. 39 €), 6-Bett-Hütten ab 750 Skr (ca. 75 €), Boots- und Fahrradverleih, geöffnet Mai–Sept., etwas außerhalb der Stadt gelegen
- **Getfoten Skärgårdskrog,** www.getfoten.com, Tel. 08 54139203, April–Anfang Okt. tgl. 10–1 Uhr, Restaurant auf der kleinen Schäreninsel Getfoten gelegen, daher nur Bootsbesitzern und deren Gästen vorbehalten
- **Hamnkrogen,** www.hamnkrogenvaxholm.com, Söderhamnen 10, Tel. 08 54132039, Fisch- u. Fleischspezialitäten ab 170 Skr (ca. 17 €), direkt am Wasser
- **Magasinet,** www.magasinetvaxholm.se, Fiskaregatan 1, Tel. 08 54132500, sehr gute Speisen mit Ausblick über den Sund, auch Verkauf frischer Lebensmittel
- **Melanders Fisk,** www.melanders.se, Hamngatan 2, Tel. 08 54133466, berühmt vor allem für seine Fischspezialitäten

VÄRMDÖLANDET

Wenn man, wie der kleine Nils Holgersson auf seiner Reise mit den Wildgänsen, Värmdö aus der Vogelperspektive betrachten könnte, so würde diese zerklüftete Region vermutlich wie ein einziger grün-blauer Flickenteppich erscheinen.

Der enorme Vorteil der Värmdö-Region liegt darin, dass sie bequem mit dem eigenen Fahrzeug erreicht werden kann. Gustavsberg, die zentrale Ortschaft der Region, lässt sich von Stockholm aus schnell in 30 Min. ansteuern, Busse brauchen nicht wesentlich länger. Und die Anbindung im Norden erfolgt über Vaxholm und weiter über die Straße 274 in die nördlichen Vororte Stockholms.

Die Region hält momentan eine der höchsten Zuzugsraten Schwedens, die Grundstückspreise sind noch human und folglich erschwinglich. Bei der günstigen

110st Abb.: sk

Anbindung ist es allerdings nur eine Frage der Zeit, bis sich dies ändert.

Genau betrachtet setzt sich Värmdö aus mehreren Teilregionen zusammen: Ormingelandet, Farstalandet, Ingarö, Fågelbrolandet, Djurö, Vindö und Värmdölandet bilden die Kommune Värmdö.

Hauptort der Kommune ist die Gemeinde **Gustavsberg.** Wer als Tagestourist dem Verkehr aus Stockholm aus dem Weg gehen möchte, ist gut beraten, wenn er auf dem Wasserweg nach Gustavsberg gelangt. Erst einmal in Gustavsberg gelandet, kommt man unweigerlich mit Porzellan- und Glasprodukten in Berührung. Lassen sich die eigentlichen Wurzeln des Industriekomplexes auf eine Ziegelbrennerei zurückverfolgen, so wurde an dieser Stelle seit 1827 Porzellan hergestellt. Neben den gängigen Sanitärartikeln lag schon immer ein zweites Augenmerk auf den Kunst- und Designprodukten. Zu Beginn der 1990er Jahre wurde die Gustavsberg Porzellanfabrik schließlich unter verschiedenen Gruppen aufgeteilt, unter anderem war auch Villeroy & Boch beteiligt. Wer tiefer in die Welt der Porzellanherstellung eingeführt werden möchte, sollte sich auf keinen Fall das **Porzellanmuseum** entgehen lassen. Neben den teilweise wunderschönen Produkten erfährt man in historischer Umgebung auch vieles über den eigentlichen Herstellungsprozess. In den ehemaligen Produktionsstätten befindet sich heute ein Fabrikverkauf so berühmter Namen wie Villeroy & Boch, Rörstrand, iittala, Boda Nova, Orrefors oder Kosta Boda (nur zur Erinnerung beim Kauf: Möchte man sich auch zu Hause noch an den neu erworbenen Prachtstücken erfreuen, sollte noch genug Platz im Auto sein; eine schüttelfreie Rückfahrt müsste ebenfalls garantiert werden).

Einen Steinwurf vom Porzellanzentrum entfernt liegt direkt am Gästehafen die **Touristinformation** mit einem Café; in Fußentfernung liegt die Kirche Gustavsbergs, von wo es dann zum eigentlichen Stadtkern nicht mehr weit ist. Zudem bietet sich Gustavsberg als Ausgangs- und Endpunkt einer abwechslungsreichen Fahrradtour – dem *Cykelslinga Farstalandet* – an.

Bei Ingarö erreicht man den südlichen Teil Värmdös. Die Ortschaft **Brunn** stellt so etwas wie das kommunale Zentrum dieser Region dar, was allerdings nicht allzu große Erwartungen wecken sollte. Bei Björkvik im Süden liegt eine nette,

▲ *Das Kastell von Vaxholm sicherte lange Zeit die Wasserwege nach Stockholm*

111st Abb.: sk

felsige Badestelle, die allerdings auch sehr voll werden kann. Herausragende Attraktion Ingarös ist zweifellos das **Björnö Naturreservat** mit seinem wunderbaren Naturwanderweg und herrlichen Bademöglichkeiten. Gerade bei Torpesand handelt es sich um einen wahren Traumstrand zwischen Klippen und Sand, der allerdings auch der Stockholmer Bevölkerung bekannt ist und somit an Wochenenden oder Feiertagen von dieser regelrecht belagert werden kann. Ein erfrischendes Bad lohnt sich aber allemal. Auf dem Rückweg vom Naturreservat könnte noch ein Abstecher zum Säbygravfältet unternommen werden, einem Gräberfeld aus der Wikingerzeit.

Verlässt man Gustavsberg, um weiter in den Schärengarten vorzustoßen, wird man schnell den Landschaftswechsel bemerken. Gleich hinter Gustavsberg/ Hemmesta beginnt das ländliche Värmdö, man mag dann kaum mehr glauben, dass die Metropole Stockholm mit dem Auto gerade mal 30 Min. entfernt liegt. Folgt man der Straße 222 und überquert bei Strömma den gleichnamigen Kanal, der Fågelbrolandet von Värmdölandet trennt, so gelangt man über eben Fågelbrolandet, Djurö (hier spannt sich eine waghalsige Brückenkonstruktion über den Sund) und Vindö nach Sollenkroka, dem nordöstlichen Ende Värmdös.

Unbedingt hervorgehoben werden muss die Ortschaft **Stavsnäs** am östlichen Ende Fågelbrolandets als Ausgangsbasis für Touren in den äußeren Schärengarten, als Langzeitparkplatz und als Versorgungsmöglichkeit (bei längeren Aufenthalten im Schärengarten wäre es ratsam, Einkäufe im Vorfeld hier zu tätigen). Der alte Stadtkern des eigentlichen Ortes gleicht einer kleinen Ansammlung der hübschen, schwedentypischen

Häuser mit einem winzigen und skurrilen Schärengartenmuseum.

Zurück auf Värmdölandet kann man, bevor es auf der Straße 274 weiter Richtung Vaxholm geht, einen Abstecher nach **Bullandö** unternehmen. Die Wassersportmöglichkeiten verwandeln das kleine Örtchen im Sommer in einen Tummelplatz für Segelfreaks – bei dem herrlichen Segelrevier verwundert die schiere Größe dieser Marina nicht mehr wirklich.

Setzt man die Reise nach Vaxholm fort, erreicht man nach kurzer Zeit die **Värmdö Kyrka**, eine schöne Feldsteinkirche, ehe man bei **Siggesta Gård** einen Zwischenstopp einlegen sollte. Siggesta Gård müsste eigentlich Spaß für die ganze Familie garantieren: In den Stallungen und Scheunen sind ein Restaurant und ein Café untergebracht, zudem bieten sie Platz für Ausstellungen, Theater- und Musikveranstaltungen, Flohmärkte oder Auktionen. In den Außenanlagen findet man eine phänomenale Minigolfanlage, ein Gräberfeld, einen Wanderweg sowie umfangreiche Möglichkeiten zum Reiten.

Auf der Weiterfahrt lohnt sich unbedingt der Umweg nach **Lillsved.** In den Sommermonaten dient die Sportschule als Jugendherberge und von dem kleinen Fähranleger kann der umliegende Schärengarten erkundet werden. Wer nicht so viel Zeit hat, sollte jedoch die Gelegenheit nutzen, kurz in dem kleinen Café Rast zu machen. Unvergessliche Ausblicke und Badespaß runden die Sache ab.

Bei Stenslätten verlässt man schließlich Värmdö wieder. Um die enge Durchfahrt – die **Oxdjupet** – zu kontrollieren, wurde hier die Befestigungsanlage Fredriksborg erbaut. Heute kann man direkt vom Fähranleger – wer möchte kann auch höher gelegenes Terrain erklimmen – die riesigen Stockholm-Helsinki-Fähren bestaunen, die an diesem Engpass so nahe erscheinen, dass man sie mit der Hand berühren möchte.

◄ Das imposante Backsteingebäude im Gästehafen von Gustavsberg beherbergt zugleich auch die Touristeninfo

Adressen

› **Värmdö Touristinfo,** www.varmdo.se, Odelbergs Väg 5B, Tel. 08 57034609, Mai-Sept. Di.-Fr. 10-18 Uhr, Sa./So. 11-16 Uhr, Okt.-Dez. Di.-So. 11-16 Uhr

› **Infos** allgemeiner Art über Gustavsberg: www.gustavsbergshamn.se

› **Gustavsberg Porslinsmuseum,** www.porslinsmuseum.varmdo.se, Odelbergs Väg 5B, Tel. 08 57035658, Gustavsberg, Mai-Sept. Di.-Fr. 10-18 Uhr, Sa./So. 11-16 Uhr, Okt.-April Di.-So. 11-16 Uhr, Erwachsene 50 Skr (ca. 5 €)

› **Horisont Kajak,** www.horisontkajak.se, Tel. 076 8088825, Norråva/Värmdölandet, Kajaks können ausgeliehen und Kurse in grandioser Landschaft absolviert werden.

› **Siggesta Gård,** www.siggestagard.se, Tel. 08 56280120, Värmdölandet, Veranstaltungen für jedes Alter, Restaurant, Café, Minigolf, Reiten etc.

Unterkünfte

› **Fågelbrohus,** www.fagelbrohus.se, Tel. 08 57141900, Fågelbrolandet, exklusives Golfhotel (EZ ab 1595 Skr, ca. 160 €, DZ ab 1995 Skr, ca. 200 €) mit dem sehr guten **Restaurant Fägelbro Krogen** Tel. 08 57141800

› **Hotel Blå Blom,** www.blablom.se, Odelbergsväg 5A, Tel. 08 57411260, Gustavsberg, EZ ab 895 Skr (ca. 90 €), DZ ab 1175 Skr (ca. 117 €), ruhiges und liebevoll eingerichtetes Hotel in unmittelbarer Nähe der Touristeninfo und des Hafenbereichs

- **Ingarö Havscamping,** www.ingarohavscamping.se, Tel. 08 57027079, Södersved/Ingarö, weitläufiger Campingplatz (April–Okt.), Camping in der Hochsaison eine Woche 1150 Skr (ca. 115 €), Hütte in der Hochsaison eine Woche 4200 Skr (ca. 420 €)
- **Lillsved Vandrarhem,** www.lillsved.nu, Tel. 08 54138530, Lillsved/Värmdölandet, geöffnet Juni–Aug., Betten ab 220 Skr (ca. 22 €; Kinder 110 Skr, ca. 11 €), Frühstück für 65/50 Skr, ca. 6,50/5 €

Essen und Trinken

- **Bullandö Krog,** www.bullandokrog.se, Tel. 08 57145854, Bullandö Marina/Värmdölandet, wer sich gerne unter Seglern aufhält, für den ist diese feine Gaststätte der ideale Ort
- **Café Sjöstugan,** www.cafesjostugan.se, Tel. 08 54138026, Lillsved/Värmdölandet, Café/Restaurant direkt am Wasser gelegen, Juni/Juli tgl. 10–22 Uhr, Aug. bis 20 Uhr, Sept. an Wochenenden 11–20 Uhr
- **Gustavsbergs Wärdshus,** www.gustavsbergsvardshus.se, Algatan 3, Tel. 08 12200855, Gustavsberg, Mo.–Do. 11–13.30 Uhr, exzellente Hausmannskost
- **Hamnens Skafferi,** www.hamnensskafferi.com, Odelbergsvägen 11, Tel. 08 57030050, Gustavsberg, Kaffee und Speisen direkt am Hafen
- **Strömma Krog,** www.strommakrog.se, Tel. 08 57140041, Strömma, direkt am Kanal zwischen Värmölandet und Fågelbrolandet gelegen, auch Bootsverleih

Der folgende, nördlich von Värmdö gelegene Bereich des Schärengartens kann zu Recht als wahres Schärenlabyrinth bezeichnet werden. Größere und kleinere Inseln wechseln sich in verwirrender Art und Weise ab und formen die Inselwelt zu einer unvergleichlichen Landschaft.

GRINDA

Grinda ist eine kleine, übersichtliche Insel, die zugleich zu den beliebtesten in diesem Teil des Schärengartens zählt. Geschuldet ist dies wohl ihrer guten Erreichbarkeit sowie der Infrastruktur, die praktisch alle notwendigen Bereiche abdeckt. Im Süden der Insel erstreckt sich eine weite Wiese mit kleiner Bademöglichkeit, der sich dann das Hüttendorf sowie das Vandrarhem anschließt. An der westlichen Seite Grindas entstand bei Hemviken so etwas wie das Zentrum der Insel, das beinahe für jeden Geschmack etwas parat hält: Hier findet man das berühmte Grinda Wärdshus, eine weitere Gaststätte, ein kleines Lebensmittelgeschäft, einen Kanuverleih sowie einen Gästehafen. Folgt man den kleinen Wegen in nördlicher Richtung, gelangt man zunächst zum Zeltplatz, ehe man kurz vor dem nördlichen Fähranleger nach links abzweigt, um bei Norrviken an eine kleine, aber sicherlich eine der schönsten Badebuchten des Schärengartens zu gelangen. Wer möchte, kann ebenfalls dem Wanderweg über die Insel folgen. Bei einer Gesamtlänge von ca. 2,5 km streift er auch Klubbudden, mit 35 m Grindas höchster Punkt und folglich ein Garant für atemberaubende Ausblicke.

Praktische Reisetipps

- **Vandrarhem Grinda,** www.grindawardshus.se, Tel. 08 54249072, Södra Bryggan, geöffnet Mai–Sept., Jugendherberge, Betten ab 250 Skr (ca. 25 €), 2-Bett-Hütten ab 800 Skr (ca. 80 €), 4-Bett-Hütten ab

1100 Skr (ca. 110 €), 6-Bett-Hütten ab 1300 Skr (ca. 130 Skr). Buchungen für eine ganze Woche sind wesentlich günstiger. Im Norden der kleinen Schäre, ganz in der Nähe des nördlicen Fähranlegers, liegt zudem noch ein **Zeltplatz** (60 Skr, ca. 6 €). **Kanuverleih:** Einer tageweise für 350 Skr (ca. 35 €), Zweier für 550 Skr (ca. 55 €)

› **Grinda Wärdshus,** www.grindawardshus.se, Tel. 08 54249491, Hemviken, gutes Hotel (EZ ab 1400 Skr, ca. 140 €; DZ ab 1800 Skr, ca. 180 €, inkl. Frühstück) mit ebenso gutem Restaurant, ganzjährig geöffnet
› **Hamnkrogen,** Tel. 08 54249492, Hemviken, geöffnet Mai–Sept., in unmittelbarer Nähe der kleinen Gaststätte direkt am Wasser werden auch Kajaks ausgeliehen
› **Sommarbutik,** Hemviken, kleines Lebensmittelgeschäft mit urigem Café

GÄLLNÖ

Man hat den Eindruck, auf dieser Schäreninsel gehe es etwas ruhiger und gemächlicher zu, als sei die Zeit hier stehen geblieben. Seit dem Mittelalter besiedelt, gehen die rund 30 Bewohner hauptsächlich Beschäftigungen in der Landwirtschaft nach. Die lange Küstenlinie der zerklüfteten Insel mit den zahlreichen Buchten und Naturhäfen lädt zum Baden, Fischen und Wandern ein. Speziell Torsviken ist ein bezaubernder Ankerplatz und geradezu ein Eldorado für Freizeitkapitäne, die sich der Insel von der Wasserseite her annähern. Der schmale Sund nach Karklö, wo sich auch ein Fähranleger befindet, kann mit einem Ruderboot überquert werden.

▲ *Masten-Wirrwarr auf der Marina von Bullandö*

Praktische Reisetipps

- **Infos** über www.gallno.se oder auch über die Touristinfo Gustavsberg
- **Gällnö Vandrarhem,** Tel. 08 57166117, Mai–Sept., Vandrarhem mit 35 Betten, das früher als Inselschule diente, Bett ab 240 Skr (ca. 24 €)
- **Gällnö Sommaraffär,** Gällnöby, Mitte Juni–Ende Aug., montags geschlossen, kleines Lebensmittelgeschäft und Café

SVARTSÖ

Eine der flächenmäßig größten Inseln ist das schmale, aber immerhin 8 km lange Svartsö. Etwa 80 Bewohner haben auf Svartsö ihren permanenten Wohnsitz, sodass es in der Nähe von Skälvik sogar ein Schulgebäude gibt und in der Sommerzeit, wenn die vielen Feriengäste eingetroffen sind, die Svartsö-Open im Tennis ausgetragen werden. Bei Skälvik und Alsvik wurde bereits im 16. Jahrhundert Landwirtschaft betrieben; bei letztgenannter „Ortschaft" handelt es sich um die zentrale Siedlung der Insel. Direkt beim Fähranleger findet man ein kleines Café, ein Lebensmittelgeschäft und einen kleinen Infostand. Auch können hier Fahrräder ausgeliehen werden. Etwas die Straße hinauf befindet sich das Gasthaus Svartsökrog mit herrlichem Wasserblick. Wandert man die Inselstraße entlang, stößt man früher oder später auf die beiden großen Süßwasserseen. Im größeren von beiden liegt die kleine Insel Boholmen, auf der die Inselbewohner – als 1719 die russische Flotte die Schären heimsuchte – ihr kostbares Hab und Gut vergruben.

Beim Anleger Skälsvik gelangt man nach ca. 50 m zur eleganten Herrgårdspension. Nicht nur die einmalige Lage

112st Abb.: sk

zwischen dem kleineren Lillträsk-See und der Ostsee machen eine Übernachtung hier zu einem unvergesslichen Erlebnis. Das eigentliche Haupthaus, ein Sonnenuntergang am tiefdunklen See sowie eines der besten Restaurants des Schärengartens tun ihr Übriges hinzu.

Praktische Reisetipps

- **Vermittlung von Privatunterkünften** über die Värmdö Touristinformation in Gustavsberg
- **Svartsö Herrgårdspensionat,** www.svartsoherrgardspensionat.se, Tel. 08 54247017, Skälvik, DZ mit Frühstück ab 495 Skr (ca. 50 €), im Hauptgebäude ab 595 Skr (ca. 60 €), hervorragende Küche
- **Svartsökrog,** www.svartsokrogen.se, Tel. 08 54247255, Alsvik, kleine Gaststätte
- **Lebensmittelgeschäft,** Tel. 08 54247325, Alsvik, www.skargardshandlarna.com

LÅDNA/HJÄLMÖ

Die Inselwelt um Lådna und Hjälmö ist ein weiteres Puzzleteil im atemberaubenden Schärenlabyrinth. Sind es auf Lådna immerhin noch 15 Haushalte, die ganzjährig die Insel bewohnen, so sind es auf Hjälmö derer lediglich acht. Die Zeit vertreibt man sich hier mit Spaziergängen oder aber am beziehungsweise auf dem Wasser. Grandiose Buchten, Sunde und Naturhäfen, wie beispielsweise bei Hemviken (südl. Lådna) oder Lisslö Sund (südl. Hjälmö), sorgen für herrliches Wasservergnügen. Wer nicht mit dem eigenen Boot unterwegs ist, kann den schmalen Sund zwischen Lådna und Lådnaön mit einem bereitgestellten Ruderboot und mithilfe der eigenen Muskelkraft überqueren.

Praktische Reisetipps

› **Vermittlung von Privatunterkünften** über die Touristinformation in Gustavsberg

› **Lådna Servicestation,** Tel. 08 54247321, www.skargardshandlarna.com, Infostand, Café und Lebensmittelgeschäft

FINNHAMN

Mit Finnhamn erreicht man schon die Ausläufer des äußeren Schärengartens. Die Schären werden flacher, die Felsen sind von den Gezeiten glatt geschliffen. Finnhamn gehört von seiner Landschaft her sicherlich zu den spektakulärsten Schären. Zahlreiche Buchten durchziehen und prägen Finnhamn. Angeln, Baden oder Wandern durch die überraschend abwechslungsreiche Natur gehören hier zur Tagesordnung. Folglich kommt Finnhamn den Vorstellungen von einer richtigen Ferieninsel recht nahe.

Am Fähranleger erwartet Finnhamns Café & Krog seine Gäste, gegenüber liegt ein kleines Lebensmittelgeschäft. Ein wenig weiter ragt das Hauptgebäude der Jugendherberge „Utsikten" über einem Sund empor. Der schöne Zeltplatz geht fließend in eine traumhafte Badestelle über. Am Übergang von Stora-Jolpan nach Idholmen streift man einen Naturhafen, der seinem Namen alle Ehre macht: Paradisviken dürfte der Traum vieler Freizeitkapitäne sein, ein wunderbarer Ort, um die untergehende Sonne zu erleben. Und auf Idholmen, wo auch das Hüttendorf errichtet wurde, kann man den Musterbauernhof Idholmens Gård besuchen. Zudem befinden sich hier eine zusätzliche, flachere Badestelle und die Verbindungsstelle nach Ingmarsö, die mit einem Ruderboot überquert werden kann.

◄ *Die großen Fähren bahnen sich ihren Weg durch den Torsbyfjärden*

Praktische Reisetipps

› **Vandrarhem „Utsikten",** www.finnhamn.nu, Tel. 08 54246212, Betten ab 260 Skr (ca. 26 €) zzgl. 160 Skr (ca. 16 €) für eigenen Raum, Frühstück 75 Skr (ca. 7,50 €); Zeltplatz 80 Skr (ca. 8 €); Hütten in verschiedenen Kategorien: 2-Bett-Hütten ab 550 Skr (ca. 55 €), 4-Bett-Hütten ab 700 Skr (ca. 70 €), abhängig von Ausstattung und Saison

› **Finnhamns Sommarbutik,** www.finnhamn.nu, Tel. 08 54246207, tgl. geöffnet in der Hochsaison von 10–18 Uhr

› **Finnhamn Café & Krog,** www.finnhamn.nu, Tel. 08 54246404, sehr gutes Gasthaus mit großer Terrasse

STORA KALHOLMEN

Zwischen Finnhamn und Möja liegt auf der kleinen Schäre Stora Kalholmen eine zusätzliche Übernachtungsmöglichkeit für die Hochsaison, die sich besonders für Paddler oder Segler anbietet. Dieses Vandrarhem war eines der ersten im Schärengarten.

› **Stora Kalholmen Vandrarhem,** www.stfturist.se, Tel. 08 54246023, Mitte Mai–Mitte August, 30 Betten ab 180 Skr (ca. 18 €)

MÖJA

Möja kann auf eine lange Besiedlungsgeschichte zurückblicken, die über Jahrhunderte von Fischern dominiert wurde – sie nutzten Möja als Ausgangsbasis, um nicht immer wieder die zeitraubende Rückfahrt in ihre Heimathäfen in Kauf nehmen zu müssen – ehe schließlich mit der Ankunft der Waxholmschiffe Möja näher an die umliegenden Gebiete heranrückte. Dies war zugleich auch der Beginn des einsetzenden Stockholmer Sommertourismus.

Das Leben auf der Insel wird in diesen Tagen durch die Straßenverbindung im östlichen Küstenbereich bestimmt. Beim Inselzentrum und Fähranleger **Berg** im Südosten gibt es eine Touristinformation, eine Gaststätte, eine sehr gute Konditorei, ein Lebensmittelgeschäft mit einer kleinen Apotheke, ein Heimatmuseum sowie eine kleine Post und sogar ein Sommerkino. Macht man sich gen Norden auf den Weg, so erreicht man nach einiger Zeit **Ramsmora,** wo sich unter anderem ein Fahrradverleih und das empfehlenswerte Fischlokal Wikströms Fisk befinden. Ein wenig weiter, unmittelbar vor Långvik, beginnt etwas versteckt hinter dem Gästehaus der Weg zu den **Innlandseen** Möjas. Speziell frühmorgens oder abends kann man hier die Stille und Ruhe in dieser grandiosen Natur erleben, die man hier so vielleicht nicht erwartet hätte. In **Långvik** selber existieren neben besagtem Gästehaus noch ein Lebensmittelgeschäft und ein Café. Gute Bademöglichkeiten sind hier leider eher rar.

Praktische Reisetipps

› **Möja Touristeninfo,** www.mojaturistinfo.se, Brunströms Bud, Tel. 08 57164053 oder 070 7501010, Berg, in der Hauptsaison tgl. 11–17 Uhr, weitere Infos und Kontakte auch unter www.moja.nu, neben weiteren Unterkünften findet man auch Verweise zur Schiffssauna oder zum Bootsverleih

› Ein **Konsum** (www.konsummoja.se, Tel. 08 57161200) befindet sich in Långvik, zudem mit einer kleinen Apotheke

› **Möja Gästhem,** www.mojagasthem.se, Tel. 08 57164107, Långvik, einfache Unterkunft ab 150 Skr (ca. 15 €), die Betten sind mit Spanplatten und Vorhängen abgetrennt, die sanitären Anlagen liegen draußen, geöffnet von Mai–Sept.

› **Wikströms Fisk,** www.wikstromsfisk.se, Tel. 08 57164170, Ramsmora, exzellentes Fischrestaurant und Fischverkauf, wo zudem noch 2-Bett-Hütten angeboten werden

› **Möja Konditori,** www.sommarstallet.se, Tel. 08 57161600, Berg, hier kann man herrliche Backwaren genießen, wer schon mit dem Duft von frischem Brot aufwachen möchte, sollte in einer der Hütten übernachten

› **Möja Havskajaker,** www.mojahavskajaker.se, Tel. 08 57164908 oder 070 3403638, Einer 350 Skr/Tag (ca. 35 €), Zweier 575 Skr/Tag (ca. 57 €)

› **Möja Vandrarhem,** wwwe.stfmoja.se, Tel. 08 100221, Betten ab 300 Skr (ca. 30 €), EZ ab 750 Skr (ca. 75 €); auch Fahrradverleih

- **Fahrradverleih** Ramsmora, www.bjurmans.se, (Tel. 08 57164874, 100 Skr/Tag, ca. 10 €) und Möja an der Anlegestelle (80 Skr/Tag, ca. 8 €, 100 Skr für 24 h, ca. 10 €), bei längeren Aufenthalten ist ein Fahrrad zwingend nötig
- **Bus/Taxi,** Tel. 08 57164275

RUNMARÖ

In nur 10 Min. setzt man von Stavsnäs nach Styrvik auf Runmarö über. Insgesamt ist die Insel doch so groß, dass beispielsweise der Betrieb einer Schule gewährleistet werden kann. Mit Angeln, Baden und Wassersport im Allgemeinen sind die Hauptaktivitäten bei einem Aufenthalt schnell benannt. **Styrsvik** begrüßt seine Gäste mit dem Runmarö Krog, einer Gaststätte mit Unterkünften. Nach wenigen Metern gibt es noch einmal kleinere Einkaufsmöglichkeiten sowie ein Café. Bei **Norr- und Södersunda** eröffnen sich wunderbare Bademöglichkeiten im Sund. Vorbei an einem der Süßwasserseen geht es zur südöstlichen Spitze der Insel, wo nach einem steilen Aufstieg vom **Telegrafberget** der aufregende Ausblick über den Schärengarten bis nach Sandhamn genossen werden kann.

Praktische Reisetipps

- **Allgemeine Infos** unter www.runmaro.se
- **Runmarö Krog,** www.runmarokrog.se, Tel. 08 57152870, Styrsvik, Hotel (Betten ab 295 Skr, ca. 30 €) und Restaurant (Hauptgerichte ab 180 Skr, ca. 18 €), direkt am Fähranleger mit Blick über den Sund nach Stavsnäs
- **Runmarö Mat,** Tel. 08 57152700, www.skargardshandlarna.com, Styrsvik, Lebensmittelgeschäft, in der Sommerzeit Mo.–Fr. 9–19 Uhr, Sa./So. 9–17 Uhr

113st Abb.: sk

- **Låttas Bageri,** Tel. 08 57152756, Södersunda, kleines Café, das in den Ferien ganztägig geöffnet hat
- **Kajaks,** www.solbergagard.nu, Solberga Gård, Tel. 08 57152061, im Osten der Insel beim Telegrafberget; mit kleinem Café, Laden und B&B-Möglichkeiten.

SANDHAMN/SANDÖN

Die Insel Sandön wird meistens nach ihrem Hauptort nur als Sandhamn bezeichnet. Lange Zeit war Sandhamn

▲ *Blick von Runmarö ins Insellabyrinth des Schärengartens*

gleichzusetzen mit Zollformalitäten und Lotsenbasis; die etlichen Kneipen im Ort sind darauf zurückzuführen, dass die Schiffsbesatzungen hier häufig gezwungen waren, auf günstige Wetterbedingungen zu warten.

Wer im Schärengarten mal aus dem ruhigen Lebensrhythmus ausbrechen möchte, der ist auf Sandön/Sandhamn genau richtig aufgehoben. Dort tobt im Sommer das pralle Leben, vor allem an den Tagen, an denen Segelwettbewerbe (z. B. die Gotland-Runt-Regatta) ausgetragen werden. Wenn die letzten Fähren abends den Hafen wieder verlassen haben und damit auch die Tagestouristen verschwunden sind, geht es in der Regel etwas ruhiger zu. Und wer dem ganzen Trubel schon früher entfliehen möchte, sollte sein Augenmerk auf den kleinen und alten Siedlungskern westlich des Hafenbereichs mit seinen Fischerhäuschen und den engen Gassen lenken. Ein wenig abseits der Wege vermittelt der Friedhof mit seinen Grabsteininschriften einen anschaulichen Eindruck vom Leben und den oft harschen Lebensbedingungen im Schärengarten.

Der vornehme und traditionsreiche Yachtklub der Königlich-Schwedischen-Segelgemeinschaft residiert auf der östlichen Hafenseite. Folgt man dem Weg weiter, gelangt man zum Dansberget, einer hübschen, teilweise aber auch überfrequentierten Badestelle.

Nach einem netten Spaziergang durch die weiten Pinienwälder Sandöns (die ca. 1,8 km können einem bei heißem Wetter deutlich länger vorkommen), steht man schließlich am nördlichen Ende der Insel mit breiten und wunderschönen Stränden. Sonnenanbeter und Erholungsbedürftige kommen hier voll auf ihre Kosten.

Praktische Reisetipps

- **Dykarbaren,** www.dykarbaren.se, Tel. 08 57153554, Restaurant und Bar, doch Vorsicht bei dem Namen „Taucher Bar", hier kann man schon mal länger abtauchen und versacken
- **Sands Hotell,** www.sandshotell.se, Tel. 08 57153020, EZ ab 1900 Skr (ca. 190 €), DZ ab 2200 Skr (ca. 220 €), Suiten ab 3800 Skr (ca. 380 €), mit Kanonen auf Spatzen schießen: Der extrovertierte Eigentümer schießt manchmal mit Luftpistolen auf Möwen, die ihm sein Frühstück vom Teller stibitzt haben – wenn er nicht gerade mit jungen Gästen vor der Playstation sitzt.
- **Sandhamns Seglarhotell,** Tel. 08 57450400, www.sandhamn.com, hier geht

114st Abb.: sk

Am Traumstrand auf Sandön verbringen unzählige Stockholmer ihren Urlaub

es gediegener zu, in der Hauptsaison EZ ab 1500 Skr (ca. 150 €), DZ ab 2090 Skr (ca. 210 €), hierzu gehört das **Restaurant Seglarrestaurangen**

- **Sandhamn Värdshus,** Tel. 08 57153051 www.sandhamns-vardshus.se,
- **Strindbergsgården,** Tel. 08 57153054, Grill und Café mit großem Außenbereich
- **Westerbergs Livs,** Tel. 08 57153019, www.skargardshandlarna.com, Lebensmittelgeschäft, wochentags 9–19 Uhr, Sa. 9–18 Uhr, So. 10–16 Uhr
- **Kajaks,** www.sandhamnsguiderna.com, Tel. 08 6408040, Kajakvermietung, Schnellboote und viele weitere Aktivitäten, in der Nähe des Seglarhotell

NÄMDÖ

Der richtige Ort für den, der mal richtig ausspannen möchte und die absolute Ruhe sucht – mit all den daraus resultierenden Konsequenzen.

Nämdö ist eine langgezogene und schmale Insel, die neben der Hauptinsel noch eine Vielzahl von größeren und kleineren, teilweise bewohnten Schären umfasst. Die „Hauptsiedlungen" sind Sand, Solvik und Östanvik. Hinsichtlich der absoluten Ruhe könnte es in Solvik das eine oder andere Mal Ausnahmen geben, die dann aber auch eher eine willkommene Abwechslung im Inselalltag darstellen. Solvik bietet seinen Gästen einen Fähranleger, ein Restaurant/Café und einen Lebensmittelladen. In Sand befinden sich unter anderem die Inselkirche und ein Café.

Aufgrund der interessanten Flora und Fauna bieten sich Inselwanderungen auf den zahlreichen Wegen Nämdös an. Höhepunkt ist sicherlich Nämdö Böte im Norden, wo man von einem 42 m hohen Felsen einen fantastischen Rundblick genießen kann.

- **Infos** aller Art über www.namdo.nu oder die Touristinformation in Gustavsberg
- **Guns Livs,** www.gunslivs.se, Tel. 08 57156017, Solvik, eine Institution der Insel, es gibt nichts, was es hier nicht gibt; offiziell handelt es sich um einen Lebensmittelladen, er dient aber auch als Apotheke, Systembolaget und Gaststätte (Tel. 08 57156379)

RÖGRUND

Auch auf dem kleinen Eiland Rögrund, das durch die Waxholmschiffe gut angebunden ist, gibt es eine Übernachtungsmöglichkeit für die, die auch mal Abgeschiedenheit mögen.

- **Rögrund Vandrarhem,** www.grundet.se, Tel. 08 57156110, Betten ab 240 Skr (ca. 24 €), Hütten ab 550 Skr (ca. 55 €), Zelt ab 50 Skr (ca. 5 €), ab Mitte Juni geöffnet

BULLERÖN

Etwas schwieriger zu erreichen ist die von Nämdö noch weiter östlich als Rögerund gelegene Insel Bullerön. Nicht an das Waxholmschiff-Netz angeschlossen, muss man hier auf das eigene Boot vertrauen oder aber ein Boottaxi mieten. Der schwedische Künstler *Bruno Liljefors,* dem die Insel auch eine Zeit lang gehörte, verbrachte hier einige Lebensjahre.

- **Bullerön Vandrarhem,** www.skargardsstiftelsen.se, Tel. 08 57159092 oder 070 6223137, insgesamt 14 Betten
- Einige einfache Hütten auf den benachbarten Inseln sind zu mieten auf der Website www.skargardsstiftelsen.se.

DER NÖRDLICHE SCHÄRENGARTEN BIS KAPELLSKÄR

VON ÅKERSBERGA NACH NORRA UND SÖDRA LJUSTERÖ

Dieser Teil des nördlichen Schärengartens gehört zur Region Roslagen. Der wichtigste Ort im südlichen Roslagen ist **Åkersberga.** Auf der Straße 276 (Vorsicht: Blitzkästen!) gelangt man von Åkersberga zu der Ortschaft Östanå, von wo die Autofähre zu der Doppelinsel **Norra Ljusterö** und **Södra Ljusterö** übersetzt. Beide Inseln sind touristisch wenig erschlossen und haben sich somit ihren ländlichen Charakter weitgehend bewahrt.

Auf Norra Ljusterö angelangt, erreicht man nach kurzer Zeit **Ljusterö Torg**, wo ein kleiner Infostand sowie einige Geschäfte angesteuert werden können. Ein wenig weiter, bei Mellansjön, sticht die strahlend weiße Holzkirche Ljusterö Kyrka aus der Mitte des 18. Jahrhunderts dem Besucher ins Auge. Die schöne, teilweise alleenartige Straße verläuft schließlich in nordöstlicher Richtung weiter. Auf dem Weg zur ehemaligen Sommerfrische Västra Lagnö sind viele nette Anwesen zu entdecken. Bei Klintsundet wird der Sund überquert. Am dortigen Kiosk können auch Boote ausgeliehen werden. Das östliche Ende der Landzunge bei Östra Lagnö ist als Naturschutzgebiet ausgewiesen, in dem gewandert oder gebadet werden kann.

Wenn es so etwas wie ein urbanes Zentrum auf der Doppelinsel gibt, dann ist es wohl Linanäs auf Södra Ljusterö. Hier findet man ein Lebensmittelgeschäft sowie einige Gaststätten und Cafés. Fährt man bei Linanäs Brygga links die Dyviksrundan hoch, gelangt man schnell zum Badberget, einer kleinen, an Klippen gelegenen Badestelle.

Der perfekte Ort für den Urlaub auf Södra Ljusterö

Praktische Reisetipps

- **Åkersberga Touristinformation,** www.roslagen.se, Tel. 08 54081510, im Åkersberga Shopping-Center, im Sommer geöffnet
- **Rastaborg Pensionat,** www.rastaborg.se, Tel. 08 54240226, Linanäs/Södra Ljusterö, eine edle Unterkunft mit nicht minder exquisitem Restaurant
- **Väsby Gård,** www.vasbygard.com, Tel. 08 54241065, Väsby Gård/Norra Ljusterö, EZ ab 600 Skr (ca. 60 €), DZ ab 1000 Skr (ca. 100 €), unmittelbar an einem Golfplatz gelegen, liebevoll eingerichtetes Landhaus, hoher und dabei günstiger Standard, Selbstverpflegung, Spazierentfernung zum Fähranleger Väsbystrand, allerdings nur wenige Wochen in der Hochsaison als normale Unterkunft geöffnet, ansonsten eher für Gruppen und Konferenzen
- **Linanäs Skeppskrog,** www.ljustero.com, Tel. 08 54241904, Linanäs/Ljusterö, Restaurant
- **Kajakverleih Ljusterö Kajakuthhyrning,** www.ljusterokajak.se, Tel. 0707 748748, Klintsund, Västra Lagnö, Einer 350 Skr/Tag (ca. 35 €), Zweier 500 Skr/Tag (ca. 50 €)

KYRKOGÅRDSÖN

Zwischen Norra Ljusterö und dem Festland erhebt sich Kyrkogårdsön aus dem Sund. Noch während des Ersten

115st Abb.: sk

Weltkriegs wurde dort die vorwiegend unterirdische **Befestigung Sioröfortet** errichtet, um so die nördliche Schärenpassage nach Stockholm zu sichern. An dieser Stelle sollten feindliche Flotten, statt in die Hauptstadt einzulaufen, auf den Grund des Sundes befördert werden. Heue ist die gut erhaltende Anlage im Rahmen eines spannenden und interessanten Museums zu entdecken.

Neben einem Café weckt vor allem das Vandrarhem das Besucherinteresse. Die Insel ist mit der Fähre nach einer kurzen Überfahrt von Östanå oder aber in den Sommermonaten auch direkt von Stockholm (mit den Waxholmschiffen oder der Reederei Blidösund, Tel. 08 243090, www.blindösundsbolaget.se, Dauer ca. 2 h) zu erreichen.

› **Siaröfortet Vandrarhem,** Tel. 08 243090, 40 Betten verteilt auf 14 Zimmer ab 165 Skr (ca. 17 €), April–Okt.

FURUSUND

Furusund ist die Ortschaft, bei der man mit der Autofähre nach Yxlan beziehungsweise Blidö übersetzt. Auch wenn man nur auf der Durchreise ist, ein kleiner Zwischenstopp zum Genießen sollte schon eingelegt werden. Neben seiner regionalen Bedeutung in der Schifffahrt erlangte Furusund einen gewissen Ruf als Sommerurlaubsort, den es vor allem dem begüterten Kunstmäzen *Christian Hammer* verdankt. Dieser ersteigerte Furusund 1883 und lockte letztendlich so bekannte Künstler wie *Evert Taube, August Strindberg* oder *Astrid Lindgren* in den nördlichen Schärengarten. Am besten genießt man Furusund mit Blick auf den Schiffsverkehr bei einer Tasse Kaffee im einfachen und netten Hamncafé oder von der Terrasse des Furusunds Värdshus.

- **Furusund Värdshus,** Tel. 0176 80344, www.furusundsvardshus.se, Strandvägen 2, Hotel mit vorzüglichem Restaurant und Terrasse direkt am Sund

YXLAN

Die lange und schlanke Insel Yxlan ist weitgehend ihren wenigen ständigen Bewohnern und einigen Sommergästen vorbehalten – Pensionen oder ähnliche Ferienquartiere gibt es dort nicht. Im Nordosten bei Köpmanholm liegt eine herrliche Badesstelle. Die meisten Besucher dieser Gegend werden Yxlan jedoch nur als Durchgangsstation nach Blidö in Erinnerung behalten ...

BLIDÖ

Von Furusund und Yxlan kommend, gelangt man schon nach wenigen Minuten zur nächsten Autofähre nach Blidö. Auch diese Schäreninsel ist eher etwas für die Besucher, die Stille und Erholung suchen. Radfahren, Wandern oder Wasseraktivitäten stehen hier auf der Tagesordnung.

Die Kirche bei der Ortschaft Blidö stammt aus den 1850er Jahren und liegt in wunderschöner Umgebung. Im Süden befindet sich auf der Halbinsel Linken ein Naturreservat. Bei Rådholmen im Osten ergeben sich für Badefreunde die besten Möglichkeiten. Besucher der Insel werden mit an Sicherheit grenzender Wahrscheinlichkeit das Blidö Wärdshus bei Stämmarsund in guter Erinnerung behalten: In der netten Anlage direkt am Wasser sind ein Vandrarhem und eine Gastwirtschaft zusammengeschlossen, Minigolf, Boots- und Fahrradverleih runden das Angebot ab.

- **Blidö Wärdshus,** www.blidowardshus.se, Tel. 0176 82299, Stämmarsund, Restaurant (Tel. 0176 82599) und Vandrarhem (Tel. 0176 82299), Betten ab 240 Skr (ca. 24 €), Frühstück für 75 Skr (ca. 7,50 €)
- **Blidö Kajakuthyrning,** www.blidokajak.se, Tel. 073 6001514, Stämmarsund, Preisbeispiel: Einer 24 h für 450 Skr (ca. 45 €), Zweier 24 h für 600 Skr (ca. 60 €)

KAPELLSKÄR

Kapellskär existiert an sich nur als Fährterminal, so etwas wie eine geschlossene Ortschaft, geschweige denn eine Art Zentrum gibt es nicht. Von hier verkehren Fährschiffe mit den Åland Inseln, Finnland und dem Baltikum. Wen die Nähe des Hafens oder das hier schon kältere Wasser nicht abschreckt, der ist an der Badestelle direkt am Parkplatz genau richtig. Übernachtungsgäste finden eine Unterkunft im Vandrarhem oder aber auf dem Campingplatz, auf dem auch Hütten zu mieten sind.

- **Kapellskärs Camping und Vandrarhem,** Riddersholm 985, Tel. 0176 44233, Zelten, Betten und Hütten, auch Fahrradverleih und Angeltouren
- **Kapellskär Vandrarhem,** www.svenskaturistforeningen.se, Tel. 0176 44169, direkt an der Zufahrtsstraße kurz vor dem Hafen, EZ ab 250 Skr (ca. 25 €), DZ ab 450 Skr (ca. 45 €), Bett im Schlafsaal 190 Skr (ca. 19 €)

120st Abb.: id

PRAKTISCHE REISETIPPS

120st Abb.: ld

ALKOHOL

Das Verhältnis der Schweden zum Alkohol kann als sehr speziell, ja fast schon als legendär bezeichnet werden. Gleichzeitig wird dieses Bild sicherlich durch zahlreiche Pauschalurteile und Klischees geprägt. Häufig rufen sich diesbezüglich Bilder alkoholisierter Schweden in den südeuropäischen Urlaubsgefilden oder auf den Fähren von und nach Schweden ins Gedächtnis. Auf jeden Fall aber verdient diese Beziehung einer genaueren Betrachtung und Erläuterung.

Konsumierten der Durchschnittsschwede in den zurückliegenden Jahren ungefähr 5 l reinen Alkohol pro Jahr (in den 1820er Jahren waren es unglaubliche und rekordverdächtige 46 l), konsumierte sein deutsches Pendant im selben Zeitraum durchschnittlich 10 l. Diese nackten Zahlen spiegeln jedoch nur die halbe Wahrheit wider: Die sicherlich hohen Mengen an „Selbstgebranntem" in Schweden oder die beliebten Einkaufstouren ins benachbarte – und günstigere – Ausland finden hier ebenso wenig Berücksichtigung wie die Tatsache, dass in Schweden während der Woche wesentlich weniger Alkohol getrunken wird als in Deutschland. Dafür schlägt dann der – vor allem jugendliche – Schwede am Wochenende umso beherzter zu.

Der schwedische Staat versucht auf zweierlei Art, dem übermäßigen Alkoholkonsum entgegenzuwirken. Die immensen **Steuern auf Alkohol** erklären den für unsere Maßstäbe hohen Preis für Spirituosen. Vergleicht man die Getränkepreise allerdings mit den Beträgen, die beispielsweise in deutschen Innenstädten für Alkoholika gezahlt werden müssen, relativiert dies wiederum viel. Außerdem gibt es ein weitgehendes **staatliches Monopol beim Verkauf von Spirituosen.** Dieses System basiert im Wesentlichen auf der Grundlage der Systembolaget-Läden (kurz *Systemet*). Nur in diesen landesweit ca. 400 Läden werden Weine, Spirituosen oder das mit unserem Bier vergleichbare Normalbier *(Starköl)* verkauft. Die sterilen Systemet-Geschäfte gleichen eher Apotheken, ihnen ist verboten, für sich Werbung zu machen, teilweise liegen sie sogar etwas versteckt. Um dort einzukaufen, muss man älter als 20 Jahre sein, man sollte dort nüchtern erscheinen und gegebenenfalls einen Ausweis zur Hand haben. Nachdem es bislang üblich war, zum Einkaufen Nummern zu ziehen und sich dann von der durchaus professionellen Bedienung die gewünschten Getränke bringen zu lassen, muten die neuerdings auch genehmigten Selbstbedienungsläden fast schon als Sensation an. Auch wenn viele Läden jetzt auch an Samstagen (10–15 Uhr) geöffnet haben, sollte man es doch vermeiden, freitagabends oder samstags dort einzukaufen, es sei denn, man bringt ausreichend Zeit und Geduld mit. Trotz aller durchaus berechtigten Skepsis sollte man sich nicht täuschen lassen: Ein Systemet verfügt über ein breites und qualitativ gutes Angebot an Spirituosen, und auch preislich braucht man nicht immer gleich das Schlimmste zu befürchten.

Möchte man Essen gehen oder den Abend bei einem Glas Wein ausklingen lassen, sollte bedacht werden, dass nicht alle Restaurants eine **Lizenz zum Ausschank von Hochprozentigem** haben. Die glücklichen Lokalitäten mit Lizenz sind an dem Schild mit der Mitteilung *„Fullständiga Rättigheter"* auszumachen. Ein Bier (man bestellt hier ein *stor stark*) kostet im Normalfall 50–60 Skr (ca. 5–6 €), eher seltener sind 70 Skr (ca. 7 €), während Happy Hours kann der Preis auf 25 Skr (ca. 2,50 €) heruntergehen. Für eine Flasche Wein sollten ca. 250 Skr (ca. 25 €) einkalkuliert werden, ein Glas Wein ist ab 60 Skr (ca. 6 €) zu haben.

In Supermärkten erhält man Bier bis zu 3,5 Vol.-%. Wer gerne einmal ein Bierchen zwischendurch trinken möchte oder für den es eher um den Geschmack als um die Prozente geht, für den stellen Biere aus dem Supermarkt sicherlich eine gute und auch günstige Alternative zum Systembolaget dar.

BIERSORTEN UND IHR ALKOHOLGEHALT

- **Klasse I** Lättöl bis 2,25 Vol.-%
- **Klasse II** Folköl bis 3,5 Vol.-%
- **Klasse III** Starköl mehr als 3,5 Vol.-%

ALLEMANSRÄTTEN

Das *Allemansrätten* oder **„Jedermannsrecht"** verdeutlicht auch etwas über das Verhältnis der Schweden zu ihrer Umwelt. Es erlaubt öffentlichen Zugang zu staatlichem oder privatem Besitz, solange dieser nicht ausdrücklich verboten ist. Kultivierte Flächen sind zu meiden, zu privaten Grundstücken sollte ausreichend Abstand gehalten werden. Hält man sich als Gast in dem Land an die Grundaussage „respektvoll miteinander umgehen, niemanden stören und nichts zerstören", kann man eigentlich nicht mehr viel verkehrt machen und die Vorteile des „Jedermannsrechts" für sich nutzen. Allerdings funktioniert dies natürlich nur, wenn sich alle daran halten.

Dieses ungeschriebene Gesetz stattet den Besucher mit einer Reihe von Rechten aus, belegt ihn jedoch gleichzeitig mit einigen Pflichten. So ermöglicht das *Allemansrätten* den Touristen auf der einen Seite, Beeren, Pilze oder Blumen zu pflücken, solange es sich nicht um geschützte Arten handelt. In den Seen ist Baden ebenso erlaubt wie Boot fahren und anlegen im Uferbereich (allerdings nicht an privaten Anlegern oder in geschützten Uferbereichen; dort 100 m Abstand halten). Hunde sollen in der Zeit von März bis einschließlich August angeleint bleiben und das hobbymäßig betriebene Angeln ist am Mälaren und im Schärengarten erlaubt.

Auf der anderen Seite ist das Campen in Sichtweite von Häusern (100 m) untersagt; auch sollte nicht länger als 24 h an einer Stelle gezeltet werden, andernfalls sollte beim Grundstücksbesitzer die Erlaubnis eingeholt werden. Mit Motorfahrzeugen darf nicht im Gelände gefahren werden, Abfälle aller Art sind umweltgerecht zu entsorgen. Ein offenes Feuer darf selbstverständlich nicht bei Waldbrandgefahr entzündet werden, nur lose Äste und Zweige dürfen verwendet werden. Insgesamt darf also die Fauna und Flora weder gestört noch zerstört werden, Naturschutzgebiete, Reservate und spezielle Schonzeiten sind ebenso zu respektieren wie privates Eigentum.

ANKUNFT UND WEITERREISE

MIT DEM FLUGZEUG

Die meisten nationalen und internationalen Flüge landen auf dem Flughafen **Arlanda** (www.arlanda.se, Tel. 08 7976000), ca. 40 km nördlich von Stockholm gelegen. Eine der komfortabelsten Möglichkeiten von dort nach Stockholm zu gelangen, ist der Arlanda Express (www.arlandaexpress.com, Tel. 0771 720200, Einzelfahrpreis 240 Skr, ca. 24 €, retour 460 Skr, ca. 46 €, häufig gibt es aber auch spezielle Vergünstigungen). Die Züge verkehren bis auf wenige Stunden in der Nacht mehrmals stündlich, brauchen für die Strecke 20 Min. und befördern die Fluggäste direkt zum Stockholmer Hauptbahnhof (Stockholm Cityterminalen). Tickets können auch noch im Zug (kostet 50 Skr, ca. 5 €, zusätzlich), an den wenigen Schaltern oder an Automaten gelöst werden.

Busse, die sogenannten *flygbussarna* (www.flygbussarna.se, Tel. 08 58822828), verkehren alle 15 Min. zwischen Arlanda und dem Stockholmer Busbahnhof direkt am Hauptbahnhof (Fahrtzeit etwa 40 Min.; Abfahrten beinahe rund um die Uhr; Einzelfahrt 110 Skr, ca. 11 €, Hin- und Rückfahrt 199 Skr, ca. 20 €; Fahrscheine können nicht im Bus erworben werden, sondern es gibt sie an der Haltestelle nur (!) per Kreditkarte, mit Bargeld im Flughafengebäude oder in den Pressbyrån- und 7-Eleven-Shops). Taxis nach Stockholm kosten ungefähr 450–500 Skr (ca. 45–50 €) und sind in der Regel schneller als Busse. Der Preis sollte jedoch mit dem Taxifahrer abgesprochen werden.

Wer noch schnell E-Mails verschicken oder einsehen möchte, kann dies im Internetcafé in der Skycity erledigen.

Arlanda ist gleich an die E4 angeschlossen, daher kann Stockholm auch gut von dort mit dem Auto/Leihwagen in 30 Min. erreicht werden. Die gängigen Leihwagenfirmen finden sich am Flughafen, ein Busshuttle bringt die Gäste vom Haupteingang zu den Leihwagenunternehmen (Adressen s. Kapitel „Autofahren“).

Mit **Bromma** besitzt Stockholm einen innerstädtischen Flughafen, der hauptsächlich für Inlandsflüge genutzt wird. Der Flughafen liegt zwischen den U-Bahn-Stationen Sundbybergs Centrum und Brommaplan. Mit den *flygbussarna* (Abfahrt nach Bedarf, 20 Min., 80 Skr, ca. 8 €) oder einem Taxi (ca. 170 Skr, ca. 17 €) ist man direkt an die City angebunden.

Zudem fliegen einige Billigairlines Stockholm über die Flughäfen in Västerås und Skavsta an. **Västerås** (www.vasterasflygplats.se, Tel. 021 805600) liegt am westlichen Ufer des Mälaren, ca. 110 km von Stockholm entfernt. **Skavsta** (www.skavsta-air.se, Tel. 0155 280400) ist von Stockholm aus 100 km in südlicher Richtung gelegen. Die nächstgrößere Stadt ist Nyköping. Von beiden Flugplätzen verkehren Busse, auch *flygbussarna,* in die Hauptstadt, die sich an der jeweiligen Landezeit orientieren. Die Fahrtdauer von Västerås und Skavsta beträgt um die 80 min, ein Einzelfahrschein kostet ca. 150 Skr (ca. 15 €); auch hier gibt es Spezialangebote und häufig können zwei Personen für den Preis von einer fahren. Für ein Taxi muss man ca. 1200 Skr (ca. 120 €, von Skavsta) beziehungsweise 1300 Skr (ca. 130 €, von Västerås) bezahlen. Von Nyköping und Västerås fahren auch Züge in Richtung Hauptstadt, jedoch müssen dann erst die jeweiligen Bahnhöfe in den Städten erreicht werden.

MIT DEM PKW

Der Großteil der Urlauber wird Stockholm mit dem Auto ansteuern. Dank der Öresundbrücke ist dies jetzt auch gänzlich auf dem Landweg möglich. Auf der E4 erreicht man Stockholm vom Süden und vom Norden, die E20 führt südlich des Mälaren und die E18 nördlich des Mälaren von Westen in die Stadt. In der City von Stockholm selbst ist es schwierig und teuer einen Parkplatz zu finden. Daher macht es eher Sinn, sich etwas außerhalb eine Parkgelegenheit zu suchen, um dann mit den öffentlichen Verkehrsmitteln in die Innenstadt zu gelangen (s. auch www.stockholm-parkering.se).

MIT DEM BUS

Die Endstation der meisten Busreisenden wird **Cityterminalen**, der moderne Busbahnhof am Hauptbahnhof, sein. Von hier verkehren auch die Flughafenbusse und die Innenstadt ist leicht durch die U-Bahn (Station T-Centralen) oder auch zu Fuß zu erreichen. Schnelle Überlandverbindungen bietet Swebusexpress (www.swebusexpress.se, Tel. 077 218218) oder auch Svenska Buss (www.svenskabuss.se, Tel. 0771 676767).

Busverbindungen aus der Region fahren Slussen an, den Busbahnhof zwischen Södermalm und Gamla Stan.

MIT DEM ZUG

In unmittelbarer Nähe des Busbahnhofs liegt **Stockholms Hauptbahnhof** (Stockholm C, C steht für Central, die generelle Bezeichnung für Hauptbahnhof; für weitere Verbindungen siehe auch die Homepage der schwedischen Eisenbahngesellschaft: www.sj.se). Dies ist der zentrale Knotenpunkt für Züge aller Art, zu Zielen in Stockholm kann man bequem mit der U-Bahn (Station T-Centralen) gelangen.

116st Abb.: sk

► *Immer wieder eindrucksvoll: Ankunft mit der Fähre in Stockholm*

MIT DER FÄHRE

Die sicherlich spektakulärste Anreise nach Stockholm ist die Einfahrt durch den Schärengarten direkt in die City mit einer Fähre. Allerdings laufen nicht alle Fähren den Innenstadtbereich an, einige haben Kapellskär oder Nynäshamn als Zielhafen. Zudem existiert zurzeit leider keine direkte Fährverbindung zwischen Deutschland und dem Großraum Stockholm. Wer diese traumhafte Einfahrt dennoch nicht missen möchte, sollte sich andere Verbindungen als Alternativen überlegen. Direkt wird Stockholm von Riga, Tallinn, Helsinki, Turku und Mariehamn (Åland-Inseln) angelaufen. Die **wichtigsten Fährunternehmen** sind Tallink Silja Line (www.tallinksilja.com), Viking Line (www.vikingline.de) und Birka Cruises (www.birka.se). Viking Line und Birka Cruises legen in Södermalm an, von dort gelangt man entweder zu Fuß (ca. 20 Min.), mit einem Taxi, mit den Shuttle-Bussen der Viking Line oder über die nahe U-Bahn-Station Slussen in die Innenstadt. Die Silja- und Tallink-Anlegestellen liegen nördlich der Innenstadt. Vom Siljaterminal gelangt man über die nahen U-Bahn-Stationen Gärdet oder Ropsten, mit Taxis oder einem Shuttle-Bus (20 Skr, ca. 2 €) ins Zentrum. Die Tallink-Anlegestelle in Frihamnen liegt an der Busroute 1, zudem betreibt auch Tallink einen eigenen Shuttle-Bus (35 Skr, ca. 3,50 €).

Im 58 km südlich gelegenen Nynäshamn legen Fähren aus Danzig (www.polferries.se) und Ventspils/Lettland (www.scandlines.de) an. Von dort erreicht man Stockholm mit dem Auto über die Fernstraße 73, mit dem Bus über Södertälje oder direkt mit dem Zug (1–2 x tgl.).

Kapellskär (siehe Kap. „Der nördliche Schärengarten bis Kapellskär“), 80 km nördlich von Stockholm gelegen, ist über die E18 und eine Buslinie (ca. 1,5 h) via Norrtälje mit der Hauptstadt verbunden. Hier legen die Fähren aus Mariehamn (www.vikingline.de) und Paldiski/Estland (www.tallink.fi) an.

- **Viking Line,** www.vikingline.se, Cityterminalen, Tel. 08 4524000, Norrmalm, Mo.–Sa. 8–19 Uhr, So. 12–19 Uhr
- **Tallink Silja Line,** www.tallinksilja.com, Sveavägen 14, Tel. 08 4405990, Norrmalm und am Hauptbahnhof

AUTOFAHREN

Ein gut ausgebautes Straßennetz sowie die relativ geringe Verkehrsdichte machen Autofahren in Schweden zu einer angenehmen Angelegenheit. Auch die Vorzüge der zahlreichen Kreisverkehre wird man schätzen lernen. Es sei denn, arg strapazierte Gäste aus dem Autofahrerland Deutschland bringen kein Verständnis für Ampeln oder Kreisverkehr auf Autobahnen auf oder dafür, dass die Strecke Stockholm – Oslo kurzfristig gesperrt wird, da für einen Hobbykapitän die Brücke hochgelassen werden muss. Für Schweden gehört dies zur Selbstverständlichkeit, sich selber sollte man bei Gelegenheit daran erinnern, dass man sich ja im Urlaub befindet. Das mit der relativ geringen Verkehrsdichte gilt allerdings nicht für den Ballungsraum Stockholm, dort wird die Geduld durch hohes Verkehrsaufkommen häufig auf eine harte Probe gestellt. Aber wieso soll es den Stockholmern diesbezüglich auch anders gehen als den Autofahrern anderer europäischer Großstädte?

117st Abb.: sk

Bei **Pannen** wendet man sich am besten an den Larmtjänst (Tel. 020 910040), ist der Pkw noch fahrtauglich, sucht man eine *bilverkstad* oder einen *bilservice.* Hilfreich sind vielleicht auch die Gelben Seiten (www.gulasidorna.se). Außerdem kann man sich auch direkt an seinen Automobilklub in der Heimat wenden. Die drei größten für Deutschland, Österreich und die Schweiz:

› **ADAC,** (D)-Tel. 089-222222, unter (D)-Tel. 089-767676 gibt es auch Adressen von deutschsprachigen Ärzten in der Nähe des Urlaubsortes (Liste auch vorab anforderbar),
› **ÖAMTC,** (A)-Tel. 01-2512000 oder (A)-Tel. 01-2512020 für medizinische Notfälle,
› **TCS,** (CH)-Tel. 022-4172220.

Schweden verfügt über ein gut ausgebautes **Tankstellennetz.** Bei Kort zahlt man mit der Kredit- oder der jeweiligen Tankkarte, bei Sedel direkt an der Zapfsäule mit Geldscheinen, bei Kassa an der Tankstellenkasse. An den Zapfsäulen wird Benzin mit Oktanzahlen von 95, 96 und 98 abgeboten, wobei an deutschen Tankstellen Normalbenzin 91 Oktan, Super 95 und Super Plus 98 Oktan aufweist. Bleifrei bedeutet *Blyfri,* Diesel heißt *Diesel.* Auskunft über aktuelle Preise erhält man unter www.spi.se. Generell kann aber gesagt werden, dass Tanken in Schweden im Vergleich zu Deutschland nicht mehr teurer, sondern eher günstiger ist (z. B. Super: 12,20 Skr, ca. 1,22 €, Diesel 10,4 Skr, ca. 1,04 €).

Parkverbot *(Parkering Förbjuden)* herrscht 10 m vor und nach Straßeneinmündungen oder Zebrastreifen. Spezielle Verbote gibt es in der Stockholmer City

▲ *Stockholmer Gefahren*

Verkehrsregeln

Folgende Verkehrsregeln gilt es in Schweden zu beachten:

- Die Autos müssen ein Nationalitätskennzeichen haben.
- Es ist immer – auch am Tage – mit Abblendlicht zu fahren.
- Anschnallpflicht herrscht auf den Vorder- und Rücksitzen.
- Für Kinder bis 7 Jahre sind Kindersitze vorgeschrieben.
- Die Alkoholgrenze liegt bei 0,2 Promille.
- In Ortschaften beträgt die Geschwindigkeitsbegrenzung 50 km/h, in Wohngebieten teilweise 30 km/h. Außerhalb geschlossener Ortschaften darf 70–90 km/h, auf Autobahnen 90–110 km/h, auf Teilstrecken auch bis 120 km/h, gefahren werden. Pkw mit Wohnwagen dürfen nicht schneller als 80 km/h, mit ungebremstem Anhänger nicht schneller als 40 km/h fahren.
- Der Seitenstreifen darf genutzt werden, um überholenden Fahrzeugen Platz zu machen.
- Die Verkehrsschilder, die auf Wildwechsel hinweisen, sind unbedingt ernst zu nehmen.
- Der Führerschein (der nationale oder ein internationaler Führerschein) muss mitgeführt werden, ebenso ist die Grüne Versicherungskarte sinnvoll.

auch zur Straßenreinigung und für den Schneeräumdienst. Dazu gilt es, die Verkehrsschilder am Straßenrand (gelbes Schild mit roter Umrahmung) mit den Tages- und Zeitangaben zu beachten.

Ob es für Ortsunkundige sinnvoll ist, in der Innenstadt auf Parkplatzsuche zu gehen, muss jeder für sich entscheiden. Wenn man denn einen Parkplatz gefunden hat, kann es aber auch ein teures Vergnügen werden. In Parkuhren wirft man ca. 12 Skr/h oder 96 Skr für 24 h (ca. 1,20 bzw. 9,60 €). Teilweise kann man auch mit Kreditkarten zahlen, ansonsten muss man wohl oder übel eine Menge Kleingeld parat haben. Die Parkhausgebühren hängen von der Citylage ab, man bezahlt ab 150–170 Skr/24 h (ca. 15–17 €) aufwärts. In Östermalm können bspw. 240 Skr (ca. 24 €) für 24 h verlangt werden. Mit der **Stockholm-Karte** (s. Kap. „Stockholm-Karte") sind Parkplätze umsonst, jedoch nicht in Parkhäusern.

Weitere Tipps und Hilfen zum Thema Parken erhält man im Internet unter **www.stockholm-parkering.se.**

Ohne triftigen Grund oder Ortskenntnisse sollte **Gamla Stan** mit dem Fahrzeug gemieden werden: Dort wimmelt es von verwinkelten und engen Gassen sowie Einbahnstraßen, zu spärlich sind die Parkmöglichkeiten. Hotelgäste sollten sich auf alle Fälle im Voraus beim Hotel über Parkmöglichkeiten informieren.

Gute Parkmöglichkeiten für **Wohnmobile** bietet der Parkplatz auf Långholmen: 150 Skr (ca 15 €) pro Tag, 210 Skr (ca. 21 €) mit Stromanschluss.

Das Thema **Maut** wurde in Stockholm heiß diskutiert. Seit August 2007 wird für Fahrten in die Innenstadt eine Gebühr erhoben. Für die Touristen in Stockholm ist dies jedoch nur zweitrangig, Fahrzeuge mit ausländischem Kennzeichen sind von den Mautgebühren nicht betroffen (s. auch Kapitel „Leben in Stockholm").

Die gängigen **Mietwagenfirmen** haben ihre Büros in Stockholm vor allem längs des Hauptbahnhofes, Norrmalm, U-Bahn T-Centralen.

- **Avis**, www.avis.se,
  Vasagatan 8, Tel. 08 202060;
  Flughafen Arlanda, Tel. 08 7979970

- **Europcar,** www.europcar.se, Vasagatan 4, Tel. 08 210650; Flughafen Arlanda, Tel. 08 55598400
- **Hertz,** www.hertz.se, Vasagatan 26, Tel. 08 4546250; Flughafen Arlanda, Tel. 08 7979900
- **Sixt,** www.sixt.se, Grev Turegatan 8, Tel. 08 4772336; Flughafen Arlanda, Tel. 08 59400250

BARRIEREFREIES REISEN

Die Möglichkeiten für Behinderte, sich in Stockholm unabhängig zu bewegen, sind besonders im Vergleich zu anderen europäischen Großstädten recht ausgeprägt, wie am Beispiel des öffentlichen Personennahverkehrs gut dargestellt werden kann: Fast sämtliche Bahnsteige der U-Bahn sind mit Fahrstühlen zu erreichen, die öffentlichen Busse und Bahnen sind ebenfalls behindertengerecht ausgestattet.

Zudem bieten die meisten Taxis ausreichend Platz, um einen Rollstuhl mitzuführen. Vorheriges Nachfragen bei dem jeweiligen Taxi-Unternehmen erscheint allerdings sinnvoll.

Die Ampeln in Stockholms Straßen sind mit akustischen Signalen ausgestattet, die Bürgersteige sind breit, in einem guten Zustand und vielerorts für Rollstuhlfahrer abgesenkt.

Auch sind die Gebäude auf die Bedürfnisse Behinderter eingestellt. Alle öffentlichen Gebäude müssen von Gesetzes wegen für Menschen mit Behinderungen erreichbar sein. Folglich finden sich hier behindertengerechte Zugänge. Ebenfalls wurde per Gesetz verfügt, dass jedes Gebäude mit mehr als drei Stockwerken einen Aufzug haben muss.

Toiletten für Rollstuhlfahrer gibt es in vielen Restaurants, Einkaufszentren oder öffentlichen Einrichtungen. Einige Hotels bieten darüber hinaus für Allergiker spezielle allergiefreie Zimmer an.

Generell kann man davon ausgehen werden, dass die Menschen in den Unterkünften, Museen oder anderen öffentlichen Einrichtungen den speziellen Bedürfnissen Behinderter gegenüber aufgeschlossen sind.

Vor Antritt der Reise sollte man jedoch auch Kontakt zu der heimischen Behindertenorganisation aufnehmen. Dort sind vielfach spezielle und detaillierte Informationen und Hilfen von professioneller Seite erhältlich. In Schweden selbst erhält man Unterstützung vom Schwedischen Behindertenverband (De Handikappades Riksförbund, DHR; www.dhr.se; Katrinebergsvägen 6, Tel. 08 6858000, Liljeholmen, U-Bahn Liljeholmen).

DIPLOMATISCHE VERTRETUNGEN

- **Deutsche Botschaft,** Artillerigatan 64, Stockholm, Tel. (08) 6701500 oder in dringenden Notfällen außerhalb der Öffnungszeiten auch unter Tel. (070) 8529420 (ab voraussichtlich Mitte 2010: Skarpögatan 9, Östermalm), www.stockholm.diplo.de, info@stockholm.diplo.de
- **Schweizer Botschaft,** Valhallavägen 64, Stockholm, Tel. (08) 6767900, www.eda.admin.ch/stockholm, sto.vertretung@eda.admin.ch
- **Österreichische Botschaft,** Kommandörsgatan 35/V, Stockholm, Tel. (08) 6651770, www.aussenministerium.at/stockholm, stockholm-ob@bmeia.gv.at

EINREISEBESTIMMUNGEN

Mit dem EU-Beitritt Schwedens erfolgte eine Harmonisierung der Einfuhr- und Warentransportbedingungen mit dem Ziel der Angleichung, sodass, vereinfacht gesagt, prinzipiell die EU-Richtlinien Gültigkeit erlangten. Allzu große Überraschungen sollten also beim Überschreiten der Zollgrenzen nicht erlebt werden. Dennoch sei an dieser Stelle auf einzelne Aspekte aufmerksam gemacht:

Zur Einreise reicht der **Personalausweis.** Kinder können bis zur Vollendung des 16. Lebensjahres mit einem Kinderausweis, Kinderreisepass, einer Eintragung in den Reisepass der Eltern oder mit einem auf das Kind ausgestellten Personalausweis nach Schweden einreisen.

Alkohol darf für den Eigenbedarf eingeführt werden. Personen unter 20 Jahren dürfen keinen Alkohol, Personen unter 18 Jahren keinen Tabak einführen. Nähere Bestimmungen, beispielsweise über die erlaubten Mengen, findet man auf der Website des schwedischen Zolls unter www.tullverket.se.

Auch der **Transport von (Haus-)Tieren** unterliegt bestimmten Bedingungen, die unter www.sjv.se einzusehen sind.

Schließlich sei noch darauf hingewiesen, dass die Einfuhr von Tränengas- oder Pfeffersprays verboten ist.

ELEKTRIZITÄT

Die Elektroanschlüsse werfen in Schweden keine weiteren Probleme auf: Bei 220 Volt werden die üblichen Steckdosenanschlüsse verwendet. Auf Adapter kann folglich verzichtet werden.

FKK

In dieser Beziehung stellt das Bild von den freizügigen Schweden wohl eher ein Klischee als die Wirklichkeit dar, jedenfalls unterscheidet sich die schwedische Freikörperkultur nicht wesentlich von den Badegewohnheiten anderer Europäer. „Oben-ohne" ist zwar nichts Ungewöhnliches an schwedischen Stränden, ganz Nackige wird man allerdings eher nur an den ausgewiesenen Nacktbadestränden vorfinden. An den unzähligen Seen und der langen Küstenlinie sollte es jedoch kein Problem sein, ein ungestörtes Fleckchen für sich allein zu finden.

FOTOGRAFIEREN

Lange Tage und wunderbare Motive: Der Fotograf wird in Stockholm und Umgebung voll auf seine Kosten kommen. Für Anhänger der digitalen Fotografie empfiehlt es sich, Batterien und zusätzliche Speichermedien in Reserve zu halten, da diese notwendigen Ausrüstungsgegenstände bekanntlich dazu neigen, in den undankbarsten Augenblicken ihren Dienst zu versagen. In abgelegenen Teilen des Schärengartens kann es dann eventuell zu Problemen kommen. Die gängigen Speicherkarten sind aber auch in Schweden in jedem Elektronik- und Fotofachgeschäft erhältlich. Die ersten digitalen Eindrücke kann man natürlich via Internetcafé oder via Hotel – viele Herbergen haben inzwischen ein kostenfreies WLAN-Netz im Haus – mit den Daheimgebliebenen teilen. Die Preise, sowohl für Zubehör wie für den Internetzugang, bewegen sich etwa auf deutschem Niveau.

Die immer seltener werdenden Nutzer der Analogfotografie werden in den gängigen Foto-, Elektro- oder auch Touristenshops ihr notwendiges Zubehör (Filme, Batterien...) kaufen können.

Beim Fotografieren von Personen sollte man – wie überall – die Grenzen des Anstandes sowie die Privatsphäre beachten. Auch ist das Fotografieren in einigen Kirchen und Museen sowie generell das Ablichten von militärischen Einrichtungen oder Sperrgebieten untersagt.

GELD

Schweden ist zwar in der EU, jedoch kein Mitglied in der Währungsunion. Folglich ist die gültige Währung die Schwedische Krone (Svenska Krona, Skr) und **nicht** der EURO! Ansonsten fühlt man sich in geldlichen Angelegenheiten wie zu Hause, beispielsweise dürfte beim ersten Gebrauch eines schwedischen Geldautomaten ein gewisser Wiedererkennungseffekt eintreten. Auch ist der Umgang mit Kreditkarten im Alltag wesentlich häufiger zu erleben als in Deutschland; kleinere Beträge wie beispielsweise einzelne Getränke an der Bar werden gerne und ohne Komplikationen mit der Kreditkarte beglichen.

GESUNDHEIT

Aufgrund internationaler Abkommen sind EU-Bürger bei ärztlichen Behandlungen den Schweden gleichgestellt, folglich kommen auch sie relativ problemlos in den Genuss des modernen schwedischen Gesundheitssystems. Mit der European Health Insurance Card (EHIC), die bei der heimischen Krankenversicherung erhältlich ist, können notwendige medizinische Leistungen beim Arzt, Zahnarzt oder im Krankenhaus in Anspruch genommen werden. Da man nach dem in Schweden gültigen Recht behandelt wird, kann es durchaus zu Zusatzzahlungen kommen. Sollte es Probleme geben (ein Arzt nimmt die Karte beispielsweise nicht an und rechnet die Kosten privat ab), ist es in jedem Falle sinnvoll, Rechnungen zu sammeln und diese in der Heimat bei seiner Krankenkasse einzureichen. Zudem können beim Arztbesuch auch Gebühren in Höhe von ca. 240–400 Skr (24–40 €) anfallen.

Um auch diesen Betrag sowie Leistungen, die nicht im üblichen Versicherungspaket enthalten sind (zum Beispiel ein Rücktransport), erstattet zu bekommen, ist eine **Auslandskrankenversicherung** ratsam, die schon für wenige Cent pro Tag abgeschlossen werden kann. Bürger aus Nicht-EU-Staaten werden für alle medizinischen Behandlungen zur Kasse gebeten.

Grundsätzlich wird der Abschluss einer privaten Auslandskrankenversicherung empfohlen. Diese sollte eine Reiserückholversicherung enthalten, denn der Krankenrücktransport wird von den gesetzlichen Krankenkassen nicht übernommen. Zusätzliche Informationen liefern die jeweiligen Krankenkassen im Heimatland oder auch die Deutsche Verbindungsstelle für Krankenversicherung Ausland (www.dvka.de).

Das moderne schwedische Gesundheitssystem kennt nicht das System niedergelassener Fachärzte, vielmehr wendet man sich bei akuten Problemen an die nächste **Unfallambulanz** *(Akutmottagning)*, das nächste **Krankenhaus** *(Sjukhus)* oder **Ärztezentrum** *(Vårdcentral)*.

Bei **Zahnarztbesuchen** *(tandläkare)* muss man mit wesentlich höheren Eigenanteilen rechnen. Über Sprachbarrieren muss man sich beim Arztbesuch keine großen Gedanken machen: Vielfach wird man dort auch auf deutschsprachige Ärzte treffen.

Medikamente sind in **Apotheken** *(Apoteket)* erhältlich, in den meisten Fällen allerdings nur gegen Rezept. Ist man auf Medikamente angewiesen oder aber weiß im Voraus, auf welche Medikamente nicht verzichtet werden soll, so empfiehlt es sich, diese aus seinem Heimatland mitzubringen. Geöffnet haben die Apotheken zu normalen Geschäftszeiten (siehe Kap. „Öffnungszeiten"), Nachtapotheken *(nättöppet)* findet man zumindest in den größeren Städten.

Ein Wort noch zu **Mücken:** Manchmal bekommt man sie während seines Schwedenaufenthaltes so gut wie gar nicht zu Gesicht; manchmal hört man sie nur des Nachts (was einen bekanntlich ja auch in den Wahnsinn treiben kann); manchmal wird man geradezu mit Stichen übersät. Camper werden mit diesen kleinen Blutsaugern eher Bekanntschaft machen als Hotelgäste. Eine wirklich verlässliche Vorhersage erscheint daher mehr als schwierig, auf alle Fälle aber sollte man vorbereitet sein. Mückenschutz gehört folgerichtig in jede Reiseapotheke, egal wie lange oder an welchem Ort man sich in dem Land aufzuhalten gedenkt. Ähnlich verhält es sich mit **Zecken.** Im Wesentlichen besteht keine größere Zeckengefahr als in Deutschland, nur hält man sich in seinem Urlaub wahrscheinlich häufiger im Freien auf. Im Vorfeld sollte man sich über eine angemessene Vorsorge informieren und sich gegebenenfalls – nach Rücksprache mit seinem Hausarzt – auch impfen lassen.

Neben einem wirksamen und verträglichen Mückenschutz braucht der Umfang einer **Reiseapotheke** nicht über den des Erste-Hilfe-Koffers im Auto hinausgehen. Vielmehr ist es ratsam, eine mobile Reiseapotheke etwas kleiner ausfallen zu lassen, um sie überallhin mitnehmen zu können.

In Stockholm lassen sich Apotheken problemlos finden. Eine zentrale **24-Stunden-Apotheke** ist die

⊕178 [II C4] **Apotek C. W. Scheele,** Klarabergsgatan 64, Tel. 08 4548130, Norrmalm, U-Bahn T-Centralen

Adressen von Krankenhäusern in Stockholm sind:

⊕179 [A1] **Karolinska Sjukhuset,** www.karolinska.se, Karolinska Vägen, Tel. 08 51770000, Solna, Bus Nr. 3, 52, 73 oder 77.

⊕180 [A4] **Sankt Görans Sjukhus,** www.capiostgoran.se, Sankt Göransplan 1, Tel. 08 58701000, Kungsholmen. U-Bahn Fridhemsplan.

⊕181 [C7] **Södersjukhuset,** Tel. 08 6161000, www.sodersjukhuset.se, Sjukhusbacken 10, Södermalm, U-Bahn Skanstull o. Bus Nr. 3, 74

INFORMATIONSQUELLEN

Gemessen am Grad der Freundlichkeit, der Hilfsbereitschaft und der Sachkompetenz sollte man meinen, dass **Touristenbüros** eine schwedische Erfindung seien. Wenn nicht, dann haben sie den Service dieser Institution zumindest zur Perfektion getrieben. Man erhält dort eine ruhige und kompetente Hilfe für alle touristischen Lebenslagen. Vielfach wird in den Touristinformationen deutsch gesprochen, ansonsten hilft jemand mit sehr guten Englischkenntnissen weiter. Zusätzlich zu den mündlichen Auskünften liegen zahlreiche Broschüren und Flyer aus.

Eine direkte **Zimmervermittlung** erfolgt nicht immer. Vielmehr steht man mit Tipps und Adressenvermittlungen zur Seite. Wenn es geht und ausreichend Zeit zur Verfügung steht, werden die notwendigen Telefonate auch schon geführt, allerdings ist dies keine Selbstverständlichkeit. Das eine oder andere Schnäppchen hinsichtlich des Preises, der Lage oder Ausstattung einer Privatunterkunft ist in den Touristinformationen immer dann zu schlagen, wenn nämlich der ursprüngliche Gast kurzfristig abgesprungen ist und nun die Unterkunft schnell neuvermietet werden soll.

123st Abb.: sk

Zu erkennen sind die Touristinformationen an einem „i" auf den blauen Verkehrsschildern und an den grünen Schildern mit dem weißen „i" direkt an den Informationsstellen. Die wenigen in größeren Städten vorzufindenden blau-gelben Schilder weisen auf ein Touristenbüro hin, in dem auch Auskünfte zu nationalen und internationalen Zielen gegeben werden.

INFORMATIONSSTELLEN IN STOCKHOLM

ⓘ**182** [II D4] **Stockholm Tourist Centre** im Sverigehuset, www.stockholmtown.com, Hamngatan 27, Tel. 08 50828508 Norrmalm, U-Bahn Kungsträdgården, Mo.-Fr. 9-19 Uhr, Sa. 10-17 Uhr, So. 10-16 Uhr

Eine weitere Informationsquelle für den Aufenthalt in Stockholm stellen einige ausliegende **Hefte** dar, in denen Veranstaltungstipps und nützliche Adressen veröffentlicht werden.

Kostenlose Hilfestellungen liefern die monatlich erscheinenden „What's On Stockholm" (www.stockholmtown.com) und „Nöjesguiden" (www.nojesguiden.se). Die Beilage der Tageszeitung **Dagens Nyheter** (www.dn.se) präsentiert einen wöchentlichen Überblick über das, was in der Hauptstadt los ist.

In fast allen Hotels und Hostels liegen zudem gute Faltpläne von Stockholm kostenlos aus.

Stockholms Ausgabe der **Gelben Seiten** findet man im Internet unter der Adresse www.gulasidorna.se.

◀ *Touristinformation – Hilfe in allen touristischen Lebenslagen*

VISIT SWEDEN

Fragen zu Schweden bekommt man unter der Telefonnummer (069) 22223496 beantwortet. Aus Österreich wählt man die Telefonnummer (0192) 86702, aus der Schweiz (044) 5806294. Schriftliche Anfragen werden direkt nach Schweden gerichtet: VisitSweden, Storgorget 2–4, 83130 Östersund, Fax (0046) 63128137, www.visitsweden.com. Oder man schickt eine Mail an eine der Adressen: germany@visitsweden.com, austria@visitsweden. com oder auch switzerland@visitsweden.com. Man kann sich auch auf der Homepage von VisitSweden informieren. Dort können auch Broschüren bestellt werden.

INFORMATIONEN IM INTERNET

Im digitalen Zeitalter kann ein Großteil der Reisevorbereitung auch bequem von zu Hause aus am Computer geschehen.

Schweden allgemein

- www.visitsweden.com
- www.sweden.se
- www.si.se
- www.sverigeturism.se
- www.sverige.de
- www.nordischebotschaften.org
- www.auswaertiges-amt.de
- www.aktivschweden.de
- www.swedengate.de
- www.turism.se

Stockholm

- www.destination-stockholm.com
- www.stockholmtown.com
- www.aos.se
- www.stockholm.se
- www.pastan.nu

Mälaren

- www.malaren.com
- www.malarslott.nu

Schärengarten

- www.dess.se
- www.skargardsstugor.se
- www.skargardsstiftelsen.se
- www.visitskargarden.se

INTERNET

Wer auch während seines Stockholmaufenthaltes mit der Heimat oder dem Rest der Welt verbunden sein möchte, dem steht die WWW-Welt zur Verfügung. Neben Internetcafés bieten auch fast alle Unterkünfte und die öffentlichen Bibliotheken einen Zugang zum Internet an, in Hotels findet man teilweise sogar den Internetzugang im eigenen Zimmer; die meisten Hotels verfügen über eine kostenlose WLAN-Verbindung. Zusätzlich haben auch einige der 7-Eleven-Shops Internetzugang und auch die zahlreichen surffreundlichen „Sidewalk“-Filialen sind im Stadtbild schnell auszumachen (beispielsweise am Busbahnhof im Cityterminalen, am Seitenausgang vom Hauptbahnhof oder in den Kungshallen am zentralen Hötorget).

Die Kosten für eine Internetverbindung in einem Café variieren in der Regel zwischen 30 und 60 Skr (ca. 3–6 €) pro Stunde. Oftmals gibt es hier auch die Möglichkeit über das Internet billig zu telefonieren (s. Kapitel „Telefonieren“).

@183 [II D4] **Café Access,** Sergels Torg, im Untergeschoss des Kulturhuset, Tel. 08 50831489, Norrmalm, U-Bahn T-Centralen

@184 [II D4] **Dreambow,** Vattugatan 7, Tel. 08 50860415, Norrmalm, U-Bahn T-Centralen

@185 [II D3] **Matrix,** www.matrix-se.com, Hötorget, Tel. 08 200293, Norrmalm, im Ausgangsbereich der U-Bahn Hötorget

@186 [II C4] **Sidewalk,** T-Centralen, Internetterminals bei der Busauskunft im Hauptbahnhof

KINOS

In den schwedischen Kinos (schwedisch: *bio)* laufen die internationalen Produktionen im Originalton mit schwedischen Untertiteln. Folglich kann man durch einen Kinobesuch gleichzeitig seine Englisch- bzw. Schwedischkenntnisse auffrischen. Empfehlenswert und witzig ist auch der Besuch eines deutschsprachigen Films: Dort kann es einem dann schon mal passieren, als einziger im Kinosaal zu lachen, da gerade an dieser Stelle des Films die schwedischen Untertitel den Wortwitz der deutschen Originalfassung vielleicht nicht ganz getroffen haben. Dies soll aber keineswegs das Lob auf die im Allgemeinen gelungenen schwedischen Untertitel schmälern.

Infos über das aktuelle Kinoprogramm erhält man in der Tagespresse oder direkt bei den Kinos. Eine Kinokarte kostet ab ca. 100 Skr (ca.10 €), für Kinder und Jugendliche bis 15 Jahren gibt es gelegentlich Ermäßigungen. Freie Platzwahl gibt es in der Regel nicht, die auf den Eintrittkarten zugewiesenen Plätze gilt es folglich auch einzuhalten.

Neben modernen und großzügigen Multiplexkinos bietet Stockholm seinen Besuchern auch kleinere Lichtspielhäuser, in denen auch andere Produktionen als der Hollywoodmainstream aufgeführt werden. Zudem sollte man beachten, dass an den Wochenenden die Kinos stark frequentiert sind und ggf. eine Reservierung nötig sein könnte.

› **Cosmonova,** www.nrm.se/cosmonova, Naturhistoriska Riksmuseet 45, Frescativägen 40, Tel. 08 51955130, Norra Djurgården, U-Bahn Universiteet. Ein IMAX-Kino im Naturhistorischen Museum, in dem verschiedenste Dokumentationen gezeigt werden.

K187 [II D3] **Filmstaden Sergel,** www.sf.se, Hötorget, Tel. 08 56260000, Norrmalm, U-Bahn Hötorget. Ein modernes und populäres Multiplexkino, welches die neuesten Blockbuster auf dem Spielplan hat.

K188 [V D6] **Filmstaden Söder,** www.sf.se, Folkungatrappan 2/Medborgarplatsen, Tel. 08 56260000, Södermalm, U-Bahn Medborgarplatsen. Das Södermalm-Gegenstück zum Kinokomplex am Hötorget.

K189 [II C3] **Grand,** www.sf.se, Sveavägen 45, Tel. 08 56260000, Norrmalm, U-Bahn Rådmansgatan. Hauptsächlich Hollywoodproduktionen, aber auch alternative Filme.

K190 [A6] **Kvartersbion Rio,** Hornstulls Strand 3, Tel. 08 6699000, Södermalm, U-Bahn Horn stull. Wenn Filme schon nicht mehr laufen, hier hat man noch die Gelegenheit, sie zu sehen.

122st Abb.: ld

▶ *Der große Kinokomplex am Hötorget*

K 191 [II D3] **Rigoletto,** www.sf.se, Kungsgatan 16, Tel. 08 56260000, Norrmalm, U-Bahn Hötorget. Ein weiteres Kino für den Mainstream.
K 192 [II D3] **Röda Kvarn,** Biblioteksgatan 5, Tel. 0856260000, Östermalm, U-Bahn Östermalmstorg. Kino für die großen Hollywoodfilme.
K 193 [II D3] **Royal,** www.sandrews.se, Kungsgatan 37, Tel. 08 101020, Norrmalm, U-Bahn Östermalmstorg. Etwas kleineres Kino.
K 194 [II D3] **Saga,** www.sf.se; Kungsgatan 24, Tel. 08 56260000, Norrmalm, U-Bahn Hötorget. Eher ein Ort für Mainstreamproduktionen.
K 195 [II D3] **Sture,** www.biosture.se, Birger Jarlsgatan 41, Tel. 08 6788548, Östermalm, U-Bahn Östermalmstorg. Ein differenzierteres Programm, auch mal jenseits der Blockbuster US-amerikanischer Provenienz; oft Kleinkindervorstellungen am Samstag.
K 196 [II D3] **Zita,** www.zita.se, Birger Jarlsgatan 37, Tel. 08 232020, Östermalm, U-Bahn Östermalmstorg. Ein außergewöhnliches Kino, welches sowohl durch sein Interieur als auch durch sein alternatives Programm auf sich aufmerksam macht.

KLIMA UND REISEZEIT

Stockholm ist ein Reiseziel, das ganzjährig angesteuert werden kann. Zweifelsohne lockt der Sommer mit den nicht enden wollenden Tagen, den angenehmen Temperaturen und den zahlreichen Freizeitaktivitäten in der Natur am meisten. Der Sommer ist ohne Frage die interessanteste Jahreszeit.

Dennoch können auch die anderen Jahreszeiten eine eigene Faszination ausüben, vor allem etwas abseits der Metropole. Der lange und dunkle Winter stellt die Besucher durchaus auf eine harte Bewährungsprobe, doch eröffnen sich beispielsweise auch fantastische Wintersportmöglichkeiten. Im Frühjahr scheint die Natur geradezu zu explodieren und um einen Indian Summer zu sehen, muss man im Herbst nicht den langen Weg nach Kanada in Kauf nehmen.

Nicht immer erwischt man einen solchen Jahrhundertsommer wie 2003;

KLIMATABELLE

Folgende Durchschnittstemperaturen und Niederschlagsmengen ergaben sich in den letzten Jahren (in Klammern die Vergleichswerte für Berlin):

Januar:	-2,7 °C; 38 mm (0,4 °C; 42 mm)
Februar:	-3,0 °C; 28 mm (1,6 °C; 35 mm)
März:	0,3 °C; 26 mm (4,7 °C; 38 mm)
April	4,8 °C; 30 mm (8,3 °C; 41 mm)
Mai	11,1 °C; 34 mm (14,1 °C; 53 mm)
Juni	15,9 °C; 47 mm (16,8 °C; 59 mm)
Juli	18,1 °C; 73 mm (18,5 °C; 60 mm)
August	17,3 °C; 64 mm (17,7 °C; 62 mm)
September	11,5 °C; 56 mm (13,6 °C; 46 mm)
Oktober	6,5 °C; 49 mm (8,9 °C; 37 mm)
November	2,4 °C; 53 mm (4,3 °C; 47 mm)
Dezember	-1,1 °C; 48 mm (2,0 °C, 57 mm)
Jahr	6,4 °C; 546 mm (9,1 °C; 577 mm)

allerdings laufen in der schwedischen Hauptstadt im Winter auch keine Eisbären durch die Straßen – was Vereinzelte durchaus noch glauben möchten. In der Regel wechseln sich einige gute Tage mit ein paar schlechteren ab. Längere warme und sonnige Perioden sind ebenso anzutreffen wie die leider auch unvermeidbaren schlechteren Tage. Erfahrungsgemäß kann man an der Küste und im Schärengarten mit etwas sonnigeren Wetterbedingungen rechnen als im Landesinnern. Hinsichtlich der Kleidung sollte man aber unbedingt auf alle Eventualitäten eingestellt sein.

Am längsten Tag des Jahres im Juni scheint die Sonne beinahe 17½ h auf Stockholm herab. Am kürzesten Tag des Jahres kurz vor Weihnachten sind es allerdings auch nur enttäuschende 6 h.

LERNEN UND ARBEITEN

Durch den EU-Beitritt des Landes im Jahre 1995 sollten sich eigentlich in Sachen Arbeitsplatzsuche für die Bürger der Staatengemeinschaft neue Möglichkeiten aufgetan haben. In der Praxis jedoch sind beispielsweise die Sprachbarrieren oder die auch in Schweden zu verzeichnende Arbeitslosigkeit (zwischen 6 und 8 %) nur zwei von zahlreichen Hindernissen auf dem Weg zur freien Arbeitsplatzsuche. Für Hochqualifizierte oder in Nischenberufen tätige Arbeitnehmer kann die Lage schon wieder deutlich positiver aussehen.

EU-Bürger benötigen keine Arbeitserlaubnis für Schweden, sie dürfen sich drei Monate in Schweden aufhalten, erst dann benötigen sie eine **Aufenthaltsgenehmigung.** Um diese sollte man sich schon frühzeitig beim Schwedischen Migrationsamt *(Migrationsverket)* bemühen. Hat man erst einmal einen Job erhalten, so behält die Aufenthaltsgenehmigung in der Regel für die Dauer des Arbeitsvertrages ihre Gültigkeit.

TIPPS UND ADRESSEN IM INTERNET

- **Swedish Institute,** www.si.se, Infos zu Arbeit, Bildung, Sprachkursen, Au-Pair u. v. m. Über das SI ist auch die Seite www.studyinsweden.se zu erreichen. Es wird über Bildungsprogramme und -möglichkeiten informiert. Svenksa Institutet, Skeppsbron 2, Tel. 08 4537800
- **Universität Stockholm,** www.su.se
- **Universität Uppsala,** www.uu.se
- **Schwedisches Migrationsamt,** Migrationsverket, www.migrationsverket.se, 60170 Norrköping, Tel. 0771 235235. Wichtige Adresse für Aufenthaltsgenehmigungen etc.
- **Zentrale Auslands- und Fachvermittlung (ZAV),** www.arbeitsagentur.se, Tel. 0228 7130, Villemombler Str. 76, 53123 Bonn, ZAV Info-Hotline Ausland: Tel. 0228 7131313
- **Schwedisches Arbeitsamt,** Arbetsfömedlingen, www.arbetsformedlingen.se, Hälsingegatan 38 (Besuchsadresse), 11399 Stockholm (Postadresse)
- **Schwedenkontor,** www.schwedenkontor.com, Hafenstr. 41, 17489 Greifswald, Tel. 03834 554100. Arbeitsplatzvermittlung in Schweden
- **Europäische Union,** http://europa.eu. Portal der EU; Ausgangspunkt für Arbeits- und Bildungsangebote

STELLENANGEBOTE IM INTERNET

- **www.academicsearch.se,** Portal auf Schwedisch und Englisch
- **www.jobline.se** , ebenfalls auf Schwedisch, Infos auch auf dem deutschen Pendant www.jobline.de
- **www.stepstone.se,** beziehungsweise auf der deutschen Seite www.stepstone.de

Für Nicht-EU-Bürger ist die Situation etwas komplizierter: Sie müssen sich vor der Einreise bei einer schwedischen Auslandsvertretung sowohl um Arbeitserlaubnis als auch um Aufenthaltserlaubnis bewerben. Ohne eine konkrete Jobzusage ist dies eine mühselige und oft auch frustrierende Angelegenheit.

Recht gute Aussichten auf Erfolg hat man, wenn man ein **Studienjahr** in Stockholm oder Umgebung verbringen möchte (Stichwort „Erasmus-Programm“). Eine Vielzahl von Vorlesungen und Seminaren werden in englischer Sprache gehalten. Das Angebot reicht von einer Reihe von Hochschulen in Stockholm selbst bis hin zu Hochschulen im unmittelbaren Umland, beispielsweise der ältesten Universität Skandinaviens in Uppsala. Hier empfiehlt es sich, die jeweils zuständigen Sekretariate in seiner Heimatuniversität aufzusuchen, um sich über Austauschorganisationen und Partneruniversitäten zu erkundigen.

Viele nützliche Hinweise, auch zu dem Thema Au-pair, erhält man von der jeweiligen schwedischen Botschaft.

► *Eine der vielen Musikveranstaltungen auf dem Sergels Torg*

MUSIKSZENE

Stockholm meldet den Anspruch an, bedeutendste Metropole Nordeuropas zu sein, folglich hat die Stadt ihren Bewohnern und Gästen einiges zu bieten. Begeben sich die Größen der internationalen Musikszene auf Tournee durch das alte Europa, steht selbstverständlich auch Stockholm auf dem Tourplan. Für nationale Künstler steht ein Auftritt außer Frage, ist es doch für viele der ultimative Traum, einmal in der Hauptstadt auftreten zu dürfen und verknüpft sich damit die Chance auf den erhofften Durchbruch.

Bekannt und beliebt ist das **Stockholmer Jazzfestival** (www.stockholmjazz.com). Ende Juli treffen sich nationale und internationale Jazzgrößen auf Skeppsholmen und zelebrieren gemeinsam Jazz.

Neben der Solliden-Bühne im Skansen/Djurgården 34 und dem Kungsträdgården in Norrmalm, dessen weite Flächen häufig von Bands oder Kleinkünstlern genutzt werden, gibt es weitere beliebte Orte für (Groß-)Veranstaltungen (siehe auch Kapitel „Stockholm für Nachteulen“ und Stadtteilbeschreibungen):

- 73 [II D4] **Berns,** www.berns.se, Berzelii Park, Tel. 08 56632222, Norrmalm, U-Bahn Kungsträdgården. Ein eher kleinerer Veranstaltungsort, aber auch von hoher Qualität.
- 197 [F3] **Berwaldhallen,** www.berwaldhallen.se, Dag Hammarskjölds Väg 3, Tel. 08 7841800, Östermalm, Bus 56, 69.
- 21 [F5] **Cirkus,** www.cirkus.se, Djurgårdsslätten 43–45, Tel. 08 6601020, Djurgården, Bus 44, 47. Veranstaltungsort für Musicals und andere Konzerte.
- 61 [II C4] **Fasching,** www.fasching.se, Kungsgatan 63, Tel. 08 53482960, Norrmalm, U-Bahn T-Centralen. Einer der besten Jazzklubs der Stadt.

124st Abb.: ld

44 [E9] **Globen,** www.globenarenas.se, Globentorget, Tel. 077 1310000, Johanneshov, U-Bahn Globen. Eine der größten und spektakulärsten Hallen Skandinaviens.

197 [II C3] **Konserthuset,** www.konserthuset.se, Hötorget, Tel. 08 7860200, Norrmalm, U-Bahn Hötorget. Tickets (Tel. 08 50667788) Mo.–Fr. 11–18 Uhr, an Konzerttagen zwei Stunden vorher. Führungen auf Englisch tgl. 12, 12.30 und 15 Uhr, 20 Min., 40 Skr (ca. 4 €).

› **Eintrittskarten** (s. S. 42)

NOTFÄLLE

Im Falle eines Falles stehen folgende Einrichtungen und Telefonverbindungen zur Verfügung:

› Notruf Polizei und Rettungsdienste: 112
› Polizei Hauptwache: Kungsholmsgatan 37, Kungsholmen, U-Bahn Rådhuset
› Deutsche Botschaft: Artillerigatan 64, Tel. 08 6701500, Östermalm, Bus 69 (siehe Kap. „Diplomatische Vertretungen")
› EC-/Maestro- oder Kreditkartenverlust: Tel. 0049 116116

FUNDSACHEN (HITTEGODS)

› Fundbüro Polizei: Bergsgatan 54, Tel. 08 4010788 (Mo./Di. 13–15 Uhr, Mi./Fr. 10–12 Uhr), Öffnungszeiten Mo.–Fr. 10–15 Uhr
› Fundbüro Bahn: Centralstation, erstes Untergeschoss unter der Schalterhalle, Tel. 08 50125590 (Mo.–Fr. 12–16 Uhr), Öffnungszeiten Mo.–Fr. 9–19 Uhr, Norrmalm, U-Bahn T-Centralen
› Fundbüro öffentlicher Personennahverkehr (Bus und U-Bahn): SL (Storstockholms Lokaltrafik), Klara Östra Kyrkogata 6, Tel. 08 6001000 (Mo.–Fr. 9–19 Uhr), Öffnungszeiten Mo.–Fr. 12–19 Uhr und Sa. 12–16 Uhr, Norrmalm, U-Bahn T-Centralen

ÖFFNUNGSZEITEN

Die Öffnungszeiten der Geschäfte sind recht unterschiedlich, sodass eine generelle Aussage schwerfällt. Läden öffnen ihre Türen am späten Vormittag ab 10, 11 oder auch schon mal 12 Uhr (bis 18 Uhr). Kaufhäuser öffnen etwas zeitiger. An Wochenenden fallen die Zeiten etwas verkürzt aus, aber viele Geschäfte, vor allem im Innenstadtbereich, laden auch samstags und sonntags zum Einkaufen ein.

Lebensmittelgeschäfte können auch ab 8/9 Uhr geöffnet haben und schließen erst zwischen 20 und 22 Uhr. Dies gilt teilweise auch für das Wochenende. Die meisten der 7-Eleven-Shops haben rund um die Uhr an sieben Tagen der Woche offen. Einige geöffnete Bäckereien findet man auch schon ab 6.30 Uhr.

In den Sommermonaten können diese Zeiten etwas abweichen, sie fallen dann in der Regel verkürzt aus. Auch gibt es einige Inhaber, die in dieser Zeit ihre Geschäfte gänzlich schließen, ähnlich wie einige Restaurants.

128st Abb.: ld

Verkürzte Öffnungszeiten (bis mittags) gelten auch an Tagen vor einem Feiertag.

Wenn man sich bei einem **Bankbesuch** an den Zeiten zwischen 10 und 15 Uhr orientiert, liegt man meistens richtig. Manchmal gibt es einen Tag in der Woche, an dem längere Zeiten für den Publikumsverkehr existieren (z. B. donnerstags 16.30/17.30 Uhr). Auch haben einige Banken verkürzte Sommeröffnungszeiten.

Diese Aussagen gelten für Stockholm, die Zeiten dürften jedoch in kleineren Städten nicht so ausgedehnt ausfallen.

POST

Die Post ist an Schildern mit blauem Posthorn und Krone auf gelbem Hintergrund zu erkennen, manchmal sind die Farben auch genau andersherum. Es gibt blaue Briefkästen für den lokalen Briefverkehr, die innerschwedischen und internationalen Sendungen kommen in die gelben Briefkästen. Briefmarken sind neben den Postämtern auch in Kiosken oder ähnlichen Einrichtungen erhältlich.

Hauptpostämter gibt es in der Drottninggatan 53 (Norrmalm, U-Bahn T-Centralen), Stora Nygatan (Gamla Stan, U-Bahn Gamla Stan) und in der Centralstation (Norrmalm, U-Bahn T-Centralen). Die generellen Öffnungszeiten sind Mo.–Fr. 9.30–18 Uhr, Sa. 10–13 Uhr.

Zusätzliche Informationen gibt es beim Kundendienst der Post (Posten Kundtjänst, Tel. 08 232221) und im Internet unter www.posten.se.

Für einen Standardbrief bzw. eine Ansichtskarte von Schweden nach Deutschland muss man momentan ungefähr 12 Skr (ca. 1,20 €) investieren.

SCHWULE UND LESBEN

Wie so häufig, findet sich auch in Schweden eine der größten Szenen dieser schillernden Welt in der Hauptstadt wieder. Insgesamt betrachtet kann die Szene jedoch nicht als allzu groß bezeichnet werden, für Touristen ist sie in der Öffentlichkeit nur selten wahrzunehmen. Die momentan angesagtesten Viertel liegen in Södermalm und in Gamla Stan. Einen Höhepunkt des Jahres stellt das Pride-Festival Ende Juli/Anfang August dar. Traditionell fand das Festival immer in Södermalm statt, aber ab Sommer 2010 wird es in den Park des Historischen Seefahrtsmuseums (in der Nähe des Kaknästurms, nördlich von Djurgarden) umziehen, da dort die Einbindung in das kulturelle Umfeld besser gelingt (wie die Initiatoren hervorheben) und das neue Veranstaltungsareal auch weitläufiger ist. Schließlich ist Stockholm Pride das größte gleichgeschlechtlich orientierte Festival Skandinaviens.

Schweden pflegt dank seiner liberalen und toleranten Denkweise eine ebensolche Einstellung in Hinsicht auf Lesben und Schwule. Die Rechte homosexueller Paare sind im Großen und Ganzen mit denen ihrer heterosexuellen Pendants identisch, sie dürfen Kinder adoptieren, die gleichgeschlechtliche Hochzeit ist seit 1995 erlaubt.

Informationen über das homosexuelle Leben in Stockholm erhält man beim RFSL (Reichsverband für sexuell Gleichgesinnte, www.rfsl.se, Sveavägen 57–59, Postfach 350, 10126 Stockholm), in dem monatlich erscheinenden Magazin QX (allerdings auf Schwedisch) oder auf dessen Website www.qx.se, die auch auf Englisch abrufbar ist.

Nach Einbruch der Dunkelheit, was sich im nordeuropäischen Sommer durchaus ziehen kann, treffen sich Interessenten schneller, unverbindlicher Kontakte im Skinnarviksparken auf Södermalm. Die Grünanlagen am Stadshuset und der verschachtelte Gebäudekomplex des Rathauses selbst sind ebenso ein beliebtes Cruising-Areal der schwedischen und internationalen Gay-Gemeinde Stockholms.

198 [A4] **Anna på Kungsholmen,** Drottningholmsvägen 9, Tel. 08 6521119, Kungsholmen, U-Bahn Fridhemsplan, Gemütliches Café unter homosexueller Leitung; tgl. 10–20, Wochenende 11–18 Uhr.

199 [II D3] **Babs Kök & Bar,** www.babsbar.se, Birger Jarlsgatan 37, Tel. 08 236101, Norrmalm, U-Bahn Östermalmstorg. Ausgezeichnetes Restaurant und gut bestückte Bar; tgl. 17–1 Uhr.

200 [I D5] **Cattelins,** www.cattelins.com, Storkyrkobrinken 9, Tel. 08 201818, Gamla Stan, U-Bahn Gamla Stan. Restaurant/Bar und auch Klub für Gleichgeschlechtliche; werktags ab 11 Uhr, am Wochenende ab 12 Uhr geöffnet, Mi.–Sa. bis 3 Uhr, sonst bis 22.00 Uhr.

124 [I D5] **Chokladkoppen,** Stortorget 18, Tel. 08 203170, Gamla Stan, U-Bahn Gamla Stan. Café in absolut zentraler Lage, breites Info-Angebot für die internationale Gay-Szene Stockholms; im Sommer auch ausgezeichnete Außengastronomie; tgl. 9–23 Uhr.

163 [II D3] **Kharma,** www.kharma.se, Sturegatan 10, Tel. 08 6620465, Östermalm,

◄ *Die blauen Briefkästen sind für de lokalen Briefverkehr vorgesehen, die gelben für innerschwedische und internationale Sendungen*

U-Bahn Östermalmstorg. Edler Klub, ausgesprochen schöne Menschen, vorher Geldbörse gut bestücken; freitags Homo-Abend, Do.-Sa. 22-3 Uhr.

201 [I D5] **Lino Club,** www.linoclub.com, Södra Riddarholmshamnen 19, Gamla Stan, U-Bahn Gamla Stan. Reiner Gay- und Lesben-Klub; nur Sa. 22-3 Uhr.

202 [I D5] **Mandus,** Österlånggatan 7, Tel. 08 206055, Gamla Stan, U-Bahn Gamla Stan. Urige kleine Bar mit Restaurant, ausgesprochen freundliche Bedienungen; tgl. 17-0 Uhr.

203 [A5] **Mälarpaviljongen,** Tel. 08 6508701, www.malarpaviljongen.se, Norr Mälarstrand 64, Kungsholmen, U-Bahn Fridhemsplan. Restaurant, Bar und Café – traumhaft schön am Wasser gelegen; tgl. ab 11 Uhr, im Winter jedoch geschlossen!

206 [C6] **SLM – Scandinavian Leather Men Stockholm,** www.slmstockholm.se, Wollmar Yxkullsgatan 18, Tel. 08 6433100, Södermalm, U-Bahn Mariatorget. Einschlägig bekannter Klub für Lack-, Leder-, Gummi- und Uniformen-Liebhaber; mittwochs 21-24 Uhr, Fr/Sa. 22-2 Uhr.

207 [V E6] **Lady Patricia,** www.patricia.st, Stadsgårdskajen 152, Tel. 08 7430570, Södermalm, U-Bahn Slussen. Historisches Schiff, das sogar an der Alliierten-Landung in der Normandie 1944 beteiligt war – heute Restaurant, Bar und Klub auf der M/S Patricia; Mi.-Do. 17-24 Uhr, Disco am Wochenende ohne sexuelle Präferenzen bis 5 Uhr, So. 18-3 Uhr Gay-Night.

208 [V D6] **Side Track,** www.sidetrack.nu, Wollmar Yxkullsgatan 7, Tel. 08 6411688, Södermalm, U-Bahn Mariatorget. Restaurant, Kiez-Kneipe und Kellerbar für die Homo-Szene Södermalms; Mi.-Sa. 20-1 Uhr.

209 [I D5] **Torget,** www.torgetbaren.com, Mälartorget 13, Tel. 08 205560, Gamla Stan, U-Bahn Gamla Stan. Schwulen-Bar mit üppigen Kronleuchtern und ausgewähltem kulinarischen Angebot; Mo.-Fr. 16-1 Uhr, Sa./So 13-1 Uhr.

210 [V D6] **Bitch Girl Club,** Södermalmstorg 2, Tel. 08 7205205, Södermalm, U-Bahn Slussen. Reiner Lesbenklub, kein Eintritt für Männer; nur Sa. 21-1 Uhr.

211 [II C3] **TipTop,** Sveavägen 57, Tel. 08 329800, Norrmalm, U-Bahn Rådmansgatan. Restaurant, Bar, Nachtklub und Buchladen (!), die unter dem Dach des RFSL (Reichsverband für sexuell Gleichgesinnte) angesiedelt sind; Do./Fr./Sa. bis 3 Uhr, Rest der Woche bis 1 Uhr geöffnet

SICHERHEIT

Schweden ist insgesamt betrachtet ein sehr sicheres Reiseland. Die Wahrscheinlichkeit, Opfer eines Verbrechens zu werden, ist minimal, wenn man sich an gewisse, in allen Großstädten gültige Grundregeln hält.

Nicht erst seit *Winston Churchills* Bonmot („Ich glaube nur der Statistik, die ich selbst gefälscht habe") sind Statistiken bekanntlich immer abhängig vom Standpunkt des Betrachters. Doch die schwedische Kriminalstatistik ist eindeutig: 48 % (in 2006) aller in Schweden begangenen Verbrechen fallen unter die Rubrik „Eigentumsdelikte" und selbige sind auch die Hauptgefahr für Touristen. Plätze und Orte, an denen sich viele Menschen tummeln sind automatisch ein bevorzugtes Jagdrevier der Taschendiebe. Dort sollte man besondere Vorsicht

► Sport am Kungsträdgården: im Sommer Sportpräsentationen und im Winter Schlittschuhbahn

walten lassen, aber auch sonst immer aufmerksam auf seine persönlichen Habseligkeiten achten.

Eigentlich sollte es überflüssig sein zu erwähnen: Schweden verfügt über ausgesprochen rigide Anti-Drogengesetze, die auch in der ganzen Breite eingesetzt werden. Nur äußerst selten endet ein Verfahren im Narkotikabereich mit einer Bewährungsstrafe.

Seit dem 1. Januar 1999 ist in Schweden die Prostitution verboten. Durch das „Gesetz zum Verbot des käuflichen Erwerbs sexueller Dienstleistungen" werden erstmalig nicht mehr Prostituierte kriminalisiert, sondern deren mögliche Freier: „Wer sich gegen Entgelt Gelegenheit zu sexuellen Handlungen verschafft, wird – sofern die Tat nicht nach dem Strafgesetzbuch mit Strafe bedroht ist – wegen käuflichen Erwerbs sexueller Dienstleistungen mit Geldstrafe oder Freiheitsstrafe bis zu sechs Monaten bestraft." Das Gesetz hatte (und hat) massive Auswirkungen auf die Form der Prostitution. So gibt es in Schweden praktisch keine Straßenprostitution mehr, die sexuellen Leistungen sind stattdessen über neue Kommunikationskanäle wie Mobiltelefone oder Internet käuflich und somit von der Polizei nur schwerlich zu kontrollieren oder einzudämmen.

SPORT

ANGELN

Sich vorzustellen, dass man an der Spree im Berliner Regierungsviertel auf viele Angler treffen würde, wäre nicht nur naiv, sondern schlichtweg Nonsens. In der schwedischen Hauptstadt, teilweise sogar direkt am Reichstagsgebäude auf der Insel Helgeandsholmen, trifft man während der Fangsaison jedoch oftmals auf professionell ausgestattete Angler. Da das Wasser auch mitten in Stockholm ausgesprochen sauber ist, werden hier

125st Abb.: sk

HAUPTSTADTSPORT

Bei 1,8 Mio. Einwohnern im Großraum Stockholm, denen etwa 9 Mio. Schweden insgesamt gegenüberstehen, verwundert es nicht, dass die Hauptstadt ein beachtliches Wörtchen im nationalen Sport mitzureden hat.

Die drei großen Hauptstadtklubs sind AIK, Djurgården IF und Hammarby IF. Alle drei Klubs nehmen oder nahmen eine bedeutende Stellung in den wichtigen Sportarten Fußball, Eishockey, Handball und Bandy ein, beziehungsweise dominier(t)en sie zeitweise. Dabei blicken die Vereine auf eine lange Tradition mit beachtlichen sportlichen Erfolgen zurück.

› ***AIK*** *(www.aik.se) hat seine sportlichen Wurzeln in den nordwestlichen Vororten, speziell in Solna. Dort befindet sich auch seine sportliche Heimat, das Råsunda-Stadion, wo auch Spiele der Fußballnationalmannschaft ausgetragen werden. Vor allem beim Fußball und Eishockey hat der Klub seine größten Erfolge gefeiert, das vielleicht bekannteste Vereinsmitglied ist der UEFA-Präsident Lennart Johansson.*

› ***Djurgården IF*** *(www.dif.se) rekrutiert seine Anhängerschaft vorwiegend im Norden Stockholms und in Östermalm. Letztmalig 2005 Fußballmeister, ist der Verein ebenfalls im Eishockey eine nationale Macht.*

› ***Hammarby IF*** *(www.hammarby-if.se), auch unter dem Spitznamen Bajen bekannt, ist ein klassischer Arbeitersportklub, der auf das Engste mit seinem Vorort Södermalm verbunden ist. Vergleichbar ist das Phänomen Hammarby in etwa mit Schalke 04 oder St. Pauli. Hammarby ist momentan im Fußball, Handball und Bandy erfolgreich, die letzte Meisterehre im Eishockey liegt schon etliche Jahre zurück (1951). In der Fußballmannschaft nahm die Karriere der schwedischen Torwartlegende Ronnie Hellström seinen Anfang, der später auch als unüberwindbarer Keeper in Kaiserslautern die Torjäger der Bundesliga zur Verzweiflung trieb. Die Handballmannschaft wird vom ehemaligen Kieler Weltklassehandballer Staffan Olsson trainiert. 2006 wurde Hammarby unter seiner Regie erstmalig schwedischer Meister und auch in den beiden folgenden Spielzeiten konnte die Meisterschaft wieder nach Hause geholt werden.*

Die ***Rivalität*** *zwischen den großen Hauptstadtvereinen geht indessen manchmal soweit, dass Anhänger Djurgårdens IF in der Saison 2006 dazu aufriefen, am letzten Spieltag der Allsvenksan (der höchsten schwedischen Fußballliga) das Spielfeld des Rivalen AIK zu stürmen, um somit einen Spielabbruch zu provozieren, da die „Gefahr" bestand, dass AIK noch Meister werden könnte! (Meister wurde schließlich Elfsborg, ganz ohne Platzerstürmung. Für AIK blieb somit nur der Vizemeistertitel, was allerdings – als Aufsteiger des Vorjahres – durchaus als Erfolg verbucht werden konnte.)*

Mit Fußball, Eishockey, Handball und Bandy sind die ***populärsten schwedischen Sportarten*** *genannt. Die höchste schwedische Fußballliga ist die Allsvenksan, deren Äquivalent im Eishockey die Elitserie ist. Im Eishockey gehört Schweden seit Jahr-*

zehnten zur Weltspitze, im Jahre 2006 wurde das „Tre Kronor"-Team sogar in einem Jahr Weltmeister und Olympiasieger, ein Kunststück, das bisher nicht einmal Eishockeysupermächten wie Kanada oder Russland/Sowjetunion gelungen ist. Auch im Handball zählte Schweden bei den letzten Großveranstaltungen immer mit zu den Topfavoriten. Bei der Weltmeisterschaft 2007 in Deutschland scheiterte man allerdings in der Qualifikation an Island. Bandy ist bei uns weniger bekannt. Eine grobe Umschreibung der Sportart, in der die Schweden ebenfalls zur erweiterten Weltspitze gerechnet werden, könnte so aussehen (die Aktiven mögen mir diese Verkürzung hoffentlich verzeihen): Auf einer Eisfläche, die weitaus größer ist als ein normales Eishockeyfeld, versuchen zwei Teams mit „Feldhockeyschlägern", einen leichten Ball in das gegnerische Tor zu befördern. Innebandy ist folglich das Äquivalent unter dem Hallendach.

Auch werden die wenigsten wissen, dass Stockholm im Jahre 1912 schon einmal Gastgeber der Olympischen Sommerspiele war. Die Spiele wurden im damals hochmodernen Olympiastadion ausgetragen, dem heutigen Stockholm Stadion. Heute findet im ehrwürdigen, beinahe historisch anmutenden Stadion unter anderem die DN-Leichtathletik-Gala im Rahmen der Golden League Serie statt und Djurgården IF trägt hier seine Fußball-Heimspiele aus.

129st Abb.: sk

► *Im Handball gibt vor allem der Verein Hammarby den Ton an – auch auf nationaler Ebene*

› ***Stockholm Stadion,*** *Lidingövägen, Tel. 08 50828351, Östermalm, U-Bahn Stadion*

Weitere ***Sportstätten*** *sind:*

› ***Råsunda Stadion,*** *Solnavägen 51, Tel. 08 7350900, Solna, U-Bahn Solna Centrum (Länderspiele und Ligaspiele von AIK)*

› ***Söderstadion,*** *Arenavägen, Tel. 08 7251000, Johanneshov, U-Bahn Globen (Heimspiele von Hammarby)*

› ***Eriksdalshallen,*** *Ringvägen 70, Tel. 08 6438890, Södermalm, U-Bahn Skanstull (Handballspiele von Hammarby IF)*

› ***Globen*** **44***, www.globearenas.se, Globentorget, Tel. 08 7251000, Johanneshov, U-Bahn Globen (Sportgroßveranstaltungen aller Art)*

› *Ein* ***Fanshop*** *mit Fanartikeln aller drei großen Hauptstadtklubs befindet sich in der Sergelsgatan.*

seit den 1990er Jahren sogar wieder die empfindlichen Lachse gefangen.

Neben den Angelplätzen im Innenstadtbereich gibt es unzählige Möglichkeiten im weitläufigen Schärengarten – sowohl vom Ufer als auch vom Boot aus. Hier, im Mälaren und an der Ostsee kann jeder zu jeder Zeit angeln, eine Angelkarte ist nicht nötig. Besonders im Herbst kommen Petrijünger in den Schärengarten, um sich mit den kräftigen Hechten (auf Schwedisch: *gädda*), die nicht selten die 10-kg-Marke durchbrechen, zu messen. Detaillierte Informationen zu Ausstattung, Saison und Angelplätzen gibt es in den Touristeninformationen (Angelausflüge s. Kap. „Stadttouren").

Für die übrigen Seen kann man eine Angelerlaubnis erstehen, die man meistens bei den Touristeninfos, häufig bei Campingplätzen und manchmal an Tankstellen oder – bei kleineren Ortschaften – im Dorfladen erhält. Auf den Seiten www.top10fishing.com oder www.fiske.nu (nur auf Schwedisch) kann man sich einen guten ersten Eindruck verschaffen.

FITNESS

Wer auch im Urlaub meint, seinen Körper stählen zu müssen, ist bei zwei Adressen gut aufgehoben. Friskis & Svettis (kurz Svettis) ist eine bodenständige Fitnesskette, in der neben den obligatorischen Gewichten auch eine Vielzahl an Kursen angeboten wird. Ab 85 Skr (ca. 8,50 €) kann man dort zum Training einsteigen. S.A.T.S. ist eine Nummer größer als Svettis, großzügiger ausgestattet und in der Folge auch teurer. Eine Tageskarte gibt es hier ab 200 Skr (ca. 20 €) aufwärts. Das Filialen-Netz dieser beiden Fitnessketten ist über die ganze Stadt verteilt und für den aufmerksamen und suchenden Fitnessfan kaum zu übersehen (www.sthlm.friskissvettis.se oder www.sats.se).

Daneben sind auch die Fitnesseinrichtungen des Centralbadet und des Sturebadet zu empfehlen (s. „Schwimmen").

Ein Vorhängeschloss für die Umkleidekabinen sollte mitgebracht werden!

GOLF

Golfen ist in Schweden ein Volkssport, folglich findet man dort fast überall Plätze in hervorragendem Zustand. Somit ist es nicht verwunderlich, dass das bevölkerungsmäßig so kleine Schweden eine so große Anzahl erstklassiger Golfprofis hervorgebracht hat. Man denke dabei nur an *Annika Sörenstam,* die seit Jahren wohl weltbeste Golferin. Schweden und der Großraum Stockholm eignen sich also auch bestens für eigene Golfferien, manchmal befinden sich die großartigen Hotelanlagen direkt am Rand der Plätze.

Nähere Informationen findet man im Internet unter www.swegolf.se.

INLINESKATEN, JOGGEN

Beide Sportarten verbindet, dass man sie im Freien, möglichst ohne Straßenverkehr und in weitläufiger und naturschöner Umgebung ausüben möchte.

Ideale **Laufbedingungen** findet man in Djurgården oder in Ladugårdsgärdet vor. Auch verführen die vielen Wege am Wasser, bspw. auf Kungsholmen, zum Joggen. Bedeutende Sportveranstaltungen sind der Stockholmmarathon und die Tjejmilen, eines der größten Frauenrennen (s. „Zur richtigen Zeit am richtigen Ort").

Erste Adresse zum **Inlineskaten** ist das Café an der Djurgårdsbron auf Djurgården.

Dort kann die Skater-Ausrüstung ausgeliehen werden und man ist im Herzen einer einzigartigen Skaterstrecke.

KAJAK/KANU

Man muss nicht gleich in den Schärengarten hinausfahren, um seiner Paddelleidenschaft nachzugehen. Die Kajak- oder Kanutouren um Djurgården oder im Innenstadtbereich zum Riksdag zählen beispielsweise zu den schönsten und ungewöhnlichsten Erlebnissen eines Stockholmaufenthaltes.

Boote können ausgeliehen werden bei:

› **Brunnsvikens Kanotcentral,** www.bkk.se, Frescati Hagväg 5, Tel. 08 155060, Norra Djurgården, U-Bahn Universitetet. Etwas außerhalb der Innenstadt. Bis 2 h für 100 Skr (ca. 10 €), 24 h für 200 Skr (ca. 20 €), Woche ab 800 Skr (ca. 80 €).

S212 [F4] **Djurgårdsbrunns Sjöcafé,** Galärvarvsvägen 2, Tel. 08 6614488, Djurgården, Bus Nr. 47

› **Kajakspezialisten Magnus Fischer,** www.kajakspecialisten.se, Tel. 08 7581883 oder 070 7746663. Sehr guter Anbieter, der auch hochspezialisiert ist.

S213 [A7] **Kajak,** www.08kajak.se, Marieviken Kajen, Liljeholmen, Tel. 0704 534303 oder 0735 515100. Halbtagesvermietung (240 Skr, ca. 24 €) bis zu Wochenausleihe (1300 Skr, ca. 130 €).

SCHLITTSCHUHLAUFEN

Auch bezüglich des Schlittschuhlaufens rangieren die vielen Seen im Umland der Hauptstadt natürlich an erster Stelle. Die Gewässer im Innenstadtbereich frieren nicht jeden Winter zu, auf öffentlichen Plätzen wie Kungsträdgården, Medborgarplatsen oder Vasaparken werden jedoch künstliche Möglichkeiten für das Wintervergnügen geschaffen.

Ein einmaliges Event ist das **Vikingarännet** von Stockholm nach Uppsala, das aufgrund der dafür notwendigen Wetterbedingungen nur bei extremen Verhältnissen stattfinden kann (s. Kap. „Zur richtigen Zeit am richtigen Ort“).

127st Abb.: sk

► *Auf Segways bieten sich neue Möglichkeiten, Stockholm zu entdecken*

SCHWIMMEN

Schwimmen ist ein zentrales Urlaubsvergnügen in Schweden. In Stockholm laden eine Reihe exzellenter Hallen- und Freibäder zum Badespaß ein. Im Innenstadtbereich ist die Wasserqualität mittlerweile wieder so gut, dass neben den wieder

126st Abb.: sk

anzutreffenden Lachsen auch viele Wassersportler zu beobachten sind.

15 [C3] **Centralbadet,** www.centralbadet.se, Drottninggatan 88, Tel. 08 54521300, Norrmalm, U-Bahn Hötorget. Sommeröffnungszeiten Di.-Sa. 10-20 Uhr, Eintritt ab 130 Skr (ca. 13 €), ermäßigt 70 Skr (ca. 7 €)

214 [D8] **Eriksdalsbadet,** Hammarby Slussväg 20, Tel. 08 50840258, Södermalm, www.erikdalsbadet.se, U-Bahn Skanstull. Hallenbad: Mo.-Do. 9-20 Uhr, Fr. 9-19 Uhr, Sa./So. 9-17 Uhr, Abenteuerbad: Mo.-Do. 9-20.30 Uhr, Fr. 9-19.30, Sa./So. 9-17.30 Uhr; auch Freibad und Fitnesscenter

215 [V D6] **Forsgrenska Badet,** Medborgarplatsen 6, Tel. 08 50840320, Södermalm, U-Bahn Medborgarplatsen. Mo. 12-21 Uhr, Di. 6.30-21 Uhr, Mi. 6.30-18 Uhr, Do 6.30-21 Uhr, Fr. 6.30-19 Uhr, Sa. 9-16 Uhr, So. 10-17 Uhr; im Sommer geschlossen

216 [II D3] **Sturebadet,** www.sturebadet.se, Sturegallerian 36, Tel. 08 54501500, Östermalm, U-Bahn Östermalmstorg. Wochentags 6.30-22 Uhr, Sa./So. 9-19 Uhr; neben dem Badeangebot wird viel Wert auf das Wohlbefinden gelegt: Spa-Pakete ab 1750 Skr (ca. 175 €), Massagen ab 540 Skr (ca. 54 €)

Gute Bademöglichkeiten **im Freien** gibt es auf Långholmen und im Smedsuddsbadet/Rålambshovsparken auf Kungsholmen.

▲ *Eine der schönsten Arten der Stadterkundung*

SKIFAHREN

Wer unbedingt möchte und etwas Glück mit dem Winterwetter hat, dem kann auch in Stockholm sein Wunsch nach

Skifahren erfüllt werden. Von wirklich alpinen Bedingungen ist eher nicht auszugehen, für einige Schwünge und viel Spaß sollte es dennoch reichen. Und mit dem Hammarbybacken in Hammarby liegt ein „Skigebiet" sogar in relativer Citynähe. Informationen erhält man unter:

- **Hammarbybacken:** www.skistar.com
- **Ekeby:** www.ekebyhovsbacken.se
- **Flottsbro:** www.flottsbro.se

STADTTOUREN

Die Möglichkeiten einer geführten Stadttour sind in Stockholm vielfältig. Dabei bieten sich Boots- und Bustouren, aber auch andere Varianten an:

- **Stockholm Sightseeing,** www.stockholmsightseeing.com, Tel. 08 12004000. Verschiedene Bootstouren durch die Stadt oder die vorgelagerten Inseln, Abfahrten von Strömkajen oder auch von Stadshusbron (Historische Kanal-Tour), auch Hop-On-Hop-Off-Touren. Preisbeispiel: Historische Kanalfahrt, 50 Min., 140 Skr (ca. 14 €)
- **City Sightseeing,** www.citysightseeing.com, Tel. 08 12004000. Bustouren durch Stockholm. Abfahrten vom Gustav Adolfs Torg oder vom Mynttorg (Kutschfahrt durch Gamla Stan), Abholung vom Hotel ist auch möglich. City Sightseeing hat auch kombinierte Boot-Bus-Touren im Programm. Preisbeispiel: Panoramatour, 1,5 h, 250 Skr (ca. 25 €)
- **Open Top Tours,** www.opentoptours.com, Tel. 08 12004000. Stadttouren im offenen Doppeldeckerbus oder im Boot. Ständiges Zu- oder Aussteigen gestaltet die Fahrt so attraktiv. Erwachsene 220 Skr (ca. 22 €), Kinder 6–11 Jahre 50 Skr (ca. 5 €), jüngere Kinder fahren kostenlos.
- **RIB Sightseeing,** www.ribsightseeing.se, Tel. 08 202260 o. 08 6114000, Museikajen 1, Blasieholmen, U-Bahn Kungsträdgården. 1,5 h für ca. 395 Skr (ca. 40 €)
- **Waxholmsbolaget,** www.waxholmsbolaget.se, Strömkajen (direkt vor dem Grand Hotel), Tel. 08 6146465 oder 08 6795830. Die 21 Schiffe der Waxholmsbolaget transportieren pro Jahr ca. 1,8 Mio. Passagiere, selbst in den abgelegensten Winkeln des Schärengartens ist man vor ihnen nicht „sicher".
- **Stockholmer Fahrradführungen,** www.stockholmadventures.se, Tel. 08 6422491. In 2–2,5 h können hier die Stockholmer City und einige Außenbezirke mit dem Drahtesel entdeckt werden. Der Spaß kostet ca. 300 Skr (ca. 30 €), Helm und Regenponcho sind inklusive, teilnehmen kann jeder, der Freude am Fahrradfahren hat.

130st Abb.: sk

Entschlossene baden im unmittelbaren Innenstadtbereich

- **Stockholmer U-Bahn,** www.sl.se/art. In den Sommermonaten geführte Touren durch die kunstvollen Bahnhöfe der Stockholmer U-Bahn, an unterschiedlichen Tagen rückt jeweils eine der Hauptlinien ins Hauptaugenmerk.
- **RoofTop Tour,** www.upplevmer.se, Norra Riddarholmenshamn 5, Tel. 08 223005, Riddarholmen, U-Bahn Gamla Stan. In Gruppen bis zu 10 Personen werden die Dächer auf Riddarholmen erklommen, um in 43 m Höhe eine ganz eigene Perspektive auf die Altstadt zu erhalten. Man ist am Seil gesichert, Helme werden gestellt. Ca. 90 Min.; in Englisch und Schwedisch, bei Nachfrage auch in Deutsch; 420 Skr, ca. 42 €.

131st Abb.: sk

Rundfahrten mit einem Ballon bieten an:

- **Far & Flyg,** www.farochflyg.se, Gröndalsvägen 38, Tel. 08 6457700, Gröndal. Flüge ab 1955 Skr (ca. 195 €).
- **Upp & Ner,** www.uppner.se, Gallerian, Kungsgatan 37, Tel. 08 6440400, Norrmalm. Flüge zwischen 995 Skr (ca. 100 €, Budgetversion) und 1795 Skr (ca. 180 €, Komfortversion). Auch Stadttouren mit Segways (ab 395 Skr, ca. 40 €) und RIB-Motorbooten.
- **Scandinavian Balloons AB,** www.balloons-sweden.se, Kungsgatan 73, Tel. 08 55640465, Kungsholmen, U-Bahn T-Centralen. Normalpreis 1995 Skr (ca. 200 €), teilweise werden Flüge im Internet günstiger angeboten.

Angelausflüge:

- **catch&relax,** www.catchrelax.se, Tel. 08 54491320. Seine Jägerinstinkte kann man bei einem Angelausflug in den Schärengarten ausleben. Ob es dabei eher aufregend oder ruhig zugeht, bleibt jedem selbst überlassen. Ausrüstung samt Picknickkorb werden gestellt.

STOCKHOLM-KARTE

Die Stockholm-Karte ist eine Karte, die zahlreiche Vergünstigungen und Ermäßigungen bietet. Sie gewährt freien Eintritt zu über 70 Museen und anderen Attraktionen, Ermäßigungen für weitere Einrichtungen, eine kostenlose Nutzung der öffentlichen Verkehrsmittel, freies Parken an den Parkuhren sowie zwei kostenlose Bootstouren: Rundfahrten um Djurgården und Kungsholmen.

◄ *Ein sicherlich unvergessliches Erlebnis bieten die PS-starken RIP-Motorboote*

135st Abb.: ld

▲ *Die Stockholmkarte – eine praktische und kostensparende Sache*

Dabei gibt es die Karte in folgenden Kategorien: 24-h-Karte 375 Skr (ca. 38 €, Kinder 180 Skr, ca. 18 €), 48-h-Karte 495 Skr (ca. 50 €, Kinder 210 Skr, ca. 21 €), 72-h-Karte 595 Skr (ca. 60 €, Kinder 230 Skr, ca. 23 €).

Die Zeit gilt ab der ersten Benutzung der Karte, erst dann wird – meist großzügig zugunsten des Nutzers – Datum und Uhrzeit eingetragen. Zu bedenken ist dabei, dass montags die meisten Museen geschlossen haben!

Detailliertere Informationen liefern ein kleines Informationsheftchen, in dem die meisten Einrichtungen vorgestellt werden und das in den Touristinformationen ausliegt, oder die Homepage im Internet unter www.stockholmtown.com.

TELEFONIEREN

Schweden verfügt über eine hochmoderne Telekommunikations-Infrastruktur. Neben den fast obligatorischen Breitband-Internetverbindungen, selbst in Kleinstädten und auf dem Lande, sind auch Telefonzellen an fast allen zentralen Punkten aufgestellt. Zumeist handelt es sich hierbei jedoch um Kartentelefone – die notwendigen **Telefonkarten** sind in Kiosken, Lebensmittelgeschäften, Tankstellen und natürlich bei den schwedischen Telefongesellschaften erhältlich. Die **Telefonzellen** sind multilingual und der Benutzer kann die gewünschte Sprache per Knopfdruck auswählen (wenn es nicht gerade ein vorderasiatischer Turkmenendialekt ist). Ausgesprochen günstig sind auch **Prepaid-Karten**, mit denen man praktisch rund um die Welt telefonieren kann. So kostet beispielsweise mit einer bei www.phonecards.se erstandenen Karte die Minute nach Deutschland nicht einmal zwei Cent pro Minute. Mit diesen Karten kann man sowohl vom Festnetz als auch vom Handy ins Ausland telefonieren.

Prinzipiell funktioniert das Telefonieren wie in Deutschland: Bei nationalen Gesprächen innerhalb Schwedens, egal ob zu Handys oder Festnetzanschlüssen, wählt man die jeweilige **Vorwahl** mit der „0". Das bedeutet z. B. bei einem Anruf ins Festnetz von Stockholm wählt man die „08" vor der eigentlichen Nummer. Möchte man von Schweden aus in Deutschland anrufen, wählt man zuerst „0049" und dann die deutsche Vorwahl ohne „0" (Beispiel für eine deutsche Festnetznummer: 0049 521 123456, deutsches Handy: 0049 170 123456). Bei Telefonaten von Deutschland, der Schweiz oder Österreich nach Schweden ist die Landesvorwahl „0046", d. h., ein Festnetzanschluss in Stockholm hätte folgende Durchwahl: 0046 8 123456.

Als absolut praktisch, wenn auch nicht unbedingt preisgünstig, erweisen sich natürlich **Mobiltelefone** in Schweden. Das Netz an Sendemasten ist sehr eng geknüpft und Funklöcher sind trotz der Größe des Landes relativ selten. Im spärlich besiedelten Nordschweden ist die mobile Anbindung jedoch etwas löchriger. Die Preise für ein Telefonat nach Deutschland schwanken sehr, hängen sie doch von diversen Faktoren wie dem deutschen Anbieter, dem schwedischen Roamingpartner, Vertrags- oder Prepaid-Handy, Tag und Uhrzeit ab. Am besten man informiert sich bereits in Deutschland über die entsprechenden Konditionen und Preise, damit nach der Rückkehr die böse Überraschung per Handyrechnung ausbleibt. Auf den Internetseiten der deutschen Anbieter findet man die Preise unter den Rubriken „Roaming" oder „Telefonieren im Ausland".

Bei längeren Aufenthalten in Schweden kann es sich durchaus lohnen, sein Handy mit einer schwedischen **Prepaid-Karte** auszustatten. Telefonate innerhalb Schwedens werden somit um ein Vielfaches billiger und von daheim kann man dann auf seiner neuen schwedischen Nummer angerufen werden, ohne dabei auch nur einen Cent Roaminggebühr zu bezahlen. Infos gibt es unter www.telia.se (das schwedische Pendant zur Telekom), www.tangomini.se, www.comviq.se, www.telia.se oder www.telenor.se.

Sehr preisgünstig ist hierbei – insbesondere bei Anrufen nach Deutschland – der schwedische Anbieter Comviq: im Preisplan „Amigos" kostet eine Minute vom eigenen Handy mit der Comviq SIM-Karte ins deutsche Festnetz nur ca. 5 Cent. Die SIM-Karten können in den meisten Kiosken wie z.B. 7-Eleven erstanden werden.

Preislich sehr attraktiv sind auch die Angebote vieler **Internetcafés.** Über das Internet (Stichwort „Voice over IP") kann man dort zu kleinen Preisen mit der Heimat telefonieren. Bekanntester Anbieter in diesem Segment dürft wohl die Firma Skype sein.

Das exquisite Grand Hotel, im Vordergrund die Abfahrtsstelle der Waxholm-Boote

UHRZEIT

In Schweden gilt, wie auch in Deutschland, Österreich und der Schweiz, die Mitteleuropäische Zeit (MEZ). Ebenso wie im kontinentalen Mitteleuropa werden auch in Schweden die Uhren Ende März auf die Mitteleuropäische Sommerzeit (MESZ) umgestellt, um dann im Herbst wieder eine Stunde zurückgestellt zu werden.

UNTERKUNFT

ALLGEMEINES

Die Stockholmer Hotellandschaft ist breit gefächert. Von der einfachen Schlafgelegenheit im Schlafsaal der Jugendherbergen *(Vandrarhem)* bis hin zur exquisiten Nobelbehausung in der Luxusherberge lässt auch die schwedische Hauptstadt nichts vermissen.

Erster Anlaufpunkt für Unterkunftsuchende wird die **Touristinformation** oder die Hotelzentrale im Hauptbahnhof (beide s. S. 267) sein. Hier kann man eine informative Broschüre über die Unterkünfte der Stadt erhalten (für Frühbucher: **www.stockholmtown.com/hotels**).

Autofahrer sollten bei dem Hotel ihrer Wahl unbedingt nachfragen, ob und zu welchen Konditionen **Parkmöglichkeiten** vorhanden sind.

Wichtiges und zugleich Kurioses gilt es über die **Übernachtungspreise** zu berichten: In den Sommermonaten reisen zwar die ausländischen Besucher an, dafür machen aber auch die Stockholmer – häufig auch zeitgleich mit dem ganzen Betrieb – und die übrigen Schweden Urlaub im Ausland oder in der eigenen Stuga (Hütte). Zudem bleiben auch die nicht zu unterschätzenden Geschäftsleute und Konferenzgäste aus. Dies bedeutet, dass die meisten Hotels spezielle Sommerpreise anbieten, die in der Regel um einige hundert Schwedische Kronen günstiger ausfallen! In Ausnahmefällen kann es sich aber auch schon mal um noch bedeutendere Beträge von über 1000 Skr (ca. 100 €!) handeln! Zudem unterscheidet man auch häufig zwischen den Wochenend- und **Wochentagtarifen:** In der Woche fallen die Preise (teilweise deutlich) höher aus als am Wochenende. Um einen generellen Preisvergleich zu ermöglichen, werden in diesem Kapitel die Wochentagspreise (also die teuerste Variante) angeführt. Einige Hotels bieten auch im Sommer spezielle Sonderangebote (z. B. 3 Übernachtungen für den Preis von 2) an – allerdings ist das häufig nur in Schwedisch angeschrieben. Es lohnt sich also nachzufragen!

Im **Schärengarten** sind die Unterkünfte speziell zum Wochenschluss häufig belegt, die Bettensuche kann sich folglich dank der geringen Alternativen problematisch gestalten. Daher ist es durchaus angebracht vorher wenigstens telefonisch anzufragen. Die Unterkünfte für die

137st Abb.: sk

UNTERKÜNFTE

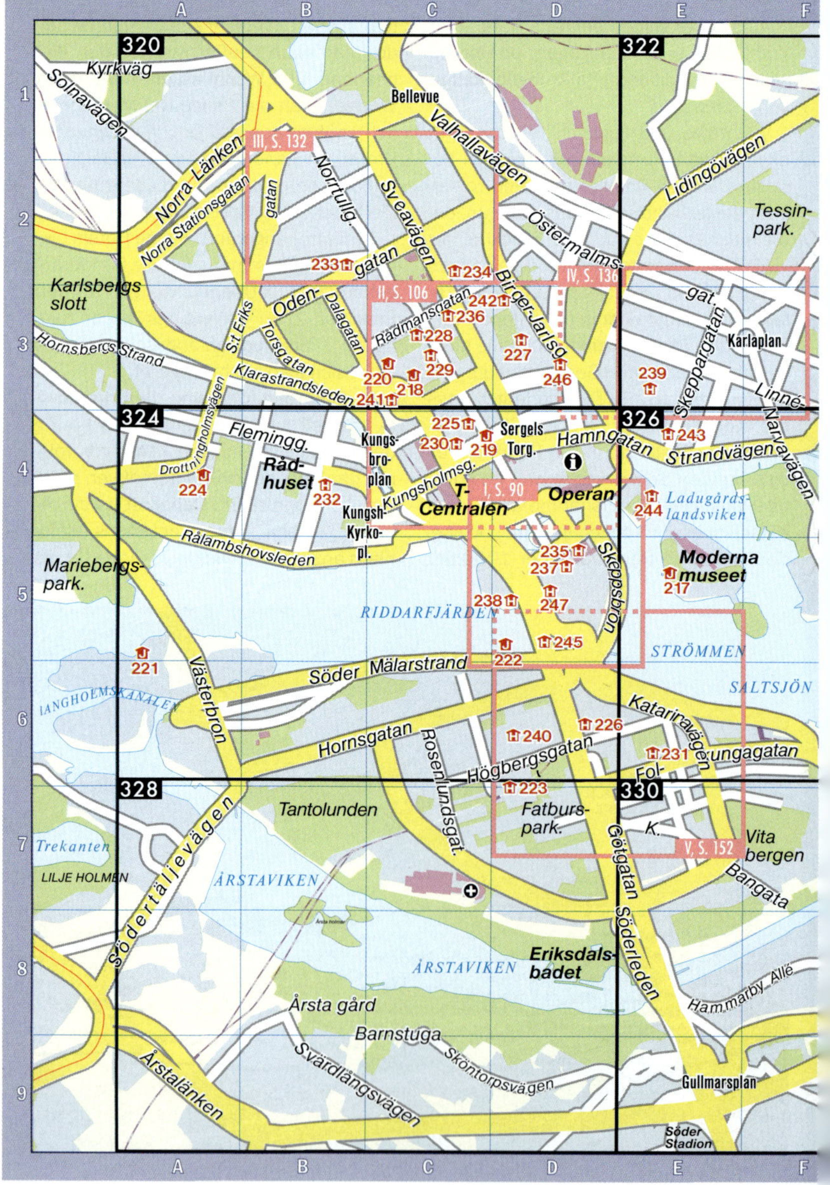

Urlaubsregionen im **Schärengarten** und rund um den **Mälaren** werden in den jeweiligen Kapiteln angeführt.

HÜTTEN

Hütten *(Stuga, Sommarhus)* für den schwedentypischen Urlaub im Umland Stockholms lassen sich am besten über das Internet (Zielregion eingeben oder über die Seiten der jeweiligen Touristinformation) oder bei den gängigen Anbietern und Vermittlern (z. B. Dancenter) buchen. Eine weitere hilfreiche Internetadresse ist unter www.stuga.nu zu finden. Vor Ort helfen die regionalen Touristenbüros weiter, auch wenn diese nur in den wenigsten Fällen direkt den Kontakt zu den Hüttenbesitzern herstellen.

Urlauber, die einfach Natur und Stille genießen wollen, seien auf das Angebot **Bo på lantgård** (www.bopalantgard.org) verwiesen: Die häufig wunderschön gelegenen (ehemaligen) Bauernhöfe liefern tiefere Einblicke in das Landleben.

ÜBERNACHTEN AM FLUGHAFEN

Für einige **Flugpassagiere** gestaltet es sich günstiger, gleich am Flughafen die Nacht zu verbringen. Auch hier stehen mehrere Unterkünfte zu Auswahl.

- **Ibis Hotel Arlanda Airport,** www.ibishotel.se, Tel. 08 6550100. EZ/DZ ab 795 Skr (ca. 80 €), 1,5 km östlich des Flughafens bei Lindskrog gelegen, kostenloser Shuttle zu den Terminals.
- **Jumbohostel,** www.jumbohostel.se, Tel. 08 59360400. Übernachten in einer

PREISKATEGORIEN

Die Preisangaben in den Überschriften beziehen sich auf eine Nacht im Doppelzimmer.

stillgelegten und umgebauten Boing 747 direkt bei der Anfahrt zum Termial. 85 Betten verteilt auf 25 Zimmer; Cockpit-Suite (3300 Skr, ca. 330 €), Betten ab 350 Skr (ca. 35 €), EZ ab 950 Skr (ca. 95 €), DZ ab 1200 Skr (ca. 120 €)

› **Radisson SAS Skycity Hotel,** www.skycity.stockholm.radissonsas.com, Tel. 08 50674000. Zimmer ab 1795 Skr (ca. 180 €), näher geht es nicht: Das Hotel ist im Gebäudekomplex des Flughafens direkt in der „Skycity" im Hauptterminal, untergebracht.

BED & BREAKFAST

Zwei hervorragende Adressen für Bed- & Breakfast-Unterkünfte in Stockholm sind:

› **Bed & Breakfast Service Stockholm,** www.bedbreakfast.se, Sidenvägen 17, Tel. 08 6605565, Ekerö

› **Bed and Breakfast Center Stockholm,** www.bed-and-breakfast.se, Tel. 08 7300003 oder 020 730000

GÜNSTIGE UNTERKÜNFTE (BIS 60 €)

217 [E5] **Af Chapman,** www.stfchapman.com, Flaggmansvägen 8, Tel. 08 4632266, Skeppsholmen, U-Bahn Kungsträdgården. Bett ab 235 Skr (ca. 24 €), EZ ab 570 Skr (ca. 57 €), DZ ab 315 Skr (ca. 32 €). Das Vorzeigehostel der Stadt, man kann auf einem beeindruckenden, 2007/08 rundum renovierten Dreimaster direkt gegenüber der Altstadt nächtigen.

218 [II C3] **City Backpackers Hostel,** www.citybackpackers.se, Upplandsgatan 2A, Tel. 08 206920, Norrmalm, U-Bahn Hötorget. Betten ab 230 Skr (ca. 23 €), DZ ab 650 Skr (ca. 65 €), Waschmaschinenbenutzung 50 Skr (ca. 5 €)

219 [II C4] **City Lodge Hostel,** Tel. 08 226630, www.citylodge.se, Klara Norra Kyrkogata 15, Norrmalm, U-Bahn Hötorget oder T-Centralen. Bett ab 220 Skr (ca. 22 €), EZ ab 530 Skr (ca. 53 €), DZ ab 740 Skr (ca. 74 €), einfaches Frühstück 60 Skr (ca. 6 €), Wäsche 60 Skr (ca. 6 €); Fahrrad für 150 Skr (ca. 15 €). Ein günstiges und einfaches Hostel mitten in der Stadt.

220 [II C3] **Colonial Hotell,** www.colonial.se, Västmannagatan 13, Tel. 08 217630, Norrmalm, U-Bahn Rådmansgatan. Einfache Zimmer: EZ 590 Skr (ca. 59 €), DZ 690 Skr (ca. 69 €), Hotel: EZ 795 Skr (ca. 80 €), DZ 995 Skr (ca. 100 €). Einfache und zweckmäßige Unterkunft, sowohl Hotel als auch Jugendherberge; einfaches Frühstück.

221 [A5] **Långholmen Vandrarhem und Hotel,** www.langholmen.com, Långholmsmuren 20, Tel. 08 7208500, Långholmen, U-Bahn Hornstull. **Vandrarhem:** Betten ab 280 Skr (ca. 28 €), DZ ab 335 Skr (ca. 34 €), Frühstück 90 Skr (ca. 9 €), **Hotel:** EZ ab 1290 Skr (ca. 130 €), DZ ab 1590 Skr (ca. 160 €). Faszinierend ist sicherlich das Gebäude an sich: Es handelt sich dabei um ein ehemaliges Gefängnis, man schläft folglich nicht in Zimmern, sondern in Zellen; ein unvergessliches Erlebnis und Gefühl, sich in dieser Atmosphäre in Sicherheit zu wiegen.

► *Eine ehemalige Gefängnisszelle in Långholmen*

☐ Karte Seite 288

222 [V D5] **The Red Boat Mälaren,** www.theredboat.com, Södermälarstrand Kajplats 6, Tel. 08 6444385, Södermalm, U-Bahn Gamla Stan. **Vandrarhem:** EZ ab 450 Skr (ca. 45 €), DZ ab 590 Skr (ca. 59 €), Betten ab 230 Skr (ca. 23 €), Frühstück 65 Skr (ca. 6,50 €), **Hotel:** EZ ab 750 Skr (ca. 75 €), DZ ab 950 Skr (ca. 95 €). Für alle, die einmal bei leichtem Wellengang nächtigen wollen; ein unvergessliches und preisgünstiges Erlebnis, zwischen den beiden Übernachtungsbooten liegt ein sehr zu empfehlendes Restaurantschiff; was will man mehr?

223 [V D6] **Tre Små Rum,** Tel. 08 6412371, www.tresmarum.se, Högbergsgatan 81, Södermalm, U-Bahn Mariatorget. EZ/DZ ab 795 Skr (ca. 80 €), Fahrrad für 150 Skr (ca. 15 €). Unkonventionell geführte, beliebte und daher ständig ausgebuchte Unterkunft; Vorbuchungen sind also unbedingt zu empfehlen.

224 [A4] **Vandrarhem Fridhemsplan,** www.fridhemsplan.se, Tel. 08 6538800, Sankt Eriksgatan 20, Kungsholmen, U-Bahn Fridhemsplan. Betten ab 275 Skr (ca. 28 €), EZ ab 500 Skr (ca. 50 €), DZ ab 650 Skr (ca. 65 €). Eine der modernsten und meist besuchtesten Unterkünfte im ruhigeren Kungsholmen.

MITTLERE PREISKLASSE (70–250 €)

225 [II C4] **Adlon Hotel,** www.adlon.se, Vasagatan 42, Tel. 08 4026500, Norrmalm, U-Bahn T-Centralen. EZ ab 800 Skr (ca. 80 €), DZ ab 1500 Skr (ca. 150 €). Ein gutes Hotel, das von seiner Innenstadtlage profitiert.

226 [V D6] **Anno 1647,** www.anno1647.se, Mariagränd 3, Tel. 08 4421680, Södermalm, U-Bahn Slussen. EZ ab 1065 Skr (ca. 106 €), DZ ab 1245 Skr (ca. 125 €). Eines der etabliertesten Häuser der Stadt, zuvorkommendes Personal, von hier aus lassen sich Södermalm und die übrige Stadt hervorragend erkunden.

138st Abb.: ld

227 [II D3] **Art Hotel,** www.arthotel.nu, Tel. 08 4023760, Johannesgatan 12, U-Bahn Hötorget. EZ ab 790 Skr (ca. 80 €), DZ ab 1190 Skr (ca. 120 €). Kleine, gemütliche Unterkunft in günstiger und ruhiger Lage.

228 [II C3] **August Strindberg Hotell,** www.hotellstrindberg.se, Tegnérgatan 38, Tel. 08 325006, Vasastan, U-Bahn Rådmansgatan. EZ ab 895 Skr (ca. 90 €), DZ ab 1395 Skr (ca. 140 €). Hotel mit Charme, sehr gutes Frühstücksbuffet, Nachteil: Fahrstuhl fehlt, einige Räume sind recht hellhörig.

229 [II C3] **Bema Hotell,** www.hotelbema.se, Upplandsgatan 13, Tel. 08 232675, Norrmalm, U-Bahn Rådmansgatan. EZ ab

136st Abb.: ld

850 Skr (ca. 85 €), DZ ab 1050 Skr (ca. 105 €). Preiswerte Unterkunft in günstiger Lage. Gefrühstückt wird auf dem Zimmer.

230 [II C4] **Central Hotel,** www.profilhotels.se, Vasagatan 38, Tel. 08 56620800, Norrmalm, U-Bahn T-Centralen. EZ ab 1600 Skr (ca. 160 €), DZ ab 1850 Skr (ca. 185 €). Verkehrstechnisch ist das modern eingerichtete Hotel kaum zu schlagen, zu Fuß ist man zudem sofort in der City.

231 [V E6] **Columbus Hotell,** www.columbushotell.se, Tjärhovsgatan 11, Tel. 08 50311200 oder 6441717, Södermalm, U-Bahn Medborgarplatsen. EZ ab 1295 Skr (ca. 130 €), DZ ab 1595 Skr (ca. 160 €). Angenehmes Hotel mit jungem Publikum im momentan sehr angesagten Södermalm.

232 [B4] **First Hotel Amaranten,** www.firsthotels.com/amaranten, Kungsholmsgatan 31, Tel. 08 6925200, Kungsholmen, U-Bahn Rådhuset. EZ ab 1000 Skr (ca. 100 €), DZ ab 1300 Skr (ca. 130 €). Großzügige Eingangshalle, großes Hotel in noch guter Fußentfernung zur City.

233 [III B2] **Gustav Vasa Hotel,** Tel. 08 54544805, www.gustavvasahotel.se, Västmannagatan 61, Vasastan, U-Bahn Odenplan. EZ ab 760 Skr (ca. 76 €), DZ ab 1030 Skr (ca. 103 €). Dielen, Stuck, hohe Decken, sehr schön eingerichtete Zimmer, mit etwas Glück bekommt man ein Zimmer mit Blick auf die Kirche.

234 [III C2] **Hotel Hellsten,** www.hellsten.se, Tel. 08 6618600, Luntmakargatan 68, U-Bahn Rådmansgatan. EZ ab 1190 Skr (ca. 120 €), DZ ab 1590 Skr (ca. 160 €). Hotel zum Wohlfühlen in ruhiger Lage, zentrumsnah.

235 [I D5] **Lady Hamilton,** www.lady-hamilton.se, Storkyrkobrinken 5, Tel. 08 50640100, Gamla Stan, U-Bahn Gamla Stan. EZ ab 1650 Skr (ca. 165 €), DZ ab 2100 Skr (ca. 210 €). Niveauvolles und traditionsreiches Hotel mitten in der Altstadt, in dieser Umgebung und in den liebevoll hergerichteten Zimmern fühlt man sich in vergangene Tage zurückversetzt; sehr gutes Frühstücksbuffet, was allerdings auch extra kostet.

236 [II C3] **Lilla Rådmannen,** Tel. 08 50621500, www.freyshotels.com, Rådmansgatan 67, Vasastan, U-Bahn Rådmansgatan. EZ ab 1690 Skr (ca. 170 €), DZ ab 1890 Skr (ca. 190 €). Ansprechendes und einfaches Hotel in guter Lage zum Zentrum.

237 [I D5] **Lord Nelson,** www.lord-nelson.se, Västerlånggatan 22, Tel. 08 50640120, Gamla Stan, U-Bahn Gamla Stan. EZ ab 1850 Skr (ca. 185 €), DZ ab 2150 Skr (ca. 215 €). Gemäß eigener Auskunft das schmalste Hotel der Stadt, was keinesfalls die hohe Qualität beeinträchtigt: In der belebten Västerlånggatan gelegen wird hier das gewisse Etwas vermittelt, durch das interessante Ambiente fühlt man sich wie auf einem Schiff.

238 [I D5] **Mälardrottningen,** www.malardrottningen.se, Tel. 08 54518780, Riddarholmen, U-Bahn Gamla Stan. EZ ab 1000 Skr (ca. 100 €), DZ ab 1100 Skr (ca. 110 €). Wohnschiff im Riddarfjärden, zum Frühstück begrüßen einen wahlweise die Ausblicke nach Södermalm, zur Altstadt oder über den Riddarfjärden zum Stadshuset.

239 [IV E3] **Örnsköld Hotell,** Tel. 08 6670285, www.hotelornskold.se, Nybrogatan 6, Östermalm, U-Bahn Östermalmstorg. EZ ab 895 Skr (ca. 90 €), DZ ab 1495 Skr (ca. 150 €). Gemütliches Hotel in unmittelbarer Nähe der attraktiven Ziele rund um Stureplan und Nybroviken, das Frühstück wird auf dem Zimmer serviert.

240 [V D6] **Rival Hotel,** www.rival.se, Mariatorget 3, Tel. 08 54578900, Södermalm, U-Bahn Mariatorget. EZ ab 1990 Skr (ca. 199 €), DZ ab 2190 Skr (ca. 219 €). „Ich habe bei Benny Andersson von ABBA geschlafen!", wer möchte das nicht sagen nach einem Stockholm-Besuch?! Das ehemalige Bandmitglied *Benny Andersson* ist seit 2003 Besitzer dieses besonderen Art-déco-Hotels im Herzen von Södermalm. Das Lied auf der Homepage wurde übrigens auch von den ABBA-Männern komponiert.

TOP-PREISKLASSE (180–380 €)

241 [C3] **Clarion Hotel Sign,** www.choicehotels.no, Östra Järnvägsgatan 35, Tel. 08 6769800, Norrmalm, U-Bahn T-Centralen. Die Riesenanlage ist top modern, von bekannten Designern eingerichtet und zentral in der City. Zimmer wochentags ab 2000 Skr (ca. 200 €), am Wochenende ab 1200 Skr (ca. 120 €).

242 [II D3] **Crystal Plaza Hotel,** www.crystalplazahotel.se, Birger Jarlsgatan 35, Tel. 08 4068800, Östermalm, U-Bahn Östermalmstorg. EZ ab 840 Skr (ca. 84 €), DZ ab 1080 Skr (ca. 108 €). Das schöne Gebäude lockt seine Gäste vor allem durch seine zentrale Lage.

067st Abb.: sk

► *Die schöne Außenfassade des Hotels Diplomat am Nybroviken*

◄ *Columbushotel in der netten Umgebung Södermalms*

243 [E4] **Hotel Diplomat,** www.diplomathotel.com, Strandvägen 7C, Tel. 08 4596800, Östermalm, U-Bahn Kungsträdgården. EZ ab 1995 Skr (ca. 200 €), DZ ab 2495 Skr (ca. 250 €). Sicherlich eines der besten Häuser der Stadt mit spektakulärer Außenfassade, die sich in der Inneneinrichtung fortsetzt, einzigartige Lage am Nybroviken.

244 [D4] **Grand Hotel Stockholm,** www.grandhotel.se, Blasieholmshamn 8, Tel. 08 6793500, Norrmalm, U-Bahn Kungsträdgården. EZ ab 2800 Skr (ca. 280 €), DZ ab 3200 Skr (ca. 320 €), Frühstück (255 Skr, ca. 25 €) ist nicht immer eingerechnet. Wird häufig als die erste Adresse in Stockholm angepriesen; sicherlich auch eine Frage des Geldbeutels; dort befindet sich auch eines der besten Speiserestaurants der Stadt.

245 [V D5] **Hilton Stockholm Slussen,** www.hilton.de/stockholm, Guldgränd 8, Tel. 08 51735300, Södermalm, U-Bahn Slussen. EZ/DZ ab 2590 Skr (ca. 260 €). Trotz Hauptverkehrsstraße und Schienenverkehr: Die Hilton-Macher werden schon für einen geruhsamen Schlaf gesorgt haben; aber gerade die extravagante Lage garantiert das einmalige Panorama mit Ausblick über Gamla Stan und den Riddarfjärden; zudem günstige Lage zur Altstadt und nach Södermalm.

246 [II D3] **Kung Carl Hotell,** www.hkchotels.se, Birger Jarlsgatan 21, Tel. 08 4635000, Norrmalm, U-Bahn Östermalmstorg. EZ ab 1670 Skr (ca. 167 €), DZ ab 1860 Skr (ca. 186 €); Unterkunft in zentraler Lage beim Stureplan; ein gutes Restaurant findet sich hier ebenfalls.

247 [I D5] **Victory Hotel,** Tel. 08 50640010, www.victory-hotel.se, Lilla Nygatan 5, Gamla Stan, U-Bahn Gamla Stan. EZ ab 1800 Skr (ca. 180 €), DZ ab 2100 Skr (ca. 210 €). Niveauvolles Hotel mit Flair; die attraktive Altstadt liegt wortwörtlich vor der Tür; zudem mit einem sehr guten Restaurant.

VERKEHRSMITTEL

Gleich vorweg: Wenn man sich in Stockholm fortbewegen möchte, ist es eine gute Idee, auf die öffentlichen Verkehrsmittel *(Storstockholms Lokaltrafik, SL, www.sl.se),* vor allem auf die **U-Bahn,** zurückzugreifen. Neben so verkehrstechnisch wichtigen Eigenschaften wie schnell, zuverlässig und günstig beschreiben Adjektive wie schön, sicher und sauber die U-Bahn *(Tunnelbana,* kurz *T-bana)* auf trefflichste Weise. Stockholms U-Bahn-Stationen werden auch gerne als „längste Kunstgalerie der Welt" tituliert. Beinahe alle U-Bahn-Stationen können Kunstwerke in den unterschiedlichsten Variationen präsentieren, weit über 100 Künstler haben sich an der Gestaltung beteiligt. Dafür sind vor allem im Innenstadtbereich die Stationen Kungsträdgården, T-Centralen und Rådhuset herausragende und bezaubernde Beispiele. Informationen zu Führungen durch den mit Kunstwerken gespickte Untergrund findet man unter www.sl.se/art. Wichtigster Knotenpunkt im aus drei Linien bestehenden U-Bahn-Netz (Blaue, Grüne und Rote Linie) ist die Station T-Centralen am Hauptbahnhof. Dies ist ebenfalls ein zentraler Punkt im weitverzweigten **Busnetz** der Stadt. Wer sich für den Bustransport entscheidet, sollte im Besitz eines Fahrscheins sein, der nur noch entwertet werden muss, ein Lösen im Bus kann mit Schwierigkeiten verknüpft sein. Auch bilden sich an den Bushaltestellen in den Stoßzeiten gerne längere Schlangen. Dann gilt es, sich geduldig anzustellen. Neben dem Hauptbahnhof gibt es an den Stationen Tekniska Högskolan (nach Roslagen und Vaxholm), Ropsten (nach Lidingö), Slussen (nach Nacka und

141st Abb.: sk

Värmdö) und Gullmarsplan (nach Tyresö und Haninge) Anschlüsse in das nahe Umland.

Die **Fahrpreise** staffeln sich folgendermaßen: Tagesticket 100 Skr (ca. 10 €, ermäßigt 60 Skr, ca. 6 €), 3-Tages-Ticket 200 Skr (ca. 20 €, ermäßigt 120 Skr, ca. 12 €). Die 16er-Karte *(Remsa)*, gültig für 8 Fahrten, ist für 180 Skr (ca. 18 €) zu haben. Kinder unter 7 Jahren in Begleitung eines Erwachsenen fahren ebenso kostenlos wie bis zu 6 Kinder in Begleitung eines Erwachsenen mit gültigem Ticket an den Wochenenden ab Freitag 12 Uhr. Mit der Stockholm-Karte fährt man kostenlos. Ein Erwachsener mit Kinderwagen darf ebenfalls umsonst Bus und U-Bahn nutzen. In der U-Bahn gelten die Tickets nach dem Abstempeln für eine Stunde, dabei darf auch die Station verlassen werden. **Fahrscheine** können in den zahlreichen Pressbyrå-Läden, die von frühmorgens bis spätabends geöffnet haben, oder an den SL-Ständen erworben werden.

Informationen sind erhältlich an den Informationsbüros am Hauptbahnhof oder am Slussen, unter Tel. 08 6001000 oder im Internet unter www.sl.se.

Noch flexibler ist man natürlich mit einer der zahlreichen **Taxen** (z. B. Taxi 020, Tel. 020 202020 oder Taxi Stockholm, Tel. 08 150000). In letzter Zeit häuften sich jedoch Beschwerden über teilweise recht abstruse Preisvorstellungen der Taxifahrer oder immense Unterschiede bei ein und derselben Strecke – und dies speziell in den Sommermonaten.

Trampen ist in Stockholm und Schweden unüblich!

▲ *Kunstwerke in der U-Bahn-Stationen machen die Stockholmer T-bana zur „längsten Kunstgalerie der Welt“*

In den wärmeren Jahreszeiten kann man von der Möglichkeit Gebrauch machen, auf öffentlich zugängliche Fahrräder (www.citybikes.se, Tel. 077 4442424) umzusatteln. Eine Saisonkarte vom 1. April bis 31. Oktober kostet 250 Skr (ca. 25 €; online 200 Skr, ca. 20 €), eine 3-Tages-Karte 125 Skr (ca. 13 €). Unter anderem können die Karten auch an den SL-Vorverkaufsstellen am Sergels Torg, am Bahnhof, beim Slussen oder im Sverigehuset erworben werden. An mittlerweile 73 über die Stadt verteilte Stellen kann man die gut gepflegten Drahtesel entnehmen und wieder abstellen. Man darf zunächst nur 3 h fahren, danach ist das Fahrrad abzustellen; ein neues kann aber sofort – falls vorhanden – ausgeliehen werden. Schäden sollten dem Servicebüro gemeldet werden, Helme sind zu empfehlen und können ebenfalls ausgeliehen werden. Das Ausleihen ist täglich von 6–22 Uhr möglich.

ZEITUNGEN, BIBLIOTHEKEN UND FERNSEHEN

Empfehlenswerte **schwedische Zeitungen** sind *Dagens Nyheter* und *Svenska Dageblatt.* Freunde des Boulevardjournalismus finden sich eher im *Expressen* oder *Aftonblatt* wieder. **Fremdsprachige Zeitungen** finden sich überall dort, wo mit fremdsprachiger Kundschaft gerechnet werden kann. Neben dem Hauptbahnhof sind dies natürlich die touristischen Zentren wie Drottninggatan oder Gamla Stan – dort sind die Ausgaben allerdings dann auch ein wenig teurer.

Eine andere gute Adresse ist der Lesesaal im Kulturhuset am Sergels Torg, wo in charmanter Atmosphäre einige Zeitungen und Zeitschriften ausliegen.

Wer sich gerne Bücher ausleihen möchte, ist bei folgenden Adressen richtig (zum Kaufen von Büchern siehe Kapitel „Stockholm für Kauflustige"):

Stadsbibliotek, www.biblioteket.stockholm.se, Odengatan 63, Tel. 08 50831100, Vasastan, U-Bahn Odenplan. Mo.–Do. 9–21 Uhr, Fr. 9–19 Uhr, Sa./So. 12–16 Uhr

Internationella Biblioteket, Tel. 08 50831288/9, www.interbib.se, Odengatan 59, Vasastan, U-Bahn Odenplan. Mo.–Do. 9–20 Uhr, Fr. 9–19 Uhr, Sa./So. 12–16 Uhr Bücher und Medien in gängigen und ungewöhnlichen Sprachen

Im selben Haus befindet sich eine Bibliothek für Zeitungen und Zeitschriften mit einer Auswahl an beinahe 200 Tageszeitungen in 70 Sprachen:

Tidnings- och Tidskriftsbiblioteket, Odengatan 59, Tel. 08 50831058/46, Vasastan, U-Bahn Odenplan

Wer einen Abstecher in seine Vergangenheit unternehmen möchte, dem sei mit einem Verweis auf das **Fernsehen** geholfen: Zu vorgerückter Stunde oder am Vormittag kann man beispielsweise auf dem zweiten Kanal des öffentlich-rechtlichen Senders noch das gute alte Testbild entdecken. Ansonsten unterscheidet sich die schwedische Fernsehlandschaft nicht gravierend von Kontinentaleuropa. Neben den öffentlich-rechtlichen Anstalten existiert ein breites Angebot an kommerziellen Sendeanstalten.

ANHANG

LITERATURTIPPS

Die Möglichkeiten, sich auf Stockholm einzustimmen, sind vielfältig. Eine klassische Annäherung erfolgt über die beiden großen schwedischen Literaten *Selma Lagerlöf* und *August Strindberg* oder auch über *Kurt Tucholsky.*

LITERARISCHES

- **Selma Lagerlöf: Wunderbare Reise des kleinen Nils Holgersson mit den Wildgänsen** (mehrfach neu aufgelegt). Die Nobelpreisträgerin verfasste mit der Geschichte des kleinen Nils ein wahres Meisterwerk der schwedischen Literaturgeschichte. Bei dem Flug über die schwedischen Landschaften von Skåne bis Lappland darf natürlich eine ausführliche Darstellung der Stockholmer Regionen nicht fehlen.
- **August Strindberg: Die Leute von Hemsö** (ebenfalls mehrmals neu aufgelegt). Strindberg beschreibt das Leben auf der fiktiven Schäreninsel Hemsö. Damit traf er wie gewohnt den Geschmack der Mehrzahl seiner Leser, da jedoch die fiktiven Gestalten Hemsös zu große Ähnlichkeiten mit den realen Bewohnern der Schäreninsel Kymmendö aufwiesen, nahmen ihm die (offensichtlich humorlosen) Bewohner Kymmendös diesen literarischen Ausflug doch recht übel.
- **Kurt Tucholsky: Schloss Gripsholm** (vielfach aufgelegt). Mit dem rührenden Liebesroman schuf Tucholsky einen echten Klassiker über Schweden, der schon Generationen von Lesern verzauberte.

GESCHICHTLICHES UND WISSENSWERTES

- **Ingrid Bohn: Kleine Geschichte Stockholms;** Regensburg 2008. Die Autorin richtet in ihrer aktuellen Übersicht ihr Hauptaugenwerk auf die Geschichte der schwedischen Hauptstadt, ohne dabei entscheidende Einflüsse auf das ganze Land aus den Augen zu verlieren.
- **Agnes Bühring/Alexander Budde: Schweden. Eine Nachbarschaftskunde;** Berlin 2007. Der Schwerpunkt wird auf das moderne Schweden gelegt, wobei Hintergründe interessant aufgezeigt und vergnügliche Anekdoten geschickt eingeflochten werden.
- **Rasso Knoller: Die Dancing Queen im Schärengarten. Stockholmer Spiegelungen;** Wien 2008. In kurzen und knackigen Erzählungen werden in diesem kleinen Bändchen liebevolle, überraschende und unbekannte Geschichten über Stockholm und seine Bewohner präsentiert.
- **Antje Rávic Strubel: Gebrauchsanweisung für Schweden;** 2. Auflage München 2008. Die Autorin zeigt hier ihre ganz persönliche Sichtweise auf Land und Leute. Ihre Eindrücke machen neugierig und wecken die Lust aufs Reisen.
- **Geo-Spezial: Schweden;** Hamburg 2009. In diesem Sonderheft finden sich eine Mischung aus Neugier weckenden Berichten gespickt mit guten Fotos. Auch hier darf selbstverständlich ein umfangreiches Kapitel zu Stockholm nicht fehlen.
- **Harm G. Schröter: Geschichte Skandinaviens;** München 2007. Mit dem kleinen Bändchen gelingt dem Geschichtsprofessor aus Bergen der Versuch, die großen skandinavischen Zusammenhänge auf kleinem Raum prägnant auf den den Punkt zu bringen.
- **Ralph Tuchtenhagen: Kleine Geschichte Schwedens;** München 2008. Anschaulich und kompakt liefert der Schwedenkenner Tuchtenhagen einen kurzweiligen Überblick über die Landesgeschichte von der Zeit der

Wikinger bis heute. Eine recht umfangreiche Zeittafel sowie eine kurze Bibliografie runden den Titel gelungen ab.

BILDBÄNDE

- **Das eingespielte Duo Ulrike Ratay** (Text) und **Max Galli** (Fotos) wirft gleich mehrere sehenswerte Bildbände auf den Markt. Allerdings handelt es sich dabei ausschließlich um Motive aus ganz Schweden, wobei selbstverständlich Impressionen der schwedischen Hauptstadt nicht fehlen. Wer sich für Bildbände mit ausschließlich Stockholmer Motiven begeistert, dem kann man empfehlen, sich direkt in Stockholm damit einzudecken. Die vielen Buchläden, etwa auch der Sweden Bookshop, bieten diesbezüglich eine verführerische Auswahl.

SPANNENDES

Gleich eine ganze Reihe der berühmten schwedischen Krimiautoren lassen ihre Protagonisten in Stockholm (zumindest zeitweise) auf Verbrecherjagd gehen. Je nachdem kann man sich in Stockholm auf ihre kriminalistischen Spuren begeben oder einfach nur die spannende Lektüre vor Originalkulisse genießen.

- **Maj Sjöwall, Per Wahlöö:** Die „Begründer“ dieses Genres veröffentlichten in der Zeit zwischen 1965–1975 ihre 10 nun schon legendären, zeitlosen und vielfach verfilmten Krimis um ihren Helden Kommissar Martin Beck.
- **Liza Marklund:** Seit den 1990er Jahren lässt Liza Marklund ihre weibliche Heldin Annika Bengtzon in der schwedischen Hauptstadt ermitteln. 7 Bände sind in der kleinen Reihe bisher erschienen.
- **Jan Guillou:** Agententhriller im Geheimdienstmilieu. Ein weiterer Vertreter der schwedischen Krimizunft ist Jan Guillou. Für die nun schon etwas in die Jahre gekommen Agentenstorys um den schwedischen Superspion Carl Hamilton alias Coq Rouge, wählte Guillou auch Stockholm als Ausgangsbasis der Abenteuer seines Helden. Dabei scheint er über gewisses Insiderwissen zu verfügen: 2009 konnte ihm die Tageszeitung Expressen tatsächlich eine Tätigkeit für den KGB in den Jahren 1967–73 nachweisen.
- **Jan Guilllou:** Triologie um den schwedischen Kreuzfahrer Arn. In letzter Zeit traf Guillou mit diesen fiktiven Abenteuerromanen den Geschmack seiner verzückten Leserschaft, die so ganz nebenbei und auf spannende Art und Weise viel über die schwedische Geschichte erfuhr.
- **Stieg Larsson:** Die Bestseller-Triologie des leider inzwischen verstorbenen Autors mit den Titeln „Verblendung“, „Verdammnis“ und „Vergebung“ ist nicht nur für Krimifans absolut lesenswert. Und nebenbei wohnen die zwei Hauptprotagonisten – der Journalist Mikael Blomkvist und die ungewöhnliche Ermittlerin Lisbeth Salander – auch noch mitten in Stockholm. Inzwischen auch verfilmt.

SPRACHHILFE

- **Karl Axel Daude: Schwedisch Wort für Wort;** Bielefeld. Erschienen in der Kauderwelsch-Reihe des Reise Know-How Verlages ist dies ein praktischer Sprachführer, der gewährleistet, auf der Reise sprachlich nicht auf verlorenem Posten zu stehen. Passend dazu ist der AusspracheTrainer und Schwedisch digital – Wort für Wort für den PC (CD-ROM) erhältlich.

KLEINE SPRACHHILFE

Die offensichtlichsten Besonderheiten des schwedischen Alphabets sind die drei zusätzlichen Buchstaben *Å, Ä* und *Ö*. Sie haben ihren Platz am Ende des Alphabets, was beim Nachschlagen von Wörtern wichtig sein könnte.

Dem Whiskey sei Dank: Aufgrund solch internationaler Wörter wie eben *Whiskey* oder auch *Wok* oder *Web* hat sich die Schwedische Akademie nach gut 140 Jahren und 12 Ausgaben ihres Wörterbuches dazu durchgerungen, im Jahre 2006 nun auch offiziell den Buchstaben „W“ ins schwedische Alphabet zu übernehmen.

Hinsichtlich der Schreibweise sollte man wissen, dass im Schwedischen die Wörter *klein* geschrieben werden – Ausnahmen sind Eigennamen. Auch findet man beispielsweise den Namen Gusta*v(f) V(W)*asa in allen möglichen Buchstabenkombinationen mit den Buchstaben *f, v* oder *w*. Gleiches findet man in ähnlichen Fällen ebenfalls bei den Buchstaben *C* und *K*.

Bezüglich der Aussprache gibt es an dieser Stelle nur einige recht allgemeine Hinweise: Die schwedische Sprache hat eine gewisse Nähe zum Deutschen. Ein sehr hoher Anteil der schwedischen Wörter sind deutsche Lehnwörter und wer noch Plattdeutsch sprechen kann, hat es vielerorts etwas leichter. Manchmal hilft es bei einer fehlenden Vokabel schon, einfach eine schwedische Endung an das entsprechende deutsche oder auch englische Wort zu setzen – häufig klappt es tatsächlich. Dies ist sicherlich auch darauf zurückzuführen, dass sehr viele Schweden der deutschen und englischen Sprache mächtig sind. Um Begriffe, Vokabeln und auch Zusammenhänge beim Lesen zu verstehen, sollte man Textpassagen einfach laut und bewusst lesen und schon eröffnet sich einem zumindest teilweise der Inhalt.

Auch spricht man in Stockholm eigentlich keinen besonderen Dialekt, die Aussprache und das Verstehen gestalten sich folglich bei Weitem nicht so kompliziert wie beispielsweise im südlichen Landesteil Skåne.

Symptomatisch ist vielleicht, dass es im Schwedischen ebenfalls das Wort *besserwisser* gibt und es eben auch genau dies bedeutet. Genauso interessant ist, dass der ursprüngliche Familienname *Quisling, Vidkun Quisling* war Chef einer „nationalen Regierung“ Norwegens während der NS-Besatzung, nun in der Schwedischen Sprache die Bedeutung für *(Landes-)Verräter* erhalten hat.

HÄUFIG GEBRAUCHTE WÖRTER UND REDEWENDUNGEN

Zahlen

0	*noll*	7	*sju*
1	*en/ett*	8	*åtta*
2	*två*	9	*nio*
3	*tre*	10	*tio*
4	*fyra*	11	*elva*
5	*fem*	12	*tolv*
6	*sex*	13	*tretton*

14	*fjorton*	40	*fyrtio*
15	*femton*	50	*femtio*
16	*sexton*	60	*sextio*
17	*sjutton*	70	*sjuttio*
18	*arton*	80	*åttio*
19	*nitton*	90	*nittio*
20	*tjugo*	100	*hundra*
21	*tjugoett*	1000	*tusen*
30	*tretio*		

Basiswissen und Redewendungen

Ich	*jag*	Bitte	*varsågod*
Du	*du*	Entschuldigung	*ursäkta, förlåt*
Er	*han*	Guten Tag/Hallo	*hej*
Sie	*hon*	Tschüss	*hej då*
Wir	*vi*	Guten Morgen	*god morgon*
Ihr	*ni*	Guten Abend	*god kväll*
Sie	*de*	Das ist gut/O.K.	*det är bra*
Ich heiße	*jag heter*	groß	*stor*
ja	*ja*	klein	*liten*
nein	*nej*	sehr gut	*jättebra*
nicht	*ej, inte*	natürlich	*naturligtvis, självklart*
Danke	*tack*		

Was kostet ...?	*hur mycket kostar ...?*
Ich komme gleich	*jag kommer strax*
Ich habe es eilig	*jag har bråttom*
Ich verstehe (nicht)	*jag förstår (inte)*
Ich möchte gerne/hätte gerne ...	*jag skulle vilja ha ...*
Das macht Spaß	*det är kul*
Wie heißt du?	*vad heter du?*
Wie geht es dir?	*hur mår du?*
Was bedeutet ...?	*vad betyder ...?*
Was ist das?	*vad är det?*
Kannst du mir zeigen ...?	*kan du visar mig ...?*
Ist das wahr?	*är det sant?*
Erinnerst du dich ...?	*kommer du ihåg ...?*
Kannst du ...?	*skulle du kunna ...?*
Wie heißt das auf Schwedisch?	*vad heter det på svenska?*
Sprichst du ...?	*talar du ...?*
Wo liegt ...?	*var ligger/finns ...?*
Wie lange dauert es?	*hur lång tid tar det?*
Ich möchte gerne bezahlen	*jag skulle vilja betala*

Mann	*man*
Frau	*kvinna*
Kind	*barn*
Toilette	*toalett*
Wo?	*var?*
Wann?	*när?*
Warum?	*varför?*
Was?	*vad?*
Wie (viel) ...?	*hur (mycket) ...?*
Zimmer	*rum*
Haus	*hus*
Ferienhaus/Hütte	*stuga*
Jugendherberge	*vandrarhem*
Hotel	*hotell*
Einzelzimmer	*enkelrum*
Doppelzimmer	*dubbelrum*
Zeltplatz	*tältplats*
Kirche	*kyrka*
Museum	*museum*
Schloss	*slott*
Auto	*bil*
Bahnhof	*station*
Bus	*buss*
Taxi	*taxi*
Tankstelle	*bensinstation, mack*
Motorpanne	*motorstopp*
Autowerkstatt	*bilverkstad*
Benzin	*bensin*
Diesel	*diesel*
Eisenbahn	*järnväg*
Zug	*tåg*
Fahrkarte	*biljett*
Flughafen	*flygplats*
Flugzeug	*flygplan*
Hafen	*hamn*
Schiff	*båt, skepp*
Fähre	*färja*
Fahrrad	*cykel*
Eingang	*ingång*
Ausgang	*utgång*

offen	*öppet*
geschlossen	*stängt*
Geld	*pengar*
Bank	*bank*
Münze	*mynt*
Geldschein	*sedel*
Post	*post*
Brief	*brev*
Briefmarke	*frimärke*
Paket	*paket*
Postkarte	*vykort*
Telefon	*telefon*
Polizei	*polis*
Fundsachen	*hittegods*
Apotheke	*apotek*
Arzt	*läkare*
Zahnarzt	*tandläkare*
Krankenhaus	*sjukhus/ vårdcentral*
Touristenbüro	*turistbyrå*
Schwimmbad	*bad*
Sauna	*bastu*
Kino	*bio*
Eintrittskarte	*biljett*
Fahrstuhl	*hiss*
Deutschland	*Tyskland*
deutsch	*tysk*

Zeitangaben

am Morgen	*på morgonen*
am Nachmittag	*på eftermiddagen*
am Abend	*på kvällen*
gestern	*igår*
heute	*idag*
morgen	*imorgon*
jetzt	*nu*
früher	*tidigare*
später	*senare*
Stunde	*timme*
Tag	*dag*
Nacht	*natt*
Woche	*vecka*
Monat	*månad*

Jahr	*år*
Montag	*måndag*
Dienstag	*tisdag*
Mittwoch	*onsdag*
Donnerstag	*torsdag*
Freitag	*fredag*
Samstag	*lördag*
Sonntag	*söndag*
10 Uhr	*klockan tio*
9.45 Uhr	*kvart i tio*
10.15 Uhr	*kvart över tio*
10.30 Uhr	*halv elva*
in 10 Min.	*om tio minuter*
vor 10 Min.	*för tio minuter sedan*

Unterwegs

geradeaus	*rakt fram*
links	*vänster*
rechts	*höger*
zurück	*tillbaka*
hier	*här*
dort	*där*
Stadt	*stad*
Altstadt	*gamla stan*
Zentrum	*centrum*
U-Bahn	*tunnelbana,t-bana*
Straße	*gata, väg*
Brücke	*bro*
Fluss	*älv, å, flod*
See	*sjö*
Insel	*ö*
Meer	*hav*
Strand	*strand*
Schärengarten	*skärgård*

Einkaufen

bezahlen	*betala*
Markt	*torg, marknad*
(ein)kaufen	*köpa, handla*
Schlussverkauf	*rea*
Flohmarkt	*loppis/ loppmarknad*

Essen und Trinken

Brot	*bröd*
Ei	*ägg*
Käse	*ost*
Milch	*mjölk*
Butter	*smör*
Fleisch	*kött*
Fleischbällchen	*köttbullar*
Wurst	*korv*
Fisch	*fisk*
Lachs	*lax*
Hering	*sill*
Gemüse	*grönsaker*
Tomaten	*tomater*
Kartoffeln	*potatis*
Reis	*ris*
Wasser	*vatten*
Wein	*vin*
Bier	*öl*
großes (Stark-)Bier	*stor stark*
Eis	*glass*
Kuchen	*kaka*
Sahne	*grädde*
Kaffee	*kaffe*
Tee	*te*
Eine zweite Tasse (meist günstig oder umsonst)	*påtår*
Restaurant	*restaurang*
Gasthaus	*värdshus*
Kneipe	*krog, pub*
Person, die Gäste zum Tisch geleitet	*hovmästare*
staatl. Alkoholladen	*systembolaget/ systemet*
Rechnung	*nota, räkning*
Frühstück	*frukost*
Mittagessen	*lunch*
Abendessen	*middag*
(günstiges) Tagesgericht	*dagens rätt/ dagens lunch*
Kaffeezeit	*fika*
skandinavisches Bufett	*smörgåsbord*

Kauderwelsch?
Kauderwelsch!

Die **Sprechführer der Reihe Kauderwelsch** helfen dem Reisenden, wirklich zu sprechen und die Leute zu verstehen. Wie wird das gemacht?

- Die **Grammatik** wird in einfacher Sprache so weit erklärt, dass es möglich wird, ohne viel Paukerei mit dem Sprechen zu beginnen, wenn auch nicht gerade druckreif.
- Alle Beispielsätze werden doppelt ins Deutsche übertragen: zum einen **Wort-für-Wort,** zum anderen in „ordentliches" Hochdeutsch. So wird das fremde Sprachsystem sehr gut durchschaubar. Ohne eine Wort-für-Wort-Übersetzung ist es so gut wie unmöglich, einzelne Wörter in einem Satz auszutauschen.
- Die **Autorinnen und Autoren** der Reihe sind Globetrotter, die die Sprache im Lande gelernt haben. Sie wissen daher genau, wie und was die Leute auf der Straße sprechen. Deren Ausdrucksweise ist häufig viel einfacher und direkter als z.B. die Sprache der Literatur. Außer der Sprache vermitteln die Autoren Verhaltenstipps und erklären Besonderheiten des Landes.
- **Jeder Band** hat 96 bis 160 Seiten. Zu fast jedem Titel ist begleitendes **Audiomaterial** erhältlich.
- **Kauderwelsch-Sprachführer** gibt es für rund 130 Sprachen in **mehr als 220 Bänden,** z. B.:

Schwedisch – Wort für Wort

Finnisch – Wort für Wort

Chinesisch kulinarisch

REISE KNOW-HOW Verlag, Bielefeld

sound))trip®
in cooperation with
(((piranha)))
Neu im
Reise Know-How Verlag
Reise Know-How
Northern Africa
The Andes
Argentina
Australia
The Balkans
Barbados
Oriental Belly Dance
Northeast Brazil
Canada
Chile
China
Cuba
Finland
Iceland
India
Ireland
Japan
Mexico
New Zealand
Norway
Russia,
St. Petersburg
Scotland
South Africa
Switzerland
Turkey
Uruguay
Die Compilations der CD-Reihe sound))trip stellen
aktuelle, typische Musik eines Landes oder einer Region vor.
Jede CD 50–60 Min.,
22- oder 46-seitiges Booklet.
Im Buchhandel erhältlich.
Unverbindl. Preisempf.:
EURO 15,90 [D]
Kostenlose Hörprobe im Internet.
www.reise-know-how.de

REGISTER

DIE AUTOREN

Stefan Krull studierte Geschichte und Sport in Bielefeld, Uppsala und Malmö. Nach einigen längeren Ausflügen in die weite Welt zog es ihn seit seinem Austauschjahr als Student in Uppsala immer wieder in die Länder Nordeuropas: Neben Finnland und Norwegen stand Schweden natürlich am häufigsten auf seinem Reiseplan, wobei dann neben den attraktiven Regionen Südschwedens meistens ein Reiseziel in der Region Stockholm, Uppsala, am Mälaren oder im Schärengarten angesteuert wurde. Heute lebt und arbeitet er in Potsdam.

Als Michel mit einer Suppenschüssel über dem Kopf durch die roten Häuser von Lönneberga irrte, stand für den jungen **Lars Dörenmeier** fest: Dieses Land wirst du besuchen, wenn du einmal groß bist. Unzählige Reisen in den Norden Europas und ein längerer Studienaufenthalt in Schweden folgten und machten den Co-Autoren dieses CityGuides zu einem begeisterten „Skandinavisten". Für ihn gibt es kaum etwas Schöneres als im Sommer in einem Straßencafé von Södermalm mit Zeitung und Kaffee die Zeit dahinfließen zu lassen. Als freier Reisejournalist und Reiseleiter ist er nur selten in seinem Basislager Berlin anzutreffen. Wenn er nicht gerade skandinavische Metropolen oder die abgelegenen Landschaften des Nordens erkundet, bereist er insbesondere die südostasiatische Staatenwelt.

BILDNACHWEIS

Die Kürzel an den Abbildungen stehen für folgende Fotografen, Firmen und Einrichtungen. Wir bedanken uns für die freundliche Abdruckgenehmigung.

sk	Stefan Krull (der Autor)
ld	Lars Dörenmeier (der Autor)
hs	Håkan Svensson
	www.wikipedia.org
S. 145	Image Bank Sweden, ©Stockholm Visitors Board, Richard Ryan
Cover	Lars Dörenmeier

CITYATLAS

Dieser Cityatlas beinhaltet das komplette Zentrum Stockholms mit allen beschriebenen Hauptsehenswürdigkeiten. Für die einzelnen Stadtteile bzw. touristisch interessante Gegenden wurden zusätzlich Detailkarten in die jeweiligen Stadtteilbeschreibungen eingefügt. Die Detailkarten zeigen neben den Sehenswürdigkeiten auch alle erwähnten Restaurants, Einkaufsgelegenheiten, Museen usw. Das einheitliche Kartengitter in allen Karten ermöglicht das schnelle Orientieren in Text und Kartenwerk.

METROPLAN STOCKHOLM

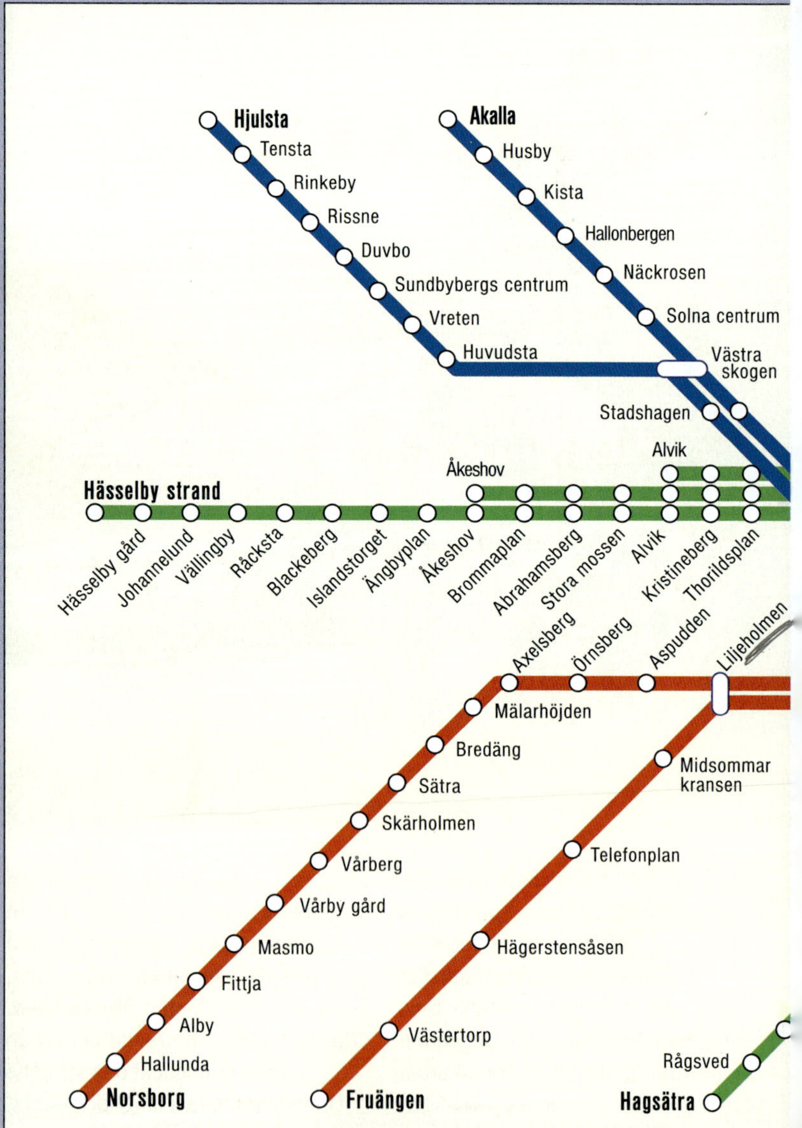

Legende
Tunnelbana Röda linjen
Tunnelbana Gröna linjen
Tunnelbana Blå linjen
Mörby centrum
Danderyds sjukhus
Bergshamra
Universitetet
Tekniska högskolan
Stadion
Ropsten
Gärdet
Karlaplan
Östermalmstorg
Fridhelmsplan
S:t Eriksplan
S:t Odenplan
Rådmansgatan
Hötorget
T-Centralen
Kungsträdgården
Rådhuset
Gamla stan
Slussen
Hornstull
Zinkensdamm
Mariatorget
Medborgarplatsen
Skanstull
Gullmarsplan
Skärmarbrink
Globen
Enskede gård
Sockenplan
Svedmyra
Stureby
Bandhagen
Högdalen
Hammarbyhöjden
Björkhagen
Kärrtorp
Bagarmossen
Skarpnäck
Blåsut
Sandsborg
Skogskyrkogården
Tallkrogen
Gubbängen
Hökarängen
Farsta
Farsta strand

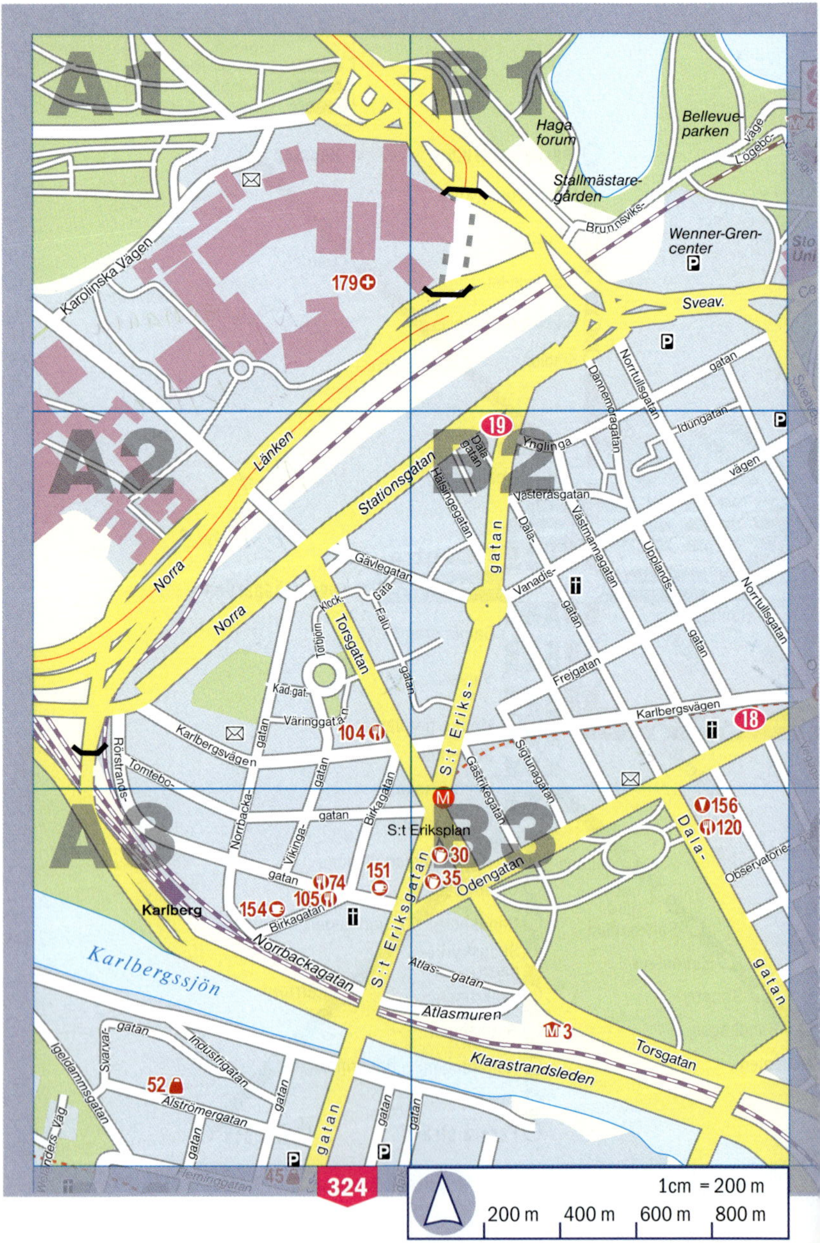

A1
B1
A2
B2
A3
B3
Haga forum
Bellevue-parken
Stallmästare-gården
Brunnsviks-
Wenner-Gren-center
Karolinska Vägen
179
Sveav.
Norrtullsgatan
Dannemoragatan
gatan
Idungatan
vägen
19
Dala-gatan
Ynglinga
Länken
Stationsgatan
Hälsingegatan
Västeråsgatan
Västmannagatan
Upplands-
Norrtullsgatan
Dala-
gatan
Norra
Norra
Gävlegatan
Vanadis-
gatan
Klock-
Gata
Falu-
gatan
Torsgatan
Tortjörn
Kad.gat.
Väringgatan
104
S:t Eriks-
Freigatan
Karlbergsvägen
18
Karlbergsvägen
Rörstrands-
Tomtebo-
Norrbacka-gatan
gatan
Vikinga-
gatan
Birkagatan
Gästrikegatan
Sigtunagatan
S:t Eriksplan
156
120
Dala-
Observatorie-
30
35
Odengatan
gatan
74
151
105
154
Birkagatan
Karlberg
S:t Eriksgatan
Norrbackagatan
Karlbergssjön
Atlas-gatan
Atlasmuren
3
Torsgatan
Klarastrandsleden
gatan
Svarvar-
gatan
Industrigatan
Igeldammsgatan
52
Alströmergatan
gatan
gatan
gatan
gatan
gatan
Wollanders Väg
45
Fleminggatan
324
1cm = 200 m
200 m
400 m
600 m
800 m

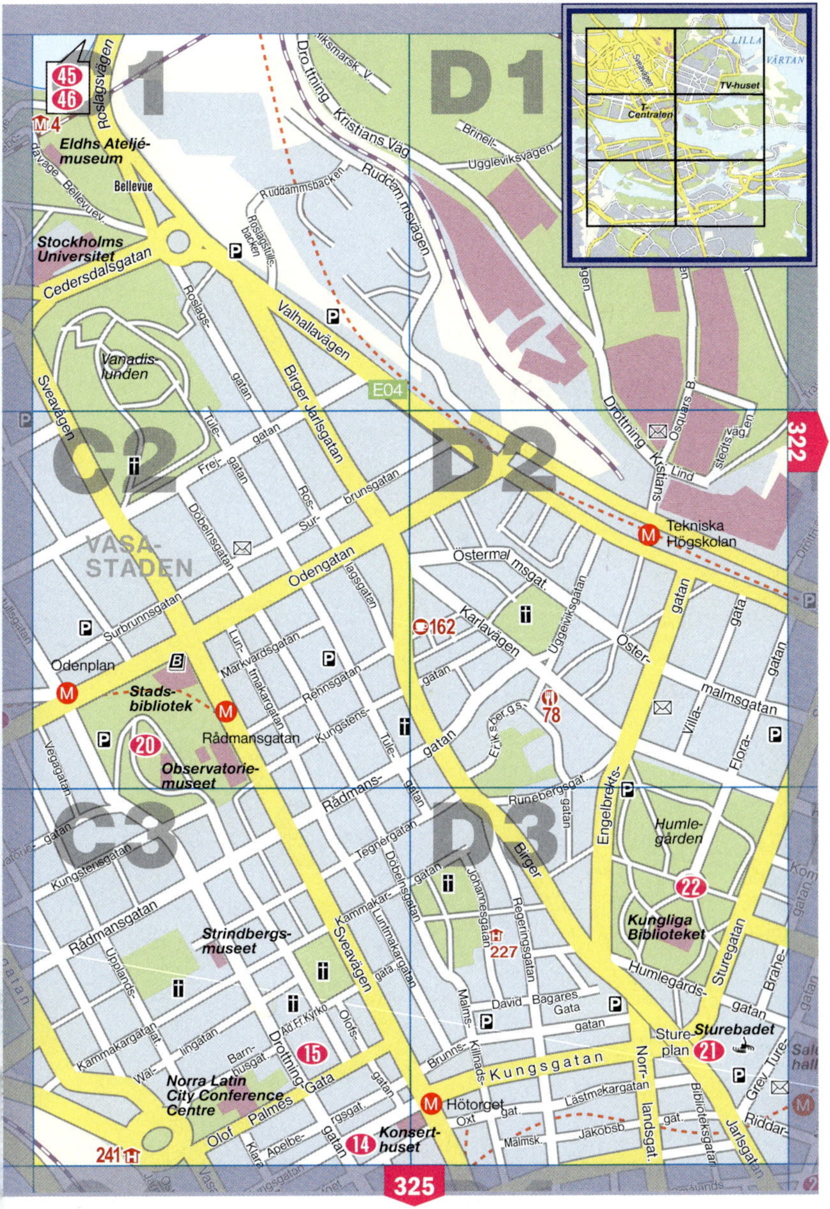

D1
D2
D3
C2
C3
1
LILLA
VÄRTAN
TV-huset
Sveavägen
T-Centralen
45
46
4
Roslagsvägen
Eldhs Ateljé-museum
Bellevue
Bellevuev.
Stockholms Universitet
Cedersdalsgatan
Ruddammsbacken
Rudbecksvägen
Drottning Kristians Väg
Brinell-
Ugglevikvägen
Valhallavägen
Roslagstulls-backen
Roslags-gatan
Birger Jarlsgatan
E04
Vanadis-lunden
Sveavägen
Tule-gatan
Frej-gatan
Döbelnsgatan
Ros-
Sur-
brunsgatan
VASA-STADEN
Odengatan
Surbrunnsgatan
Odenplan
Stads-bibliotek
Rådmansgatan
Observatorie-museet
20
Markvardsgatan
Lunt-makargatan
Rehnsgatan
Kungstens-gatan
Tegnergatan
Östermalmsgat.
Karlavägen
162
78
Eriksbergsg.
Runebergsgat.
Engelbrekts-gatan
Humle-gården
22
Kungliga Biblioteket
Sturegatan
Humlegårdsgatan
Tekniska Högskolan
Östermalmsgatan
Villa-gatan
Flora-gatan
Osquars B.
Lind
322
Vegagatan
Kungstensgatan
Rådmansgatan
Strindbergs-museet
Uplands-gatan
Kammakargatan
Drottning-Gata
Olofs-gatan
Ad.Fr.Kyrko
Barn-husgat.
15
Norra Latin City Conference Centre
Olof Palmes Gata
Apelbe-rgsgat.
Klara
14
Konsert-huset
Hötorget
Kungsgatan
Johannesgatan
Regeringsgatan
227
David Bagares Gata
Malmskillnadsgatan
Brunns-gatan
Lästmakargatan
Norrlandsgat.
Biblioteksgatan
Jarlsgatan
Sturebadet
Stureplan
21
Grev Turegatan
Riddar-
Brahe-gatan
Jakobsb
Malmsk.
241
325

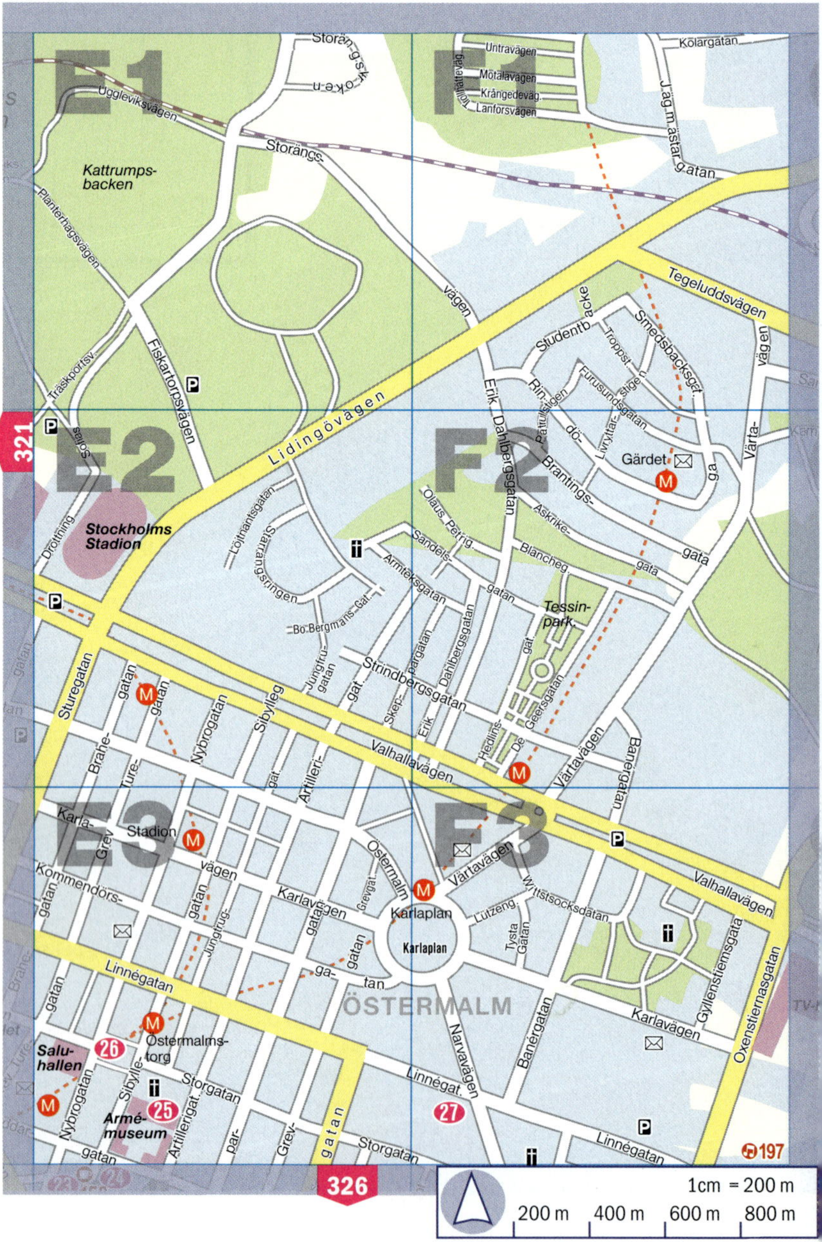
E1
F1
E2
F2
E3
F3
321
326
Ugglevikvägen
Storängs-
Untravägen
Mölalavägen
Krångedeväg.
Lanforsvägen
Kolargatan
Jäg.m.ästar.gatan
Kattrumps-
backen
Planterhagsvägen
Träskportsv.
Fiskartorpsvägen
Lidingövägen
Tegeluddsvägen
Studentbacke
Smedsbacksgat.
Erik Dahlbergsgatan
Gärdet
Brantings-
gatan
Värta-
vägen
Stockholms
Stadion
Drottning
Löjtnantsgatan
Starrängsringen
Bo Bergmans Gat.
Armfeltsgatan
Sandels-
Olaus Petrig.
Askrike-
Blancheg.
Tessin-
park
Strindbergsgatan
Valhallavägen
Sturegatan
Nybrogatan
Sibylleg
Artilleri-
Värtavägen
Banérgatan
Karla-
Grev
Stadion
Kommendörs-
Karlavägen
Karlaplan
Östermalm
Lützeng.
Tysta
Gatan
Wittstocksgatan
Gyllenstiernsgata
Oxenstiernasgatan
Linnégatan
ÖSTERMALM
Narvavägen
Salu-
hallen
Östermalms-
torg
Storgatan
Armé-
museum
26
25
27
197
1cm = 200 m
200 m
400 m
600 m
800 m

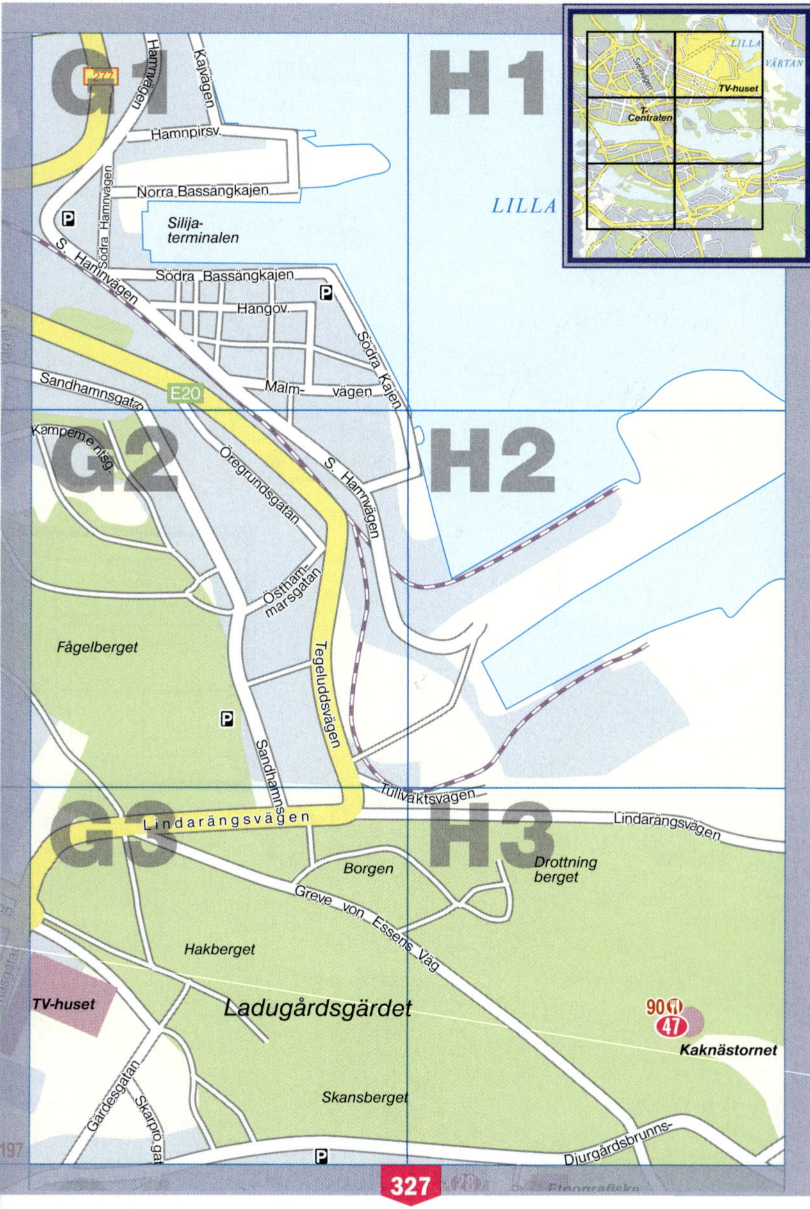
G1
H1
G2
H2
G3
H3
277
Hamnvägen
Kajvägen
Hamnpirsv.
Norra Bassängkajen
Södra Hamnvägen
Silija-
terminalen
S. Hamnvägen
Södra Bassängkajen
Hangöv.
Södra Kajen
Malm-
vägen
Sandhamnsgatan
E20
Kampementsg.
Öregrundsgatan
S. Hamnvägen
Östham-
marsgatan
LILLA
Fågelberget
Tegeluddsvägen
Sandhamnsg.
Tullvaktsvägen
Lindarängsvägen
Lindarängsvägen
Borgen
Drottning
berget
Greve von Essens Väg
Hakberget
TV-huset
Ladugårdsgärdet
90
47
Kaknästornet
Skansberget
Gärdesgatan
Skarprö.gat
Djurgårdsbrunns-
197
Svеavägen
LILLA
VÄRTAN
TV-huset
T-
Centralen

327

320
A4
B4
Fleminggatan
S:t Erikssgatan
Fridhemsgatan
Görans-gat.
Arbetargatan
Mariebergsgatan
Kronobergsgatan
Parkgatan
Polhemsgatan
S:t Eriks ögonsjukus
Grubbens ringen
I. Oljelunds Gränd
Trygghansa
Kungsholmsgatan
Kronobergsparken
Fridhemsplan
Drottningholmsvägen
Hantverkargatan
Polishistoriska Museet
N. Agnegatan
Rådhuset
Kungsholmsgatan
Bergsgatan
Scheelegatan
Piersgatan
Kungsh Kyrkopl.
Pontonjärgatan
Rålambshovsleden
Platensgatan
Karlsviksgatan
Norr Mälarstrand
S. Agnegatan
Kungsholmstorg
Garvargat.
Rålambshov
A5
B5
Västerbron
Långsholmens strandbad
Långsholmens klippbad
LÅNGHOLMEN
A6
B6
Mälarvarvet
Söder Mälarstrand
Heleneborgsgatan
Högalidsgatan
Högalidspark.
Långholmsgatan
Fabriksbacken
Reimersholmsgatan
Bergsunds Strand
Bogsundsgatan
Verkstadsgat.
Folkskolegatan
Hornsbruksgatan
Hornsgatan
Hornstull
Krukmakargatan
Brännkyrkagatan
Bibliotek
Kristinehovsgatan
Lundagatan
Skinnarviksringen
LILJEHOLMSVIKEN
SÖDERMALM
Koloniområde Zinkensdamm
TV-huset
T-Centralen
LILLA VÄRTAN
328
1cm = 200 m
200 m 400 m 600 m 800 m

321
326
329
C4
D4
C5
D5
C6
D6
City terminalen
Årlanda Express
World Trade Center
Stockholm Hauptbahnhof
T-Centralen
Klara kyrka
Stads-teatern
Kultur-huset
Sergels Torg
Sverige-huset
Medelhavs museet
Operan
Medeltids-mus.
Riksdags-huset
Museum Tre kronor
Kungl. Slottet
Skattkammaren
Tornmuseet
Stadshuset
RIDDAR-HOLMEN
Riddarholms-kyrkan
RIDDARFJÄRDEN
Gamla stan
Söder Mälarstrand
Slussen (Saltsjöbana)
Slussen
Zinkensdam
Mariatorget
Medborgar-platsen
Fatburs-park.
Kungs-bro-plan
Klarabergsviad
Klara-bergsgatan
Vasagat.
Kungsgatan
Mäster Samuelsgatan
Hamn-gatan
Kungsträg-gården
Drottning-gat.
Fredsgat.
Mälarstrand
Myntgat
Västerlång-
Österlång-
Stora Nygatan
Lilla Nygatan
Munkbro
Skeppsbron
Monteliusvägen
Horns-gatan
Götgatan
Söderledstunn.
Ringvägen
Rosenlunds-gatan
Hornsgatan
Högbergs-gatan
Paulsgatan
Bellmans-gatan
Timmermans-gatan
Brännkyrka-
Krukmakar-gatan
Wollmar
Prästgårdsgata
Yxkulls gat.
Sankt
111
113
206
24
67
244
241

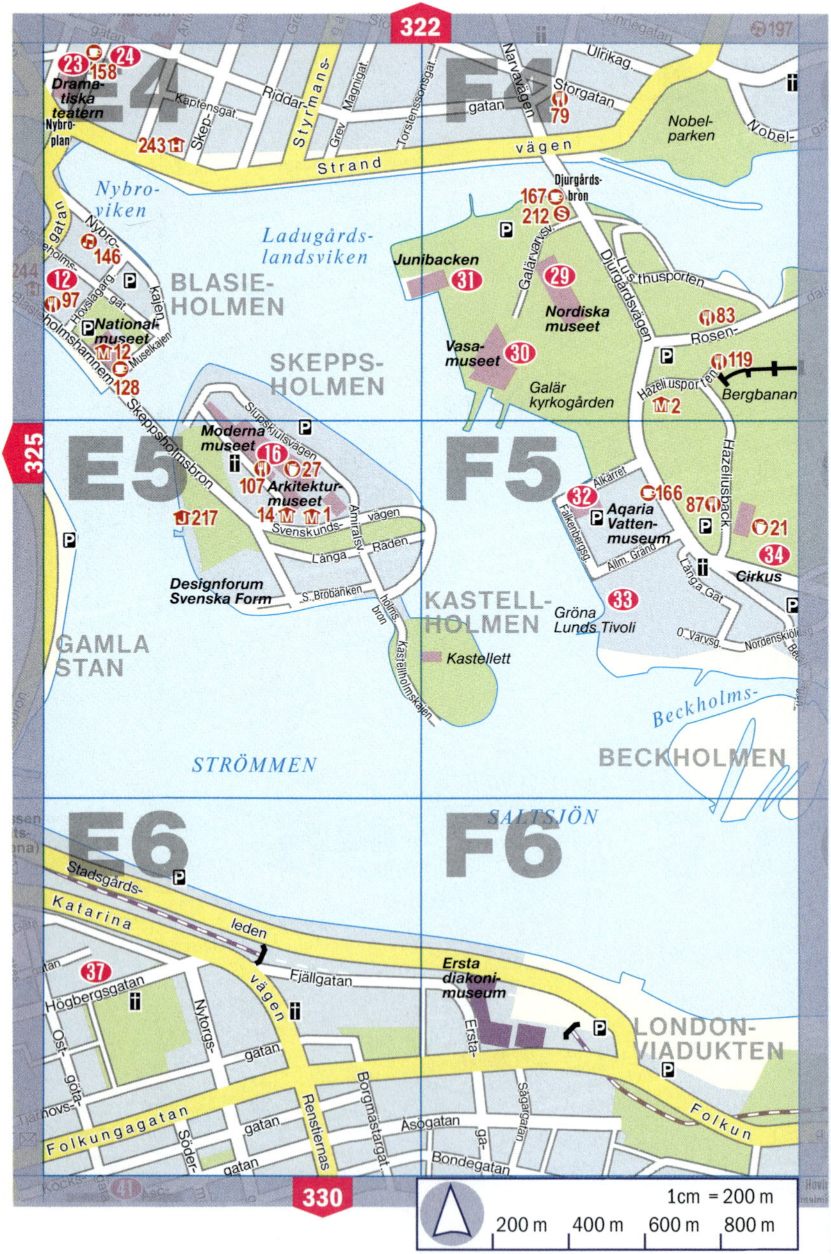
322
325
330
E4
F4
E5
F5
E6
F6
Dramatiska teatern
Nybroplan
Kaptensgat.
Riddar-
Styrmans-
Magnigat.
Grev
Torstenssonsgat.
Narvavägen
Storgatan
Ulrikag.
Strand vägen
Nobelparken
Nobel-
Nybroviken
Ladugårdslandsviken
Djurgårdsbron
Junibacken
Galärvarvsv.
Djurgårdsvägen
Lusthusporten
Nordiska museet
Vasamuseet
Rosen-
Galär kyrkogården
Hazeliusporten
Bergbanan
Hazeliusbacken
BLASIEHOLMEN
Nybrokajen
Hovslagarg.
Nationalmuseet
Museikajen
Blasieholmshamnen
SKEPPSHOLMEN
Skeppsholmsbron
Moderna museet
Slupskjulsvägen
Arkitekturmuseet
Svenskunds-vägen
Amiralsv.
Långa Raden
S. Brobänken
Designforum Svenska Form
Kastellholmsbron
Kastellholmskajen
Kastellett
KASTELLHOLMEN
Alkärret
Falkenbergsg.
Aqaria Vatten-museum
Allm. Gränd
Långa Gat.
Cirkus
Gröna Lunds Tivoli
Ö. Varvsg.
Nordenskiöldsg.
GAMLA STAN
STRÖMMEN
Beckholms-
BECKHOLMEN
SALTSJÖN
Stadsgårds-leden
Katarina vägen
Fjällgatan
Högbergsgatan
Nytorgsgatan
Östgötagatan
Ersta diakonimuseum
Ersta-
LONDONVIADUKTEN
Folkungagatan
Södermannagatan
Renstiernas gata
Borgmästargat.
Åsögatan
Sågargatan
Bondegatan
Tjärhovsgatan
1cm = 200 m
200 m
400 m
600 m
800 m

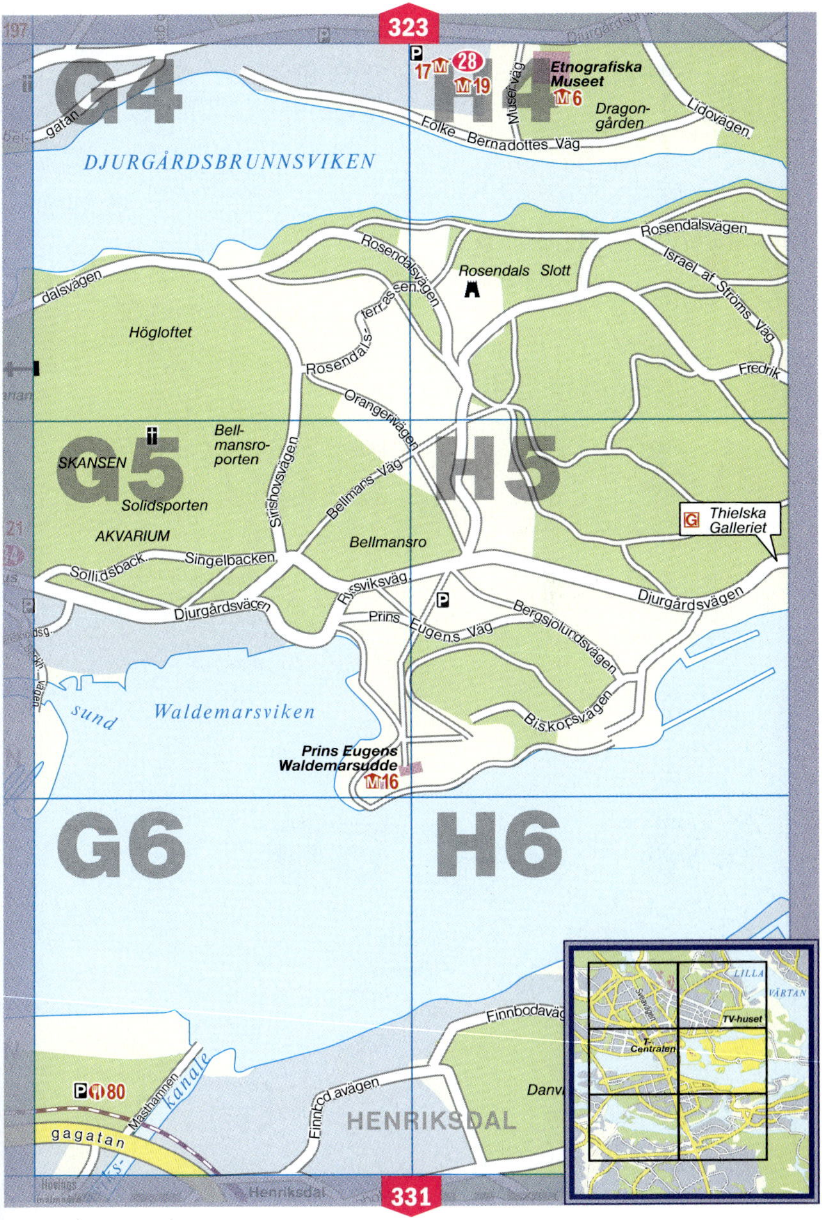
323
G4
H4
Etnografiska Museet
Dragon-gården
Lidovägen
Musei-väg
Folke Bernadottes Väg
gatan
DJURGÅRDSBRUNNSVIKEN
Rosendalsvägen
Israel af Ströms Väg
Rosendals Slott
dalsvägen
Rosendals-terrassen
Högloftet
Rosendalsvägen
Fredrik
Orangerivägen
G5
H5
SKANSEN
Bell-mansro-porten
Sirishovsvägen
Bellmans Väg
Solidsporten
AKVARIUM
Thielska Galleriet
Bellmansro
Sollidsbacken
Singelbacken
Rysviksväg
Djurgårdsvägen
Djurgårdsvägen
Prins Eugens Väg
Bergsjölundsvägen
Biskopsvägen
sund
Waldemarsviken
Prins Eugens Waldemarsudde
G6
H6
Finnbodaväg
Finnbodavägen
Danv
HENRIKSDAL
Masthamnen
kanale
gagatan
Henriksdal
331
LILLA
VÄRTAN
TV-huset
T-Centralen

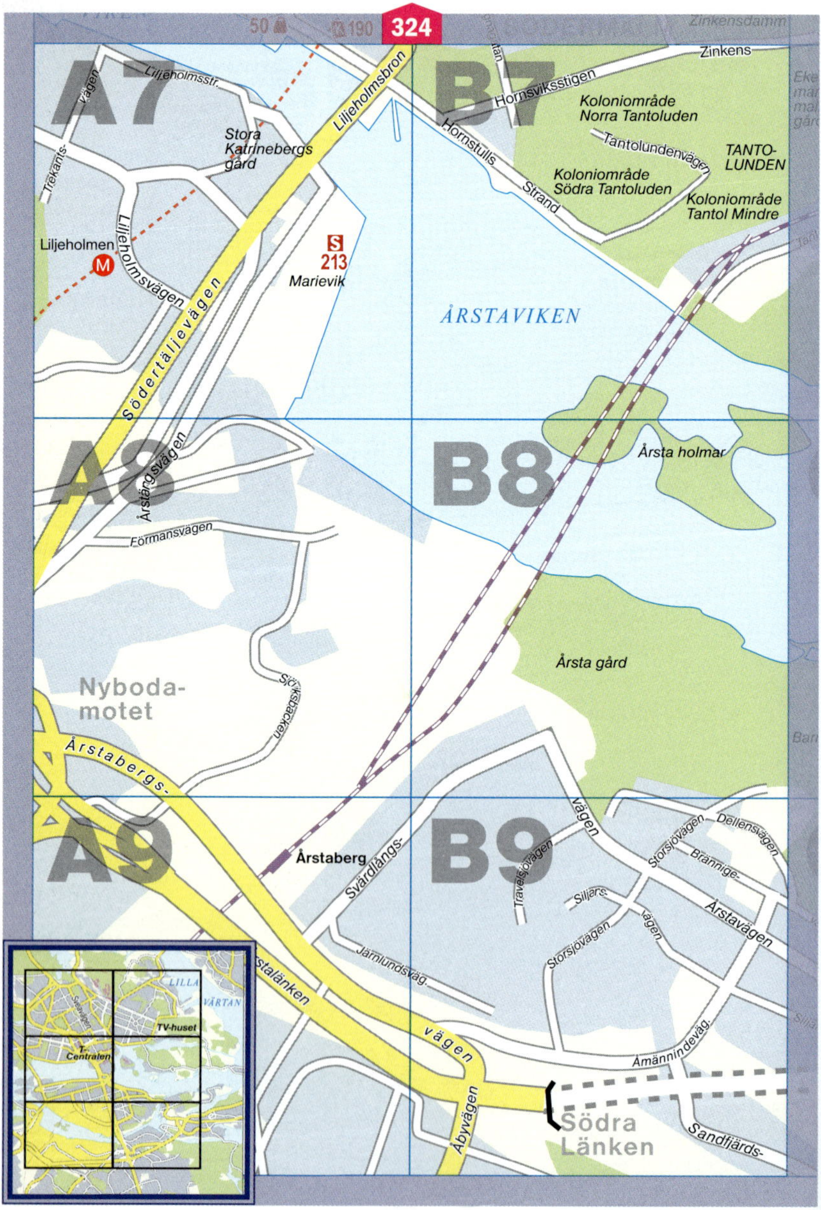
324
A7
B7
A8
B8
A9
B9
Liljeholmsstr.
Trekants-vägen
Stora Katrinebergs gård
Liljeholmsbron
Hornsviksstigen
Zinkens
Kolonimråde Norra Tantoluden
Tantolundenvägen
TANTO-LUNDEN
Hornstulls Strand
Kolonimråde Södra Tantoluden
Kolonimråde Tantol Mindre
Liljeholmen
Liljeholmsvägen
213
Marievik
ÅRSTAVIKEN
Södertäljevägen
Årstängsvägen
Årsta holmar
Förmansvägen
Årsta gård
Nyboda-motet
Årstabergs-vägen
Årstaberg
Svärdlångs-vägen
Travelsjövägen
Storsjövägen
Dellensvägen
Brännige-
Siljans-vägen
Årstavägen
Järnlundsväg.
Årstalänken
Åmännindeväg.
Åbyvägen
Södra Länken
Sandfjärds-
LILLA VÄRTAN
TV-huset
T-Centralen

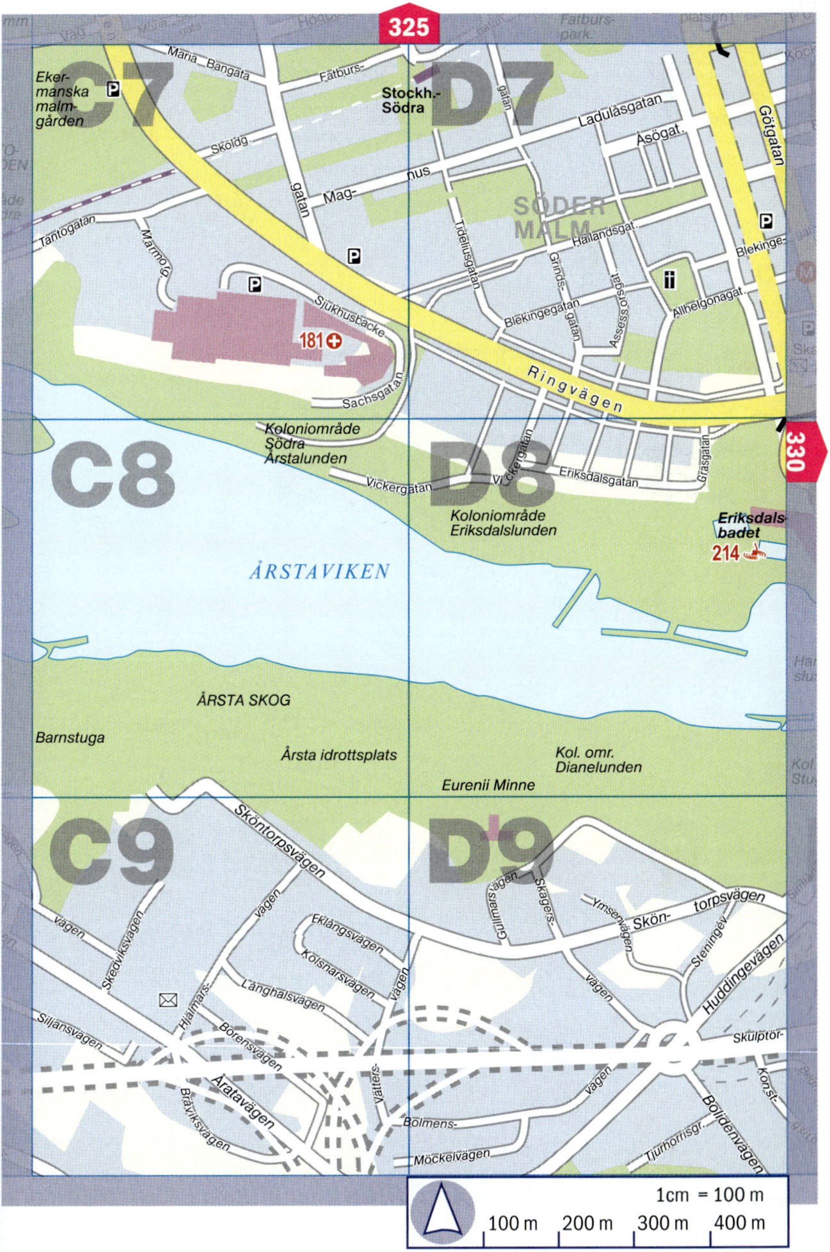
325
330
C7
D7
C8
D8
C9
D9
Ekermanska malmgården
Maria Bangata
Fatburs-
Stockh.-Södra
gatan
Ladulåsgatan
Åsögat.
Götgatan
Sköldg.
Mag-
nus
gatan
SÖDER MALM
Tantogatan
Marmorg.
Tideliusgatan
Hallandsgat.
Blekinge-
Grinds-gatan
Assessorsgat.
Blekingegatan
Allhelgonagat.
Sjukhusbacke
181
Ringvägen
Sachsgatan
Koloniområde Södra Årstalunden
Vickergatan
Eriksdalsgatan
Grasgatan
Koloniområde Eriksdalslunden
Eriksdalsbadet
214
ÅRSTAVIKEN
ÅRSTA SKOG
Barnstuga
Årsta idrottsplats
Kol. omr. Dianelunden
Eurenii Minne
Sköntorpsvägen
Gullmarsvägen
Skagersvägen
Ymsenvägen
Skön-torpsvägen
Steningev.
Huddingevägen
vägen
Eklångsvägen
Kolsnarsvägen
Skedviksvägen
Långhalsvägen
Hjalmars-
Siljansvägen
Borensvägen
Årstavägen
Bråviksvägen
Vätters-
Bolmens-
Möckelvägen
Skulptör-
Konst-
Bolidenvägen
Tjurhorrisgr.
1cm = 100 m
100 m
200 m
300 m
400 m

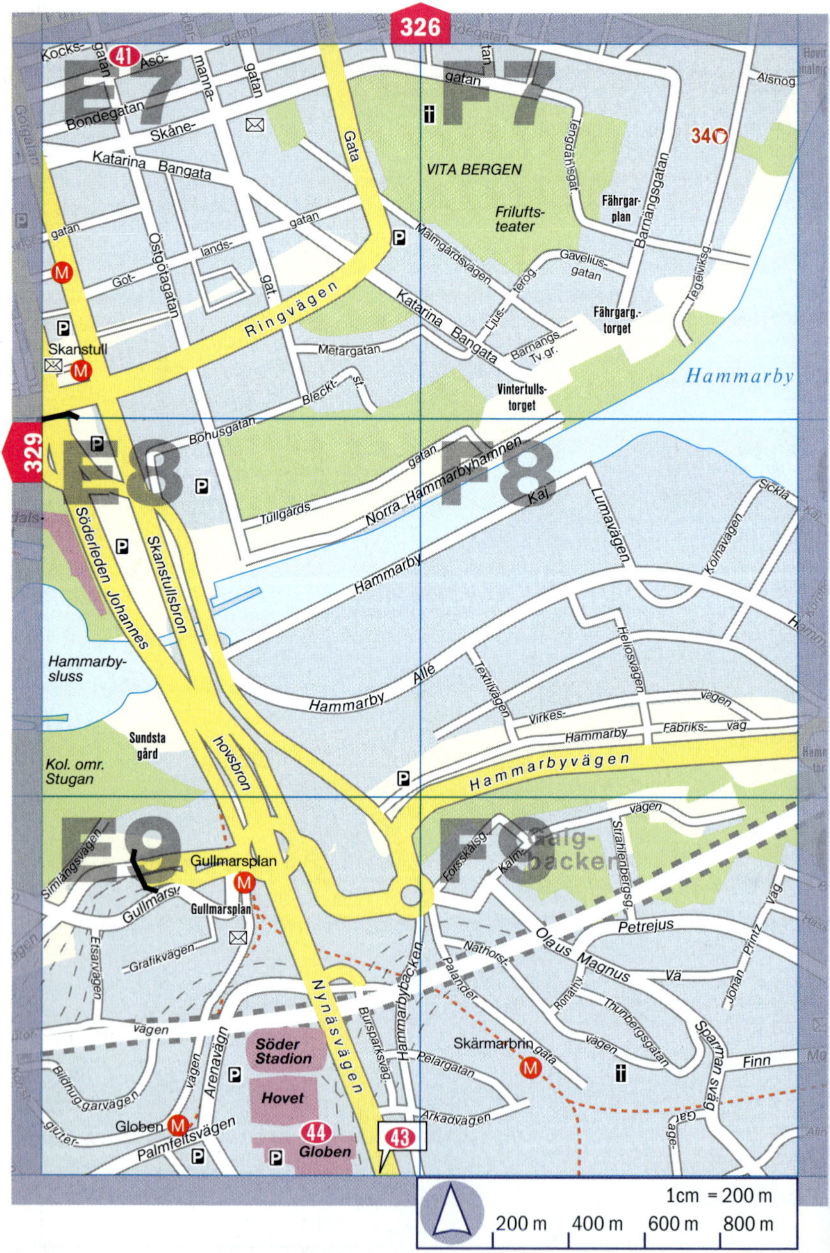
326
329
E7
F7
E8
F8
E9
F9
VITA BERGEN
Friluftsteater
Fährgarplan
Fährgarg.-torget
Vintertulls-torget
Hammarby
Skanstull
Ringvägen
Katarina Bangata
Bondegatan
Norra Hammarbyhamnen
Hammarby Kaj
Lumavägen
Hammarby Allé
Hammarbyvägen
Hammarby-sluss
Sundsta gård
Kol. omr. Stugan
Skanstullsbron
Söderleden Johannes
Gullmarsplan
Galgbacken
Olaus Magnus Vä
Nynäsvägen
Söder Stadion
Hovet
Globen
Palmfeltsvägen
Arenavägen
Skärmarbrin
1cm = 200 m
200 m
400 m
600 m
800 m

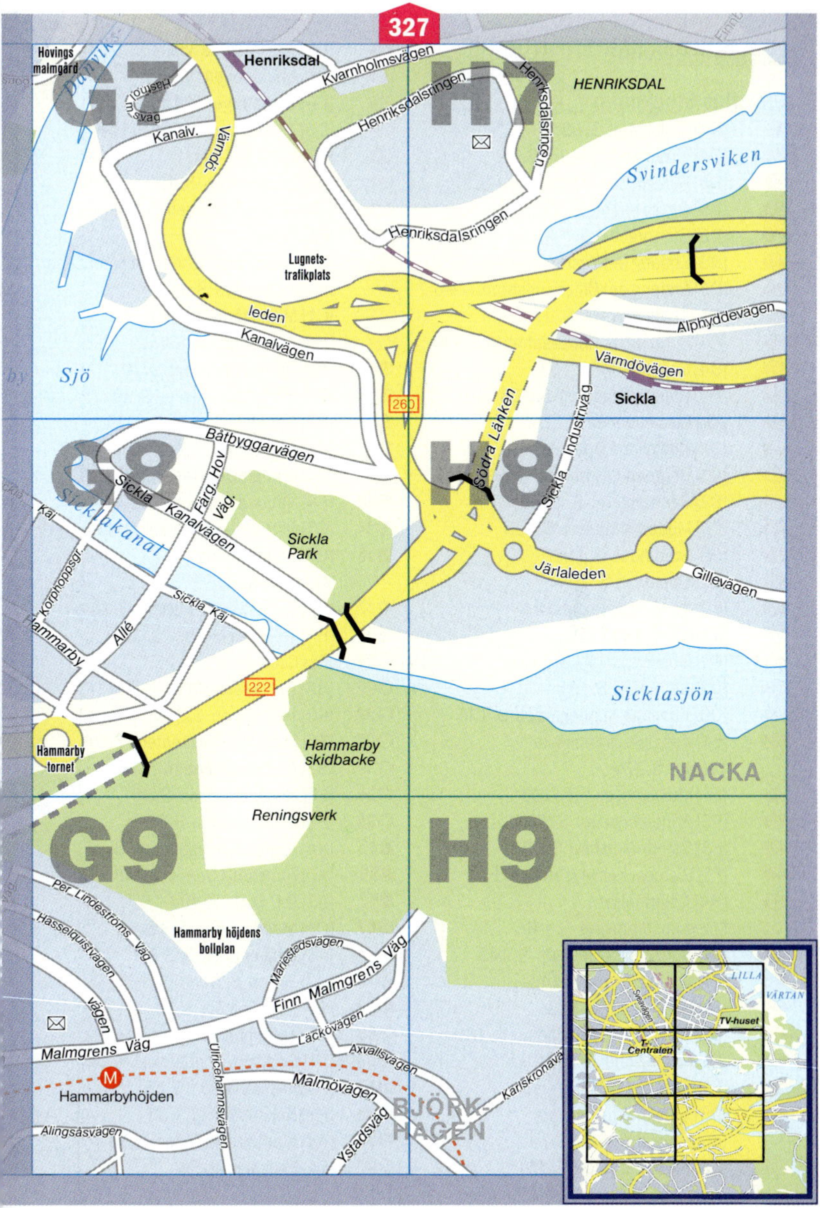
327
G7
H7
G8
H8
G9
H9
Hovings malmgård
Danviks
Hästholms väg
Henriksdal
Kvarnholmsvägen
Henriksdalsringen
HENRIKSDAL
Kanalv.
Värmdö-
Svindersviken
Lugnets-trafikplats
leden
Kanalvägen
Alphyddevägen
Värmdövägen
Sjö
260
Södra Länken
Sickla Industriväg
Sickla
Båtbyggarvägen
Sickla Kanalvägen
Färg. Hov Väg
Sickla Kaj
Sicklakanal
Sickla Park
Järlaleden
Gillevägen
Korphoppsgr.
Hammarby Allé
222
Sicklasjön
Hammarby tornet
Hammarby skidbacke
NACKA
Reningsverk
Per Lindeströms Väg
Hasselquistvägen
Hammarby höjdens bollplan
Mariestadsvägen
Finn Malmgrens Väg
vägen
Läckövägen
Malmgrens Väg
Ulricehamnsvägen
Axvallsvägen
Karlskronav.
Malmövägen
Hammarbyhöjden
BJÖRKHAGEN
Ystadsväg
Alingsåsvägen
LILLA
VÄRTAN
TV-huset
T-Centralen

LEGENDE DER KARTENEINTRÄGE

Cityatlas Stockholm

1 [D4] Reichstag S. 88
2 [D4] Mittelaltermuseum S. 89
3 [D5] Königliches Stadtschloss S. 92
4 [D5] Große Kirche S. 93
5 [D5] Stortorget S. 94
6 [D5] Entlang der Västerlånggatan S. 95
7 [D5] Entlang der Österlånggatan S. 96
8 [D5] Riddarholmen S. 97
9 [C4] Rund um d. Hauptbahnhof S. 101
10 [D4] Sergels Torg S. 103
11 [D4] Kungsträdgården S. 108
12 [E4] Blasieholmen S. 108
13 [D4] Königliche Oper S. 110
14 [C3] Heumarkt (Hötorget) S. 112
15 [C3] Centralbadet S. 116
16 [E5] Moderna Museet S. 123
17 [C5] Stadthaus S. 125
18 [B2] Odenplan S. 129
19 [B2] Vin & Sprithistoriska Museet S. 130
20 [C2] Observatorium S. 132
21 [D3] Stureplan S. 135
22 [D3] Kungliga Humlegården S. 136
23 [E4] Kungliga Dramatiska Teatern S. 137
24 [E4] Musikmuseum S. 138
25 [E3] Armeemuseum S. 138
26 [E3] Östermalmstorg S. 138
27 [F3] Historisches Museum S. 139
28 [H4] Östermalms Museumstriumvirat S. 140
29 [F4] Nordisches Museum S. 143
30 [F4] Vasamuseum S. 143
31 [F4] Junibacken S. 143
32 [F5] Aquaria Vattenmuseum S. 146
33 [F5] Gröna Lund S. 146
34 [F5] Skansen S. 147
35 [D6] Stockholms Stadsmuseum S. 151
36 [D6] Katarinahissen S. 151
37 [E6] Das Katarina-Viertel S. 154
38 [D6] Mariaberget S. 155
39 [D6] Mariatorget S. 155
40 [D6] Medborgarplatsen S. 156
41 [E7] SoFo S. 157
42 [A6] Långholmen S. 157
43 [E9] Skogkyrkogården S. 159
44 [E9] Globen S. 159
45 [C1] Naturhistorisches Reichsmuseum mit Cosmonova S. 159
46 [C1] Millesgården S. 160
47 [H3] Kaknästornet S. 162
M1 [E5] Arkitekturmuseet S. 29
M2 [F4] Biologiska Museet S. 29
M3 [B3] Bonniers Konsthall S. 29
M4 [C1] Carl Eldhs Ateljémuseum S. 29
M6 [H4] Etnografiska Museet S. 30
M12 [E4] Nationalmuseum S. 32
M14 [E5] Östasiatiska Museet S. 33
M16 [G5] Prins Eugens Waldemarsudde S. 33
M17 [H4] Sjöhistoriska Museet S. 34
M19 [H4] Tekniska Museet S. 34
21 [F5] Cirkus S. 35
23 [B6] Dockteatern Tittut S. 35
24 [C6] Folkoperan S. 35
27 [E5] Moderna Dansteatern S. 35
30 [B3] Pantomimteatern S. 36
34 [F7] Teater Bambino S. 36
35 [B3] Teater Giljotin S. 36
45 [A4] Västermalmsgallerian S. 38
50 [A6] Hornstulls Street Market S. 39
52 [A3] R.O.O.M. S. 40
67 [C6] Marie Laveau S. 46
74 [A3] Café Levinsky's S. 51
78 [D2] Divino S. 51
79 [F4] Eriks Bakfika S. 51
80 [G6] Fåfängan S. 54
83 [F4] Godthem Wärdshuset S. 54
87 [F5] Hasselbacken S. 55
90 [H3] Kaknästornet S. 55
95 [B4] Mamas and Tapas S. 56
97 [E4] Matsalen S. 56

Detailkarte I: Gamla Stan

Detailkarte II: Norrmalm

Detailkarte III: Vasastan

Detailkarte IV: Östermalm

Detailkarte V: Södermalm und Långholmen

LEGENDE DER KARTEN- UND TEXTSYMBOLE

22	Hauptsehenswürdigkeit, fortlaufend nummeriert
	Arzt, Apotheke
	Bad, Schwimmhalle
	Bar, Bistro, Treffpunkt
	Café, Eiscafé
	Camping
	Geschäft, Kaufhaus, Markt
	Hotel, Unterkunft
	Imbiss
	Informationsstelle
@	Internetcafé
	Jugendherberge, Hostel
	Kino
	Museum
	Musikszene, Disco
	Restaurant
	Sporteinrichtung
	Theater, Zirkus

Ransta
67
Långsvan
201
Sura-
hammar
Skultuna
Tillberga
66
193
VÄSTERÅS
200
Kolsva
Hallstahammar
E18
Irsta
Kolbäck
200
53
Björnö
202
Strömsholm
Köping
Tidö
199
Mälaren
Kvicksund
207
213
Kungsör
Sundbyholm
Torshälla
E20
205
Hällbybrunn
Arboga
208
Eskilstuna
Skogstorp
Ö. Hjälmaren
Hjälmaren
56
53
Näshultasjön
Malmköping
Öljaren
52
Vingåker
Koisnaren
57
Flen
55
Katrineholm
10 km
20 km